MITTENDRIN
LERNLANDSCHAFTEN RELIGION
5/6

Lehrerkommentar zum Unterrichtswerk für katholischen Religionsunterricht an Gymnasien

HERAUSGEGEBEN VON
IRIS BOSOLD UND DR. WOLFGANG MICHALKE-LEICHT

ERARBEITET VON
ULRICH BAADER, IRIS BOSOLD,
GERHARD EICHIN,
CORNELIA PATRZEK-RAABE,
DR. STEFAN SCHIPPERGES

BEARBEITET UND ERGÄNZT VON
ESTHER HARDEBUSCH,
CHRISTOPH KLEMP,
ANN-KATHRIN MUTH,
GABRIELE OTTEN

UNTER WISSENSCHAFTLICHER BERATUNG VON
PROF. DR. CLAUSS PETER SAJAK

KÖSEL

MITTENDRIN
LERNLANDSCHAFTEN RELIGION
Herausgegeben von
Iris Bosold und Dr. Wolfgang Michalke-Leicht

MITTENDRIN 5/6
Lehrerkommentar zum Unterrichtswerk
für katholischen Religionsunterricht an Gymnasien
Erarbeitet von
Ulrich Baader, Iris Bosold, Gerhard Eichin,
Cornelia Patrzek-Raabe, Dr. Stefan Schipperges

Bearbeitet und ergänzt von
Esther Hardebusch, Christoph Klemp, Ann-Kathrin Muth, Gabriele Otten
Unter wissenschaftlicher Beratung von Prof. Dr. Clauß Peter Sajak

Bitte beachten Sie:
Das Internet ist ein schnelllebiges Medium, das sich einer wirksamen Kontrolle der Inhalte entzieht. Herausgeber, Autorinnen, Autoren und der Verlag haben sich bei allen Link-Angaben im Schulbuch und Lehrerkommentar bemüht, ausschließlich »langlebige« Adressen von seriösen Quellen anzugeben, die jugendgemäß sind und keinerlei Gewalt verherrlichende, diskriminierende, pornografische oder sonstige sittenwidrige Inhalte transportieren. Alle Angaben werden auch bei jeder Neuauflage der Bücher überprüft.
Dennoch kann nicht restlos ausgeschlossen werden, dass durch Veränderungen (z. B. Übernahme einer Domain durch einen neuen Inhaber) unerwünschte Inhalte auf den Seiten stehen, Links nicht mehr funktionieren oder auf andere Seiten mit unerwünschten Inhalten verwiesen wird. Der Verlag, die Herausgeber und alle Autorinnen und Autoren von MITTENDRIN distanzieren sich von solchen Inhalten, weisen Sie als Lehrkraft auf die besondere Aufsichtspflicht bei der Nutzung des Internets im Unterricht hin und bitten Sie um Hinweise an den Verlag, sollten Ihnen unerwünschte Inhalte auf den angegebenen Internet-Seiten auffallen.
Vielen Dank für Ihre Bemühungen!

Die Herausgeber sowie Autorinnen und Autoren von MITTENDRIN
Kösel-Verlag

Umschlagentwurf: Kaselow Design, München
Notensatz: Christa Pfletschinger, München
Illustration: Maria Ackmann, Hagen
Satz: Kösel-Verlag, München
Druck und Bindung: Franz X. Stückle Druck und Verlag, Ettenheim
Printed in Germany

ISBN 978-3-466-50765-8

www.koesel.de

Inhalt

3 Menschen suchen Gott 51

4 Keiner lebt allein 81

5 Judentum 106

6 Jesus kommt aus Nazaret 128

7 Wie alles begann 149

8 Feste feiern 173

9 Keiner glaubt allein 194

11 Muslimen begegnen 249

12 Gott geht mit – das Buch Tobit 264

Abkürzungsverzeichnis

AA: Arbeitsauftrag
AB: Arbeitsblatt (M)
EA: Einzelarbeit
GA: Gruppenarbeit
HA: Hausaufgaben
KG: Kleingruppen
L: Lehrer/in(nen)
OHP: Overhead-Projektor
PA: Partner(innen)arbeit
Sch: Schüler/in(nen)
TA: Tafelanschrieb
UE: Unterrichtseinheit
UG: Unterrichtsgespräch

Vorwort

In den neuen Kernlehrplänen in Nordrhein-Westfalen sind Kompetenzbereiche, Inhaltsfelder und Kompetenzerwartungen als Steuerungsinstrumente für schulische Bildungsprozesse etabliert worden. Nicht auf zentral vorgeschriebenen Inhalten liegt der Hauptakzent der Bildungsprozesse, sondern auf der Verknüpfung fachspezifischer Kompetenzbereiche mit den jeweiligen inhaltlichen Schwerpunkten, die in einem aufbauenden Lernprozess zu definierten Kompetenzerwartungen führen. Diese ermöglichen in ansteigender Progression von Anfang bis Ende der Sekundarstufe I aufeinander aufbauende und vernetzte Lernergebnisse.
Für dieses neue Konzept liegt mit dem Unterrichtswerk »MITTENDRIN – Lernlandschaften Religion« nun ein entsprechendes Religionsbuch vor, das den vielfältigen Ansprüchen sowohl des Kernlehrplans von 2010 als auch denen der alltäglichen Unterrichtspraxis entspricht.
Das Unterrichtswerk folgt einem kompetenzorientierten Ansatz, in dessen Mittelpunkt das selbsttätige Lernen der Schülerinnen und Schüler steht. Dieses Vorgehen trägt der Einsicht Rechnung, dass die im Kernlehrplan formulierten und von den Schülerinnen und Schülern zu erwerbenden Kompetenzen – also die Bewältigung klar definierter Anforderungssituationen – tatsächlich von ihnen selbst erworben werden müssen. Insofern ist das Religionsbuch »MITTENDRIN« zuallererst ein Buch für die Hand der Schülerinnen und Schüler.
Dies bedeutet zugleich, dass das neue Unterrichtswerk nicht einfach nur eine Auffrischung oder Neuanordnung vertrauter oder auch bisher unbekannter Unterrichtsgegenstände ist. Vielmehr erfordert die Konzeption auch und vor allem einen didaktischen Perspektivenwechsel: Im Vordergrund steht das Lernen der Schülerinnen und Schüler und nicht das Lehren der Lehrerinnen und Lehrer. Solch ein Perspektivenwechsel erfordert auch einen neuen Unterrichtsstil.
Als wesentlicher Bestandteil des Unterrichtswerkes bietet der didaktische Kommentar grundsätzliche Ausführungen zur Konzeption des Religionsbuches im Ganzen sowie umfangreiche Informationen zu den Lernlandschaften mit ihren Ausflügen im Besonderen. Alle Doppelseiten des Buches mit sämtlichen Medien werden mit Blick auf die unterrichtliche Praxis didaktisch erschlossen. Zugleich werden ergänzende Materialien als Kopiervorlagen zur Verfügung gestellt.
Der didaktische Kommentar ist so aufgebaut, dass unter der Rubrik »Hintergrund« zu jeder der zwölf Lernlandschaften zunächst eine kurze Einleitung erfolgt, in der der didaktische rote Faden der Lernlandschaft sowie der Bildungsplanbezug deutlich wird. Auch lernpsychologische Bemerkungen, Situatives (Festkreis, Schuljahr etc.) und Bezüge zu anderen Lernlandschaften finden hier Eingang. Die einzelnen Lernlandschaften werden im Dreischritt »Ansetzen«, »Umsetzen« und »Weiterführen« erschlossen.
Eines der eindrücklichsten Ergebnisse der internationalen Vergleichsstudien ist der Nachweis, dass vor allem jene Bildungssysteme produktiv sind, die ein elaboriertes Evaluationskonzept aufweisen. Die Formulierung von Bildungsstandards impliziert immer auch die Bereitstellung von Instrumenten zur validen Überprüfung, ob und wie diese Bildungsstandards tatsächlich erreicht wurden. Evaluation ist demnach ein konstitutives Element zielgerichteter Bildungsprozesse. Mehr denn je wird künftiger Unterricht durch Evaluationselemente geprägt sein, die in erster Linie Hilfestellung zur Orientierung und Verbesserung geben wollen. Qualitätsentwicklung wird auch im Religionsunterricht eine Rolle spielen.
Zu Beginn des didaktischen Kommentars (S. 18f.) ist eine tabellarische Übersicht über die durch die Arbeit mit dem Buch konkretisierten Kompetenzerwartungen aufgeführt. Inmitten einer jeden Lernlandschaft wird vor den M-Seiten noch einmal eine solche Übersicht geliefert, in der die bedienten Kompetenzerwartungen aufgeführt sind. Die Impulse der abschließenden Souvenirseiten einer jeden Lernlandschaft haben evaluierenden Charakter. Hier zeigt sich – durchaus auch im Sinne der Nachhaltigkeit –, was die Schülerinnen und Schüler von der jeweiligen Lernlandschaft mitnehmen können.

Iris Bosold, Dr. Wolfgang Michalke-Leicht,
Esther Hardebusch, Christoph Klempp,
Ann-Kathrin Muth, Gabriele Otten,
Prof. Dr. Clauß Peter Sajak

Einführung

Didaktische Grundsätze

Das Unterrichtswerk »MITTENDRIN« stellt die Schülerinnen und Schüler in den Mittelpunkt. Selbst gesteuertes und entdeckendes Lernen und eigenverantwortliche Lernentscheidungen sind die besten Wege, um nachhaltige Wirkungen zu erzielen. Hierbei muss betont werden, dass im Kontext selbst organisierten Lernens Schulbüchern eine veränderte Funktion zukommt. Im Gegensatz zu solchen Werken, die sich sehr eng an den Bildungsplan anlehnen und damit gleichsam einen »roten Faden« für den Unterricht vorgeben, hält das Lehrwerk »MITTENDRIN« bei aller Anbindung und Orientierung eine gewisse Distanz zum Kernlehrplan. Schülerinnen und Schüler sind gehalten, sich eigenständig weitere Medien und Wissensquellen zu erschließen: Monografien, Lexika, Enzyklopädien, Lernkarteien, Bildbände, Videosequenzen, Audiobeiträge, Internetressourcen, Zeitungsartikel – sämtliche digitalen und analogen Medien bilden die Basis solchen Lernens, in dem das klassische Schulbuch einen veränderten, gleichwohl bedeutenden Stellenwert hat.
Ziel des Unterrichtswerks »MITTENDRIN« kann es nicht sein, den Kernlehrplan eins zu eins abzubilden. Das widerspräche jeglicher didaktischen Einsicht. Andererseits muss für die unterschiedlichen Nutzerinnen und Nutzer (Schülerinnen und Schüler, Lehrerinnen und Lehrer) ein Bezug zum Kernlehrplan deutlich erkennbar sein. Das Unterrichtswerk »MITTENDRIN« verfolgt daher kein strenges Curriculum. Vielmehr bietet es im Kontext des Kernlehrplans und auf dessen Grundlage exemplarische Konkretionen an. Der didaktische Kommentar stellt darüber hinaus Arbeitsblätter etc. bereit.
Auch wenn der Ansatz der Korrelationsdidaktik fachwissenschaftlich durchaus kontrovers diskutiert wird, kann und soll im Unterrichtswerk »MITTENDRIN« nicht darauf verzichtet werden. Dem Unterrichtswerk liegt jedoch ein impliziter und damit umfassender Korrelationsbegriff zu Grunde, der besagt, dass Lernlandschaften als ganze die Lebenswirklichkeit der Schülerinnen und Schüler mit deren Glaubenswirklichkeit in ein spannungsreiches und produktives Wechselverhältnis setzen. Unterricht – insbesondere der Religionsunterricht – ist immer ein vielschichtiges und komplexes Geschehen, bei dem die einzelnen Aspekte nicht schadlos und ohne Weiteres herausgegriffen und isoliert betrachtet werden können.

Das Religionsbuch als didaktisches Instrument

Kernlehrpläne und Kompetenzerwartungen sind im Kontext schulischen Lernens lediglich ein Instrument unter vielen mit durchaus begrenzter Steuerungsfunktion. Dieses wird sich auch daran messen lassen müssen, inwieweit es mit anderen didaktischen Instrumenten korreliert und diese prägt. Schulbücher haben in diesem Zusammenhang eine hervorragende Funktion. Als kontinuierliches Medium begleiten sie Schülerinnen, Schüler, Lehrerinnen und Lehrer. Für das Religionsbuch »MITTENDRIN« sind die folgenden Eckpunkte leitend.

Lernlandschaften

Offene Lernformen und individuelle Lernwege verlangen möglichst offene Strukturen. Die klassische Einteilung in Kapitel ist daher aufgehoben. Andererseits brauchen Schülerinnen und Schüler, aber auch Lehrerinnen und Lehrer Orientierungshilfe. Diese wird letztlich wohl nur über eine Themenvorgabe zu erreichen sein. Das Religionsbuch »MITTENDRIN« ist daher anstatt in Kapitel in zwölf »Lernlandschaften« gegliedert, die nach dem Doppelseitenprinzip gestaltet sind. Zwei Drittel dieser Lernlandschaften generieren sich aus den Vorgaben des Kernlehrplans, d. h. sie sind daran orientiert oder angebunden (vgl. dazu Abb. 1). Die übrigen Lernlandschaften berücksichtigen besonders die Aspekte Projekt, Leitmedium, Biblische Ganzschrift und die Entwicklungspsychologie. Die Lernlandschaft Tobit verfolgt darüber hinaus das Ziel einer Zusammenfassung und Wiederholung zentraler Kompetenzen der vorherigen Lerngänge.

Lernlandschaften in 5/6	
Lernlandschaften	**Inhaltsfeld**
1 Gut ankommen	Entwicklungspsychologie: Ankommen in der neuen Schule
2 Staunen und fragen	Propädeutik
3 Menschen suchen Gott	Gott suchen
4 Keiner lebt allein	Ich und die Gruppe
5 Judentum	Judentum
6 Jesus kommt aus Nazaret	Der Jude Jesus
7 Wie alles begann	Christentum am Anfang
8 Feste feiern	Feste, die wir feiern
9 Keiner glaubt allein	Kirche und Kirchen
10 Erfahrungen mit Gott – die Bibel	Bibel
11 Muslimen begegnen	Islam
12 Gott geht mit – das Buch Tobit	Projekt und Wiederholung

Abbildung 1

Doppelseiten

Die innere Struktur der Lernlandschaften orientiert sich am Doppelseitenprinzip, wobei die Doppelseiten (DS) als geschlossene Einheiten zu betrachten sind. Eine DS behandelt also ein in sich kohärentes Thema. Jede Lernlandschaft hat eine Überschrift. Auch die DS erhalten eigene Überschriften.
Jede der zwölf Lernlandschaften (6–10 DS) weist drei Teile auf, wobei die einzelnen DS in Anlehnung an die Metapher der Lernlandschaft wie folgt benannt werden:
Reiseprospekt: Eine Auftaktdoppelseite mit Ideen, Bildern etc., die als Collage oder pars pro toto gestaltet ist.
Ausflüge: Drei bis sechs DS mit unterschiedlichen exemplarischen Beschäftigungen mit der Lernlandschaft. Dabei wird ein zentraler und entwicklungspsychologisch begründeter Lernzugang verfolgt, der als »Lerngang« bezeichnet wird.
Souvenirs: Eine Schlussdoppelseite zur Sicherung mit Selbstevaluation, Spielen, Rätseln etc.

Elemente der Ausflüge (Doppelseiten)

In den »Ausflugs«-DS werden sorgfältig und sparsam ausgewählte Materialien angeboten, z. B. Lieder, Bilder, Gedichte, Quellen- und Verfassertexte etc., die selbstverständlich didaktisch begründet und methodisch aufgearbeitet sind. Sie sind also keinesfalls lediglich Illustrationselemente. Dies gilt insbesondere für Bilder, deren didaktische Dignität durch die Größe der Wiedergabe sowie deren Positionierung ausgewiesen ist. In einer der »Ausflug«-DS wird jeweils einer der Lerngänge explizit ausgewiesen.

Handlungsimpulse

Die DS enthalten Arbeitsaufträge, die als »Impulse« bezeichnet werden. Alle Impulse sind ausschließlich als Handlungsimpulse (»imperativisch«) formuliert und daher mit Operatoren (s. S. 16f.) versehen. Schülerinnen und Schüler werden eingeladen, in handelnder Weise mit dem jeweiligen Medium umzugehen. Die Gliederung der einzelnen Impulse erfolgt lediglich mit »Spitzmarken«, damit eine präjudizierende Hierarchisierung vermieden wird. Die Impulse stehen nicht am unteren Ende einer Seite, sondern erscheinen optisch gewichtet und hervorgehoben positioniert auf der DS, den jeweiligen Medien zugeordnet. Geeignete Verweise auf zentrale Schlagwörter im Lexikonteil am Schluss des Buches bereichern das Lernangebot.

Spezifische Lerngänge

Die Kernlehrpläne weisen u. a. auch methodische Kompetenzen aus, die von den Schülerinnen und Schülern zu erwerben sind. An den Schulen werden innerhalb der Schulcurricula daher auch Methodencurricula beschrieben, zu denen jedes Fach einen spezifischen Beitrag leistet. Das Unterrichtswerk »MITTENDRIN« unterstützt dieses Konzept durch die Bereitstellung einer explizit fachspezifischen Methodensystematik, die sogenannten Lerngänge (siehe Abb. 2). Diese spezifischen Lerngänge spiegeln ästhetische Haltungen wider und sollen deren Einübung ermöglichen. Die Lerngänge werden durch eigene Icons besonders hervorgehoben. Die verschiedenen Elemente der Lerngänge werden an entsprechender Stelle ausführlich konkretisiert. Jeder der sieben Lerngänge wird mindestens einmal bedient.

Systematik der Lerngänge (fachspezifisches Methodencurriculum)		
Lerngänge	**Bezüge**	**Konkretisierungen**
Begegnen	soziales Lernen	Menschen wahrnehmen
Beten	Gebetsschule, religiöse Erfahrungsräume eröffnen	Geste und Haltung
Darstellen	Körperschule	Standbild
Gestalten	Haptik	Farbe und Form
Hören	Hin- und Zuhören, Musik, Geräusche, Stille	Ruhe und Stille
Sehen	Bilddidaktik	Bilder entdecken
Sprechen	Sprachschule	Bild und Vergleich

Abbildung 2

Lexikon

Am Ende des Religionsbuches ist ein Lexikon aufgenommen, in dem sich kurze Erläuterungen zu zentralen Schlagwörtern finden. Dieses Lexikon stellt ein spezifisches Medium dar. Schülerinnen und Schüler sind eingeladen, damit selbst organisiert zu arbeiten. In den Lernlandschaften selbst gibt es daher nur wenige Hinweise darauf.

Bilder

Es ist eine wesentliche Prämisse der Bilddidaktik, dass jedes Kunstwerk eine eigene und hoch zu schätzende Dignität hat, die einen voreiligen und allzu schnellen religionsdidaktischen Zugriff verbietet. Aus diesem Grund ist das Bildprogramm des Unterrichtswerks »MITTENDRIN – Lernlandschaften Religion« sorgfältig und sparsam zusammengestellt. Diese Wertschätzung auch Schülerinnen und Schülern gegenüber transparent zu machen, ist neben dem informativen Charakter die primäre Funktion eines zusätzlichen Kunstlexikons. Dieses versammelt prägnante Basisinformationen zu den Künstlerinnen und Künstlern der abgedruckten Bilder.

Hinweise für einen kompetenzorientierten Unterricht

Für einen kompetenzorientierten Unterricht, wie ihn das Unterrichtswerk »MITTENDRIN« ermöglichen will, ist es hilfreich, dass die Anforderungen für die Schülerinnen und Schüler transparent gemacht werden. Dies gelingt in aller Regel wesentlich leichter mit Impulsen als mit Fragen. Ein Impuls besteht aus einem Imperativ eines Operatorverbs, der mit einem Objekt und/oder einem inhaltlich spezifizierenden Nebensatz konstruiert ist. Die jeweils geforderte Tätigkeit wird dabei über den Operator festgelegt. Ebenso wird u. a. durch die Wahl des Operators mitgesteuert, in welchem Anforderungsbereich eine Aufgabe einzuordnen ist.

Deutlich wird, dass bei den Impulsen eine jeweils andere Aufgabenlösung intendiert ist, bei der Schwierigkeitsgrad und Komplexität der Anforderung sich unterscheiden. Damit Schülerinnen und Schüler in der Lage sind, den mit dem jeweiligen Operator verbundenen Arbeitsauftrag umzusetzen, ist es erforderlich, dass sie im Unterricht langfristig und konsequent mit den unterschiedlichen Operatoren bekannt gemacht und durch regelmäßiges Verwenden vertraut werden. Dies beginnt sinnvollerweise bereits in der Jahrgangsstufe fünf, auch wenn manche Anforderungen erst in späteren Jahrgangsstufen zum Tragen

Fragetechnik	Impulstechnik
»Welche Sakramente gibt es in der katholischen Kirche?«	»Zähle auf, welche Sakramente es in der katholischen Kirche gibt!« »Nenne die Sakramente, die es in der katholischen Kirche gibt!« »Vergleiche, welche Sakramente es in der katholischen Kirche und welche es in der evangelischen Kirche gibt!« »Beschreibe die Sakramente, die es in der katholischen Kirche gibt!« »Erkläre die Sakramente, die es in der katholischen Kirche gibt!«

kommen. Solches Einüben kann auf sehr vielfältige Weise geschehen, so z. B. auch über die Technik der Gesprächsführung, bei der ebenso die Impulstechnik der Fragetechnik vorzuziehen ist.

Für das Fach katholische Religionslehre wurden drei Anforderungsbereiche und die Operatoren verbindlich in den Einheitlichen Prüfungsanforderungen für die Abiturprüfung (EPA) definiert. Vor allem in einer langfristigen Perspektive und im Sinne eines aufbauenden Lernens sollte darauf geachtet werden, nur noch diese Operatoren in der hier festgelegten Bedeutung und Zuordnung zu den Anforderungsbereichen zu verwenden.

Es werden drei Anforderungsbereiche unterschieden, deren Beschreibung dabei hilft, die Aufgabe zu formulieren, die erwartete Leistung der Schülerinnen und Schüler festzulegen und die erbrachte Leistung zu beurteilen. Obwohl die Anforderungsbereiche definitorisch

Fachspezifische Beschreibung der Anforderungsbereiche

Anforderungsbereich I	Anforderungsbereich II	Anforderungsbereich III
Der Anforderungsbereich I umfasst die Zusammenfassung von Texten, die Beschreibung von Materialien und die Wiedergabe von Sachverhalten unter Anwendung bekannter bzw. eingeübter Methoden und Arbeitstechniken	Der Anforderungsbereich II umfasst das selbstständige Erklären, Bearbeiten und Ordnen bekannter Inhalte und das Anwenden gelernter Inhalte und Methoden auf neue Sachverhalte	Der Anforderungsbereich III umfasst die selbstständige systematische Reflexion und das Entwickeln von Problemlösungen, um zu eigenständigen Deutungen, Wertungen, Begründungen, Urteilen und Handlungsoptionen sowie zu kreativen Gestaltungs- und Ausdrucksformen zu gelangen
Geforderte Reproduktionsleistungen sind insbesondere: Wiedergabe von fachspezifischem Grundwissen (z. B. Daten, Fakten, Modelle, Definitionen, Begriffe) oder Wiedergabe von Textinhalten Zusammenfassen von Textinhalten Beschreiben von Bildern oder von anderen Materialien Darstellen von fachspezifischen Positionen	Geforderte Reorganisations- und Transferleistungen sind insbesondere: Einordnen von fachspezifischem Grundwissen in neue Zusammenhänge Herausarbeiten von fachspezifischen Positionen Belegen von Behauptungen durch Textstellen, Bibelstellen oder bekannte Sachverhalte Vergleichen von Positionen und Aussagen unterschiedlicher Materialien Analysieren von biblischen und anderen Texten oder von Bildern unter fachspezifischen Aspekten Anwenden fachspezifischer Methoden auf neue Zusammenhänge oder Probleme	Geforderte Leistungen der Problemlösung und der eigenen Urteilsbildung sind insbesondere: Entwickeln einer eigenständigen Deutung von biblischen oder literarischen Texten, Bildern oder anderen Materialien unter einer fachspezifischen Fragestellung Erörtern von fachspezifischen Positionen, Thesen und Problemen mit dem Ziel einer begründeten und überzeugenden Stellungnahme Entwickeln von Lösungsansätzen oder Lösungen bzgl. einer fachspezifischen Fragestellung Entwerfen von kreativen Gestaltungs- und Ausdrucksformen als besondere Form der Präsentation von Lösungen bzw. Lösungsansätzen Reflektieren der eigenen Urteilsbildung unter Beachtung biblischer, theologischer und ethischer Kategorien

unterschieden werden, ergeben sich je nach Aufgabenstellung vielfach Übergänge und Überschneidungen. Die geforderte Leistung wird durch den Operator in ihrem Schwerpunkt einem Anforderungsbereich zugewiesen. Gegliederte Aufgaben bauen sachlogisch aufeinander auf. Bei ihrer Beurteilung sollen die erforderlichen Teilleistungen nicht isoliert gesehen, sondern in einer Gesamtbeurteilung erfasst werden.

Literaturhinweis

Wolfgang Michalke-Leicht, Kompetenzorientiert unterrichten. Das Praxisbuch für den Religionsunterricht, München 2011

Operatoren im Anforderungsbereich I

Operatoren	Definitionen
Nennen Benennen	ausgewählte Elemente, Aspekte, Merkmale, Begriffe, Personen etc. unkommentiert angeben
Skizzieren	einen bekannten oder erkannten Sachverhalt oder Gedankengang in seinen Grundzügen ausdrücken
Formulieren Darstellen Aufzeigen	den Gedankengang oder die Hauptaussage eines Textes oder einer Position mit eigenen Worten darlegen
Wiedergeben	einen bekannten oder erkannten Sachverhalt oder den Inhalt eines Textes unter Verwendung der Fachsprache mit eigenen Worten ausdrücken
Beschreiben	die Merkmale eines Bildes oder eines anderen Materials mit Worten in Einzelheiten schildern
Zusammenfassen	die Kernaussagen eines Textes komprimiert und strukturiert darlegen

Operatoren im Anforderungsbereich II

Operatoren	Definitionen
Einordnen Zuordnen	einen bekannten oder erkannten Sachverhalt in einen neuen oder anderen Zusammenhang stellen oder die Position eines Verfassers bezüglich einer bestimmten Religion, Konfession, Denkrichtung etc. unter Verweis auf Textstellen und in Verbindung mit Vorwissen bestimmen
Anwenden	einen bekannten Sachverhalt oder eine bekannte Methode auf etwas Neues beziehen
Belegen Nachweisen	Aussagen durch Textstellen oder bekannte Sachverhalte stützen
Begründen	Aussagen durch Argumente stützen
Erläutern Erklären Entfalten	einen Sachverhalt, eine These etc. ggf. mit zusätzlichen Informationen und Beispielen nachvollziehbar veranschaulichen
Herausarbeiten	aus Aussagen eines Textes einen Sachverhalt oder eine Position erkennen und darstellen
Vergleichen	nach vorgegebenen oder selbst gewählten Gesichtspunkten Gemeinsamkeiten, Ähnlichkeiten und Unterschiede ermitteln und darstellen
Analysieren Untersuchen	unter gezielter Fragestellung Elemente, Strukturmerkmale und Zusammenhänge systematisch erschließen und darstellen
In Beziehung setzen	Zusammenhänge unter vorgegebenen oder selbst gewählten Gesichtspunkten begründet herstellen

Operatoren im Anforderungsbereich III	
Operatoren	**Definitionen**
Sich auseinander-setzen mit ...	ein begründetes eigenes Urteil zu einer Position oder einem dargestellten Sachverhalt entwickeln
Beurteilen Bewerten Stellung nehmen einen begründeten Standpunkt einnehmen	zu einem Sachverhalt unter Verwendung von Fachwissen und Fachmethoden sich begründet positionieren (Sach- bzw. Werturteil)
Erörtern	die Vielschichtigkeit eines Beurteilungsproblems erkennen und darstellen, dazu Thesen erfassen bzw. aufstellen, Argumente formulieren, nachvollziehbare Zusammenhänge herstellen und dabei eine begründete Schlussfolgerung erarbeiten (dialektische Erörterung)
Prüfen Überprüfen	eine Meinung, Aussage, These, Argumentation nachvollziehen, kritisch befragen und auf der Grundlage erworbener Fachkenntnisse begründet beurteilen
Interpretieren	einen Text oder ein anderes Material (Bild, Karikatur, Tondokument, Film etc.) sachgemäß analysieren und auf der Basis methodisch reflektierten Deutens zu einer schlüssigen Gesamtauslegung gelangen
Gestalten Entwerfen	sich textbezogen kreativ mit einer Fragestellung auseinandersetzen
Stellung nehmen aus der Sicht von ... Eine Erwiderung formulieren aus der Sicht von ...	eine unbekannte Position, Argumentation oder Theorie aus der Perspektive einer bekannten Position beleuchten oder infrage stellen und ein begründetes Urteil abgeben
Konsequenzen aufzeigen Perspektiven entwickeln	Schlussfolgerungen ziehen; Perspektiven, Modelle, Handlungsmöglichkeiten, Konzepte u. a. entfalten

(Quelle: Beschlüsse der Kultusministerkonferenz: Einheitliche Prüfungsanforderungen in der Abiturprüfung. Katholische Religionslehre (2006), S. 10–14, vgl. www.kmk.org/doc/beschl/061116_EPA-kat-religion.pdf)

Kompetenzerwartungen in MITTENDRIN 5/6

Die Tabelle gibt an, welche der im Kernlehrplan konkretisierten Kompetenzerwartungen in den Lernlandschaften bedient werden. Am Ende jedes didaktischen Teils werden die Kompetenzerwartungen in einer Tabelle aufgeführt, die in der jeweiligen Lernlandschaft bedient werden.

INHALTSFELD 1: MENSCHSEIN IN FREIHEIT UND VERANTWORTUNG Die Schülerinnen und Schüler
Sachkompetenz:
- erläutern, inwiefern jeder Mensch eine einzigartige und unverwechselbare Persönlichkeit ist, die auf Gemeinschaft hin angelegt und auf sie angewiesen ist; - erläutern die Bedeutung der christlichen Überzeugung, dass der Mensch von Gott geschaffen, geliebt und zur verantwortlichen Mitgestaltung der Schöpfung berufen ist; - erläutern an Beispielen, wodurch das Gelingen menschlichen Lebens gefährdet oder gefördert wird; - zeigen exemplarisch die Schönheit der Schöpfung und ihre Gefährdung auf.
Urteilskompetenz:
- beurteilen menschliche Verhaltensweisen vor dem Hintergrund des Glaubens an Gott als den Freund des Lebens; - bewerten Möglichkeiten ökologischen Engagements als Ausdruck und Konsequenz von Schöpfungsverantwortung.
INHALTSFELD 2: SPRECHEN VON UND MIT GOTT Die Schülerinnen und Schüler
Sachkompetenz:
- begründen, warum Religionen von Gott in Bildern und Symbolen sprechen; - deuten Namen und Bildworte von Gott; - erläutern an Beispielen Möglichkeiten und Schwierigkeiten, Gott darzustellen; - zeigen Situationen auf, in denen Menschen sich im Gebet an Gott wenden; - zeigen auf, wie Widerfahrnisse des Lebens aus dem Glauben gedeutet werden können; - deuten biblische Psalmen als Ausdruck menschlicher Erfahrungen im Glauben an Gott; - erläutern den Glauben katholischer Christen an einen Gott in drei Personen.
Urteilskompetenz:
- erörtern in Grundzügen Lebenswege glaubender Menschen im Hinblick auf deren Orientierungsangebot.
INHALTSFELD 3: BIBEL ALS »UR-KUNDE« DES GLAUBENS AN GOTT Die Schülerinnen und Schüler
Sachkompetenz:
- erläutern den Aufbau der Bibel; - zeigen auf, dass die biblischen Erzählungen Erfahrungen ausdrücken, die Menschen mit Gott gemacht haben; - geben exemplarische Glaubensgeschichten des Alten und Neuen Testaments wieder; - stellen die Bedeutsamkeit ausgewählter biblischer Frauen- und Männergestalten für die Glaubenspraxis dar; - erläutern, dass das Volk Israel seine Glaubenserfahrungen als Familiengeschichte erzählt; - weisen an Beispielen die Bedeutung der Bibel im Leben der Kirche nach (u. a. Gottesdienst); - begründen, warum die Bibel für Christen als »Heilige Schrift« besondere Bedeutung hat.
Urteilskompetenz:
- beurteilen ansatzweise die Relevanz biblischer Glaubenserzählungen für Menschen heute.

INHALTSFELD 4: JESUS DER CHRISTUS
Die Schülerinnen und Schüler

Sachkompetenz:

- ordnen Jesus von Nazaret in seine Zeit und Umwelt ein;
- benennen Merkmale, die die Zugehörigkeit Jesu zum Judentum verdeutlichen;
- erläutern an neutestamentlichen Beispielen, wie Jesus von Gott spricht;
- erläutern, dass die Zuwendung Jesu zu den benachteiligten und zu kurz gekommenen Menschen jeder ethischen Forderung vorausgeht;
- deuten die bildhafte Rede Jesu an Beispielen;
- erklären die Bezeichnung Jesu als Christus als Bekenntnis des Glaubens.

Urteilskompetenz:

- erörtern in Ansätzen Ursachen für Konflikte, die Worte und Taten Jesu bei den Menschen seiner Zeit auslösten;
- beurteilen an Beispielen, inwiefern Jesus Christus für Menschen heute Bedeutung haben und Orientierung sein kann.

INHALTSFELD 5: KIRCHE ALS NACHFOLGEGEMEINSCHAFT
Die Schülerinnen und Schüler

Sachkompetenz:

- erläutern die Entstehung der Kirche aus dem Glauben an Jesus Christus und dem Wirken des Heiligen Geistes;
- nennen beispielhaft Aufgaben der sich auf Jesus Christus gründenden Kirche;
- erläutern die Bedeutung des Apostels Paulus für die frühe Kirche;
- erklären Feste des Kirchenjahres in ihrer Bedeutung;
- zeigen die Bedeutung von Sakramenten und ihre Verknüpfungen mit Stationen im Leben eines Christen auf;
- erläutern, warum und wie katholische Christen Eucharistie feiern;
- zeigen an Beispielen Gemeinsamkeiten und Unterschiede in der Glaubenspraxis der Konfessionen auf.

Urteilskompetenz:

- erörtern, inwiefern der Einzelne am Leben der Kirchengemeinde teilnehmen und wie er seinen Auftrag als Christ im Alltag realisieren kann.

INHALTSFELD 6: WELTRELIGIONEN UND ANDERE WEGE DER SINN- UND HEILSSUCHE
Die Schülerinnen und Schüler

Sachkompetenz:

- benennen Gemeinsamkeiten und Unterschiede in Glaube und Glaubenspraxis der abrahamitischen Religionen;
- beschreiben wichtige Stationen im Leben großer Gestalten der abrahamitischen Religionen;
- zeigen Spuren jüdischen und muslimischen Lebens in ihrer Umgebung auf;
- erläutern anhand von Erzählungen aus der Abrahamgeschichte die gemeinsamen Wurzeln der abrahamitischen Religionen und deren Bedeutung für das Zusammenleben der Religionen;
- zeigen das Bekenntnis zu Jesus als dem Christus als unterscheidend christlich auf.

Urteilskompetenz:

- nehmen zu verbreiteten Vorurteilen gegenüber Religionen Stellung.

1 Gut ankommen

Hintergrund

Trotz des modularen Aufbaus der Lernlandschaften (LL), der nicht zu einer ganz bestimmten Reihenfolge in der Behandlung der zwölf LL nötigt, sondern ein ganz bewusst auf die Lerngruppe und die Lehrperson abgestimmtes »Durchwandern« ermöglicht, wird diese LL wohl den Beginn der neuen Lern- und Lebenslandschaft Gymnasium markieren. Daher geht es im Folgenden auch um mögliche Vernetzungen mit anderen LL und um Kooperationsmöglichkeiten mit anderen Fächern. »Gut ankommen« versteht sich im doppelten Bedeutungssinn: »Gut ankommen« als sich gut aufgenommen, willkommen geheißen und integriert wissen – in der neuen Schule mit den fremden Klassen- und Fachräumen und den neuen Fächern – und natürlich auch als »gut ankommen« in der neuen Klasse, bei den neuen Klassenkameradinnen und -kameraden, den Lehrerinnen und Lehrern und allen, die in der Schule tätig sind.
Im Mittelpunkt wird daher das Sich-Einleben in der neuen Schule, der neuen Klasse und nicht zuletzt der neuen Religionsgruppe stehen.
Und wie kann es weitergehen? Direkter Bezugspunkt ist die LL »Keiner lebt allein« (MITTENDRIN 5/6, S. 48-69), hier besonders »Miteinander lernen« (S. 54f.; Stichworte: Klassengemeinschaft, Klassenziele, Beziehungsnetz); »Miteinander leben« (S. 56f.; Stichworte: Regeln, Gebote, Klassenregeln); der Lerngang Begegnen (S. 10) sowie »Gemeinsam handeln« – die Souvenirseite dieser LL mit Anregungen für ein Klassenfest und weitere Aktivitäten.
Auch die LL »Keiner glaubt allein« (MITTENDRIN 5/6, S. 138-153) rückt ins Blickfeld, hier besonders »Einheit in Vielfalt« (S. 150f.). Vielleicht lassen sich schon zu Beginn dieses Schuljahres mit der Kollegin, dem Kollegen im Fach Evangelische Religionslehre gegenseitige Besuche, gemeinsame Unterrichtsstunden und ökumenische Projekte wie z. B. Schulgottesdienste und Schulpatenschaften für Projekte in der Dritten Welt besprechen und planen. Hier ist die Initiative aller Kolleginnen und Kollegen in der Klasse 5 gefragt. Sicherlich sind die Klassenlehrerin oder der Klassenlehrer wichtige Ansprechpartner.
Für viele Religions-L besteht die besondere Herausforderung einer Mischgruppe, d. h. die Religionsgruppe ist aus Schülerinnen und Schülern (Sch) aus verschiedenen fünften Klassen zusammengesetzt. Da Sch sich in der Religionsgruppen-Zusammensetzung höchstens zweimal, bei konsequenter Doppelstundenstruktur nur einmal in der Woche sehen, wird das Kennenlernen länger dauern als im regulären Klassenverband.
Hilfreich ist es sicher, mit Kolleginnen und Kollegen z. B. der Klasse mit den meisten katholischen Sch gemeinsame Projekte wie ein Klassenfest, ein Spielfest, eine Lesenacht u. v. m. zu planen.
Hinsichtlich eines im Lauf der fünften Klasse aufzubauenden Methodencurriculums (Wie führe ich ein Heft? Wie erarbeite ich mir Informationen aus Texten? etc.) ist die Kooperation mit den Haupt- und Nebenfachkolleginnen und -kollegen notwendig und hilfreich.

Gut ankommen — REISEPROSPEKT 6 | 7

Ansetzen

Der Reiseprospekt zeigt ein frisch geputztes, lichtdurchflutetes, aber noch nicht mit Mobiliar und anderen Einrichtungs- und Verschönerungsgegenständen versehenes Klassenzimmer. Erst recht fehlt auch alles, was ein Klassenzimmer lebendig macht: die Schülerinnen und Schüler und die Lehrerinnen und Lehrer. Diese Leere lädt dazu ein, gefüllt zu werden!
Nach dem ersten »Überraschungseffekt« lädt das Foto aus Heilighüsli/Zürich dazu ein, über das eigene Klassenzimmer und seine Einrichtung ins Gespräch zu kommen: Wann sind denn Klassenräume ganz leer, und warum? Was ist alles anders in unserem Klassenzimmer?

Umsetzen

■ **Fragen? Fragen!** Der Arbeitsimpuls für KG, das eigene »Traumklassenzimmer« als Zeichnung oder Collage auf (mindestens) DIN-A3-Postern zu gestalten, bietet die kreative Möglichkeit, das Klassenzimmer als »Lebensraum« zu verstehen. Einzelne »Traumelemente« werden so verwirklichbar.
Die Arbeitsgruppen stellen ihr »Traumklassenzimmer« vor und geben ihrem Entwurf einen fantasievollen Titel. Die Entwürfe werden im Klassenzimmer aufgehängt und sind damit auch für andere Klassen ein »vorzeigbares« Ergebnis. Schwierigkeiten gibt es manchmal, wenn es in der Schule keinen eigenen Religionsraum gibt, sondern die Religionsklassen »wandern« müssen. In diesem Fall empfiehlt sich die »Patenschaft« durch eine bestimmte Klasse, z. B. die 5 a.
Die Hoffnungen und Ängste der Kinder zu Beginn ihrer Schulzeit lassen sich auf zwei Postern (alte Tapetenrollen o. Ä.) visualisieren. Jedes Kind erhält drei rote und drei grüne Zettel. Auf die grünen Zettel schreibt es die Hoffnungen und Erwartungen, auf die roten die Ängste und Befürchtungen. Auf der einen Tapetenrolle werden die Hoffnungen, auf der anderen die Ängste geclustert. Im UG wird auf beides eingegangen, bei den Ängsten werden mögliche Hilfestellungen (vonseiten der Lehrperson/vonseiten der Sch) diskutiert.
L bewahrt die beiden Rollen bis zum Ende des Schuljahrs auf. Bei einer Abschlussevaluation der gemeinsamen Arbeit wird so noch einmal auf die Anfangssituation eingegangen.

Weiterführen

■ **Briefe schreiben.** Am Ende der ersten Schulwoche schreiben Sch einen Brief an eine Freundin oder einen Freund, an Oma oder Opa, die Patentante oder den Patenonkel und berichten darin von ihrem Neubeginn in der fünften Klasse. Wer will, kann ihn in der Lerngruppe vorlesen. Variante: Sch schreiben eine SMS.

■ **Klappbild gestalten.** Sch gestalten ein Klappbild, indem sie die Vorlage »Meine neue Schule« (**M 1.1, S. 29**) bearbeiten.

■ **Schulhauserkundung.** Sch unternehmen eine Rallye durch das Schulhaus und füllen den Fragebogen »Schulhausrallye« (**M 1.2, S. 30**) aus. Die Fragen können problemlos angepasst und ergänzt werden.

■ **Rituale am Stundenanfang.** Rituale haben eine identitätsstiftende, beruhigende und stabilisierende Wirkung auf eine Lerngruppe. Sie können eine Art »Erkennungs- oder Markenzeichen« sein. – L bittet beim Eintreten in die Klasse, alle Arbeitsmaterialien auf dem Pult bereitzuhaben. Dann schlägt L (oder später auch Sch) einen Klangstab, eine Klangschale oder eine Triangel an. Alle sitzen ruhig in ihren Bänken und lauschen, bis der letzte Ton verklungen ist.

■ **Unser »Klassengebetbuch«.** L besorgt eine dicke, schön eingebundene DIN-A5-Kladde. Das Klassengebetbuch wandert von Stunde zu Stunde, sodass jede und jeder im Laufe der Zeit einmal an der Reihe ist. Sch schreibt darin ein Gebet, ein Gedicht, einen bemerkenswerten Gedanken auf, wobei das Geschriebene durch eine Zeichnung, Malerei, Postkarte usw. verschönert wird. – Die/der Verantwortliche schlägt das Klanginstrument an, wartet, bis es verklungen ist, und liest den Text vor. Das Ritual endet wieder mit dem Anschlagen des Klanginstruments.
Auch Einstiegsrituale aus der Grundschulzeit der Sch können aufgegriffen werden, wenn diese von L erfragt werden. – Ganz wichtig ist es, von Zeit zu Zeit ein eingeführtes Ritual auf eventuelle »Abnutzung« hin zu überprüfen und es gegebenenfalls auszutauschen.

Literaturhinweis zur Gestaltung des Klassenzimmers

H. Halbfas, Religionsbuch für das fünfte und sechste Schuljahr, Düsseldorf 2005, 6

Literaturhinweise zu Ritualen

Th. Dressel/J. Geyrhalter, Morgens um acht. Rituale und Gebete für den Tagesbeginn in der Schule, München [5]2009
J. Griesbeck, 55 meditative Impulse für Schule, Gottesdienst und Gemeinde, Freiburg 2002
R. Kohl, Kreative Wahrnehmungsstile mit dem Klang-/Regenstab, Kerpen [3]2006
ders., Spiele, die still machen, Kerpen [4]2006
F.W. Niehl/A. Thömmes, 212 Methoden für den Religionsunterricht, München [11]2011, 247-260

Ansetzen

Im Zentrum dieser DS steht die/der einzelne Sch mit der ganz einzigartigen Persönlichkeit, die sie/er in die Lerngruppengemeinschaft einbringt. Gerade in Zeiten und Situationen des Umbruchs – und das ist ein Schulwechsel in jedem Fall – und der damit verbundenen Unsicherheit ist die Stärkung der Selbstannahme und des Selbstwertgefühls wichtig. Nach christlichem Verständnis ist die Einzigartigkeit und der unbedingte Wert jedes Menschen darin begründet, dass er als Ebenbild Gottes geschaffen, bejaht und geliebt ist. Zu dieser Einmaligkeit gehört auch der Name. Wer mich bei meinem Namen nennt, meint mich. Deshalb ist es auch sehr wichtig, möglichst schnell die Namen der Sch zu lernen. Ein Foto der Lerngruppe mit den dazugehörigen Namen hilft dabei sehr.
Der Blick weitet sich nun vom Ich auf das Du und das Wir. Wie sehe ich mich? Wie sehen mich andere – in meiner Familie, in meiner Freundesgruppe, in meiner neuen Klasse? Der Unterschied zwischen Selbst- und Fremdwahrnehmung führt häufig zu Ängsten und Spannungen, besonders in einer neuen Gemeinschaft, in der die eigene Rolle noch nicht festgelegt ist und jede/r doch »gut ankommen« möchte.
Die rechte Seite möchte zur Ich-Stärkung beitragen, denn nur wer seine Außenwirkung realistisch einzuschätzen vermag, kann sich mit seinen Stärken und seinen Schwächen in die Gruppe einbringen.
Die Sprechblasen zu Lisa werden von fünf Sch vorgelesen. Gesprächsimpulse: Über welche Aussagen würdest du dich freuen, über welche ärgern, wenn du Lisa wärest? Warum? Wie kommen Miriam und Felix wohl zu ihren negativen Urteilen? Und wie ist Lisa nun wirklich? Können wir das aufgrund der Sprechblasen überhaupt herausfinden?

Umsetzen

■ **Ein Gedicht über mich.** Vers 14 aus Psalm 139 bietet die interessante Möglichkeit gemeinsamer Reflexion über Sprache und die besondere Bedeutung von Wörtern und ihrer Stellung im Satz.
Der unterschiedliche Akzent durch das Umstellen und Gruppieren von nur fünf Wörtern wird durch das Verfassen neuer Strophen sehr deutlich. Sch schreiben ihre Lieblingsstrophe in besonderer Schrift in ihr Heft und verzieren diese Strophe dann durch Fingerabdrücke oder auch eine besonders schön gestaltete Initiale.
Eine intensivere Beschäftigung mit Psalm 139 und eine Kontextualisierung von Vers 14 sind denkbar, z. B. durch die Beschäftigung mit den Versen 13-16. Eine Behandlung des gesamten Psalms mit seinen problematischen Schlussversen ist eher schwierig.

■ **Ich.** Sch gestalten im Heft eine Seite nach dem vorgegebenen Muster. Die Anzahl der Personen, die etwas über sie sagen, kann variieren. Wer will, kann seine »Ich-Seite« zur Verfügung stellen und die Sprechblasen von verschiedenen Sch vorlesen lassen.
Variante: Die Klasse wird in Vierer- oder Fünfergruppen eingeteilt. Jede KG wählt sich eine/n Sch, die/der durch verschiedene Aussagen charakterisiert wird. Die betreffenden Sch hören sich die Charakterisierung an und treten dann in ein Gespräch mit der Gruppe ein.

■ **Kennenlernspiele.** Verschiedene Kennenlernspiele in den ersten Schulwochen helfen dabei, die Sch der Religionsgruppe besser kennenzulernen, denn meist sieht sich diese Gruppe nur an zwei Stunden pro Woche.
Ein »Detektivspiel« bietet die Gelegenheit, als »Detektiv« andere Sch zu »enttarnen«. Auf Kärtchen schreiben Sch Angaben zur eigenen Person, z. B. Alter, Größe, Haarfarbe, in Druckbuchstaben. Die Karten werden gemischt. Nacheinander zieht jede/r Sch eine Karte und sucht die beschriebene Person.

Weiterführen

■ **Meinen Namen entschlüsseln.** Zur Individualität gehört in ganz besonderer Weise der Name. Die Kinder wissen von der besonderen Bedeutung der Namen z. B. bei Indianern: »Springender Hirsch«, »Der-mit-dem-Wolf-tanzt« – diese Namen verweisen auf besondere Eigenschaften des Namensträgers, z. B. Leichtfüßigkeit oder Mut. Aber auch unsere Namen haben eine besondere Bedeutung. Hilfreich beim Herausfinden der Namensbedeutung und der Herkunft des Namens ist www.kindername.de.
Unter www.heiligenlexikon.de oder www.heilige.de lassen sich Namenspatrone und Namensbedeutung leicht herausfinden – z. B. bei einer »Namensforschungsstunde« im Computerraum der Schule. Unter www.heilige.de lässt sich eine Urkunde mit Namenstag und Vita des Patrons ausdrucken, die dann ins Religionsheft eingeklebt wird. Sch können sich dann gegenseitig ihre Namenspatronin, ihren Namenspatron vorstellen. Unter www.beliebte-vornamen.de lassen sich die beliebtesten Mädchen- und Jungennamen

sogar für einzelne Jahrgänge, z. B. den Jahrgang der eigenen Geburt, herausfinden.

■ **Ich buchstabiere mich.** Eine attraktive Annäherung an den eigenen Namen ist auch die Gestaltung eines Akrostichons, z. B.:

I Ich
R radele
I im
S Sonnenschein

■ **Schattenprofile.** Ein eindrucksvoller Raumschmuck ist die Schattenprofil-Galerie. Sch erhalten je ein DIN-A3-Blatt. Die Lerngruppe wird in Paare aufgeteilt. Neben dem OHP wird ein Stuhl aufgestellt, ein Sch nimmt Platz. Im Profil bildet der OHP den Schattenriss von Sch ab. Der Partner/die Partnerin zeichnet dieses Schattenprofil ab, dann werden die Rollen getauscht. Das Schattenprofil wird ausgeschnitten und auf schwarzen Fotokarton geklebt. Bei dieser Aufgabe ist es wichtig, dass die Lerngruppe einen begleitenden AA erhält, damit die Paare in Ruhe an ihren Schattenprofilen arbeiten können. Bei großen Lerngruppen empfiehlt sich der Einsatz von mehreren OHPs.

■ **Steckbriefe.** Die Lerngruppe einigt sich auf Steckbrieffragen (z. B. Name, Geburtstag, Geschwister, Lieblingstier, Hobbys, Lieblingsessen etc.) und fertigt Steckbriefe an. Diese werden wie ein Kartenspiel gemischt. Zu Anfang jeder Stunde werden charakteristische Eigenschaften, aber nicht der Name der im Steckbrief gesuchten Person genannt. Die Klasse muss dann raten, um wen es sich handelt.

■ **»Ich und du«.** Das Gedicht »Ich und du« (**M 1.3, S. 31**) von K. Frank wird laut gelesen. Dann bilden sich Paare, die sich gegenseitig etwas voneinander erzählen, wie es das Gedicht anregt.

Sich verstehen AUSFLUG 10 | 11

Ansetzen

»Man kann nicht nicht kommunizieren. Handeln oder Nichthandeln, Worte oder Schweigen haben alle Mitteilungscharakter: Sie beeinflussen andere, und diese anderen können ihrerseits nicht nicht auf diese Kommunikationen reagieren und kommunizieren damit selbst«, schreibt P. Watzlawick. Wir kommunizieren also permanent und veranlassen andere dazu, auf uns zu reagieren, und umgekehrt. Unter »Handeln« sind im weiteren Sinne auch Gestik, Mimik und Körperhaltung zu zählen. Vieles läuft unbewusst ab, beeinflusst jedoch uns selbst bzw. unser Gegenüber. Es erleichtert das menschliche Miteinander erheblich, sich diese Phänomene bewusst und so Kommunikation steuerbar zu machen.
Die Beiträge auf dieser DS beziehen sich auf die sogenannte Körpersprache, in der es vorwiegend um Mimik und Gestik geht. Dazu gibt es zahlreiche Auflistungen (u. a. im Internet unter www.planet-wissen.de, Stichwort »Körpersprache«), in denen bestimmte Verhaltensweisen gedeutet und so handhabbar gemacht werden.

Umsetzen

■ **Menschen wahrnehmen.** Zum Lerngang »Begegnen«/»Menschen wahrnehmen«, in dem es um nonverbale Kommunikation geht, muss den Sch zusätzliche Information zur Verfügung gestellt werden. Neben einer Definition zentraler Begriffe könnten in Gruppen von den Sch wesentliche Merkmale von Körpersprache zusammengestellt werden und diese mit existierenden Auflistungen (wie es sie zahlreich im Internet gibt; s. o.) abgeglichen werden. Wichtig ist hierbei eine Einteilung in das, was in unserer Kultur eindeutig zugeordnet werden kann, und solche Ausdrucksformen, die wir unterschiedlich auslegen können.

Literaturhinweise

S. Molcho, Körpersprache, München 1996
T. Bruno/G. Adamczyk, Körpersprache, Freiburg 2006

Das Gesicht
Verblüffung: Augenbrauen hochgezogen, Augen weit geöffnet, offener Mund.
Trauer, Enttäuschung: hängende Mundwinkel.
Lüge: Blickrichtung häufig wechseln, dem Blick des anderen nicht standhalten, ihm ausweichen; beim Sprechen den Mund verdecken, sich an der Nase reiben.
Langeweile: Blick wandert langsam suchend herum oder Augen wandern im Kreis (rollen); unübersehbar: seufzen, tief ausatmen.
Freude: Lächeln und strahlende Augen.
Unsicherheit: Hände öffnen und schließen, Auge wandert zwischen zwei Punkten hin und her; oder mit dem Finger kurz die Nasenspitze berühren.

Einen Entschluss gefasst haben: Nase leicht heben.
Hoffnung: aufschauen, emporschauen.

Gestik

Zuneigung, Sympathie: eigene Körperhaltung der des Gegenübers immer wieder angleichen. Wenn zwei Personen sich gegenübersitzen und die Beine übereinandergeschlagen haben, so bedeutet die gleiche Richtung der Beine Zuneigung, die entgegengesetzte aber Distanz.
Die linke Hand steht für Emotion, die rechte für Rationalität.
Aufrichtigkeit und menschliche Wärme: Bewegungen, die vom Körper wegführen.
Gehemmtheit, Verschlossenheit: Bewegungen, die von außen zum Körper hinführen.
Großspurigkeit, Demagogie: Die Hände in Halshöhe ausstrecken, weite ausholende Bewegungen.
Eitelkeit und Stolz: Kragen mehrfach mit dem Zeigefinger lockern.
Unruhe: wiederholt die Hände reiben.
Suche nach Selbstbestätigung: Krawattenknoten grundlos nachbessern.
Schüchternheit: Nacken am Haaransatz reiben oder über den Hinterkopf streichen.
Zustimmung, Übereinstimmung: sich wohlgefällig übers Haar streichen.
Kritisch und skeptisch: Kinn in Hand stützen.

■ **Ohne Worte.** Hier werden Sch angeregt, sich die gewonnenen Erkenntnisse in praktischen Übungen zu veranschaulichen. Die Liste des pantomimisch, also ohne Worte Darstellbaren lässt sich beliebig verlängern. Und somit auch die vorher begonnene Liste eher eindeutiger oder eher mehrdeutiger körpersprachlicher Signale.

■ **Bildbegegnung.** Ein Gespräch über das Bild sollte in einer ersten Bildbegegnung mit dessen genauer Beschreibung beginnen. Die vorher erworbenen Kenntnisse über Körpersprache können den Sch bei einer ersten Deutung des Bildes hilfreich sein. Doch auch die Umgebung der beiden Figuren sollte einer ausführlicheren Betrachtung unterzogen werden.
Das Bild ist auch in der MITTENDRIN-Folienmappe (ISBN 978-3-466-50761-0), Folie 7, zu finden, mit weiterführenden Beschreibungen und Einsatzmöglichkeiten.

■ **Das Bild erweitern.** Indem sie das Bild erweitern, gehen Sch es interpretierend und Eigenes einbringend mit der Thematik von Beziehungslosigkeit und der Bedeutung der Umwelt/Umgebung für gelingende Kommunikation um. Sie haben so die Möglichkeit, auch eigene (Kommunikations-) Erfahrungen zu verarbeiten. Vorstellbar wäre in diesem Zusammenhang eine Gegenüberstellung dieses Bildes mit dem Bild »Frühstück der Ruderer« (MITTENDRIN 5/6, S. 52f.), bei dem ebenfalls die verschiedenen Kommunikationssituationen, auch im Hinblick auf die Körpersprache der Sprechenden, untersucht werden können.

Anton Räderscheidt, Begegnung II (1921)
Das Gemälde, Öl auf Leinwand, unbekanntes Format, rechts unten signiert, ist verschollen; abgebildet in: Das Kunstblatt, 16. Jg., Februar 1932, 59.
In der Weimarer Republik setzte sich in den Bereichen Film, Fotografie, Bildende Kunst und Architektur eine allgemeine »Versachlichung« der ästhetischen Ausdrucksform durch. Das Leben der Menschen in den Großstädten war Schwerpunkt der sogenannten »Neuen Sachlichkeit«. Ihr Stil zeichnete sich durch unsentimentale Darstellungsweisen aus, im Vordergrund stand die Abbildung der nüchternen und versachlichten Wirklichkeit. Der Kölner Künstler A. Räderscheidt war in den 1920er-Jahren ein typischer Vertreter dieser Richtung. Bildkonstruktionen aus Figuren und Räumen, einsame Paare, die weder zueinander noch zu ihrer Umgebung eine nähere Beziehung haben und die in das Bild hineingestellt wirken, waren bevorzugte Bildmotive. Der dargestellten Kälte entsprach die Farbgebung der Bilder. Das Bild »Begegnung II« gehört zu den seit der Zeit des Nationalsozialismus verschollenen Werken Räderscheidts, der 1934 nach Frankreich emigrierte. Es war Teil der Sammlung von Paul Multhaupt, einem Industriellen aus Düsseldorf.
Dominiert wird das Bild von der Rückenansicht eines Mannes mit Hut, die Hände hat er in den Hosentaschen. Links von ihm steht eine halb ihm, halb dem Betrachter zugewandte junge Frau, die den Mann anblickt. Ihr Blickkontakt wird – der Kopfhaltung des Mannes nach zu urteilen – nicht erwidert, ihre Arme sind leicht geöffnet, die Hände nach dem Mann gleichsam ausgestreckt. Hinter beiden befinden sich zwei Häuser, die in einem seltsam spitzen Winkel zueinander stehen. Das vordere Haus hat nur dunkle, matt wirkende Fensterscheiben, im hinteren Haus sind entweder alle Fenster erleuchtet oder es besteht nur aus der Vorderfront, durch deren Fenster das diffuse Tageslicht fällt. Eine Lichtquelle ist nicht ersichtlich – die Szenerie wird von einem gleichmäßigen, kalten Licht erhellt. Nur die beiden Figuren sind – bis auf das Gesicht und die Hände der Frau sowie die Ohren des Mannes – von diesem Licht unberührt und schwarz.

Weiterführen

■ **Sich in Szene setzen.** Anhand szenischer Übungen oder/und mit L, der an der Schule die Theater-AG bzw. den Oberstufenkurs »Literatur und Theater« leitet, lassen sich in der Gruppe zusätzliche Beobachtungen zu Mimik, Gestik und Körpersprache machen. Dadurch vergrößert sich auch die Methodenkompetenz der Sch im Hinblick auf szenische Verfahren.

Kompetenzerwartungen in der LL »Gut ankommen«

Die Tabelle gibt an, welche der im Kernlehrplan konkretisierten Kompetenzerwartungen in dieser Lernlandschaft »Gut ankommen« zentral bedient werden [X] bzw. welche teilweise oder wiederholend angesprochen werden können [(X)]:

INHALTSFELD 1: MENSCHSEIN IN FREIHEIT UND VERANTWORTUNG Die Schülerinnen und Schüler	
Sachkompetenz:	
– erläutern, inwiefern jeder Mensch eine einzigartige und unverwechselbare Persönlichkeit ist, die auf Gemeinschaft hin angelegt und auf sie angewiesen ist; – erläutern die Bedeutung der christlichen Überzeugung, dass der Mensch von Gott geschaffen, geliebt und zur verantwortlichen Mitgestaltung der Schöpfung berufen ist; – erläutern an Beispielen, wodurch das Gelingen menschlichen Lebens gefährdet oder gefördert wird; – zeigen exemplarisch die Schönheit der Schöpfung und ihre Gefährdung auf.	X X
Urteilskompetenz:	
– beurteilen menschliche Verhaltensweisen vor dem Hintergrund des Glaubens an Gott als den Freund des Lebens; – bewerten Möglichkeiten ökologischen Engagements als Ausdruck und Konsequenz von Schöpfungsverantwortung.	(X)
INHALTSFELD 2: SPRECHEN VON UND MIT GOTT Die Schülerinnen und Schüler	
Sachkompetenz:	
– begründen, warum Religionen von Gott in Bildern und Symbolen sprechen; – deuten Namen und Bildworte von Gott; – erläutern an Beispielen Möglichkeiten und Schwierigkeiten, Gott darzustellen; – zeigen Situationen auf, in denen Menschen sich im Gebet an Gott wenden; – zeigen auf, wie Widerfahrnisse des Lebens aus dem Glauben gedeutet werden können; – deuten biblische Psalmen als Ausdruck menschlicher Erfahrungen im Glauben an Gott; – erläutern den Glauben katholischer Christen an einen Gott in drei Personen.	
Urteilskompetenz:	
– erörtern in Grundzügen Lebenswege glaubender Menschen im Hinblick auf deren Orientierungsangebot.	
INHALTSFELD 3: BIBEL ALS »UR-KUNDE« DES GLAUBENS AN GOTT Die Schülerinnen und Schüler	
Sachkompetenz:	
– erläutern den Aufbau der Bibel; – zeigen auf, dass die biblischen Erzählungen Erfahrungen ausdrücken, die Menschen mit Gott gemacht haben; – geben exemplarische Glaubensgeschichten des Alten und Neuen Testaments wieder; – stellen die Bedeutsamkeit ausgewählter biblischer Frauen- und Männergestalten für die Glaubenspraxis dar; – erläutern, dass das Volk Israel seine Glaubenserfahrungen als Familiengeschichte erzählt; – weisen an Beispielen die Bedeutung der Bibel im Leben der Kirche nach (u. a. Gottesdienst); – begründen, warum die Bibel für Christen als »Heilige Schrift« besondere Bedeutung hat.	
Urteilskompetenz:	
– beurteilen ansatzweise die Relevanz biblischer Glaubenserzählungen für Menschen heute.	(X)

INHALTSFELD 4: JESUS DER CHRISTUS Die Schülerinnen und Schüler	
Sachkompetenz:	
– ordnen Jesus von Nazaret in seine Zeit und Umwelt ein; – benennen Merkmale, die die Zugehörigkeit Jesu zum Judentum verdeutlichen; – erläutern an neutestamentlichen Beispielen, wie Jesus von Gott spricht; – erläutern, dass die Zuwendung Jesu zu den benachteiligten und zu kurz gekommenen Menschen jeder ethischen Forderung vorausgeht; – deuten die bildhafte Rede Jesu an Beispielen; – erklären die Bezeichnung Jesu als Christus als Bekenntnis des Glaubens.	
Urteilskompetenz:	
– erörtern in Ansätzen Ursachen für Konflikte, die Worte und Taten Jesu bei den Menschen seiner Zeit auslösten; – beurteilen an Beispielen, inwiefern Jesus Christus für Menschen heute Bedeutung haben und Orientierung sein kann.	(X)
INHALTSFELD 5: KIRCHE ALS NACHFOLGEGEMEINSCHAFT Die Schülerinnen und Schüler	
Sachkompetenz:	
– erläutern die Entstehung der Kirche aus dem Glauben an Jesus Christus und dem Wirken des Heiligen Geistes; – nennen beispielhaft Aufgaben der sich auf Jesus Christus gründenden Kirche; – erläutern die Bedeutung des Apostels Paulus für die frühe Kirche; – erklären Feste des Kirchenjahres in ihrer Bedeutung; – zeigen die Bedeutung von Sakramenten und ihre Verknüpfungen mit Stationen im Leben eines Christen auf; – erläutern, warum und wie katholische Christen Eucharistie feiern; – zeigen an Beispielen Gemeinsamkeiten und Unterschiede in der Glaubenspraxis der Konfessionen auf.	
Urteilskompetenz:	
– erörtern, inwiefern der Einzelne am Leben der Kirchengemeinde teilnehmen und wie er seinen Auftrag als Christ im Alltag realisieren kann.	
INHALTSFELD 6: WELTRELIGIONEN UND ANDERE WEGE DER SINN- UND HEILSSUCHE Die Schülerinnen und Schüler	
Sachkompetenz:	
– benennen Gemeinsamkeiten und Unterschiede in Glaube und Glaubenspraxis der abrahamitischen Religionen; – beschreiben wichtige Stationen im Leben großer Gestalten der abrahamitischen Religionen; – zeigen Spuren jüdischen und muslimischen Lebens in ihrer Umgebung auf; – erläutern anhand von Erzählungen aus der Abrahamgeschichte die gemeinsamen Wurzeln der abrahamitischen Religionen und deren Bedeutung für das Zusammenleben der Religionen; – zeigen das Bekenntnis zu Jesus als dem Christus als unterscheidend christlich auf.	
Urteilskompetenz:	
– nehmen zu verbreiteten Vorurteilen gegenüber Religionen Stellung.	(X)

Meine neue Schule

Anleitung für ein Klappbild

- Male das Bild farbig aus und schreibe über den Torbogen den Namen deiner Schule.
- Schneide es aus den äußeren Rändern aus.
- Schneide nun die Tür in der Mitte so aus (Mitte sowie obere und untere Türflügelkante), dass du die Tür nach rechts und links wie bei einem Adventskalender öffnen kannst.
- Klebe dein Bild so in dein Religionsheft, dass du die beiden Türhälften öffnen kannst und in der Mitte eine freie Fläche entsteht.
- Schreibe nun in die Innenseite der linken Türhälfte, was dir an deiner neuen Schule nicht gefällt, und in die Innenseite der rechten Türhälfte, was dir an deiner neuen Schule gut gefällt.
- Wenn du willst, kannst du deiner Banknachbarin oder deinem Banknachbar deine Eindrücke zeigen. Du kannst deine Schultür aber auch mit einem Klebestreifen verschließen – dann bleiben deine ersten Eindrücke dein Geheimnis.

Schulhausrallye

Psst: Es ist überall Unterricht, also seid ganz leise!

Gymnasium: ______________________________

Name: ______________________________

Klasse: ______________________________

1. Wie heißen unsere Schulsekretärinnen?

____

2. So lautet die Telefonnummer unserer Schule:

____

3. Wie heißt unsere Direktorin/unser Direktor?

____

4. Und wie unsere Hausmeisterin/unser Hausmeister?

____

5. Wo finde ich die Streitschlichter?

____

6. Wo finde ich Stundenplanänderungen und den Vertretungsplan?

____

7. Wo kann ich mir Pausenbrot kaufen?

____

8. Welches ist der schönste Raum in unserer Schule?

____

9. Was möchte ich noch über meine neue Schule wissen?

____

10. Welchen Rat für die neue Schule würde ich den kommenden Fünftklässlern geben?

____

Ich und du

Du bist anders als ich,
ich bin anders als du.
Gehen wir aufeinander zu,
schauen uns an,
erzählen uns dann,
was du gut kannst,
was ich nicht kann,
was ich so treibe,
was du so machst,
worüber du weinst,
ob du Angst spürst bei Nacht,
welche Sorgen ich trag,
welche Wünsche du hast,
welche Farben ich mag,
was traurig mich stimmt,
was Freude mir bringt,
wie wer was bei euch kocht,
wer was bei uns singt ...
Und plötzlich erkennen wir
– waren wir blind? –,
dass wir innen uns
äußerst ähnlich sind.

Karlhans Frank

- Eine(r) liest das Gedicht laut und mit guter Betonung vor.
- Suche dir nun eine Partnerin/einen Partner, der/dem du von dir erzählst – das Gedicht bietet ja viele Anregungen, miteinander ins Gespräch zu kommen. Auch sie oder er soll dann von sich berichten. Wenn ihr eine Frage nicht beantworten wollt (z. B. welche Sorgen du hast), dann lasst sie einfach aus.
- Traust du dich zu einer Mitschülerin/einem Mitschüler zu gehen, die/den du noch nicht gut kennst?
- Überlegt nun nach eurem gegenseitigen »Interview«, ob Karlhans Frank mit seinen beiden Schlusszeilen recht hat.

2 Staunen und fragen

Hintergrund

Die zweite Lernlandschaft (LL) des Buches unternimmt den Versuch einer Einführung in die Denkwege von Philosophie und Theologie. Sch werden ermuntert, sich den staunenswerten Erfahrungen der Existenz zu öffnen, daraus eigene Fragestellungen zu entwickeln und in reflektierter Weise Antwortmöglichkeiten zu erproben. Damit stellt sich die LL zunächst in die Tradition des von den USA ausgehenden und im deutschen Sprachraum mittlerweile gut repräsentierten »Philosophierens mit Kindern« (u. a. D. Daurer, Staunen, Zweifeln, Betroffensein. Mit Kindern philosophieren, Weinheim u. a. 1999; H.-L. Freese, Kinder sind Philosophen, Weinheim u. a. 2002; M.-L. Weißbecker-Wolff, Mit Kindern philosophieren. Staunen – Fragen – Nachdenken, Freiburg/Br. u. a. 2002).
Für die Frage nach dem Philosophieren stellt die fünfte bzw. sechste Klasse in entwicklungspsychologischer Hinsicht eine interessante Übergangsphase dar: Im Grundschulalter befinden sich die Kinder nach Jean Piaget (1896-1980) noch auf der konkret operatorischen Stufe. Dies bedeutet für das Philosophieren, dass die Kinder zwar weitgehend »animistische« oder »magische« Vorstellungsweisen aufweisen, aber deutlich im Begriff sind, diese kognitiven Defizite aufzuholen. Schon bald gelingt es ihnen, Hierarchien und Ordnungsrelationen herzustellen und auf neuem Niveau Konzeptionen von Raum und Zeit zu entwickeln. Auf der anderen Seite schaffen sie es immer noch leicht, regelgeleitete Bahnen zu verlassen und zu affektiven Bereichen überzuwechseln. Damit bleibt ihnen ein hohes Maß an spontanem, assoziativ-unkonventionellem Denken erhalten, das einen guten Beitrag zum philosophischen Gedankenspiel leisten kann. Ab dem 11. bis 14. Lebensjahr entwickeln Kinder ein höheres Niveau mit kombinatorischer Strukturbildung, systematischer Systembildung und Verständnis für wissenschaftliche Methoden. Diese Spannung im Übergang von affektiven, spontan-assoziativen, ausprobierenden Denkbewegungen zu regelgeleitetem Nachdenken macht die Attraktivität des Umgangs mit philosophischen Fragen in der fünften und sechsten Klasse aus.
Damit ist für den RU die Möglichkeit gegeben, Sch zu einer Denkbewegung zu ermutigen, »die beim Staunen ihren Anfang nimmt, über das Fragen zum kritischen Infragestellen voranschreitet«. Die zweite LL des Buches will diese Denkbewegung in Gang setzen und methodisch unterstützen. Dabei wird der Blick über das rein philosophische Instrumentarium hinaus auf theologische Antwortmöglichkeiten hin geweitet. Kinder sind nicht nur Philosophen, sondern auch Theologen. Bereits K. Rahner hat in den »Gedanken über eine Theologie der Kindheit« aus dem Jahr 1962 (Schriften zur Theologie. Band VII, Einsiedeln 1971, 313-329) die eigenständige Dignität kindlichen Nachdenkens über theologische Fragestellungen betont. Mit einiger Verspätung und im Gefolge der Kinderphilosophie hat sich in den letzten Jahren eine »Kindertheologie« entwickelt, die die Kindheit selbst in ihrer Unmittelbarkeit zu Gott und Kinder als Subjekte ihrer eigenen religiösen Bildung wahrnimmt (vgl. A. Bucher u. a., »Vielleicht hat Gott uns Kindern ja den Verstand gegeben«. Ergebnisse und Perspektiven der Kindertheologie. Jahrbuch für Kindertheologie Bd. 5, Stuttgart 2006). Diese religiöse Bildung wird weithin als »Selbstbildung in Beziehung« betrachtet: Kindertheologie ist v. a. Theologisieren mit Kindern, d. h. das Anstoßen und Begleiten religiösen Nachdenkens. Vor allem »Der Weg nach innen« (MITTENDRIN 5/6, S. 24f.) gibt hier erste Anstöße.

Staunen und fragen — REISEPROSPEKT 12 | 13

Ansetzen

Vor einem Fragezeichen und den Signalworten »Staunen und fragen« sind sieben Bilder appliziert (Kosmos, zweimal Natur, Unfall, Leid, Tod, Bibel). Die Bilder bieten Anlässe, um mit den Sch über das Staunen ins Gespräch zu kommen: Über die Weite und Unbegrenztheit der Welt, über die Schönheit und Zweckmäßigkeit der Natur, über das Wunder der eigenen Existenz, aber auch über das Leid in der Welt.

Umsetzen

■ **Bilder betrachten.** Nach einer Einzelbetrachtungsphase bilden Sch sieben KG, wobei jeder Gruppe ein Bild zugewiesen wird. Die Gruppe formuliert zu ihrem Bild, worüber sie angesichts des Bildes ins Staunen kommt, welche Fragen sie dazu stellt und ob sie auf diese Fragen erste Antworten finden kann. Die Ergebnisse werden auf einem Plakat zusammengefasst. Anschließend präsentieren die Gruppen ihre Ergebnisse. Diese können dann zu einem Arbeitsplan der Lerngruppe für die folgende Unterrichtssequenz erweitert werden.

Auf Entdeckungsreise gehen AUSFLUG 14 | 15

Ansetzen

Die DS setzt bei der Geheimnishaftigkeit der Welt und des Kosmos im Größten und im Kleinsten an. Nach Blaise Pascal (1623-1662) ist der Mensch in seinem »Dazwischen« definiert, er ist nicht das Kleinste, aber er ist auch nicht das Größte. In diesem Sinne erfährt der Mensch seine Einzigartigkeit in der Frage eben nach diesen beiden Dimensionen, insofern er sich seiner Stellung im Kosmos gewahr wird. Der Kosmos spiegelt sich in dem geringsten dem Menschen begegnenden Gegenstand, wie er dem Menschen in der Unendlichkeit des Universums zur Frage wird. Die Schönheit der Welt, die sich bei der Betrachtung aus dem All offenbart, zeigt sich ebenso in jedem einzelnen Grashalm. Beide Dimensionen sind zum einen im Gedicht, zum anderen im Bild der Erde als blauem Planeten gegenwärtig und können der Ansatz zum Staunen über die Existenz des Menschen selbst und der umgebenden Welt werden.

Umsetzen

■ **Ein Gedicht.** Staunen kann nicht erklärt werden und bedarf einer eigenen sprachlichen Annäherung. Das Gedicht stellt eine solche Möglichkeit der Annäherung dar. Es ist u. U. vorteilhaft, den Sch im Sinne der Differenzierung Bildmaterial von Dingen anzubieten (Blume, Käfer, Stein etc.), über die man staunen kann. Nach dem Schreiben des Gedichts werden die Gedichte ohne Kommentierung oder Bewertung vorgelesen. Haben Sch die Gedichte auf Einzelblätter geschrieben und gestaltet, besteht auch die Möglichkeit einer »Gedichtcollage« (s. Weiterführen).

■ **Staunen – Fragen – Antworten.** Sch bilden von Anfang an Dreiergruppen. Nach Beendigung der Schreib- und Gruppenphase werden die Ergebnisse auch in der Lerngruppe vorgestellt. Während des UG die Ergebnisse auf einem Plakat sammeln, sodass sie in den folgenden Unterrichtssequenzen sichtbar bleiben. Es ergibt sich so die Möglichkeit, das Staunen, die Fragen und die Antworten der Sch im Unterricht einzubeziehen.

Weiterführen

■ **Gedichtcollage.** Sch erhalten weiße leere bzw. mit einem Rahmen versehene Blätter, schreiben ihre Gedichte in Schönschrift in den Rahmen und/oder gestalten diesen zeichnerisch. Nach der Vorstellung der Gedichte werden Bilder aus Zeitschriften, Naturmaterialien, Zeichnungen der Sch etc. gesammelt und gemeinsam mit den Gedichten der Sch auf Plakaten zu Collagen gestaltet, die im Unterrichtsraum ausgestellt werden.

■ **Das Wunder der Stubenfliege.** Ein im Alltag als lästig und eher unschön erfahrenes Insekt wird den Sch in seiner Einzigartigkeit vorgestellt. Die Besonderheiten und Fähigkeiten der Stubenfliege, die der Text »Das Wunderwerk Stubenfliege« (**M 2.1, S. 43**) aufführt, können Gesprächsanlass über weitere Wunder sein, die uns in der Schöpfung begegnen und über die Menschen staunen.

Ich staune AUSFLUG 16 | 17

Ansetzen

Jeder Mensch kennt in seinem Leben einen konkreten Sachverhalt, ein Erlebnis, eine Erfahrung, die ihn zum Staunen brachte. Waren es auf der DS zuvor die begegnende Welt und der Kosmos, so sind es jetzt die Fähigkeiten des Menschen selbst, die thematisiert werden. Gerade Räume bzw. außergewöhnliche

Bauwerke gehören zu den großartigen Zeugnissen des menschlichen Könnens und bringen Menschen immer wieder zum Staunen und Fragen. Dies können ebenso historische Gebäude wie moderne Fußballstadien sein. Das vorgestellte Beispiel des Petersdoms greift eine solche Erfahrung in einer Erzählung auf. Anhand des Bildes kann zuvor die Raumerfahrung thematisiert werden.

Umsetzen

■ **Der Petersdom.** Nicht allen Sch wird der Petersdom in seiner eigentlichen Bedeutung bekannt sein. Durch den Rechercheauftrag bringen Sch diese Bedeutung mit der Person des Petrus in Verbindung. Nach einer EA werden die Ergebnisse im UG gesammelt und in einem kurzen TA gesichert.

■ **Was ist gemeint?** Sch besprechen zunächst in PA die Bedeutung des Satzes und suchen gemeinsam nach einer Erklärung. Die so gefundenen Erklärungen werden vorgestellt und miteinander verglichen, um eine gemeinsame plausible Erklärung des Satzes zu finden.

■ **Erzählen.** Sicher werden Sch eigene Erlebnisse schildern. Dies können auch Erfahrungen auf einem Flughafen, an einem Staudamm, auf einem Schiff etc. sein. Das Staunen über die Fähigkeiten des Menschen wird hier zum Thema. Solche Erlebnisse werden in Erzählungen niedergeschrieben und den anderen Sch der Lerngruppe vorgestellt. Beim UG können Gemeinsamkeiten und Unterschiede erarbeitet werden.

Weiterführen

■ **Die zwei Seiten des Menschen.** Die Größe des Menschen ist ebenso sein Elend. Er errichtet nicht nur Bauwerke, die uns staunen lassen, sondern vollbringt genauso erschreckende Taten, die uns mit Entsetzen erfüllen. Diese Ambivalenz des Menschen kann in der Weiterführung der DS thematisiert werden. Nachdem Sch Erlebnisse bzw. über Dinge berichtet haben, die sie in Staunen versetzt haben, können Ereignisse und Erlebnisse gesammelt werden, die Sch erschrecken lassen. Sinnvoll ist es, beide Seiten z. B. in einer Tabelle an der Tafel zu sammeln (»Dinge, über die ich staune«, »Dinge, über die ich erschrecke«) und die Fragen, die sich daraus ergeben, ebenso in der Tabelle zu sichern. Die Frage: »Warum tun Menschen dies?« wird wohl in beiden Fällen gestellt werden und zeigt in ihrer Doppeldeutigkeit die Ambivalenz des Menschen. Er kann sich in Freiheit zum Guten oder zum Bösen entscheiden.

Warum bin ich? AUSFLUG 18 | 19

Ansetzen

Das Nachdenken über die eigene Identität und über Gott steht bei der Entwicklung von Kindern im Zentrum. Es geht auf der DS um das »So-und-nicht-anders-Sein«. Dazu gehört die Frage nach dem »Woher« genauso wie die Frage nach dem »Wohin«. Die DS widmet sich der Bedeutung der Identitätsfindung bei der religiösen Entwicklung und gibt den Sch Gelegenheit, neue Erfahrungen mit sich selbst und mit ihrem eigenen Selbst-Verständnis zu machen. Zur Ich-Werdung gehört dabei auch die Erfahrung der Ich-Fremdheit, wie sie in dem Gedicht von Martin Auer zur Sprache kommt. Indem Sch das »Ich« von außen betrachten, können sie ihre Einmaligkeit erkennen und über das Wunder der Individualität jedes einzelnen Menschen staunen. Über das »Rätsel«, dass ich ausgerechnet ich geworden bin, gelangen Sch zur Frage der Zufälligkeit bzw. Gottgewolltheit der eigenen Existenz. Theologisch gesehen berührt diese Frage die »Vorsehung« Gottes, nicht im Sinne eines unfreien deterministischen Festgelegt-Seins, sondern als ein »Vorhergesehen-Sein« jedes einzelnen Menschen von Gott. Bei dieser Identitätsfindung als »Kind Gottes« spielt auch der eigene Name eine zentrale Rolle. Nicht umsonst ist bei Taufsprüchen oft das Wort des Propheten Jesaja zu finden: »Fürchte dich nicht, denn ich habe dich ausgelöst, ich habe dich beim Namen gerufen, du gehörst mir« (Jes 43,1). Mit dem Text von R. Oberthür tritt die Frage nach dem, was nach dem Leben kommt, in das Bewusstsein der Kinder. Die gemeinsame Auseinandersetzung mit diesen Fragen hilft Kindern, den Tod nicht zu tabuisieren und mit dem »Sterben im Leben« zurechtzukommen. Reden vom Tod ist immer auch Reden vom Leben – und umgekehrt. Der Einbezug Gottes als Anfang und Ende des Lebens lässt Trost und Orientierung zu.
In diesem Sinne dient das Bild der Verknüpfung dieser beiden Aspekte und der Identitätssuche. Die Begegnung von Alt und Jung führt zur Erkenntnis, dass wir selbst altern und selbst einmal jung gewesen sind. Die Begegnung mit Menschen unterschiedlicher Altersgruppen ist daher immer auch eine Art der Selbstbegegnung. Im alten Gegenüber begegne ich einer Daseinsform, die mir bevorsteht, und im jungen Menschen sehe ich etwas, das mir einmal ähnlich war.

Umsetzen

■ **Zufall?** Aus der Perspektive des RU ist hier der Titel kritisch zu hinterfragen. Über den Umweg, dass ich ausgerechnet »ich« wurde, gelangt die Lerngruppe zu der Erkenntnis, dass Gott jeden Einzelnen so gewollt hat, wie er ihn/sie geschaffen hat. Die Bedeutung des Namens als Teil der unverwechselbaren Identität kann hier grundlegend thematisiert und vertieft werden (s. »Weiterführen«).

■ **Neles Fragen.** Erfahrungsgemäß können bei Berichten über Sterben und Unglück sehr schmerzhafte Erinnerungen hervorgeholt werden. Der Umgang mit den vermutlich sehr persönlichen Briefen erfordert daher höchste Sensibilität, ein Vorlesen der Briefe sollte unbedingt nur freiwillig erfolgen. Im Vorfeld sollte L nach Möglichkeit erkunden, ob ein aktueller Trauerfall vorliegt, und ggf. auf den Impuls verzichten.

■ **Jung und alt.** Das Gespräch sollte um die Fragen »Was erwartet man von den Kindern, was traut man dem Alter zu?« kreisen. Beim Betrachten des Bildes fällt vielleicht manchen Sch auf, dass der Großvater einen Pilz in der Hand hält und das fiktive Gespräch sich um die Wunder der Natur dreht und die Frage, woher denn alles kommt. Bei anderen Sch könnte das Gespräch allgemeiner ausfallen und sich entweder um die Zukunft der Kinder drehen oder um die des Großvaters. Vielleicht erkundigt sich der Großvater auch nach den Wünschen der Kinder und fragt, was sie mal werden wollen. Auf jeden Fall sollte deutlich werden, dass in der Begegnung von Jung und Alt beide Seiten sich klar werden: So war ich auch einmal bzw. so werde ich mal werden.

Weiterführen

■ **Kein Kind des Zufalls.** Das Lied »Vergiss es nie« (**M 2.2, S. 44**) greift den Gedanken auf, dass wir Menschen eben nicht »Zufall« sind.

■ **Mein Name.** Bei der vertiefenden Thematisierung der Bedeutung des Namens finden Sch zunächst mittels Namenslexika oder Internet etc. die Bedeutung ihres eigenen Namens heraus. Sie erstellen Namensschilder, auf deren einer Seite der Name und auf der anderen seine Bedeutung steht. In PA interviewen sich Sch über ihre Namen. Folgende Fragen können angeboten werden: Hast du mehr als einen Namen? Hast du einen Spitznamen? Hättest du gerne einen anderen Namen? Welchen? Wenn du einen anderen Namen hättest, wärst du dann ein anderer Mensch? Können Namen verkauft werden? Kann man seinem Namen ähnlich sein? Können wir alles neu benennen? Unter Einbezug des Sachtextes »Was wird sein, wenn ich nicht mehr bin?« kann hier auch die Bedeutung des Gottesnamens thematisiert werden.

■ **Jung und alt.** Zur Vertiefung des Fotos bieten sich die Gedichte des Schweizer Schriftstellers Hans Manz (geb. 1931) »Der Großvater erzählt« (**M 2.3a, S. 45**) und »Fragen« (**M 2.3b, S. 45**) an.

Ich frage mich AUSFLUG 20 | 21

Ansetzen

Die DS steht in enger Anlehnung an die vorherige. Dabei greift sie zwei zuvor angesprochene Aspekte erneut auf. Der Erzähltext »Die schöne Lilly und ihre wunderbare Freundschaft mit Hieronymus« thematisiert noch einmal die Frage nach Glück und Unglück und stellt sie diesmal in den Kontext der Kontingenzerfahrungen. Schon Kinder kennen den Wunsch, glückliche Momente festzuhalten, aber es gelingt nicht. Es folgen Tage, an denen Traurigkeit und seelische Probleme belasten, auch Stunden, in denen es Abschiednehmen heißt von Angehörigen und Freunden. Solche Kontingenzerfahrungen und Krisen sind Erfahrungen, die als »Urauslöser« für religiöse Artikulationen auch heute gemacht werden und so bei der Entwicklung eines Gottesglaubens zentrale Bedeutung erhalten.

Das Bild von René Magritte wiederum stellt die entscheidenden Fragen nach dem eigenen Selbst in überraschender Weise neu. Der Blick in den Spiegel kann einem das eigene Ich oft seltsam und fremd erscheinen lassen. Wer sein Spiegelbild sieht, sieht alles spiegelverkehrt und fragt sich manchmal, ob er das wirklich ist, den man da sieht. Hier knüpft das surrealistische Gemälde von René Magritte (1898-1967) »La reproduction interdite« (deutsch: Die verbotene Reproduktion) an. Die Darstellung irritiert, weil der Spiegel statt der Vorderansicht die Rückenansicht des vor ihm stehenden Mannes verdoppelt, so wie sie vom Betrachter wahrgenommen wird. Es scheint, als würde der Mann sich selbst wie einem Fremden zuschauen. Der Blick des Betrachters wird quasi verdoppelt und damit zum Bestandteil des Bildes. Der Zuschauer selbst wird zum Auslöser dieses merkwürdigen Bildbruchs. Das Bild ist als OHF in der

Folienmappe MITTENDRIN-Folienmappe, ISBN 978-3-466-50761-0, Folie 1 zu finden.

Umsetzen

■ **Glück und Leid.** Erneut ist der Umgang mit dem Handlungsimpuls sehr sensibel zu gestalten und nach Möglichkeit zunächst im Vorfeld von L zu erkunden, ob ein aktueller Trauerfall vorliegt, um ggf. dann auf den Impuls zu verzichten. Sch nennen Beispiele wie: ein Fußballspiel, das sich plötzlich wendet; Klassenarbeiten, die nach mühseligem Lernen gute Noten ergaben; Wanderungen, die anstrengend und zugleich wunderschön waren. Auch das Leben von Menschen mit Behinderung, das von Leid und Glück geprägt ist, kann hier thematisiert werden.

■ **Erinnerungen.** Dieser Handlungsimpuls greift erneut die Kontingenzerfahrung auf, diesmal aus der Sicht anderer. Zugleich thematisiert er Fragen des Weiterlebens nach dem Tod bzw. was von einem Leben bleibt und was im Leben wirklich wichtig ist – nämlich Liebe, Freundschaft, Vertrauen und Treue.

■ **Wer bin ich?** Das Bild regt zur Überlegung an, ob und wie ich erkennen kann, wer ich eigentlich bin. Betrügt mich mein Spiegelbild? Normalerweise ist es immerhin spiegelverkehrt, auf dem Bild zeigt es sogar meine Rückenansicht, die ich normalerweise nie sehen kann. Als Fazit kann nach dem UG als Impuls an der TA festgestellt werden: »Ihr seht mich alle anders, als ich mich im Spiegel sehe.«

■ **Fragen über Fragen.** Mögliche Fragen zielen mit Sicherheit auf die Beobachtung, dass statt der Vorderansicht die Rückenansicht im Spiegel zu sehen ist. Sch kennen die Erfahrung der fehlenden Ansicht von hinten, aber nicht des fehlenden Gesichts. Daran anknüpfend stellt sich die Frage, ob der Mann kein Gesicht hat, niemand sein Gesicht sehen darf, er vielleicht hässlich ist etc. Weitere Sch-Fragen können sein: Was ist hinter dem Spiegel? Ist der Spiegel echt, zerbrechlich? Wo steht der Mensch? Die Frage nach der Position des Betrachters ist unterschiedlich zu beantworten. Wenn er hinter der Person stände, müsste man ihn im Spiegel sehen ...

Weiterführen

■ **Du bist zeitlebens verantwortlich.** Die Geschichte »Der kleine Prinz und der Fuchs« (**M 2.4, S. 46f.**) greift nochmals sowohl die Thematik »Kontingenzerfahrung« als auch den Aspekt des Sich-vertraut-Machens auf, wie er in der Geschichte der Katze Lilly thematisiert wird. Der Text eignet sich auch gut, um ihn im Anschluss an die Beschäftigung mit der Geschichte der Katze Lilly der Lerngruppe laut vorzulesen.

■ **Geheimnisvolle Spiegelwelt.** Michael Ende, Die unendliche Geschichte, Stuttgart 1979, erzählt im 6. Kapitel über drei magische Tore und dabei von einem Zauberspiegel-Tor aus Silber, das man nur schwer durchschreiten kann: »Wer da durch will, der muss – um es mal so auszudrücken – in sich selbst hineingehen« (S. 95). L erzählt die Geschichte zusammenfassend oder schreibt den Schlusssatz als Impuls an die Tafel und die Lerngruppe überlegt, was Michael Ende damit ausdrücken wollte.

■ **Der Spiegel Nerhegeb.** Wer in sich selbst hineingeht, entdeckt in seinem Inneren auch seine tiefsten Wünsche und Sehnsüchte, mit denen er sich auseinandersetzen muss. In diesem Sinne spielt in J. K. Rowlings erstem Harry-Potter-Roman »Harry Potter und der Stein der Weisen« (Hamburg 1998) ein Spiegel eine wichtige Rolle: der Spiegel Nerhegeb (englisch: »Mirror of Erised« – »erised« ergibt spiegelverkehrt gelesen »desire« = Begehren). Der Spiegel zeigt also, was unser Herz am meisten begehrt. Der Schulleiter Albus Dumbledore erklärte Harry mit folgenden Worten die Funktion des Spiegels: »Der glücklichste Mensch auf der Erde könnte den Spiegel Nerhegeb wie einen ganz normalen Spiegel verwenden, das heißt, er würde in den Spiegel schauen und sich genau so sehen, wie er ist. [...] Er [der Spiegel Nerhegeb] zeigt uns nicht mehr und nicht weniger als unseren tiefsten, verzweifelsten Herzenswunsch. Du, der du deine Familie nie kennengelernt hast, siehst sie hier alle um dich versammelt. Ronald Weasley, der immer im Schatten seiner Brüder gestanden hat, sieht sich ganz alleine, als bester von allen. Allerdings gibt uns dieser Spiegel weder Wissen noch Wahrheit« (S. 233). Nach der Lektüre der Szene setzen sich Sch mit ihrem eigenen »Begehren« auseinander. Sie zeichnen einen Spiegel, in den sie ihren Herzenswunsch malen oder schreiben. Ein vor den Spiegel geklebter Vorhang sollte den Wunsch vor fremden Augen schützen! Im UG wird anschließend über die Tatsache, dass ein solcher Spiegel weder Wissen noch Wahrheit gibt, gesprochen und auch die Gefahren, die so ein Spiegel birgt (vgl. Harry Potter und der Stein der Weisen, S. 233), müssen zur Sprache kommen.

■ **Spiegelfragen.** Dass einem beim Blick in den Spiegel das eigene »Ich« oft fremd erscheint, thematisiert das Gedicht »Spiegelfragen« (**M 2.5, S. 48**) von Frieder Stöckle.

■ **Spiegelbilder.** Zur Thematik »Spiegelbild« gibt es verschiedene Spiele, die zur Auflockerung eingesetzt werden können, z. B.: Alle Spieler stellen sich in zwei Reihen gegenüber. Jeder Spieler braucht genau ein Gegenüber. Zuerst stellt die erste Reihe pantomimisch Abläufe dar, die z. B. beim morgendlichen Waschen vorm Spiegel stattfinden. Die zweite Reihe hat die Aufgabe, genau dies nachzuahmen, aber spiegelbildlich. Danach tauschen Sch die Rollen, und die zweite Reihe stellt z. B. das Anprobieren verschiedener Kleidungsstücke vorm Spiegel dar. Als Variante müssen die Spielenden nicht spiegelbildlich, sondern genau gleich agieren.

Ich denke

AUSFLUG

22 | 23

Ansetzen

Die DS nimmt unter dem Stichwort »Denken« die zunehmend sich formalisierende und reflektierte Suche nach Antworten auf die großen Fragen in den Blick. Das Gedicht des Schweizer Schriftstellers Hans Manz (geb. 1931) stellt das Denken als einen ständigen Reflexionsprozess auf sich selbst und auf andere vor. Der zweite Teil des Gedichtes weitet diese Erkenntnis vom eigenen Denken auf das Denken anderer und macht damit den Weg frei für das Wahrnehmen des Denkens als einen intersubjektiven Prozess. Sch werden sich bewusst, dass das Denken einen willkürlichen, prinzipiell nicht abgeschlossenen Aspekt ihrer Existenz darstellt: Man kann nicht nicht denken. Dazu bietet die DS Impulse auf verschiedenen Reflexionsstufen an, die den Sch die Möglichkeit geben, dem eigenen Denken »nach-zu-denken«.

Umsetzen

■ **Meine Gedanken.** Die beiden Kopfsilhouetten, die die DS optisch strukturieren, ermuntern Sch dazu, (evtl. im Anschluss an das Gedicht von Hans Manz) ihr eigenes Denken zu thematisieren. In einem ersten Schritt werden Sch sich dabei in zunächst eher brainstorm-artiger Weise ihrer eigenen Gedankenfülle bewusst. In KG entwickeln sie einfache Kategoriensysteme, die das Denken in einem ersten Gang strukturieren. Die Kategoriensysteme können je nach Lerngruppe sehr unterschiedlich ausfallen, etwa nach subjektiv empfundenem Schwierigkeitsgrad oder nach den verschiedenen Lebensbereichen etc. In jedem Fall kann eine Vorstellung der einzelnen Kategoriensysteme im Plenum die Differenziertheit und Reichhaltigkeit des Alltagsdenkens thematisieren. Der letzte Impuls lädt Sch dazu ein, die eigenen Gedanken als wertvoll und mitteilenswert schätzen zu lernen.

■ **Was du alles denken kannst.** Der Impuls nähert sich dem Phänomen des eigenen Denkens in Form des Nachdenkens über das Denken selbst. Die einzelnen Fragen stellen ein Angebot dar, über deren Bearbeitung sich die jeweiligen Partner verständigen. Wichtig könnte ein kurzes Ergebnisprotokoll in schriftlicher Form sein, auf das sich das Paar am Ende jeder Fragerunde einigt.

■ **»Ich denke, also bin ich.«** Das gemeinsame Gespräch über den Satz von René Descartes (1596-1650) führt die Verbundenheit des Denkens in der menschlichen Existenz von der philosophiegeschichtlichen Seite her vor Augen. Das Nachdenken über diese Aussage kann die bereits in anderen Impulsen gemachten Erfahrungen ergänzen oder aber in diese Erfahrungen einführen.

■ **Können Blumen glücklich sein?** Die von dem Kinderphilosophen vorgestellte Geschichte führt in die Voraussetzungen eines strukturierten Gesprächs über philosophische Themen ein. Sch lernen im Weiterschreiben der Geschichte, Meinung und Begründung, Argument und Gegenargument zu unterscheiden. Eine Auswertung der Schreibergebnisse sollte insbesondere auf diese Unterscheidung ihr Augenmerk legen. Dies könnte u. a. durch einen strukturierten TA erfolgen, der die einzelnen Meinungen und deren argumentative Begründung grafisch deutlich macht. An dieser Stelle kann u. U. bereits im Vorgriff auf die »Werkzeugkiste für schlaue Denkerinnen und Denker« (MITTENDRIN 5/6, S. 26f.) das philosophische Instrumentarium ergänzt und verfeinert werden.

■ **Staunen, Fragen, Antworten – Philosophieren.** Der Sachtext fasst in aller Kürze wesentliche Fragestellungen und methodische Instrumente des Philosophierens zusammen. Er kann die Erfahrungen aus dem Impuls »Können Blumen glücklich sein?« entweder im Nachgang strukturieren helfen oder im Vorfeld des Impulses die Auseinandersetzung vorbereiten.

Weiterführen

■ **Neles große Fragen.** Rainer Oberthür, Neles Buch der großen Fragen, München 2002, stellt in einer Ansammlung von Texten, Reflexionen und Gedichten die »großen Fragen« in den Horizont der Kinder. Das Büchlein kann für eine entsprechend motivierte Lerngruppe eine gute Anregung zum gemeinsamen Vertiefen und Weiterdenken der in dieser LL initiierten Denkbewegungen darstellen. Es könnte in die Klassenbücherei eingestellt oder den Kindern reihum ausgeliehen werden. Alle Sch stellen dann eine Passage aus dem Buch vor, die ihnen besonders gut gefallen hat. Womöglich wird die Lerngruppe durch die Lektüre zur Anfertigung eines eigenen Buches der großen Fragen angeregt.

Der Weg nach innen

AUSFLUG 24 | 25

Ansetzen

Die DS weitet den bisher eher kognitiven Ansatz auf eine neue Dimension hin. Auch den Kindern im Alter von zehn bis zwölf Jahren wird bewusst sein, dass alle in den bisherigen Ausflügen angesprochenen Fragen auf einen letzten Sinn- oder Seinshorizont hin verweisen. Dieser letzte Horizont kann nicht oder zumindest nicht nur im philosophischen oder religiösen Diskurs in den Blick genommen werden. Hinzu kommt eine weitere Dimension, die Dimension der religiösen Erfahrung. Die Frage nach der Bedeutung der religiösen Erfahrung im Religionsunterricht ist nicht unumstritten, zu Recht wird angemahnt, dass solche Erfahrungen im Rahmen schulischen RU nicht »machbar« sind. Dennoch versucht die vorliegende DS, einige Wege kenntlich zu machen, die zu einer Erfahrung letzter Sinnhorizonte führen können. Auf den Spuren der Unterrichtsversuche zur »Mystik für Kinder« (vgl. M. Küstenmacher/H. Louis, Mystik für Kinder. Kreative Anregungen und Übungen, München 2004) soll den Sch hier exemplarisch der »Weg nach innen« als Weg zu einer Quelle seelischer Kraft angeboten werden.

Umsetzen

■ **Die Schildkröte.** Die Schildkröte ist nicht nur ein uraltes Symbol für die Erde, sie ist vielmehr auch Bild für die lautlosen Aspekte des Lebens und die Fähigkeit, sich ganz in sich zurückzuziehen. Die Mystikerin und Ordensfrau Teresa von Ávila (1515-1582) hat in ihrem Text diese Verbindung von Rückzug, Stille und religiöser Erfahrung deutlich erkannt und formuliert. Auch wenn der Text zunächst etwas sperrig erscheinen mag, kann er doch den Sch in Verbindung mit den kreativen und handlungsorientierten Impulsen den Zugang zu diesem Symbol erschließen. So könnte die gemeinsame Lektüre des Textes zum Beispiel den Rahmen der Unterrichtssequenz bilden, indem er sowohl zu Beginn als auch am Ende der Einheit gelesen wird.

Teresa von Jesus (von Ávila, »die Große«)
Teresa de Cepeda y Ahumada wurde am 28. März 1515 in Ávila bei Salamanca in Spanien als drittes von neun Kindern einer adligen Familie geboren. Nachdem Teresa im Alter von 12 Jahren ihre Mutter verlor, kam sie mit 15 zur weiteren Erziehung ins Kloster der Augustinerinnen ihrer Heimatstadt, nach zwei Jahren kehrte sie aus gesundheitlichen Gründen in ihre Heimat zurück. 1535 trat sie dem Orden der Karmelitinnen in Ávila bei. Der Abschied von der Welt war ihr, »als trennte sich jeder einzelne Knochen extra«. Nach einem Jahr im Kloster erlebte Teresa einen vollkommenen körperlichen Zusammenbruch, der sie mehrere Tage in einem todesähnlichen Zustand hielt und über Jahre hinaus lähmte. Nach diesem Zusammenbruch berichtete sie von ersten mystischen Visionen; 1539 kam es vor einem Bild mit dem leidenden Christus zu einer »Bekehrung« und zu einer weiteren Vertiefung ihrer Innerlichkeit. In ihrem Kloster und von der Ordensleitung wurde sie aber oft nicht ernst genommen, ja bekämpft. 1543 erfolgte nach einer weiteren Begegnung mit Christus ihre nach eigenen Worten »endgültige Bekehrung«. Da eine Reform des eigenen Ordens nur gegen größte Widerstände gelungen war, gründete Teresa 1562 mit Genehmigung des Papstes und des Ortsbischofs ein eigenes Reformkloster in Ávila mit strengster Klosterzucht für die »unbeschuhten Karmelitinnen«. Teresa fügte nun ihrem Namen »von Jesus« hinzu. In der Folgezeit konnte sie trotz enormer Widerstände vier weitere Klöster nach den neuen Regeln eröffnen. Zusammen mit dem Mystiker Johannes vom Kreuz gründete sie weitere Reformklöster für Frauen und für Männer. Ihre Schriften und über 400 erhaltene Briefe bezeugen Teresa als Mystikerin mit einer außerordentlichen Tiefe des religiösen Erlebens. Sie gilt als größte Mystikerin. Teresa stirbt am 4. Oktober 1582 in Alba de Tormes bei Salamanca in einem von ihr gegründeten Kloster.

■ **Schildkröten-Spruch.** Das Gedicht von Gina Ruck-Pauquèt und die dazu angebotenen Impulse sollen Sch durch Lesen, Spielen, Malen oder Weiterschreiben einführen in die symbolische Bedeutung der Schildkröte für die Bewegung nach innen. Die Impulse sind eher als Alternativen gedacht; unter Umständen können sich Sch für sich selbst oder als Lerngruppe für einen oder mehrere Zugänge entscheiden.

■ **Schildkrötenübung.** Die Übung eignet sich gut als Vertiefung am Ende oder im Zentrum der Sequenz, wenn Sch sich schon mit dem Thema vertrauter gemacht haben. Für die Übung ist ein längeres Zeitfenster und eine sorgfältige Vorbereitung des Raumes zu empfehlen; eine einführende Stille-Übung kann in etwas unruhigeren Lerngruppen als Vorbereitung hilfreich sein. Zur Durchführung liest L oder ein Sch die Anweisungen langsam, Schritt für Schritt vor. Die Auswertung der Übung erfolgt im UG oder aber durch eine kurze eigene Reflexion der Sch als Hefteintrag.

■ **Zeichen der Stille.** Der Impuls öffnet die Erfahrung, die im Unterricht vorbereitet worden ist, auf den außerunterrichtlichen Bereich hin: Sch nehmen mit den »Zeichen der Stille« ihre Erfahrungen aus der Schule »mit nach Hause«. Die Aktion kann eingeleitet werden mit einem »Lerngang in der Stille«, in der Sch im Außenbereich nach passenden Steinen suchen.

■ **Das Leise hören.** Das Singen des Liedes und die Auseinandersetzung mit der Fragestellung können die Sequenz abschließen, sind aber auch für einen ersten Zugang in das Thema geeignet. Verschiedene Varianten des Liedes werden in Gruppen erarbeitet und im Plenum vorgetragen und besprochen.

Weiterführen

■ **Kassiopeia.** Die Figur der Schildkröte in Michael Endes Roman »Momo« könnte das Thema um den Aspekt der Zeit und ihrer Bedeutung, insbesondere im Sinne einer »Entdeckung der Langsamkeit« bereichern. Denkbar wäre hier eine gemeinsame »Lesestunde«, in der Sch vorbereitete Sequenzen aus dem Buch vorlesen, während die Lehrkraft jeweils die narrativen Verbindungslinien zieht.

Miteinander philosophieren SOUVENIR 26 | 27

Ansetzen

Die Souvenirseite fasst die Denkwege zusammen, die Sch in dieser LL gegangen sind, und lässt sie diese Wege noch einmal in einer oder mehreren strukturierten Debatten wiederholen. Der Hauptimpuls folgt dabei dem Ansatz des amerikanischen Kinderphilosophen Thomas E. Jackson (vgl. D. Daurer, Staunen, Zweifeln, Betroffensein. Mit Kindern philosophieren, Weinheim u. a. 1999, 59-139). Durch die Formalisierung des philosophischen Gesprächs in der »Werkzeugkiste für schlaue Denker« lernen Sch, verschiedene Denk- und Sprechakte in ihrer Bedeutung zu unterscheiden, und üben den bewussten Umgang mit diesen.

Umsetzen

■ **Gemeinsam philosophieren.** Die hier vorgestellte Vorgehensweise des gemeinsamen Gesprächs über philosophische oder theologische Probleme wird nicht gleich in der vorgestellten, schon sehr elaborierten Form durchgeführt werden können, sondern bedarf einiger Übung. Es bietet sich an, das Verfahren Schritt für Schritt über einen längeren Unterrichtszeitraum und bei vielen unterrichtlichen Themen einzuführen. Dazu sollten den Sch die Voraussetzungen bewusst sein, die für diese Art des gemeinsamen Suchens wichtig sind: Die einzelnen Gruppenmitglieder begegnen sich mit gegenseitigem Respekt, alle Meinungen und Äußerungen werden ernst genommen, niemand darf gezwungen werden etwas zu sagen, aber alle, die etwas sagen wollen, haben das Recht dazu. Auch für L ergeben sich spezifische Voraussetzungen für die Begleitung des Gesprächs: Wertschätzung gegenüber den Äußerungen der Sch, offene Gesprächshaltung, Begleitung statt Führung. In vielen Lerngruppen bietet es sich darüber hinaus an, die einzelnen »Werkzeuge« nacheinander zunächst exemplarisch im Plenum einzuführen, beginnend z. B. mit der Unterscheidung von »Annahme« (Äußerung einer Vermutung oder einer Meinung) und »Grund« (Begründung der Meinung). Nach und nach werden dann weitere »Werkzeuge« eingeführt.

Weiterführen

■ **Noch mehr Geschichten.** Immer wieder wird die Lerngruppe im Lauf des Schuljahres auf Anlässe, Probleme oder Geschichten stoßen, die es sinnvoll machen, die »Werkzeugkiste« auszupacken. Nach dem

gemeinsamen Lesen bzw. Hören der Geschichten beginnen die Untersuchungen zunächst mit dem gemeinsamen Sammeln von Fragen, die sich für Sch aus den Geschichten ergeben. Zum Abschluss dieser Phase einigt sich die Lerngruppe auf eine oder mehrere Fragen, die sie im gemeinsamen Gespräch bearbeiten will. Danach werden die Fragen unter dem Einsatz der bereits eingeführten »Werkzeuge« und unter Wahrung der Gesprächsregeln durchgesprochen. Neue »Werkzeuge« werden nach und nach eingeführt, bis das Instrumentarium komplett ist.
Eine erste solche Geschichte heißt »Pixie« (**M 2.6, S. 49**). Die erste Episode aus dem kinderphilosophischen Arbeitsbuch von Mathew Lipman wird bei Sch philosophische Fragen aus dem Umkreis »Freiheit und Regeln« aufwerfen. Dagegen wird im Text »Eine himmlische Geschichte« (**M 2.7, S. 50**) der Blick auf die letzten Fragen nach dem Wohin des Menschen gelenkt.

■ **Mit biblischen Geschichten theologisieren.** Viele biblische Texte eignen sich sehr gut als Ausgangspunkt für das Theologisieren mit Kindern und Jugendlichen. Ein eindrucksvolles Beispiel, wie sich ausgehend von der Erzählung von Daniel in der Löwengrube ein theologisches Gespräch entwickeln kann, bietet die DVD »Die Nacht wird hell. Kompetenzorientierter Religionsunterricht nach Bildungsstandards« (hrsg. v. Evangelischen Medienhaus GmbH, Stuttgart). Die DVD dokumentiert neben einer Unterrichtsstunde zum Thema eine kindertheologische Gesprächsrunde mit Hartmut Rupp über Engel (vgl. dazu auch MITTENDRIN 5/6, S. 198f., und die entsprechenden Seiten des Kommentars).

Kompetenzerwartungen in der LL »Staunen und fragen«

Die Tabelle gibt an, welche der im Kernlehrplan konkretisierten Kompetenzerwartungen in dieser Lernlandschaft »Staunen und fragen« zentral bedient werden [X] bzw. welche teilweise oder wiederholend angesprochen werden können [(X)]:

INHALTSFELD 1: MENSCHSEIN IN FREIHEIT UND VERANTWORTUNG Die Schülerinnen und Schüler	
Sachkompetenz:	
– erläutern, inwiefern jeder Mensch eine einzigartige und unverwechselbare Persönlichkeit ist, die auf Gemeinschaft hin angelegt und auf sie angewiesen ist;	X
– erläutern die Bedeutung der christlichen Überzeugung, dass der Mensch von Gott geschaffen, geliebt und zur verantwortlichen Mitgestaltung der Schöpfung berufen ist;	X
– erläutern an Beispielen, wodurch das Gelingen menschlichen Lebens gefährdet oder gefördert wird;	
– zeigen exemplarisch die Schönheit der Schöpfung und ihre Gefährdung auf.	X
Urteilskompetenz:	
– beurteilen menschliche Verhaltensweisen vor dem Hintergrund des Glaubens an Gott als den Freund des Lebens; – bewerten Möglichkeiten ökologischen Engagements als Ausdruck und Konsequenz von Schöpfungsverantwortung.	
INHALTSFELD 2: SPRECHEN VON UND MIT GOTT Die Schülerinnen und Schüler	
Sachkompetenz:	
– begründen, warum Religionen von Gott in Bildern und Symbolen sprechen; – deuten Namen und Bildworte von Gott; – erläutern an Beispielen Möglichkeiten und Schwierigkeiten, Gott darzustellen; – zeigen Situationen auf, in denen Menschen sich im Gebet an Gott wenden; – zeigen auf, wie Widerfahrnisse des Lebens aus dem Glauben gedeutet werden können; – deuten biblische Psalmen als Ausdruck menschlicher Erfahrungen im Glauben an Gott; – erläutern den Glauben katholischer Christen an einen Gott in drei Personen.	
Urteilskompetenz:	
– erörtern in Grundzügen Lebenswege glaubender Menschen im Hinblick auf deren Orientierungsangebot.	
INHALTSFELD 3: BIBEL ALS »UR-KUNDE« DES GLAUBENS AN GOTT Die Schülerinnen und Schüler	
Sachkompetenz:	
– erläutern den Aufbau der Bibel; – zeigen auf, dass die biblischen Erzählungen Erfahrungen ausdrücken, die Menschen mit Gott gemacht haben; – geben exemplarische Glaubensgeschichten des Alten und Neuen Testaments wieder; – stellen die Bedeutsamkeit ausgewählter biblischer Frauen- und Männergestalten für die Glaubenspraxis dar; – erläutern, dass das Volk Israel seine Glaubenserfahrungen als Familiengeschichte erzählt; – weisen an Beispielen die Bedeutung der Bibel im Leben der Kirche nach (u. a. Gottesdienst); – begründen, warum die Bibel für Christen als »Heilige Schrift« besondere Bedeutung hat.	
Urteilskompetenz:	
– beurteilen ansatzweise die Relevanz biblischer Glaubenserzählungen für Menschen heute.	

INHALTSFELD 4: JESUS DER CHRISTUS Die Schülerinnen und Schüler	
Sachkompetenz:	
– ordnen Jesus von Nazaret in seine Zeit und Umwelt ein; – benennen Merkmale, die die Zugehörigkeit Jesu zum Judentum verdeutlichen; – erläutern an neutestamentlichen Beispielen, wie Jesus von Gott spricht; – erläutern, dass die Zuwendung Jesu zu den benachteiligten und zu kurz gekommenen Menschen jeder ethischen Forderung vorausgeht; – deuten die bildhafte Rede Jesu an Beispielen; – erklären die Bezeichnung Jesu als Christus als Bekenntnis des Glaubens.	
Urteilskompetenz:	
– erörtern in Ansätzen Ursachen für Konflikte, die Worte und Taten Jesu bei den Menschen seiner Zeit auslösten; – beurteilen an Beispielen, inwiefern Jesus Christus für Menschen heute Bedeutung haben und Orientierung sein kann.	
INHALTSFELD 5: KIRCHE ALS NACHFOLGEGEMEINSCHAFT Die Schülerinnen und Schüler	
Sachkompetenz:	
– erläutern die Entstehung der Kirche aus dem Glauben an Jesus Christus und dem Wirken des Heiligen Geistes; – nennen beispielhaft Aufgaben der sich auf Jesus Christus gründenden Kirche; – erläutern die Bedeutung des Apostels Paulus für die frühe Kirche; – erklären Feste des Kirchenjahres in ihrer Bedeutung; – zeigen die Bedeutung von Sakramenten und ihre Verknüpfungen mit Stationen im Leben eines Christen auf; – erläutern, warum und wie katholische Christen Eucharistie feiern; – zeigen an Beispielen Gemeinsamkeiten und Unterschiede in der Glaubenspraxis der Konfessionen auf.	
Urteilskompetenz:	
– erörtern, inwiefern der Einzelne am Leben der Kirchengemeinde teilnehmen und wie er seinen Auftrag als Christ im Alltag realisieren kann.	
INHALTSFELD 6: WELTRELIGIONEN UND ANDERE WEGE DER SINN- UND HEILSSUCHE Die Schülerinnen und Schüler	
Sachkompetenz:	
– benennen Gemeinsamkeiten und Unterschiede in Glaube und Glaubenspraxis der abrahamitischen Religionen; – beschreiben wichtige Stationen im Leben großer Gestalten der abrahamitischen Religionen; – zeigen Spuren jüdischen und muslimischen Lebens in ihrer Umgebung auf; – erläutern anhand von Erzählungen aus der Abrahamgeschichte die gemeinsamen Wurzeln der abrahamitischen Religionen und deren Bedeutung für das Zusammenleben der Religionen; – zeigen das Bekenntnis zu Jesus als dem Christus als unterscheidend christlich auf.	
Urteilskompetenz:	
– nehmen zu verbreiteten Vorurteilen gegenüber Religionen Stellung.	

Das Wunderwerk Stubenfliege

Diese kleinen schwarzen Flugapparate waren bei den Menschen noch nie beliebt. In »Brehms Tierleben«, Bd. 9, Ausgabe 1892, 509, ist zu lesen: »Kein Tier – das kann wohl ohne Übertreibung behauptet werden – ist dem Menschen ... ein so treuer, in der Regel recht lästiger, unter Umständen unausstehlicher Begleiter, als die Stubenfliege ... eine Tugend wird niemand von ihr zu rühmen wissen.«

Aber, aber Herr Brehm! Eine Tugend wollen Sie hören? Dass das gute Tier uns nichts tut! Und außerdem: Die Fliege (*musca domestica*) ist schön, ein sehr gelungener Typ, allein schon vom Design her. Sie ist kein so schwerfälliger Bomber wie die Wespe, nicht so dünnbeinig wie die böse Mücke und nicht so klobig gebaut wie ihre Base, die Stechfliege. Nein, unser Modell hat einen gedrungenen, aber wohlgegliederten Leib und sehr kräftige Flügel, die v-förmig gegeneinanderstehen. Dazu hat sie sechs gut proportionierte Beine. Mit einem Wort, ein ausgereiftes Modell.

Auch die technische Leistung ist enorm. Die Flügel schlagen etwa 200-mal in der Sekunde (wohlgemerkt: in der Sekunde). Blitzschnell startet die Fliege, senkrecht oder flach weghuschend. Meist geht das schneller, als selbst unser Auge mithalten kann, von unserer plumpen Faust ganz zu schweigen.

Diese Reaktionsgeschwindigkeit wird von einem Kleincomputer (dem Fliegenhirn) gesteuert, der immerhin aus 500 Bauteilen besteht und durchaus selbst für schwierige Situationen ausgelegt ist. Naht sich unsere Hand freilich dem Tiere sehr langsam, so registriert das der Computer nicht. Ein Mangel, der auch in neueren Baureihen nicht behoben wurde.

So eine Fliege putzt sich in jeder freien Minute. Sie putzt mit den Vorderbeinen den Kopf, den Rüssel, die Flügel. Sie putzt mit den mittleren die vorderen Beine. Sie sieht recht artig aus. Nur ganz heimlich, wenn wir es nicht sehen, geht sie doch einmal auf einen Misthaufen zum Naschen. Im Übrigen bevorzugt sie den Rand unseres Milchglases.

Doch hier zeigt sich ein weiterer technischer Mangel: Obwohl die Fliege Trinkerin ist in dem Sinne, dass sie nur flüssige Nahrung aufnehmen kann, ist sie Nichtschwimmerin. Der Tod im Milchglas gehört daher zu ihrem Berufsrisiko. Ein anderer Fall von technischem Versagen ist auch offenkundig: Als unser Modell vor Jahrmillionen konstruiert wurde, gab es noch keine Glasscheiben. Auf die ist es bis heute noch nicht programmiert. Etwa zwei Stunden brummt die Fliege ununterbrochen dagegen, dann geht ihr der Betriebsstoff aus. Endgültig.

Ihr bestes Kunststück jedoch macht der Fliege keiner nach. Das ist der Landeanflug an der Zimmerdecke. Erst mit dem Elektronenblitz hat man es fotografieren können. Sie fliegt unter der Zimmerdecke entlang, hebt die Vorderbeine hoch, hält sich plötzlich an der Decke fest und macht einen Überschlag, sodass sie nun unter der Decke hängt, den Kopf in der Richtung, aus der sie eben angeflogen kam. Und läuft weiter, als wäre das nichts. Schon dass sie nun beim Laufen nicht herunterfällt, ist, meine ich, eine Goldmedaille wert.

Industriell nachgebaut, würde so ein Flugmodell Millionen kosten. Pro Stück. Selbst bei Serienfertigung.

Eike Christian Hirsch

- Lies den Text und markiere in dem Text alle Besonderheiten der Stubenfliege.
- Was ist staunenswert an diesen Besonderheiten?
- Kennst du besondere Fähigkeiten anderer Tiere, über die wir staunen können? Stelle eine Liste dieser Tiere zusammen.

Vergiss es nie

T/M: Paul Janz
dt. T.: Jürgen Werth

Vergiss es nie: Dass du lebst, war keine eigene Idee,
und dass du atmest, kein Entschluss von dir.
Vergiss es nie: Dass du lebst, war eines anderen Idee,
und dass du atmest, sein Geschenk an dich.

Du bist gewollt, kein Kind des Zufalls, keine Laune der Natur,
ganz egal, ob du dein Lebenslied in Moll singst oder Dur.
Du bist ein Gedanke Gottes, ein genialer noch dazu.
Du bist du, das ist der Clou, ja, der Clou. Ja, du bist du.

Vergiss es nie: Niemand denkt und fühlt und handelt so wie du,
und niemand lächelt so, wie du's grad tust.
Vergiss es nie: Niemand sieht den Himmel ganz genau wie du,
und niemand hat je, was du weißt, gewusst.

Du bist gewollt, kein Kind des Zufalls, keine Laune der Natur,
ganz egal, ob du dein Lebenslied in Moll singst oder Dur.
Du bist ein Gedanke Gottes, ein genialer noch dazu.
Du bist du, das ist der Clou, ja, der Clou. Ja, du bist du.

Vergiss es nie: Dein Gesicht hat niemand sonst auf dieser Welt,
und solche Augen hast alleine du.
Vergiss es nie: Du bist reich, egal ob mit, ob ohne Geld,
denn du kannst leben! Niemand lebt wie du.

Du bist gewollt, kein Kind des Zufalls, keine Laune der Natur,
ganz egal, ob du dein Lebenslied in Moll singst oder Dur.
Du bist ein Gedanke Gottes, ein genialer noch dazu.
Du bist du, das ist der Clou, ja, der Clou. Ja, du bist du.

Der Großvater erzählt

»Was wird aus dir nur werden?«,
fragt die Mutter,
der Lehrer,
meine Frau,
frage ich mich selbst.
Fragte ich mich gestern,
frage ich heute,
werde ich morgen fragen.
Wenn ich nicht mehr frage,
bin ich nicht mehr.

Hans Manz

Fragen

Man hat dir wohl
schon oft gesagt:
»Das Leben liegt noch vor dir.«
Die Frage ist nur:
Liegt's still,
liegt's brach,
liegt's zu deinen Füßen,
liegt's im Argen,
liegt's noch in weiter Ferne,
liegt ihm viel an dir,
liegt's im Dunkeln,
liegt's offen da,
liegt's überhaupt
oder steht es,
steht es in deiner Macht,
steht es in dir zur Verfügung
oder sitzt es gar,
sitzt es dir wie angegossen?
An dir liegt's vor allem – wie's steht damit.

Hans Manz

Der kleine Prinz und der Fuchs

In diesem Augenblick erschien der Fuchs.
»Guten Tag«, sagte der Fuchs.
»Guten Tag«, antwortete höflich der kleine Prinz, der sich umdrehte, aber nichts sah.
»Ich bin da«, sagte die Stimme, »unter dem Apfelbaum ...«
»Wer bist du?«, sagte der kleine Prinz. »Du bist sehr hübsch ...«
»Ich bin ein Fuchs«, sagte der Fuchs.
»Komm und spiel mit mir«, schlug ihm der kleine Prinz vor. »Ich bin so traurig ...«
»Ich kann nicht mit dir spielen«, sagte der Fuchs. »Ich bin noch nicht gezähmt!«
»Ah, Verzeihung!«, sagte der kleine Prinz.
Aber nach einiger Überlegung fügte er hinzu: »Was bedeutet ›zähmen‹?«
»Du bist nicht von hier«, sagte der Fuchs, »was suchst du?«
»Ich suche die Menschen«, sagte der kleine Prinz. »Was bedeutet ›zähmen‹?«
»Die Menschen«, sagte der Fuchs, »die haben Gewehre und schießen. Das ist sehr lästig. Sie ziehen auch Hühner auf. Das ist ihr einziges Interesse. Du suchst Hühner?«
»Nein«, sagte der kleine Prinz, »ich suche Freunde. Was heißt ›zähmen‹?«
»Zähmen, das ist eine in Vergessenheit geratene Sache«, sagte der Fuchs. »Es bedeutet, sich ›vertraut machen‹.«
»Vertraut machen?«
»Gewiss«, sagte der Fuchs. »Noch bist du für mich nichts als ein kleiner Junge, der hunderttausend kleinen Jungen völlig gleicht. Ich brauche dich nicht, und du brauchst mich ebenso wenig. Ich bin für dich nur ein Fuchs, der hunderttausend Füchsen gleicht. Aber wenn du mich zähmst, werden wir einander brauchen. Du wirst für mich einzig sein in der Welt. Ich werde für dich einzig sein in der Welt ...«
»Ich beginne zu verstehen«, sagte der kleine Prinz. »Es gibt eine Blume ... ich glaube, sie hat mich gezähmt ...«
»Das ist möglich«, sagte der Fuchs. »Man trifft auf der Erde alle möglichen Dinge ...«
»Oh, das ist nicht auf der Erde«, sagte der kleine Prinz.
Der Fuchs schien sehr aufgeregt:
»Auf einem anderen Planeten?«
»Ja.«
»Gibt es Jäger auf diesem Planeten?«
»Nein.«
»Das ist interessant! Und Hühner?«
»Nein.«
»Nichts ist vollkommen!«, seufzte der Fuchs.
Aber der Fuchs kam auf seinen Gedanken zurück:
»Mein Leben ist eintönig. Ich jage Hühner, die Menschen jagen mich. Alle Hühner gleichen einander, und alle Menschen gleichen einander. Ich langweile mich also ein wenig. Aber wenn du mich zähmst, wird mein Leben wie durchsonnt sein. Ich werde den Klang deines Schrittes kennen, der sich von allen anderen unterscheidet. Die anderen Schritte jagen mich unter die Erde. Der deine wird mich wie Musik aus dem Bau locken. Und dann schau! Du siehst da drüben die Weizenfelder? Ich esse kein Brot. Für mich ist der Weizen zwecklos. Die Weizenfelder erinnern mich an nichts. Und das ist traurig. Aber du hast weizenblondes Haar.
Oh, es wird wunderbar sein, wenn du mich einmal gezähmt hast! Das Gold der Weizenfelder wird mich an dich erinnern. Und ich werde das Rauschen des Windes im Getreide lieb gewinnen.«
Der Fuchs verstummte und schaute den kleinen Prinzen lange an.
»Bitte ... zähme mich!«, sagte er.
»Ich möchte wohl«, antwortete der kleine Prinz, »aber ich habe nicht viel Zeit. Ich muss Freunde finden und viele Dinge kennenlernen.«
»Man kennt nur die Dinge, die man zähmt«, sagte der Fuchs. »Die Menschen haben keine Zeit mehr, irgendetwas kennenzulernen. Sie kaufen sich alles fertig in den Geschäften. Aber da es keine Kaufläden für Freunde gibt, haben die Leute keine Freunde mehr. Wenn du einen Freund willst, so zähme mich!«
»Was muss ich da tun?«, sagte der kleine Prinz.

»Du musst sehr geduldig sein«, antwortete der Fuchs. »Du setzt dich zuerst ein wenig abseits von mir ins Gras. Ich werde dich so verstohlen, so aus dem Augenwinkel anschauen, und du wirst nichts sagen. Die Sprache ist die Quelle der Missverständnisse. Aber jeden Tag wirst du dich ein bisschen näher setzen können ...«
Am nächsten Morgen kam der kleine Prinz zurück.
»Es wäre besser gewesen, du wärst zur selben Stunde wiedergekommen«, sagte der Fuchs. »Wenn du zum Beispiel um vier Uhr nachmittags kommst, kann ich um drei Uhr anfangen, glücklich zu sein. Je mehr die Zeit vergeht, umso glücklicher werde ich mich fühlen. Um vier Uhr werde ich mich schon aufregen und beunruhigen; ich werde erfahren, wie teuer das Glück ist. Wenn du aber irgendwann kommst, kann ich nie wissen, wann mein Herz da sein soll ... Es muss feste Bräuche geben.«
»Was heißt ›fester Brauch‹?«, sagte der kleine Prinz.
»Auch etwas in Vergessenheit Geratenes«, sagte der Fuchs. »Es ist das, was einen Tag vom anderen unterscheidet, eine Stunde von den anderen Stunden. Es gibt zum Beispiel einen Brauch bei meinen Jägern. Sie tanzen am Donnerstag mit den Mädchen des Dorfes. Daher ist Donnerstag der wunderbare Tag. Ich gehe bis zum Weinberg spazieren. Wenn die Jäger irgendwann einmal zum Tanz gingen, wären die Tage alle gleich und ich hätte niemals Ferien.«
So machte denn der kleine Prinz den Fuchs mit sich vertraut. Und als die Stunde des Abschieds nahe war:
»Ach!«, sagte der Fuchs, »ich werde weinen.«
»Das ist deine Schuld«, sagte der kleine Prinz, »ich wünschte dir nichts Übles, aber du hast gewollt, dass ich dich zähme ...«
»Gewiss«, sagte der Fuchs.
»Aber nun wirst du weinen!«, sagte der kleine Prinz.
»Bestimmt«, sagte der Fuchs.
»So hast du also nichts gewonnen!«
»Ich habe«, sagte der Fuchs, »die Farbe des Weizens gewonnen.«
Dann fügte er hinzu:
»Geh, die Rosen wieder anschauen. Du wirst begreifen, dass die deine einzig ist in der Welt. Du wirst wiederkommen und mir Adieu sagen, und ich werde dir ein Geheimnis schenken.«
Der kleine Prinz ging, die Rosen wiederzusehen.
»Ihr gleicht meiner Rose gar nicht, ihr seid noch nichts«, sagte er zu ihnen. »Niemand hat sich euch vertraut gemacht, und auch ihr habt euch niemandem vertraut gemacht. Ihr seid, wie mein Fuchs war. Der war nichts als ein Fuchs wie hunderttausend andere. Aber ich habe ihn zu meinem Freund gemacht, und jetzt ist er einzig in der Welt.«
Und die Rosen waren sehr beschämt.
»Ihr seid schön, aber ihr seid leer«, sagte er noch. »Man kann für euch nicht sterben. Gewiss, ein Irgendwer, der vorübergeht, könnte glauben, meine Rose ähnle euch. Aber in sich selbst ist sie wichtiger als ihr alle, da sie es ist, die ich begossen habe. Da sie es ist, die ich unter den Glassturz gestellt habe. Da sie es ist, die ich mit dem Wandschirm geschützt habe. Da sie es ist, deren Raupen ich getötet habe (außer den zwei oder drei um der Schmetterlinge willen). Da sie es ist, die ich klagen oder sich rühmen gehört habe oder auch manchmal schweigen. Da es meine Rose ist.«
Und er kam zum Fuchs zurück.
»Adieu«, sagte er ...
»Adieu«, sagte der Fuchs.
»Hier mein Geheimnis. Es ist ganz einfach: Man sieht nur mit dem Herzen gut. Das Wesentliche ist für die Augen unsichtbar.«
»Das Wesentliche ist für die Augen unsichtbar«, wiederholte der kleine Prinz, um es sich zu merken.
»Die Zeit, die du für deine Rose verloren hast, sie macht deine Rose so wichtig.«
»Die Zeit, die ich für meine Rose verloren habe ...«, sagte der kleine Prinz, um es sich zu merken.
»Die Menschen haben diese Wahrheit vergessen«, sagte der Fuchs. »Aber du darfst sie nicht vergessen. Du bist zeitlebens für das verantwortlich, was du dir vertraut gemacht hast. Du bist für deine Rose verantwortlich ...«
»Ich bin für meine Rose verantwortlich ...«, wiederholte der kleine Prinz, um es sich zu merken.

Antoine de Saint-Exupéry

Spiegelfragen

Ich.
Wer bin ich?
Wer ist ich?

Blick, Spiegelblick,
Augenblick – wer
sich einen Moment
in die Augen blickt.

Ich, ich nicht.
Drin? Draußen?
Davor? Dahinter?

Vor mir ist Glas.
Vor mir bin ich.
Glas ist zerbrechlich,
zerbrechlich
bin ich.
Was ist hinter dem
Spiegel?
Was ist hinter dem
Ich?

Meine Augen sehen
mich an.
Die Pupillen, die Pupillen.
Die Iris, die Iris.
Von drinnen nach
draußen.
Von draußen nach
drinnen.
Dazwischen ist Glas,
ich erreiche
mich nicht.

Ich bin.
Aber eigentlich nur
von vorn.
Augen, Nase, Lippen,
Kinn, Wimpern,
Pickel, Zähne,
Scheitel, Hals,
Nasenwurzeln,
Brustwarzen und
die anderen
Sachen.
Hinten kenn ich mich
nicht.
Meinen Hinterkopf,
meinen Rücken
und die anderen
Hintersachen.

Auf meine
Rücksicht nimmt
der Spiegel keine
Rücksicht.
Wenn mir die Haare
ins Gesicht fallen,
seh ich das.
Wenn mir die Haare
in den Hinterkopf
fallen, seh ich das
nicht.
Ich bin ohne
Rücksicht.
Manchmal seh ich in
mich,
auf mich, durch
mich: Aber
ich durchschau
mich nicht.
Ich.

Frieder Stöckle

Pixie

Am Samstagnachmittag mussten mein Vater und meine Mutter den Chef meines Vaters im Krankenhaus besuchen. Sie sagten, dass sie Miranda und mich nicht mitnehmen wollten.
»Fein«, sagten wir, »dann bleiben wir zu Hause! Wir wollten ohnehin nicht mitkommen!«
Als sie dann gingen, ermahnte uns Mutter: »Denkt daran, ihr werdet jetzt allein hier sein, und ich möchte nicht, dass ihr irgendjemanden hereinlasst. Das ist eine Vorschrift, und ihr sollt euch daran halten.«
Sie sagten, sie würden in zwei oder drei Stunden zurück sein. Papa strich mir über den Kopf, und weg waren sie.
Ich tanzte rund um den Küchentisch und Miranda sagte: »Was ist mit dir los?«
»Wir sind frei!«, schrie ich. »Das Haus gehört uns!« »Du bist verrückt«, sagte Miranda. »Nichts hat sich geändert. Du weißt ganz gut, dass es auch innerhalb der Familie Vorschriften gibt, und die bleiben auch gleich, egal ob Mama oder Papa hier sind oder nicht.«
»Frei, frei, frei«, sang ich, »frei, frei, frei! Alles ist möglich!« Miranda runzelte wie immer ihre Nase und schimpfte: »Du bist widerlich!«
Ich sang weiter: »Ich gehe jetzt zu Mamas Schrank und probiere ihr schönes Kleid an, das bis zum Boden reicht.«
»Ich werde dich gleich fressen«, brüllte Miranda. »Aber vielleicht ist diese Idee gar nicht so schlecht«, meinte sie danach.
In diesem Augenblick klopfte es an die Tür. Ich hakte die Kette nicht aus; ich rief nur: »Wer ist da?« Und ich hörte draußen: »Isabel und Connie.«
Miranda mahnte: »Pixie, du hast gehört, was Mama gesagt hat. Wir dürfen niemanden hereinlassen. Vorschrift ist Vorschrift!«
»Aber Mama hat nicht gemeint, dass wir Leute, die wir kennen, nicht hereinlassen dürfen!«, beharrte ich.
Miranda erklärte: »Es gibt eine Menge verrückter Leute, die wir kennen, von denen Mama nicht gerne hätte, dass wir sie hereinlassen würden.«
Da rief Isabel von der anderen Seite der Tür: »Pixie, mach dir nichts daraus, wir wollten nur kurz vorbeischauen. Dann bis morgen!«
Ich wollte mit Miranda keinen großen Streit beginnen. So ging ich hinauf in Mamas Kasten und setzte mich auf den Boden, unter all die Schuhe ... Ich brummte vor mich hin: »Kannst du dir vorstellen, das ist der einzige Platz, wo ich frei und ganz ich selbst sein kann!«

Matthew Lipman

Eine himmlische Geschichte

Sabine sitzt in ihrem Bett. Den weißen Pyjama mit den rosa Punkten hat sie schon an, die Zähne sind geputzt. Also alles bereit zum Schlafen. Nur auf eines wartet sie noch. Auf Oma.
Oma ist heute erst angekommen, während Sabine noch in der Schule war. Deswegen konnte sie auch gar nicht gut aufpassen, weil sie immer an Oma denken musste, und dann hat sie Frau Lehrerin Richter auch noch ermahnt. Aber als sie dann endlich nach Hause gekommen ist, da ist Oma da gewesen. Sie ist Oma entgegengelaufen, und die hat Sabine ganz fest in ihre Arme geschlossen. Es ist schon gut, dass Oma wieder da ist. So oft kann sie ja nicht kommen.
Und jetzt sitzt Sabine in ihrem Bett und wartet auf Oma. Oma kennt nämlich die tollsten Geschichten. Warum der alte Teddy neben Sabine zum Beispiel nur noch ein Ohr hat oder wie es am Ende des Regenbogens aussieht. Und mit ihr kann man einfach über alles reden.
Oma setzt sich jetzt neben Sabines Bett auf einen Sessel und öffnet das Buch, das sie Sabine heute mitgebracht hat. Oma erzählt von Tom, einem Jungen, der unbedingt von zu Hause wegwill. Nicht, weil es ihm zu Hause nicht gefällt. Nein, er will nur einmal ein ganz tolles Abenteuer erleben. Deshalb bastelt er einen riesengroßen Ballon und fliegt damit fort, zuerst in Richtung Himmel. Kurz vor dem Himmelstor ändert der Ballon plötzlich die Richtung, der Ballon schwebt weiter und der Junge landet im Land Fragodia, wo er die wunderlichsten Abenteuer erlebt mit seltsamen kleinen lila Lebewesen. »Oma, was wäre, wenn Tom wirklich im Himmel gelandet wäre?«, fragt Sabine plötzlich. »Ja, dann wäre die Geschichte sicher anders ausgegangen«, meint die Oma. »Aber wie? Ich weiß ja nicht einmal, wie's im Himmel aussieht.« »Nicht?«, fragt Oma. »Nein, weißt du es?« »Nein, eigentlich auch nicht. Aber ich glaube, dass sich jeder Mensch so seine eigenen Vorstellungen macht.« »Ich weiß, wer es wissen könnte«, ruft Sabine. »Gott!« Oma lacht. »Ja, Gott weiß es bestimmt, mein Kind.« Dann steht Oma auf, gibt Sabine einen dicken Kuss und sagt gähnend: »Darüber reden wir morgen weiter. Heute bin ich schon zu müde. Gute Nacht, Sabine.« Dann dreht sie das Licht ab und schließt leise die Tür. Aber Sabine liegt noch lange wach da ...

Anton A. Bucher

3 Menschen suchen Gott

Hintergrund

Kinderphilosophie und in deren Gefolge Kindertheologie sind in der Religionsdidaktik en vogue (vgl. I. Bosold, Mit Kindern theologisieren, Materialbrief RU 4/07). Bis vor Kurzem wurde die kindliche Religiosität in der Entwicklungspsychologie oft als vorübergehendes und nicht ernst zu nehmendes Stadium in der religiösen Entwicklung des Menschen angesehen. Wird nun Kindern eine eigene und eigenwertige Religiosität zugestanden, so gilt dies auch für deren Gottesbilder. Inzwischen werden auch anthropomorphe Gottesvorstellungen von wissenschaftlicher Seite »rehabilitiert«: P. Boyer und S. Walker stellten fest, dass selbst diejenigen Erwachsenen, die in der Öffentlichkeit ein abstraktes Gottesbild vertreten, innerlich häufig einem anthropomorphen Gottesbild anhängen (vgl. G. Büttner, Religion als evolutionärer Vorteil, in: KatBl 1/2005, 15f.). S. Guthrie (ebd., 16) konstatiert sogar einen »Hang (des Menschen) zu anthropomorphen Gottesbildern« und begründet dies evolutionsbiologisch. Andererseits wurde in Versuchen festgestellt, dass Kinder unter 10 Jahren neben anthropomorphen auch abstrakte Gottesvorstellungen (etwa je zur Hälfte) haben.

Aus diesen Erkenntnissen kann man folgern, dass bestimmte Gottesvorstellungen nicht einem entsprechend »unreiferen« bzw. »reiferen« Entwicklungsstadium des Menschen zuzuordnen sind. Jedes Gottesbild hat seine Berechtigung und sagt etwas aus über den, der es hat, und dessen Beziehung zu seinem Gott.

Dass Kinder auch eine »Tendenz zu metaphysischen Fragen« haben, ist nicht neu, wird nun aber in neuem Licht betrachtet. In einer Zeit, in der religiöses Reden mit Kindern keine Selbstverständlichkeit mehr ist, fehlen auf solche Fragen die Antworten. Der RU ist einer der Orte, an denen die Kinder verschiedene und auch persönlich begründete Antworten erhalten sollten.

In dieser LL gibt es Raum für die philosophisch-theologischen Fragen der Kinder. Von vielen Seiten wird »die Frage nach Gott« umkreist und beleuchtet. Sch haben einerseits die Möglichkeit, ihre eigenen Fragen zu stellen, andererseits lernen sie verschiedene Antworten auf diese Frage kennen und setzen sich damit auseinander. Der Unterricht muss gerade bei diesem Thema von Gesprächsbereitschaft und viel Respekt gegenüber den Fragen und Antworten der Sch geprägt sein. Hier kann es kein »Falsch« und »Richtig« geben. Hier treffen Biografien und daraus resultierende Konstrukte aufeinander.

Wenn Sch am Ende der LL ihren »Ausstellungskatalog« in den Händen halten, haben sie zweierlei gelernt:

1. Menschen sind auf konkret-anschauliches Denken angewiesen. Fragen, die sie existentiell betreffen, wie etwa die Frage nach Gott, können für sie nur bildlich und auf einer Beziehungsebene beantwortet werden.
2. Wir können nie sagen, wie oder was Gott wirklich ist. Jedes Reden, jede Vorstellung von Gott bleibt bruchstückhaft, bleibt eine Annäherung an das Unfassbare, um es uns fassbarer zu machen.

Menschen suchen Gott — REISEPROSPEKT 28 | 29

Ansetzen

Der Himmel und ein Blick in den Himmel dominieren die Gestaltung dieser DS. Längst ist uns klar, dass er nicht der Sitz Gottes ist. Dennoch ist er Ausdruck von etwas uns Überschreitendem.

In der Bibel wird der Himmel nicht nur als Ort des Göttlichen angesehen, sondern steht für das ganz Andere, das Nicht-Irdische. Zur Schöpfung gehören beide, Himmel und Erde, und Gott nimmt vom Himmel aus Anteil am Geschehen auf der Erde. Erst in der Neuzeit wurde, angestoßen durch die kopernikanische Wende, dieses geordnete Weltbild zerstört. D. F. Strauß bringt die Folgen auf den Punkt: »Als die Welt sich in eine Unendlichkeit von Weltkörpern, der Himmel in einen optischen Schein auflöste: da erst trat an den alten persönlichen Gott gleichsam die Wohnungsnot heran« (D. Evers, Heute vom Himmel reden, in: KatBl 6/2007, 410).

Der heutige Blick in den Himmel macht uns unsere

Abhängigkeit, unsere Kontingenz, auf ganz andere Weise deutlich: Neben unserer Bedeutungslosigkeit im Weltall wird uns auch klar, dass unser Leben vom Zusammenwirken unglaublich vieler Zufälle abhängt. Das wiederum verweist nicht nur uns Laien, sondern auch Wissenschaftler auf die Frage nach der Wahrscheinlichkeit einer derartigen Häufung von Zufällen und so dann wieder auf die Frage nach einem Schöpfer. Wenn wir von Gott reden, können wir dies nur analog in Bildern tun. In diesem Zusammenhang hat die Vorstellung vom »Himmel als ein[em] Bild für die Entzogenheit des dennoch gegenwärtigen Gottes und als ein[em] Symbol für die Sehnsucht und Erfüllung unserer menschlichen Existenz« ihre Berechtigung (KatBl 6/2007, 411).

Umsetzen

■ **Das Bild befragen.** Nach der Auseinandersetzung mit dem Bild kann mit den Sch ein UG darüber geführt werden, warum Menschen sich zu allen Zeiten Bilder von Gott gemacht haben. Ausgehend vom Bilderverbot in der Bibel, das vielen Sch präsent ist, machen sie sich Gedanken über die Vorteile von Gottesbildern, aber auch darüber, was gegen eine bildliche Darstellung von Gott spricht.
Das Bild ist auch in der MITTENDRIN-Folienmappe (ISBN 978-3-466-50761-0), Folie 3, zu finden, mit weiterführenden Beschreibungen und Einsatzmöglichkeiten.

Andreas Mantegna, Kuppelrondell (1473)
Seltsame Figuren und Putten sowie eine Art Pfau bevölkern den Rand der Öffnung, die dem Betrachter über die Begrenzung der Kuppel hinaus einen darüber befindlichen illusionären Himmel eröffnet. Drei weiß gekleidete Frauen mit ebenmäßigen Gesichtszügen blicken und lächeln den Betrachter direkt an, ein Paar, bestehend aus einem schwarzhäutigen Mann mit Turban und einer weißhäutigen Frau, ist eher mit sich selbst beschäftigt. Von den Putten bzw. Engelchen blickt keines direkt nach unten; ihr Interesse gilt der Welt dort oben, sie blicken in die Weite, die sich ihnen dort auftut.
Sie alle befinden sich in einer Art Zwischenreich, weit oberhalb des Betrachtenden, und stellen gleichsam die Verbindung zwischen »unten« – der Erde – und »oben« – dem Himmel – her. Durch ein seltsames Gittergewebe, das das Guckloch begrenzt, drängen, ja quetschen sich einige Putten mit gequälten Gesichtern fast wie bei einer Geburt in den Raum zu den anderen. Ob die bereits oben befindlichen Personen ebenfalls diesen Weg in den »Vorhimmel« genommen haben? Das Licht in diesem Ausschnitt kommt von einer nicht sichtbaren Lichtquelle. Unten, auf der Ebene des Betrachters, ist es dunkel. Fast könnte man meinen, dass durch dieses Kuppelbild der darunterliegende Raum erleuchtet wird.
Der sichtbare Ausschnitt des Himmels wird dominiert von einer großen weißen Wolke, er sieht aus wie ein typischer Sommerhimmel und ist weit oberhalb der sichtbaren Personen. Es erhebt sich die Frage, ob diese sich bereits »im Himmel« befinden, die Engelsflügel der Putten sind darauf ein Hinweis – oder ob der rätselhafte, alles verbergende Himmel sich auch über ihnen ausdehnt. Der Künstler überlässt es der Fantasie des Betrachters, ob Gott in diesem Himmel anwesend ist (vielleicht sind die drei Frauen ein Hinweis auf die Dreifaltigkeit?) und, wenn ja, wie er aussieht.

Weiterführen

■ **Meditative EA zum Thema »Himmel«.** Sch erhalten eine Kopie des Textes »Was der Himmel für mich ist« (**M 3.1, S. 67**) und suchen sich eine bis drei Aussagen, die für sie zutreffend sind, heraus. Anschließend tauschen sie sich im Gespräch über ihre Auswahl aus.

■ **Bildgestaltung.** In Internet-Suchmaschinen findet man zahlreiche Bilder vom Himmel. Sch sollen sich als Hausaufgabe eines – wenn möglich farbig – ausdrucken und ein ähnliches »Himmelsbild« wie im Sch-Buch abgebildet in ihrem Heft gestalten. Sie können einen Ausschnitt davon in eine selbst gewählte Umgebung integrieren, z. B. ein »Stück Himmel« über einer Menschenmenge, in der Schule, in einem Supermarkt, in der S-Bahn oder in ihrem Zimmer. Sie können auch ein eigenes Bild von »ihrem« Himmel gestalten, indem sie ihn einrahmen, weitermalen oder ausgestalten.

Ansetzen

Das Motiv einer Ausstellung durchzieht die gesamte LL »Menschen suchen Gott«. Was ist die theologische und didaktische Leitidee? Führt die Bündelung der unterschiedlichen Gottesbilder – der gemalten wie der mit Worten gezeichneten – nicht zu Eklektizismus und Beliebigkeit gemäß der häufig geäußerten Schülermeinung: »Wie Gott ist, das muss jeder selbst wissen«? Das liegt überhaupt nicht in der Intention dieser LL. Sie beschäftigt sich mit Gottesbildern aus unterschiedlichen Zeiten, entstanden in unterschiedlichen Lebenssituationen, in Lebens- und Beziehungsgeschichten von Menschen mit Gott. Und als authentischer Ausdruck von Beziehungen sind sie einerseits immer individuell und andererseits durch die Form auch immer das Individuum transzendierend. Mit einer radikalen Auslegung des Bilderverbotes Ex 20,4 par. Dtn 5,8, wie es in Judentum und Islam praktiziert wird, können sich Menschen schwertun. Ist Gott ein »Du«, das ich ansprechen darf, einer, der in Jesus Christus ein menschliches Gesicht angenommen hat, dann darf ich mich ihm auch in und durch Bilder nähern. Meine Gottesbilder werden sich im Laufe meines Lebens ändern, keines der Bilder darf ich dabei verabsolutieren. Denn Gott ist und bleibt ein Geheimnis. Er lässt sich nicht so einfach »ins Bild« bringen und damit verfügbar machen.
Es gibt durchaus »schiefe«, ja beängstigende Gottesbilder, auch schon bei Kindern, und darüber soll in dieser LL gesprochen werden.

Umsetzen

■ **Herzlich willkommen zu unserer Ausstellung!** Als »roten Faden« durch diese LL wird hier die Anschaffung eines besonderen DIN-A4-Ordners vorgeschlagen. Dadurch wird das Motiv einer Ausstellung aufgegriffen und gebündelt, denn so entsteht Schritt für Schritt ein eigener Ausstellungskatalog. Außer den verteilten Arbeitsblättern sollten linierte oder karierte DIN-A4-Blätter zur Verfügung stehen, ebenso unliniertes Papier. Da die einzelnen Bilder und Arbeitsblätter nicht eingeklebt, sondern entweder gelocht oder auch in Klarsichthüllen eingeheftet werden, lassen sich für die »Finissage« und Ausstellung am Schluss (vgl. MITTENDRIN 5/6, S. 46f.) die Bilder leicht herausnehmen. Der »Ausstellungskatalog« kann auch im Sinne eines aufbauenden Lernens in späteren Jahrgangsstufen wieder zur Hand genommen und durch weitere Gottesbilder (Bild und Text) ergänzt werden. Die Lerngruppe kommt im Stuhlkreis zusammen und tauscht sich aus über Erfahrungen mit Ausstellungen, Museumsbesuchen und Ausstellungskatalogen. Auch der »Audioguide« (Abspielgerät mit Kopfhörer) kommt zur Sprache, denn er ist der »mitlaufende Anfang« in dieser »großen Sonderausstellung« und gibt eine knappe Erläuterung zu den einzelnen DS. Auf die Planung einer eigenen Ausstellung als abschließendes Projekt wird schon hier am Anfang als zusätzliche Motivation hingewiesen.

■ **Gottesbilder.** Das erste und besonders wichtige Blatt des »Ausstellungskataloges« ist das eigene Gottesbild. Die meisten Kinder gehen in diesem Alter noch unbefangen an diese Aufgabe und malen, zeigen und erläutern ihr eigenes Gottesbild. Es gibt aber Kinder, die z. B. auf das Bilderverbot verweisen und darauf, dass niemand weiß, wie Gott ausschaut. Ein Junge aus einer fünften Klasse bemalte im Unterricht das angebotene Blatt mit eigenen Hieroglyphen. Er erklärte, alle Bilder von Gott und auch alle Beschreibungen von ihm würden ihn nicht – zumindest nicht ganz – treffen. Wer sein Bild zeigen und erklären will, soll das tun – hier sind jedoch Behutsamkeit und Diskretion verlangt.

Weiterführen

■ **Selbstvergewisserung zum Thema.** Wenn wir uns mit Gottesbildern befassen, müssen wir auch immer unsere eigenen Gottesbilder kritisch befragen, denn dies schafft die Reflexionsbasis für uns als Religions-L. Daher seien die folgenden 12 Fragen zur Selbstvergewisserung angefügt:

1. Welche Eigenschaften bzw. Wesenszüge Gottes sind mir wichtig? (Gottes Allmacht, Menschenfreundlichkeit, Geduld etc.)
2. Welche davon möchte ich besonders gerne an meine Sch weitergeben?
3. Gibt es Gottesbilder, die ich persönlich ablehne? (Gott als Vater/Mutter, Gott als König, Gott im Zorn etc.)
4. Gibt es Gottesbilder, die mir besonders lieb und vertraut sind?
5. Orientiere ich mich in meinen Gottesvorstellungen stark an der Bibel und der jüdisch-christlichen Tradition oder sind meine Gottesbilder eher individuell, unkonventionell?
6. Woran orientiere ich mich bei der Auswahl der Gottesbilder für den RU? (Am Bildungsplan, an meinen persönlichen Gottesbildern, an den Verstehensmöglichkeiten und der Lebenswelt der Sch ...?)

7. Gibt es Gottesbilder, die ich im Hinblick auf meine Sch im Unterricht vermeiden würde?
8. Halte ich es überhaupt für richtig und wichtig, dass wir konkrete Gottesbilder (Gott als Vater, Retter, Richter etc.) entwickeln und an Sch weitergeben?
9. Wenn ich Gott zeichnen müsste, würde ich dann etwas zu Papier bringen?
10. Könnte ich meine Bilder von Gott außer durch Sprachbilder auch durch persönliche Erinnerungen, durch Farben, Formen, Farbqualitäten, Naturerscheinungen, Klangbilder etc. ausdrücken?
11. Gibt es Vorstellungen und Bilder von Gott, die ich als Kind hatte, im Laufe der Zeit aber abgelegt habe?
12. Fällt es mir schwer, solche »abgelegten« Gottesbilder bei meinen Sch zu akzeptieren? Wie gehe ich damit um, wenn sie Gottesbilder, die ich für »falsch« oder »gefährlich« halte, zutage bringen?

Literaturhinweise

H. Hanisch, Die zeichnerische Entwicklung des Gottesbildes bei Kindern und Jugendlichen, Stuttgart/Leipzig 1996; dazu: CD-ROM »Gottesbilder bei Kindern und Jugendlichen«. Die Internetseite www.uni-leipzig.de/ru zeigt unter dem Link www.uni-leipzig.de/ru/photos/gottbild.ki2/index.html interessante und differenzierte Kinderbilder von Gott.
Die CD-ROM »Religiöse Vorstellungen bilden. Erkundungen zur Religion von Kindern über Bilder«, hrsg. v. D. Fischer/A. Scholl, stellt wichtige Aufsätze und Forschungsergebnisse zusammen (Bezug: www.ci-muenster.de).
Außerdem bieten Publikationen zur »Kindertheologie« umfassendes Material, z. B. das Jahrbuch Kindertheologie.

Biblische Bildworte

AUSFLUG

32 | 33

Ansetzen

Nicht nur mit Stift und Farbe, mit Ton und aus Holz oder Stein kann ich Gottesbilder malen und gestalten, sondern auch mit Worten.
Weil alles Malen und Gestalten nur Stückwerk ist, bedarf es – wie bei einem Puzzle – der Ergänzung durch andere Teile und »Bilder«. Das einzelne Bild kann uns – wie bei größeren, aussagekräftigen Puzzleteilen – zwar schon eine Ahnung von Gott vermitteln, ist aber selbst kein ausreichendes und umfassendes Bild von Gott.

Umsetzen

■ **Mit Worten malen.** Die biblischen Bildworte auf der linken Seite zeichnen ein unterschiedliches Bild von Gott: Gott, der Beschützer, der Retter, der feste Halt, die liebevolle Mutter und der liebevolle Vater kommen ebenso ins Wort wie Gottes Hoheit, sein Licht, sein Strahlen.
Liebevoll, besorgt, den Menschen nahe – das ist die eine Interpretationslinie; blendend licht und hell, wie Feuer, ehrfurchtgebietend und furchterregend – auch diese Gottesbilder klingen an und fordern zum Gespräch mit Kindern heraus.
Als »Vorspann« zu diesem Arbeitsimpuls, aber auch sonst innerhalb dieser LL bietet sich »Gott hat viele Farben ...« (**M 3.2, S. 68**) an. Über die unterschiedliche Farbgebung für Gott und deren Begründung lässt sich ins Gespräch kommen über die biblischen Bildworte. Welche Farben würde ich für sie wählen, und warum halte ich sie für passend?

■ **Der Elefant.** Die bekannte Erzählung von den Blinden und dem Elefanten lässt sich ganz unterschiedlich einführen und bearbeiten.
Eine kreative Möglichkeit vor dem Lesen der Geschichte ist die (Gruppen-) Arbeit mit dem Puzzlebild »Der Elefant« (**M 3.3, S. 69**). Der hier abgebildete Elefant wird möglichst stark vergrößert, die Einzelteile werden ausgeschnitten. Sch schreiben auf die einzelnen, bei großen Gruppen noch einmal unterteilbaren Puzzleteile ihre Assoziationen zu Gott (Adjektive, Vergleiche »Gott ist wie ...« o. Ä.). Diese werden vor dem Zusammensetzen der Puzzleteile gesammelt und an der Tafel/auf Folie festgehalten: Welche Assoziationen kommen vor? Welche öfter? Welche gar nicht?
Dann werden die Puzzleteile zusammengefügt (die Zahlen an den Ansatzstellen der Puzzleteile sind dabei hilfreich). Zum mehr oder weniger großen Erstaunen der Kinder entsteht dabei ein Elefant. Ist Gott etwa ein Elefant?
Jetzt erst wird die Geschichte »Die Blinden und der Elefant« vorgelesen und der Arbeitsimpuls behandelt. An und für sich hat der Tastsinn der Blinden richtige Ergebnisse erbracht, denn das Elefantenohr fühlt sich an wie ein großes Schild, die Elefantenbeine wie Säulen. Falsch ist lediglich die Generalisierung. Der Elefant als Ganzes ist weder Schild noch Säule.
Wenn schon der Elefant in seiner Ganzheit so schwer zu erfassen ist, gilt dies umso mehr für Gott. Bei der

Auswertung sollte deutlich werden, dass
- die Blinden und damit wir Neues nur begreifen können in Analogie zu schon Begriffenem,
- Streit entsteht, wenn man Erfahrungen verabsolutiert und sich und andere damit festlegt,
- die Blinden und wir zu einer tieferen Einsicht nur gelangen können, wenn wir uns anderen Erfahrungen öffnen, aufeinander hören und voneinander lernen,
- es uns nicht gelingen kann, den Elefanten und damit Gott in seiner ganzen Größe und Vielfalt als Einzelner zu begreifen.

Weiterführen

■ **Das geheime Wissen der Pinguine (M 3.4, S. 70).** Gott als »Schöpfung« zu definieren, birgt natürlich die Gefahr eines plakativen Pantheismus in sich. Verstehen wir das Reich Gottes in Fülle und Vollendung als jene Dimension, in der Gott alles in allem ist, sind wir aber der Pinguindefinition durchaus nahe.

■ **Gott ist eine Frage (M 3.5, S. 71).** Sch bearbeiten das Gedicht von R. Oberthür, wie es die Impulse auf dem AB beschreiben.

Gott gibt sich zu erkennen AUSFLUG 34 | 35

Ansetzen

Auf dieser DS geht es um die Offenbarung des Namens Gottes im AT, der sich als Gott Israels erweist, um einen Gott, der fern ist und doch so nah, einen Gott, mit dem zu reden ist, der in der Geschichte zu den Menschen spricht und selbst in die Geschichte eintritt.
Die Geschichte vom brennenden Dornbusch veranschaulicht dieses Verständnis von Gott in besonderer Weise. Gott wendet sich darin Mose, einem Hebräer, zu. Mehrfaches geht daraus hervor: Der Gott des AT ist ein Gott der Befreiung, er greift in die Geschichte seines Volkes ein und wendet sie zum Guten. Dieser Gott ist auch ein Gott mit einem Namen, man kann ihn ansprechen und mit einer Antwort rechnen. Drei Übersetzungen sind für den Gottesnamen »Jahwe« möglich: »Ich bin da, als der ich da bin«, »Ich bin da, als der ich da sein werde« oder – nach Buber – »Ich werde da sein, als der ich da sein werde«. Der Name ist Programm: Gott stellt sich Mose mit der Zusage seiner dauerhaften Nähe vor, bleibt mit diesem »Namen« jedoch gleichzeitig entzogen und fern. Die Ambivalenz von Nähe und Ferne zeigt sich auch in der Szenerie der Geschichte vom brennenden Dornbusch. Es ist ein Ort, unmittelbar nahe der Stelle, wo Moses sich tagtäglich aufhält, und dennoch ein ganz anderer Ort, zu dem er erst hingeführt werden muss. Ein heiliger Ort, der durch die Umstände erst dazu wird und an dem ein bestimmtes Verhalten, das Ehrfurcht ausdrückt, adäquat ist. Ebenso ist der Moment der Selbstoffenbarung Gottes einer, der in den Alltag des Mose einbricht und ihn zugleich daraus heraushebt.

Umsetzen

■ **Die Gottesbegegnung.** Dieser AA erfordert einen genauen Umgang mit dem Text. Er dient der inhaltlichen Sicherung dessen, womit anschließend weitergearbeitet wird. Bereits nach dieser Aufgabe ist eine erste Charakterisierung des alttestamentlichen Gottes möglich. Sch nehmen diese mit ihren eigenen Worten vor, nur so wird sie Bestandteil ihres Repertoires.

■ **Fragen an Gott.** Indem Sch die Perspektive von Mose übernehmen, nähern sie sich so auch anderen biblischen Gestalten an, mit denen sie sich in den nächsten Schuljahren noch befassen werden. Denn das Muster, dass ein Mensch, an den sich der Ruf Gottes richtet, aus seinem Alltag gerissen wird und sich der Aufgabe, die von Gott an ihn herangetragen wird, nicht gewachsen fühlt, sich aber dennoch Gott vertrauend darauf einlässt, wiederholt sich im AT. Es ist die als beispielhaft hingestellte Reaktion auf die Forderungen Gottes. Dies kann den Sch im Anschluss an den AA durchaus verdeutlicht werden. Außerdem könnte an »die großen Fragen« erinnert werden: Wie handelt Gott in dieser Erzählung angesichts des Leids des Volkes Israel in Ägypten?

■ **Gottesname.** Bevor Sch ein Bild zum Namen »Jahwe« gestalten, sollten ihnen dessen drei Übersetzungsmöglichkeiten zugänglich gemacht werden. Vielleicht brauchen sie für diese Aufgabe Hilfestellungen. Eine kleine Besinnung – in EA oder in KG –, was es für uns Menschen bedeutet, an einen Gott glauben zu können, der einfach da ist, erleichtert den Sch die Aufgabe. Eventuell können von L verschiedene Symbole wie eine Hand, ein tragender Grund oder Licht, das alles durchdringt, vorgegeben werden.

■ **Bildbetrachtung.** In einer Bildmeditation eignen sich Sch das Bild selbstständig an. Sch sitzen in einer entsprechend ruhigen Atmosphäre vor dem abgedeckten Bild, das sich als Farbfolie auf dem OHP befindet. L erzählt Szenen aus der Mosegeschichte und deckt nacheinander die Bildelemente auf (**M 3.6, S. 72**). Im langsamen Tempo des Erzählens betrachten Sch nun die Bildteile und können so intensiv Farben und Bildelemente aufnehmen.

Eine eher strukturale Bildanalyse nähert sich dem Bild wie einem Text mit einer eigenen Sprache. Sch sitzen zu zweit an Tischen, haben zunächst nur das Bild vor sich liegen. L liest die zum Bild gehörenden Bibeltexte vor:

Ex 3,1a-c:	Mose als Hirte
Ex 3,1d-15:	Mose und der brennende Dornbusch
Ex 4,27-31:	Mose und Aaron
Ex 6,2-13:	Mose und Gott
Ex 14,15-23.30-31:	Der Auszug aus Ägypten
Ex 19,23 – 20,17:	Mose und die Gesetzestafeln am Sinai

L bittet je zwei Sch, den Inhalt der Geschichte nachzuerzählen und zugleich die entsprechenden Stellen des Bildes zu zeigen. Wichtig ist hierbei, dass die Geschichte spannend und plastisch vorgetragen wird – auf jeden Fall muss der Inhalt des Bildes gesichert sein.

Die Sch-Paare erhalten dann eine Umrisszeichnung von diesem Bild (DIN A4). Sie ist leicht von L herzustellen, indem man auf einer Folie mit dünnem Folienstift die wesentlichen Motive (Bildzeichen) des Bildes nachzeichnet und diese Folie für alle kopiert. Nun gestaltet jeweils ein Sch die Umrisse des Bildes in Chagalls Farben und der andere in selbst gewählten Farbgebungen aus. Anschließend erhalten beide die Erläuterungen zur Farbsymbolik bei Chagall (**M 3.7, S. 73**), deuten damit das Bild und vergleichen es mit der jeweiligen eigenen Sch-Arbeit, wobei der »Maler« seine Farbwahl begründet. Danach stellen Sch ihre Ergebnisse im Plenum vor. Im anschließenden UG werden Bezüge zwischen den einzelnen Bildelementen im Chagall-Bild hergestellt und eine Bildinterpretation (s. u.) versucht. Das Bild ist auch in der MITTENDRIN-Folienmappe (ISBN 978-3-466-50761-0), Folie 5, zu finden, mit weiterführenden Beschreibungen und Einsatzmöglichkeiten.

Marc Chagall, Mose vor dem brennenden Dornbusch

Das Bild gehört zu einem Zyklus von 17 großformatigen Gemälden, der 1955-1965 entstand. Es ist angelegt wie ein Triptychon: Der »rechte Altarflügel« zeigt Mose, wie er die Schafe seines Schwiegervaters Jetro weidet. Seine Gestalt ist weiß, fast lichtdurchflutet, seine eine Hand liegt auf seinem Herzen, die andere ruht entspannt auf seinem linken Oberschenkel. Diese Hand ist goldgelb ebenso wie die Lichtstrahlenbündel auf seinem Kopf (die »Hörner« gehen auf einen Übersetzungsfehler der Vulgata zurück, die in Ex 34,29 das hebräische Verb »qāran« mit cornuta, »gehörnt«, statt »strahlend« wiedergibt). Über ihm befinden sich in Grüntönen gemalte Figuren wie Sonne, Mond und ein Vogel. Rechts oben ist eine weiße Taube mit einem Olivenzweig zu sehen. Mose kniet vor dem brennenden Dornbusch im Zentrum des Bildes. Der Busch trägt die Feuerflammen wie Blüten – dieses Feuer ist kein zerstörendes, es ist in den Strauch integriert. Beide – Mose und der Dornbusch – befinden sich sozusagen auf »Augenhöhe«. Über dem Dornbusch sieht man zwei große Lichtkreise, ein goldgelber äußerer und ein rosa bis roter innerer, die ein Engel mit ausgebreiteten Armen und durchsichtigen Flügeln geradezu sprengt. Im Gegensatz zum Gesicht des Mose ist sein Antlitz sehr jugendlich.

Die linke Bildseite thematisiert den Exodus, den Auszug der Israeliten aus Ägypten. Die Ägypter, ein chaotischer Haufen, versehen mit Pferden und Waffen, im unteren Bildteil, versuchen an die geordnet dahinziehenden Israeliten heranzukommen. Eine weiße, stellenweise goldgelb reflektierende Wolke hindert sie daran, die vor ihnen befindliche Gruppe zu erreichen. Dass es sich hier um den Durchzug durch das Meer handelt, wird durch die blaue Farbe und die beiden Fische links unten angedeutet. »Kopffigur« der ausziehenden Israeliten ist eine goldgelbe Fläche, die die Form des Mose-Kopfes hat – zusammen ergeben die Elemente wiederum eine Mosefigur, die auf zwei Gesetzestafeln (Hinweis auf das Sinaigeschehen) hin ausgerichtet ist.

(Vorne rechts im Bild erkennt man Moses Bruder Aaron, der jedoch farblich fast mit dem Bildhintergrund in einem sanften Blau verschmilzt.)

Viele Farbkorrespondenzen erleichtern eine Interpretation des Bildes: Das Weiß auf der rechten Seite (Mose) entspricht dem Weiß in der Wolke auf dem linken Bildteil. Das Goldgelb taucht in allen drei Bildteilen auf: Rechts in der Hand des Mose, in einem der Lichtkreise in der Mitte und im Kopf des Mose auf der linken Seite. Das Bild wird also von rechts nach links gelesen, wie das Hebräische. Inhalt ist die Heilsgeschichte Gottes an den Israeliten. Gott offenbart sich Mose, der wiederum zum Anführer des Volkes Israel wird. Er führt es sicher in das verheißene Land. Auf dem Weg dorthin erhält Israel durch Mose den Dekalog als Teil der Tora und damit die Ermöglichung für ein gutes Zusammenleben. Die grüne Farbe am oberen Bildrand verdeutlicht den Zusammenhang zwischen den verschiedenen Weisen, wie sich Gott zu erkennen gibt: in der Schöpfung (rechts) und Neuschöpfung/ Noach-Bund (Taube mit Olivenzweig, Gen 8,11), durch den Boten und die Offenbarung seines Namens (Mitte) und in der Ordnung, nach der die Schöpfung gelingend leben kann (Offenbarung seines Willens in Dekalog und Tora).

Weiterführen

■ **Gott hat viele Namen (M 3.8, S. 74).** Sch werden zu einer schriftlichen Meditation über weitere Namen für Gott angeregt. Es wird hierbei ein Bezug hergestellt zwischen einem Namen/einer Bezeichnung für Gott und dessen/deren Bedeutung für uns Menschen.

■ **Bilder vergleichen.** Der Vergleich unterschiedlicher Darstellungen von der Szene am brennenden Dornbusch (z. B.: Sieger Köder, »Der brennende Dornbusch«) eröffnet den Sch verschiedene Interpretationen dieser Bibelstelle.

■ **Ein eigenes Bild malen.** Sch malen die Szene am Dornbusch mit den nun gewonnenen Erkenntnissen – auch zur Farbsymbolik – selbst. Anschließend vergleichen sie ihre Bilder untereinander und mit dem Chagall-Bild.

■ **Weitere biblische Bilder von Gott.** In diesem Zusammenhang können auch weitere Bilder/Erscheinungsweisen Gottes im Exodusgeschehen (z. B.: Wolke, Feuersäule, rächender »Engel des Herrn«) gesucht und thematisiert werden.

Gott – wie ein Vater

AUSFLUG 36 | 37

Ansetzen

Auf dieser DS wird den Sch ein wesentlicher Aspekt des Gottesbildes Jesu vermittelt. Sowohl in dem, was er sagte, als auch darin, was er tat, zeigte Jesus seinen Zuhörern, dass Gott sich ihnen voll Güte zuwendet – wie ein Vater. Da Jesus sich von Johannes dem Täufer, dessen Gottesbild apokalyptisch und von der Gerichtspredigt geprägt war, taufen ließ, wird vermutet, dass sich Jesu Gottesbild gewandelt hat. Wahrscheinlich ging auch er zu Beginn seines Wirkens von einem Gott aus, dessen Barmherzigkeit gegenüber den sündigen Menschen erschöpft war. Irgendwann hat sich dann Jesu Gottesbeziehung und damit sein Gottesbild verändert. Das »Kehrt um«, das er den Menschen zurief, bezog sich nicht allein auf ihr Handeln und ihre Lebenseinstellung. Es bezog sich auch auf ihr Gottesbild.
Dieses Bild von Gott »als unbeirrbar gütiger, hilfsbereiter Vater« zeigt sich besonders in Jesu Umgang mit Sündern. Ein Sünder war damals nicht etwa jemand, der gegen Gottes Weisungen verstieß (Absolutionsmöglichkeiten gab es genug), sondern einer, der aus einer Haltung der Selbstanmaßung und einer ausdrücklichen Verachtung Gottes heraus hartherzig gegenüber seinen Mitmenschen war. Außerdem zeigte er keinerlei Interesse an Vergebung seiner Sünden. Auch und gerade solche Menschen gehörten zur »Zielgruppe« Jesu, auch ihnen galt die Frohe Botschaft (vgl. das Gleichnis vom verlorenen Schaf). Indem Jesus einen Gott predigte, der vorbehaltlos die Menschen annimmt und ihnen entgegenkommt, erweiterte er seinerseits deren Verhaltensrepertoire. Nun konnten sie sich aus ihrer Erstarrung, ihrem In-sich-Eingeschlossensein befreien und auf diesen Gott und auf die Mitmenschen zugehen.

Umsetzen

■ **Bildbetrachtung.** Als Einstieg für eine ausführliche Betrachtung dieses Bildes bietet sich eine sogenannte »verzögerte Bildbetrachtung« an. Ohne dass Sch das Bild vorher gesehen haben, wird ihnen auf (Farb-) Folie ein vergrößerter Ausschnitt der beiden Hände in der Bildmitte (die Hand des jüngeren Sohnes an der Türklinke und die rechte erhobene Hand des Vaters) präsentiert. Anhand dieses Details kann besonders gut die unterschiedliche farbliche Gestaltung der beiden Bildhälften herausgearbeitet werden: die Hand des jüngeren Sohnes, die aus der Dunkelheit kommt und sich Einlass in die Geborgenheit der väterlichen Wohnung verschafft; die geöffnete Hand des Vaters im helleren Bereich, deren Bewegung unterschiedlich gedeutet werden kann. Ausgehend davon kann die anschließende Betrachtung des ganzen Bildes sich zunächst auf die Hände von Vater und älterem Sohn konzentrieren.

Max Slevogt, Der verlorene Sohn
Mit diesem Bild hatte der Künstler 1899 bei der ersten Ausstellung der »Berliner Secession« großen Erfolg. Es besteht erkennbar aus zwei Hälften: Der linke Teil wird fast vollständig von einer geöffneten Tür eingenommen, durch die ein halb nackter, nur noch mit einer Art zerlumptem Lendenschurz bekleideter junger Mann barfüßig tritt bzw. schleicht. Sein Kopf ist geduckt, die linke Hand hält die Türklinke umklammert, die rechte ist – grüßend, abwehrend oder beschwichtigend – erhoben. Er betritt eine in warmen Farben gehaltene gutbürgerliche Wohnstube, in der sich ein sitzender, mit einem komfortablen roten Morgenrock bekleideter, bärtiger, älterer Mann und nur halb ausgeführt dahinter stehend ein jüngerer Mann befinden. Auffällig sind die Hände und die Haltung des sitzenden Mannes, die eine Mischung aus Abwehr, Überraschung und Willkommen signalisieren, so als hätte der Mann selbst sich noch nicht für eine der Gefühlsäußerungen entschieden. Er wirkt völlig unvorbereitet und aus seinem Alltag gerissen – fast ein wenig hilflos angesichts des Unerwarteten. Die rechten Hände – sowohl des Eintretenden als auch des Sitzenden – befinden sich auf gleicher Höhe – sie könnten sich zur Begrüßung umfassen oder sich voneinander wegstoßen. Als wolle der Eintretende den älteren Mann hypnotisieren oder beschwichtigen, blickt er ihn mit aufgerissenen Augen durchdringend an. Zwischen beiden Personen wird im Bild eine starke Verbindung spürbar, die auch ohne Worte besteht. Ganz anders ist das Gesicht des rechts hinten Stehenden, dessen Augen kaum zu sehen sind, der aber mit hochgezogenen Augenbrauen vor sich hin zu starren scheint. Sein Gesichtsausdruck und seine statische Körperhaltung drücken Resignation und Kraftlosigkeit aus. Im Gegensatz dazu vermitteln die beiden Männer im Vordergrund eine ungeheure Dynamik und Kraft: Der Eintretende hat die Schwelle bereits überschritten, er strebt weiter voran, sein Blick ist nur auf den Vater fixiert. Dieser wendet sich dem Sohn entgegen, steht schon fast vom Sitz auf, hat seine Arme bereits so weit geöffnet, dass er seinen Sohn gleich in die Arme schließen könnte. Betrachtet man die Anordnung der Figuren im Bild, so bilden die beiden rechten Personen eine Einheit in einer mehr oder weniger heilen Welt, in die der Eintretende störend einbricht. Der Vater »steht« zwischen diesen beiden ungleichen Brüdern – dem charismatischen jüngeren und dem resignativ-kraftlosen älteren – und wendet sich dem bedürftigen zu und damit vom anderen zunächst ab.

■ **Fortsetzung.** Sch erarbeiten zunächst verschiedene Varianten, wie das Gleichnis enden könnte. Nun lesen sie das Gleichnis in der Bibel zu Ende und diskutieren die Wahrscheinlichkeit der unterschiedlichen Ausgänge. Es empfiehlt sich, in einer Tabelle für jede Person eine Spalte anzulegen und ausgehend von deren Handlungen und Aussagen eine Charakterisierung zu erstellen.
Weiterhin können Sch in der Ich-Form aus der Perspektive der jeweiligen Person ein Resümee über das Geschehene abgeben.

■ **Bibeltext und Bild.** Voraussetzung für den hier geforderten Vergleich ist die genaue Einteilung des Gleichnisses in Szenen, die gemeinsam mit den Sch im UG vorgenommen werden sollten. Erst dann kann die Zuordnung des Bildes zum Gleichnis erfolgen, in der Sch schnell feststellen werden, dass die von Slevogt gemalte Szene so im Gleichnis nicht vorkommt. Insbesondere das Entgegenlaufen des Vaters, als er sein Kind nur kommen sieht, und seine liebevolle, verzeihende Umarmung (vor jeglichem Sündenbekenntnis) zeichnen den Vater im Gleichnis Jesu aus. Sch tauschen sich nun darüber aus, welches Vater-Bild der Künstler hier entworfen hat und in welcher Hinsicht sich dies vom Vater-Bild, das Jesus in seinem Gleichnis vermittelt, unterscheidet.

■ **Vater.** Bevor sich Sch mit den Bitten des Vaterunsers auseinandersetzen, ist es ratsam, ein Brainstorming bzw. eine Mind-Map zum Thema »Vater« bzw. »Mutter« zu erstellen. Nicht alle Sch teilen das positive Vater- (bzw. Eltern-) Bild, das hier bereits vorausgesetzt wird. Ein Austausch über die verschiedenen Assoziationen dazu ist also wichtig; dessen Ergebnis könnte sein, sich auf ein wünschenswertes Vater- bzw. Mutter-Bild zu einigen. Erst dann kann sich ein aus dem Vaterunser resultierendes positives Bild von dem väterlichen bzw. mütterlichen Gott ergeben.

Weiterführen

■ **Standbild.** Für die Arbeit mit dem Gleichnis vom verlorenen Sohn bietet sich Standbildarbeit (MITTENDRIN 5/6, S. 95) an. Es empfiehlt sich hierbei, Sch eine Szene selbst wählen zu lassen, die sie als Standbild darstellen. Die gemeinsame Interpretation der verschiedenen Standbilder trägt in der Regel sehr zum Verständnis des Gleichnisses bei. Besonders sensibilisiert für die Standbildarbeit sind die Sch, wenn zuvor bei der Bildbetrachtung Mimik und Körperhaltung der Figuren und deren Wirkung besprochen worden sind.

Mein Verhältnis zu Gott ins Bild bringen. Das Verhältnis zu einem Gott, den wir »Vater« nennen dürfen, kann in einer Zeichnung anschaulich dargestellt werden. Sch erhalten einen DIN-A4-Bogen und verschiedene Stifte. Ihre Aufgabe lautet: »Malt zwei beliebige Figuren, von denen die eine Gott als Vater, die andere euch selbst darstellen soll. Jede Figur soll aus einer Linie bestehen, die einen beliebigen Verlauf hat und zu ihrem Ausgangspunkt zurückkehrt.« Anschließend stellen sich Sch ihre Bilder zunächst in PA, dann in GA und zum Schluss im Plenum vor. Welche unterschiedlichen Vatervorstellungen kamen vor?

Das Vaterunser interpretieren und gestalten (M 3.9, S. 75). Sch gestalten jede Bitte des Vaterunsers in KG besonders und präsentieren diese anschließend.

Literaturhinweis

G. Siener, Vater unser. Ein altes Gebet wird jung, München [2]2005

Position beziehen. Die aktuelle Bedeutung der Vaterunser-Bitten für jeden Sch lässt sich gut erarbeiten, indem die Bitten an verschiedenen Stellen im Klassenzimmer aufgehängt werden. Sch gehen nun bei leiser Musik durch den Raum und stellen sich dann zu der Bitte, die ihnen gerade am meisten zusagt. Im anschließenden Gespräch können – müssen es aber nicht – sich Sch über ihre Positionen austauschen. Auf jeden Fall sollte ein Gespräch über die zahlenmäßige Verteilung der Sch stattfinden.

Die große Frage AUSFLUG 38 | 39

Ansetzen

Die auf dieser DS angesprochene Theodizeefrage ist im eigentlichen Sinne »Die große Frage«. Wie lässt sich unverschuldetes Leid mit der Vorstellung eines allbarmherzigen, allwissenden und allmächtigen Gottes vereinbaren? Diese Frage haben sich seit mehr als zweitausend Jahren Philosophen und Theologen, aber auch Menschen aller sozialen und bildungsmäßigen Hintergründe gestellt. Auf dieser DS und mit den Zusatzmaterialien soll versucht werden, schon mit Kindern im Alter von zehn bis elf Jahren dieser Frage nachzugehen.
Das ist und bleibt ein Wagnis. Alle philosophischen Antwortversuche auf die Theodizeefrage hat I. Kant als gescheitert konstatiert, und philosophische Antworten können leidtragenden Menschen keinen existenziellen Trost und Halt bieten, sodass immer die Frage bleibt, die H. Heine in seinem berühmten Gedicht »Zum Lazarus« stellt:

> Lass die heilgen Parabolen
> Lass die frommen Hypothesen –
> Suche die verdammten Fragen
> Ohne Umschweif' uns zu lösen.
>
> Warum schleppt sich blutend, elend,
> Unter Kreuzlast der Gerechte,
> Während glücklich als ein Sieger
> Trabt auf hohem Ross der Schlechte?
>
> Woran liegt die Schuld? Ist etwa
> Unser Herr nicht ganz allmächtig?
> Oder treibt er selbst den Unfug?
> Ach, das wäre niederträchtig.
>
> Also fragen wir beständig,
> Bis man uns mit einer Handvoll
> Erde endlich stopft die Mäuler –
> Aber ist das eine Antwort?

Auch Kinder müssen sich diesen Fragen stellen, weil auch sie von Leid, Krankheit und Tod betroffen werden. Häufig sind es Religions-L, die dann mit der anspruchsvollen Aufgabe betraut werden, mit Kindern über Tod und Trauer zu reden. Das Kultusministerium Baden-Württemberg hat in Zusammenarbeit mit den Evangelischen Landeskirchen in Baden und Württemberg sowie der Erzdiözese Freiburg und der Diözese Rottenburg-Stuttgart einen Flyer mit vielfältigen Adressen und Angeboten herausgegeben (als pdf-Datei abrufbar auf der Homepage des Kultusministeriums unter Service/Printmedien: www.km-bw.de oder auf dem Landesbildungsserver unter Lehrkräfte/Beratung/Krisenintervention: www.schule-bw.de). Umfangreiche Downloadmaterialien und Informationen finden sich unter http://schulpastoral.drs.de/umgangtrauer.htm.

Literaturhinweise

A. Biesinger/H. Kohler-Spiegel, Gibt's Gott? Die großen Themen der Religion. Kinder fragen – Forscherinnen und Forscher antworten, München 2007
Georg Hilger/Stephan Leimgruber/Hans-Georg Ziebertz, Religionsdidaktik. Ein Leitfaden für Studium, Ausbildung und Beruf – Neuausgabe, München [6]2010, S. 400-415
Hans Mendl, Religionsdidaktik kompakt. Für Studium, Prüfung und Beruf, München 2011, S. 94-104, 165-168
R. Oberthür, Kinder fragen nach Leid und Gott. Lernen mit der Bibel im Religionsunterricht, München 1998

Umsetzen

■ **Oskar und die Dame in Rosa.** Eric-Emmanuel Schmitt, Zürich [12]2003, auch als Taschenbuch-Ausgabe erhältlich, bietet vielfältige Anregungen, um mit Kindern über ihr Gottesbild und die Theodizeefrage ins Gespräch zu kommen – v. a., weil Oskar, der leukämiekranke Junge in diesem Buch, ungefähr im gleichen Alter wie Sch ist.
Mögliche Gesprächsthemen:

- *»Wie du mir, so ich dir« – mit Gott verhandeln*
  S. 10: » ... und ich habe noch nie mit dir geredet, weil ich nämlich nicht daran glaube, dass es dich gibt. Bloß, wenn ich so was schreibe, reiße ich mich nur selber rein, dann wirst du dich wohl kaum für mich interessieren. Wo ich doch dein Interesse nötig habe.«
- *Sterben – das große Tabu*
  S. 17f.: »Wenn man im Krankenhaus ›sterben‹ sagt, hört keiner zu ...«
- *An Gott glauben – ein Ammenmärchen?*
  S. 19f.: »Man hat mich schon mal reingelegt, mit dem Weihnachtsmann. Einmal reicht mir völlig!«
- *Gottesbilder*
  S. 63f.: »Ich habe natürlich einen Riesenschreck bekommen, als ich dich dort hängen sah, als ich dich in diesem Zustand gesehen habe ...«
- *Theodizee*
  S. 71f.: »Warum lässt dein lieber Gott zu, dass es Menschen gibt wie Peggy und mich, Oma Rosa?«
- *Das Herz des Geheimnisses*
  S. 98f.: »Dass du mir dein Geheimnis verraten hast: Schau jeden Tag auf diese Welt, als wäre es das erste Mal.«

■ **Fragen.** Oskars Fragen (und Oma Rosas Antwortversuche) werden sicher hinlänglich Gesprächsanlässe für die Klasse bieten, erst recht aber die vier »klassischen« Antwortversuche auf die Theodizeefrage, die recht bedrohlich und auch irritierend auf der rechten Hälfte der DS stehen und sehr behutsam eingeführt werden sollten. Dazu folgende Idee:
Die vier Sätze werden jeweils auf ein Poster geschrieben, die vier Poster an vier verschiedene Wände im Klassenzimmer gehängt. Sch lesen sich im Buch die vier Antwortversuche durch und stellen sich dann zu der Antwort, die für sie am plausibelsten erscheint. In ihrer jeweiligen Gruppe tauschen sie sich darüber aus, warum diese Antwort sie am ehesten befriedigt, und sie schreiben diese Begründung auf das Poster. Die vier Poster werden dann gemeinsam betrachtet und im UG diskutiert, wobei es sehr wohl möglich ist, dass ein Poster leer bleibt. Die Bearbeitung der »Antwortversuche auf die große Frage« (**M 3.10, S. 76**) ist aber auch in EA möglich.

■ **Leid.** Das Aquarell des österreichisch-irischen Künstlers Gottfried Helnwein (geb. 1948) zieht durch Farbgebung, Motiv und nicht zuletzt den Titel »Leid macht stark« unmittelbar in seinen Bann. Ganz in Grau-Rosa-Braun gehalten, sehen wir ein Kind an einem Tisch sitzen, eine Tasse mit Untertasse vor sich, die Ellenbogen auf den Tisch gestützt, die Hände vor dem Gesicht, sodass die Augen ganz verdeckt sind, offenbar weinend, worauf der zitternde Mund hinweist.
Die Mundpartie und die Trostlosigkeit der gesamten Szene – durch die triste Farbgebung betont – betreffen den Betrachter unmittelbar.
Welches Leid könnte diesem Kind zugestoßen sein? Welche Geschichte könnte dieses Bild erzählen? Und was bedeutet der zynische Titel »Leid macht stark« aus der Perspektive eines Kindes?
Das Bild ist auch in der MITTENDRIN-Folienmappe (ISBN 978-3-466-50761-0), Folie 4, zu finden, mit weiterführenden Beschreibungen und Einsatzmöglichkeiten.

Weiterführen

■ **Bildbetrachtung und Bildbeschreibung.** Das Bild eignet sich sehr gut zu einer differenzierten Bildbetrachtung. Sch verfassen mithilfe von »Ein Bild erzählt seine Geschichte« (**M 3.11, S. 77**) einen Katalogtext zum Bild »Leid macht stark«. Beim anschließenden Vorlesen der Katalogtexte zeigt sich mit Sicherheit die unterschiedliche Deutung des Bildes.

■ **Meine großen Fragen.** Zum Abschluss der DS-Thematik stehen Sch vor der Aufforderung: »Was fragst du Gott?« (**M 3.12, S. 78**) und formulieren in EA ihre eigenen Fragen an Gott. Anschließend stellen sie diese, wenn sie wollen, der Lerngruppe vor.

Ansetzen

1+1+1=3: Der Vater ist Gott, der Sohn ist Gott, der Heilige Geist ist Gott – der Glaube an den dreieinen, dreifaltigen oder trinitarischen Gott – einen Gott in drei Personen – bereitet vielen große Schwierigkeiten, zumal neuzeitlich der Personbegriff häufig mit Individualität verknüpft wird. Ein solches Person-Verständnis erschwert allerdings die Einsicht, dass Christen an einen, nicht an drei Götter glauben, und kann zu Schwierigkeiten auch im interreligiösen Dialog führen.
Hilfreich kann es hier sein, sich klar zu machen, dass der Begriff »Trinität« die Heilsoffenbarung Gottes in verschiedenen Weisen zu deuten versucht. Gott macht sich den Menschen verständlich, teilt sich den Menschen mit. Gottes innerstes Wesen ist die Liebe, mit der er der Welt und den Menschen zugewandt ist, und die sich in verschiedenen Weisen zeigt.
Ein Schlüssel zum Verständnis von Trinität kann also das Beziehungsgeschehen sein. Wir haben Gemeinschaft mit Gott, der uns erschaffen hat und uns trägt. Diese Gemeinschaft hat uns Gott mitgeteilt in seinem Wort, dadurch, dass er Mensch geworden ist und zu uns gesprochen hat: Christen bekennen Jesus als wahren Gott und wahren Mensch. Nach Ostern erfahren die Gemeinden Jesus als den Auferstandenen, den Christus, der in der Macht Gottes wirkt. Diese wirkende, weiter erfahrbare Kraft Gottes wird als »Heiliger Geist« verstanden.
»Die Verhältnisbestimmung der göttlichen Personen zueinander könnte vielleicht mit dem Verständnis der Personfolge von ›ich‹, ›du‹ und ›wir‹ verglichen werden. ›Ich‹ ist von sich aus verständlich, ist verständlich ohne ein ›Du‹ und ein ›Wir‹. Das ›Du‹ aber impliziert ein ›Ich‹, während das Wort ›Wir‹ nicht einfach die Mehrzahl von ›Ich‹, sondern die Gemeinschaft von ›Ich‹ und ›Du‹ meint. Diese logische Reihenfolge bedeutet keine chronologische Sequenz. Vielmehr bestehen ›ich‹ und ›du‹ und ›wir‹ zugleich.« (Manfred Gerwing., »... denn Gott ist die Liebe«: Was bedeutet der Glaube an den dreieinen Gott?, in: KatBl 129/2004, 168.)

Literaturhinweise

J. Werbick, Trinitätslehre: Summe. Der trinitarische Gott als die Fülle des Lebens, in: Th. Schneider (Hg), Handbuch der Dogmatik, Bd. 2, Düsseldorf [2]2000, 481ff.

Umsetzen

■ **Lied.** Sch werden auf das Kreuzzeichen als »Kurzformel« des Glaubens an den dreieinen Gott hingewiesen. Sie beschreiben anhand der Liedstrophen »Wirkweisen« Gottes (Vater: Schöpfer, Jesus: unser aller Bruder, der in die Nachfolge ruft; Heiliger Geist: unterstützende Kraft). Sie ergänzen eigene, vielleicht auch in den vorangegangenen Ausstellungsräumen erworbene Vorstellungen von Gott, indem sie sie den göttlichen Personen zuordnen und selbst Strophen formulieren.

■ **Symbole.** Sch lassen die Installation auf sich wirken und beschreiben sie. Sie ordnen die Symbole Dreieck, Kreuz und Taube den göttlichen Personen zu und deuten ihr Verhältnis zueinander. Sie arbeiten das Ineinander und Übereinander der Farben und Formen heraus.
Sch werden angeregt, eigene Symbole für Gott Vater, Sohn und Geist zu finden und ein eigenes Kunstwerk zu gestalten. Sie stellen sich ihre Kunstwerke gegenseitig vor und begründen ihre Symbol- und Farbwahl. Das Bild ist auch in der MITTENDRIN-Folienmappe (ISBN 978-3-466-50761-0), Folie 2, zu finden.

Philipp Schönborn, Du bist mein geliebter Sohn (1999)
In der Mitte der Installation sind auf dunklem Hintergrund übereinander angeordnet drei Neonröhren zu sehen. Obwohl sie sich überlagern, sind die drei Symbole Dreieck, Kreuz und Taube deutlich voneinander zu unterscheiden. Jedes der drei Symbole leuchtet in der ihm eigenen Farbe blau, rot oder gelb. An drei Stellen ragen das rote Kreuz und die gelbe Taube in eigener Weise über das Grundmotiv des blauen Dreiecks hinaus. Die Leuchtkraft der Neonröhren bewirkt, dass sich das Licht an den Kontaktstellen den Farben entsprechend vermischt und somit die Farbigkeit der Installation erheblich erweitert. Auch ohne Titel erschließt sich die Trinität als zentrale Thematik des Kunstwerks unmittelbar. Die Relation der drei göttlichen Personen von Vater, Sohn und Geist ist im Übereinander und Ineinander der Formen und Farben in ansprechender Weise ins Werk gesetzt.
In dem gegenwärtigen Ringen um ein rechtes Verständnis von Trinität kann die Installation von Schönborn als ein zeitgenössischer Versuch gelesen werden, der christlichen Trinitätslehre auf anschauliche Weise nachzugehen.

Vergleich. Basilius von Caesarea unternahm im 4. Jh., als bei den großen Konzilien von Nizäa und Konstantinopel darum gerungen wurde, die Beziehung von Vater, Sohn und Hl. Geist angemessen zu bestimmen, ohne ihre Unterscheidbarkeit und die Einheit Gottes aufzugeben, den Versuch, mit dem Bild des Regenbogens zur Klärung dieser Frage beizutragen. Jede Farbe ist klar erkennbar, wobei ihre Begrenzungen nicht exakt zu bestimmen sind – gemeinsam bilden sie den farbigen Regenbogen.

Schaubild. Das Schaubild – angelehnt an einen mittelalterlichen Holzschnitt – schlüsselt die Beziehung und die Einheit der göttlichen Personen auf. Wie die drei Farben jeweils den Regenbogen verkörpern, so sind sie doch voneinander unterschieden.
Sch können dieses Bild bezogen auf die göttlichen Personen ausfüllen: Der Vater ist Gott, der Sohn ist Gott, der Heilige Geist ist Gott, aber zugleich gilt: Vater ≠ Sohn ≠ Heiliger Geist.
Sch können dieses Schaubild auch nutzen, um weitere Bilder für die Trinität Gottes auf ihre Aussagekraft hin zu überprüfen.

Weiterführen

Recherche. Sch recherchieren Bilder im Internet, die zum Verständnis von Trinität beitragen können.
Beispielhaft sei hier hingewiesen auf den Vergleich mit dem Wasser von Quelle, Bach und Fluss (Gregor von Nazianz), auf das Kleeblatt, das der hl. Patrick von Irland zur Erklärung heranzog, oder auch an das sog. Hasenfenster im Kreuzgang des Paderborner Doms (»Der Hasen und der Löffel drei, und doch hat jeder Hase zwei«). Hilfreich kann auch ein Hinweis auf die verschiedenen Aggregatzustände Eis, Wasser, Dampf des Wassers sein.

Rondellgedicht. Sch verfassen ein Rondellgedicht zum Thema »Gott ist auf drei verschiedene Weisen da«. Ein Rondellgedicht besteht aus acht Zeilen, wobei die 1., 4. und 7. Zeile gleich sind, ebenso auch die 2. und 8. Zeile.
Als Hilfe erhalten Sch folgendes »Gerüst«:
1 Gott ist auf drei verschiedene Weisen da
2
3
4 Gott ist auf drei verschiedene Weisen da
5
6
7 Gott ist auf drei verschiedene Weisen da
8 (=2)

Lieder. Sch untersuchen im Einheitsgesangbuch »Gotteslob« (z. B. Nr. 279, 489), wie der dreifaltige Gott besungen wird.

Ansetzen

Die Hälfte aller Jugendlichen unter 30 Jahren betet niemals oder wenig, so der Religionsmonitor der Bertelsmann Stiftung 2007. Das heißt aber auch: Über die Hälfte der jungen Menschen betet, regelmäßig, manchmal oder selten. Dabei haben sie das Beten nicht mehr in der Familie gelernt. Dort ist die Gebetskultur seit knapp zwei Jahrzehnten »weggebrochen«. Die Jugendlichen haben ihre eigene Art gefunden, mit einem Gegenüber zu sprechen, das nicht, jedenfalls nicht menschlich dialogisch, antwortet. Ihr Gebet ist hoch individualisiert.
Das Gebet ist eben kein Sprechen mit Gott, bei dem Rede und Erwiderung sich abwechseln. Gott ist kein »echter« Gesprächspartner, er antwortet nicht, zumindest nicht so, wie wir es von Menschen kennen. Dafür antwortet er im Denken und Fühlen, im Tun und im Tun anderer. Im Gebet spreche ich Gott an und bestätige damit zuallererst, dass er für mich da ist, dass er etwas zu tun hat mit meinem Leben und meinem Alltag. Ich spreche meinen Glauben aus und formuliere ihn in meine Nöte, Sorgen und Hoffnungen hinein. Damit gewinne ich für mich eine Haltung, die meinem Glauben an Gott entspricht. Ich bin sein Geschöpf. Er ist der Schöpfer.
Dabei ist die körperliche Haltung nicht nur ein Ausdruck der innerlichen Haltung. Innerliche und äußere Haltung greifen ineinander, verstärken und bedingen sich. Das bietet einen Ansatz sowohl für die Jugendlichen, die das Gespräch mit Gott kennen, wie auch für diejenigen, denen es fremd ist wie die körperliche Haltung. Sie einzunehmen kann ein erster Schritt der Anerkennung des Schöpfer-Gottes sein. Es kann aber auch eine Verstärkung der eigenen Gesprächsform mit Gott sein. Beide, religiös wie nicht-religiös gestimmte Sch, treffen sich im Erlernen der Haltung des Gebets, um dann den nächsten Schritt zu machen: Worte zu finden, die zu ihnen und ihrer Sicht von Gott passen. Über die körperliche Haltung wird der Zugang zur geistigen Haltung »aufgeschlossen«. Erst dann suchen L und Sch gemeinsam nach Worten, nach ihren Worten und lernen die Worte von Betern anderer Generationen und aus anderen Lebenslagen kennen.

Umsetzen

■ **Mit Haltung.** Neben der Betrachtung der Bilder mit deren genauer Beschreibung sollte auch das Verhältnis der Betenden zu Gott ins Wort gebracht werden – eine Voraussetzung für die Auswahl eigener Gebetshaltungen.

■ **Gebetshaltung.** Der Lerngang »Beten« beginnt in Klassenstufe 5/6 mit »Geste und Haltung«. Wie sehr wir auch nonverbal durch unseren Körper kommunizieren und diese unsere Körpersprache Kommunikation beeinflusst, ist auch Thema im Lerngang »Menschen wahrnehmen«. Angewendet wird dies nun auf unser Sprechen mit Gott, das Gebet. Waren vor einigen Jahrzehnten die verschiedenen Gebetshaltungen noch jedem Sch geläufig – nur deren Sinn musste ihnen manchmal vermittelt werden –, so kennen viele Sch heute keine explizite christliche Gebetshaltung mehr. Indem sich Sch deren Bedeutung hier erschließen, lernen Sch diese kennen und erproben sie vielleicht erstmalig.
Nachdem sie die Haltungen in ihren Ausstellungsordner eingetragen haben, überlegen sie für sich, in welcher Haltung sie gerne ihr Lieblingsgebet, sofern sie eines haben, sprechen würden.

Weiterführen

■ **Die Wirkweise von Haltungen.** Dass bestimmte Haltungen bzw. mimische Ausdrucksweisen auf die Psyche eines Menschen wirken, kann den Sch an vielen Beispielen verdeutlicht werden. So bewirkt ein – zunächst aufgesetztes – Lächeln häufig eine Stimmungsaufhellung, umgekehrt ein mürrisches Gesicht eine Verschlechterung der Laune. Eine extrem gebückte Haltung lässt einen sich anders fühlen als ein aufrechter Gang. Diese Erkenntnisse sind gut auf die Wirkung von bestimmten Haltungen beim Gebet zu übertragen.

■ **Beten üben.** Dass man Beten üben und lernen kann wie ein Handwerk, davon ist Fulbert Steffensky zutiefst überzeugt. Er hat einige »Tipps für das Beten« (**M 3.13, S. 79**) in jugendgemäßer Form zusammengefasst.

■ **Gebetsformen kennenlernen und einüben.** Zu einer Erweiterung der Gebetsfähigkeit der Kinder im RU fordert V. Merz auf. Sch sollten das Gebet in verschiedenen Ausdrucksweisen einüben: Das Gebet als Aussage, als emotionale Entladung (s. auch die Psalmen), als Anfrage, als Reflexion, als Bitte, als Dank, als Klage, als Lob oder als »Minute des Schweigens«.

Filmhinweis

Nicht viele Sch sind heute in einer christlichen Gebetstradition aufgewachsen. Der Film »Beten – wie geht das?« von Axel Mölkner-Kappl zeigt die Vielfalt des Betens. Neben persönlichen Erfahrungen von Jugendlichen kommen auch Traditionen und Hintergründe christlicher Gebete zur Sprache (Ökumenischer Medienladen Stuttgart, Deutschland 2007, 20 Min., Nr. DVK 522/VC3148).

Literaturhinweis

Th. Dressl/J. Geyrhalter, Morgens um acht. Rituale und Gebete für den Tagesbeginn in der Schule, München [5]2009
Hans Mendl, Religionsdidaktik kompakt. Für Studium, Prüfung und Beruf, München 2011, 139-148, 230-239

Warum beten?

AUSFLUG 44 | 45

Ansetzen

Auf die Frage, warum man beten soll, kann es keine letztgültige Antwort geben. Jede/r wird selbst in seinem Leben mit seinen Freuden und seinem Leid eine eigene Antwort finden können. Darauf vorzubereiten, soll hier Anliegen sein. Im eher abstrakten »Für« und »Wider« werden im Folgenden erste Hindernisse und Vorurteile thematisiert. Außerdem wird dem Rechnung getragen, dass im Schnitt die Hälfte der Jugendlichen keine Gebetspraxis hat.
Uns fehlen die Worte. Sie fehlen besonders dann, wenn wir sie am dringendsten brauchen: in der Liebe, in der Freundschaft, im Streit. Auch in der Not, in der Verzweiflung und im Glück sind wir sprachlos. Vor Gott in diesen Situationen die rechten Worte zu finden, fällt manchen leicht, anderen schwer. Gebete helfen, das vage Gefühlte in eine Form zu bringen. Dabei »transportieren« Gebete nicht nur das, was wir persönlich mit den Worten verbinden. Sie sprechen auch das aus, was Generationen vor uns gefühlt und vor Gott gebracht haben. Damit finden wir uns – auch wenn wir uns mit unserem Schicksal allein fühlen – in der Gemeinschaft der Glaubenden wieder.

Umsetzen

■ **Einwände.** Bevor als Abschluss dieses Impulses die Pro-und-kontra-Diskussion stattfindet, müssen auch Argumente für das Beten gefunden werden. Die Antworten auf die Frage: »Welche Rolle spielt das Gebet in deinem Alltag?« (**M 3.14, S. 80**), die bekannte und eher unbekannte Menschen gaben/geben, können hierzu einen möglichen positiven Bedeutungshorizont eröffnen.

■ **Eigenes Gebet.** Es ist ratsam, diesen AA erst nach der Beschäftigung mit den Psalmen (MITTENDRIN 5/6, S. 45) zu thematisieren, es sei denn, es handelt sich hier um eine Lerngruppe, die bereits einige Gebetspraxis mitbringt. Ob die Gebete präsentiert werden sollen, muss genau überprüft werden und ist nur ratsam, wenn ein Sch sein Gebet ausdrücklich vorsprechen oder -beten will. Dies soll in einem entsprechenden Rahmen geschehen.

■ **Standbild.** Die Standbildarbeit verdeutlicht den Sch die Situation bzw. Stimmungslage des Psalmenbeters. Darüber hinaus erfahren sie, dass schon vor Tausenden von Jahren Menschen mit ihrem Gott gerungen haben, sich auf ihn angewiesen fühlten und sich bei ihm geborgen wussten.

■ **Psalmen.** Eine ganz persönliche Auseinandersetzung mit den Psalmen ist die Auswahl eines »eigenen« Psalms, der in den Ordner übernommen und schön ausgestaltet wird. Eventuell kann er optisch nahe beim eigenen Gebet stehen und so zu diesem ein Pendant bzw. einen Kontrast bilden.

Weiterführen

■ **Umfrage.** Sch führen eine Umfrage zu Gebetspraxis und Lieblingsgebeten in ihrer Klasse oder ihren Familien durch. Die Ergebnisse werden in Form einer Statistik visualisiert.

■ **Klassengebetbuch.** Im Verlauf der beiden Schuljahre empfiehlt sich das Zusammenstellen eines Klassengebetbuches. Fällt einem Sch ein Gebet in die Hände, das ihm gefällt, oder hat er selbst eines formuliert, so wird dieses L oder einem verantwortlichen Mitschüler gegeben. Aus der Sammlung von Gebeten kann immer mal wieder eines im RU vorgebetet werden. Am Ende von Klassenstufe 6 werden die Gebete zu kleinen »Gebetsheften« gebunden und den Sch mitgegeben.

■ **Gesungene Gebete.** Eine wunderschöne Form von Gebeten sind auch Arien aus den Motetten von J. S. Bach. Versehen mit den Texten hören Sch sich eine Arie an, sprechen über das Verhältnis von Textinhalt und musikalischer Ausgestaltung und über die Beziehung des Betenden bzw. Singenden zu Gott, wie sie in der Arie zum Ausdruck kommt. Vielleicht finden sich auch Gebete in der Popmusik, wie die Beschreibung Gottes in dem Song »One of us« von Joan Osbourne. Es ist auch möglich, einen Gebetsruf (z. B. aus Taizé) einzuüben.

Literaturhinweis

H. Schottmüller/G. Siener, Thema »Gebet«. Stationenarbeit, in: Reli konkret, München 2005, 157-172

Hans Mendl, Religionsdidaktik kompakt. Für Studium, Prüfung und Beruf, München 2011, 139-148

Finissage — SOUVENIR — 46 | 47

Umsetzen

■ **Thema »Gott« und Projekt.** Die Arbeitsimpulse auf der Souvenirseite dienen dem Rückblick auf dieses Themenfeld im Sinne der Nachhaltigkeit und münden in einen Projektvorschlag.

Nach der intensiven Beschäftigung mit der Frage nach Gott und Gottesbildern ist es sicher motivierend, die Ergebnisse in einer großen »Sonderausstellung« zu bündeln und auch anderen Sch zugänglich zu machen: den evangelischen Sch aus der/den Parallelklasse/n oder – z. B. im Rahmen einer Projektwoche – auch der ganzen Schule.

Kompetenzerwartungen in der LL »Menschen suchen Gott«

Die Tabelle gibt an, welche der im Kernlehrplan konkretisierten Kompetenzerwartungen in dieser Lernlandschaft »Menschen suchen Gott« zentral bedient werden [X] bzw. welche teilweise oder wiederholend angesprochen werden können [(X)]:

INHALTSFELD 1: MENSCHSEIN IN FREIHEIT UND VERANTWORTUNG Die Schülerinnen und Schüler	
Sachkompetenz:	
– erläutern, inwiefern jeder Mensch eine einzigartige und unverwechselbare Persönlichkeit ist, die auf Gemeinschaft hin angelegt und auf sie angewiesen ist; – erläutern die Bedeutung der christlichen Überzeugung, dass der Mensch von Gott geschaffen, geliebt und zur verantwortlichen Mitgestaltung der Schöpfung berufen ist; – erläutern an Beispielen, wodurch das Gelingen menschlichen Lebens gefährdet oder gefördert wird; – zeigen exemplarisch die Schönheit der Schöpfung und ihre Gefährdung auf.	
Urteilskompetenz:	
– beurteilen menschliche Verhaltensweisen vor dem Hintergrund des Glaubens an Gott als den Freund des Lebens; – bewerten Möglichkeiten ökologischen Engagements als Ausdruck und Konsequenz von Schöpfungsverantwortung.	
INHALTSFELD 2: SPRECHEN VON UND MIT GOTT Die Schülerinnen und Schüler	
Sachkompetenz:	
– begründen, warum Religionen von Gott in Bildern und Symbolen sprechen; – deuten Namen und Bildworte von Gott; – erläutern an Beispielen Möglichkeiten und Schwierigkeiten, Gott darzustellen; – zeigen Situationen auf, in denen Menschen sich im Gebet an Gott wenden; – zeigen auf, wie Widerfahrnisse des Lebens aus dem Glauben gedeutet werden können; – deuten biblische Psalmen als Ausdruck menschlicher Erfahrungen im Glauben an Gott; – erläutern den Glauben katholischer Christen an einen Gott in drei Personen.	X X X X X X X
Urteilskompetenz:	
– erörtern in Grundzügen Lebenswege glaubender Menschen im Hinblick auf deren Orientierungsangebot.	X
INHALTSFELD 3: BIBEL ALS »UR-KUNDE« DES GLAUBENS AN GOTT Die Schülerinnen und Schüler	
Sachkompetenz:	
– erläutern den Aufbau der Bibel; – zeigen auf, dass die biblischen Erzählungen Erfahrungen ausdrücken, die Menschen mit Gott gemacht haben; – geben exemplarische Glaubensgeschichten des Alten und Neuen Testaments wieder; – stellen die Bedeutsamkeit ausgewählter biblischer Frauen- und Männergestalten für die Glaubenspraxis dar; – erläutern, dass das Volk Israel seine Glaubenserfahrungen als Familiengeschichte erzählt; – weisen an Beispielen die Bedeutung der Bibel im Leben der Kirche nach (u. a. Gottesdienst); – begründen, warum die Bibel für Christen als »Heilige Schrift« besondere Bedeutung hat.	
Urteilskompetenz:	
– beurteilen ansatzweise die Relevanz biblischer Glaubenserzählungen für Menschen heute.	(X)

INHALTSFELD 4: JESUS DER CHRISTUS Die Schülerinnen und Schüler	
Sachkompetenz:	
– ordnen Jesus von Nazaret in seine Zeit und Umwelt ein; – benennen Merkmale, die die Zugehörigkeit Jesu zum Judentum verdeutlichen; – erläutern an neutestamentlichen Beispielen, wie Jesus von Gott spricht; – erläutern, dass die Zuwendung Jesu zu den benachteiligten und zu kurz gekommenen Menschen jeder ethischen Forderung vorausgeht; – deuten die bildhafte Rede Jesu an Beispielen; – erklären die Bezeichnung Jesu als Christus als Bekenntnis des Glaubens.	
Urteilskompetenz:	
– erörtern in Ansätzen Ursachen für Konflikte, die Worte und Taten Jesu bei den Menschen seiner Zeit auslösten; – beurteilen an Beispielen, inwiefern Jesus Christus für Menschen heute Bedeutung haben und Orientierung sein kann.	
INHALTSFELD 5: KIRCHE ALS NACHFOLGEGEMEINSCHAFT Die Schülerinnen und Schüler	
Sachkompetenz:	
– erläutern die Entstehung der Kirche aus dem Glauben an Jesus Christus und dem Wirken des Heiligen Geistes; – nennen beispielhaft Aufgaben der sich auf Jesus Christus gründenden Kirche; – erläutern die Bedeutung des Apostels Paulus für die frühe Kirche; – erklären Feste des Kirchenjahres in ihrer Bedeutung; – zeigen die Bedeutung von Sakramenten und ihre Verknüpfungen mit Stationen im Leben eines Christen auf; – erläutern, warum und wie katholische Christen Eucharistie feiern; – zeigen an Beispielen Gemeinsamkeiten und Unterschiede in der Glaubenspraxis der Konfessionen auf.	(X)
Urteilskompetenz:	
– erörtern, inwiefern der Einzelne am Leben der Kirchengemeinde teilnehmen und wie er seinen Auftrag als Christ im Alltag realisieren kann.	
INHALTSFELD 6: WELTRELIGIONEN UND ANDERE WEGE DER SINN- UND HEILSSUCHE Die Schülerinnen und Schüler	
Sachkompetenz:	
– benennen Gemeinsamkeiten und Unterschiede in Glaube und Glaubenspraxis der abrahamitischen Religionen; – beschreiben wichtige Stationen im Leben großer Gestalten der abrahamitischen Religionen; – zeigen Spuren jüdischen und muslimischen Lebens in ihrer Umgebung auf; – erläutern anhand von Erzählungen aus der Abrahamgeschichte die gemeinsamen Wurzeln der abrahamitischen Religionen und deren Bedeutung für das Zusammenleben der Religionen; – zeigen das Bekenntnis zu Jesus als dem Christus als unterscheidend christlich auf.	
Urteilskompetenz:	
– nehmen zu verbreiteten Vorurteilen gegenüber Religionen Stellung.	

Was der Himmel für mich ist ...

der Himmel ist Liebe

Meteorit

Die Sterne

da leben die Toten weiter

Ozonschicht

Jupiter

Planeten

Dort gibt es keine Schmerzen
und keine Krankheit

Astronaut

Da wohnt Gott

Sternzeichen

Sonne

Im Himmel herrscht
Frieden

Milchstraße

Raketen

Mond

Himmel

Gott

Raumschiff
Surprise

Sternschnuppen

Universum

Die Seelen der Toten
kommen da hin

Regen

Raumschiffe

ist blau, manchmal grau

Donner

Wolken

Der Himmel ist groß und weit

Im Himmel
ist alles schön

Wenn man tot ist, kommt
man in den Himmel

Gott hat viele Farben …

- Entscheide dich für »deine« Gottesfarbe.

- Male das Quadrat hier auf dem Arbeitsblatt in dieser Farbe aus.

- Überlege für dich: Ich habe die Farbe ______________ gewählt, weil ____________________________

- Als wir uns über unsere Gottesfarben unterhalten haben, fiel mir auf, dass ____________________

- Zu Gott passen

- Was ich sonst noch sagen möchte:

Der Elefant

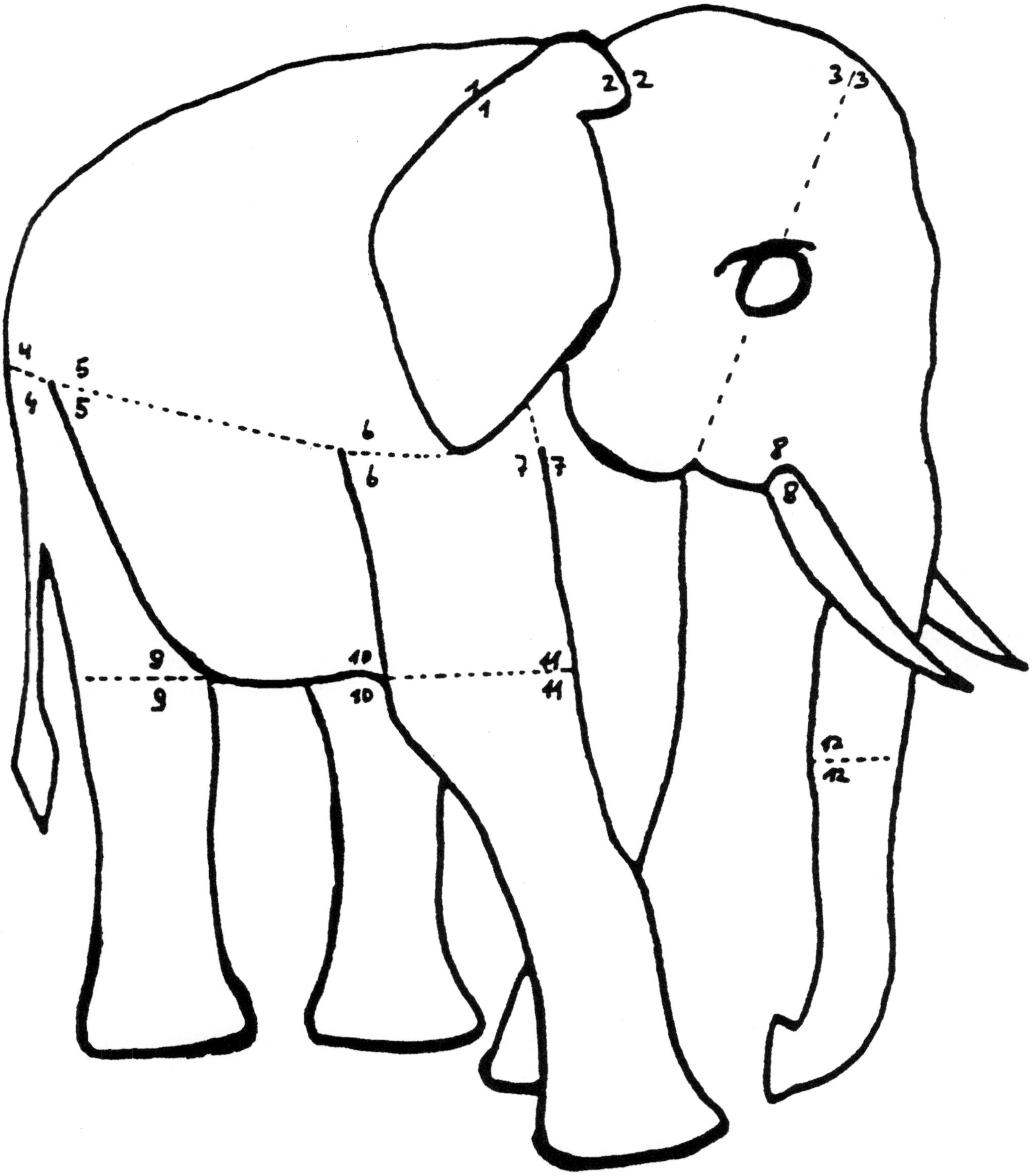

Das geheime Wissen der Pinguine

Die Pinguine am Südpol haben ein geheimes Wissen und Antworten auf viele Fragen, die Menschen stellen. Besonders gerne beantworten sie Fragen der Kinder, vor denen sie eine besondere Ehrfurcht haben und die sie deshalb mit »Euer Gnaden« und nicht mit »du« anreden.

Auf die Frage, wie Gott denn sei, erzählen sie die folgende Geschichte:
Einst fiel ein Schwarm Spatzen vom Himmel und tschilpte und pickte und tschilpte. Was sie wohl zu bereden hatten? Man ließ einen Übersetzer kommen, den Herrn Humboldt-Pinguin. Der hielt den Kopf etwas schräg und hörte den Spatzen zu. Dann sagte er laut: »Die Spatzen behaupten, Gott sei wie ein Spatz, nur anders.« Einige der Pinguine lachten darüber. Aber dann tauchte ein riesiger Wal aus dem Meer auf und rief: »Ich habe schon alles gehört. Aber noch nie einen solchen Unsinn! Gott ist wie ein Wal, nur anders.« Danach protestierten ein Krebs und ein Schwarm Fische sowie einige Möwen, die schrill lachten: »Gott ist wie eine Möwe im Wind, klar doch, wie eine Möwe, nur anders.«
Der besonders weise Humboldt-Pinguin, der viel gereist war und alle Sprachen der Welt beherrschte, wusste auch von den Menschen zu berichten: »Die Männer sagen: Gott ist so wie ich. Nur anders. Die Frauen sagen: Gott ist so wie ich. Nur anders.« »Aber wie ist Gott denn wirklich?«, krähte ein kleiner Pinguin. Herr Humboldt-Pinguin dachte nach. Schließlich antwortete er: »Gott ist anders. Ganz anders. Wir haben kein Wort dafür und keinen Begriff. So anders als alles, was wir kennen, ist Gott. Ist euch aufgefallen, dass alle Geschöpfe sich unterscheiden in ihrem Glauben, wenn sie sagen: Gott ist so wie ich? Aber dann haben sie doch auch eine Sehnsucht danach, dass Gott für alle da sein möge. Deshalb sagen sie alle diese kleine Einschränkung. Sie sagen: Gott ist so wie ich, nur anders. Und auf diese beiden Wörter kommt es an.« Und nach längerem Nachdenken fuhr er fort: »Wir wollen uns nicht lustig machen über den Glauben der Spatzen, wir wollen die Wale nicht auslachen und die Krebse nicht kränken. Alle sehnen sich danach, unter Gottes Schutz zu stehen. Alle wollen sie Gottes Kinder sein. Alle hoffen auf diese große Umarmung, die sie wärmt und behütet. Und keiner soll ausgeschlossen sein, darum räumen alle ein, dass Gott zwar ist, wie sie selber, nur anders. So anders, dass wir suchen müssen nach einem Wort, das alle einschließt, die sich als Gottes Kinder sehen, und dennoch klarmacht, dass Gott ganz anders ist.« Alle dachten angestrengt nach.
»Ich hab's!«, rief das Pinguinküken. »Wenn Gott so ist wie alle Geschöpfe, nur anders, dann ist er die Schöpfung. Denn zur Schöpfung gehören alle dazu. Der Wurm genauso wie der Krebs, der Mann genauso wie die Frau. Und doch ist die Schöpfung anders als jedes einzelne Geschöpf.«
Herr Humboldt-Pinguin verneigte sich tief vor dem kleinen Pinguinküken und sagte: »Kindermund tut Weisheit kund.«
So hatten die Pinguine ein Wort gefunden, das unserer Ehrfurcht und unserem Staunen vor Gott einen Ausdruck verleiht. Ein Wort wie ein Dach, das alle schützt, die unter ihm Zuflucht suchen.

Reinhardt Jung

Überlege zunächst für dich allein. Dann tauscht euch in der Klasse aus:
- Warum denken sich die Geschöpfe Gott als ihnen ähnlich?
- Warum ist die Einschränkung »... nur anders« hier so wichtig?
- Ist »Schöpfung« eine gute Beschreibung von Gott oder siehst du darin auch Probleme?

Gott ist eine Frage

Gott ist eine Frage,
eine Frage, die zu Gott führt.

Ich erkenne dich, Gott, so sehr,
wie du mir unbekannt bist.

So fern bist du mir, mein Gott,
und doch mir näher als ich mir selbst.

Gott ist das Größte und das Kleinste:
das Größte, weil Gott alles umfasst –
das Kleinste, weil Gott in allem ist.

Du, mein Gott, bist zugleich sichtbar und unsichtbar.
Wie du für uns bist, bist du sichtbar.
Wie du wirklich bist, bist du unsichtbar.

Vom wirklichen Gott können wir nichts wissen.
Was wir aber wissen, ist das, was es in uns durch Gott gibt.

Rainer Oberthür

- Stelle die im Gedicht benannten Gegensätze zusammen.
- Was meint Rainer Oberthür mit den beiden letzten Zeilen?
- Schreibe nun deine Gedanken über Gott in Gegensätzen auf, die zeigen, wie du Gott siehst, denkst und fühlst. Vielleicht kannst du das sogar in Gedichtform tun? Die folgenden Gegensatzpaare sollen dir beim Formulieren helfen, aber selbstverständlich kannst du auch andere benutzen:

klein	–	groß
gut	–	böse
weich	–	hart
oben	–	unten
nah	–	fern
traurig	–	froh
dunkel	–	hell
hoch	–	tief
begreifbar	–	unantastbar
sichtbar	–	unsichtbar
alles	–	nichts
stark	–	schwach
allmächtig	–	ohnmächtig

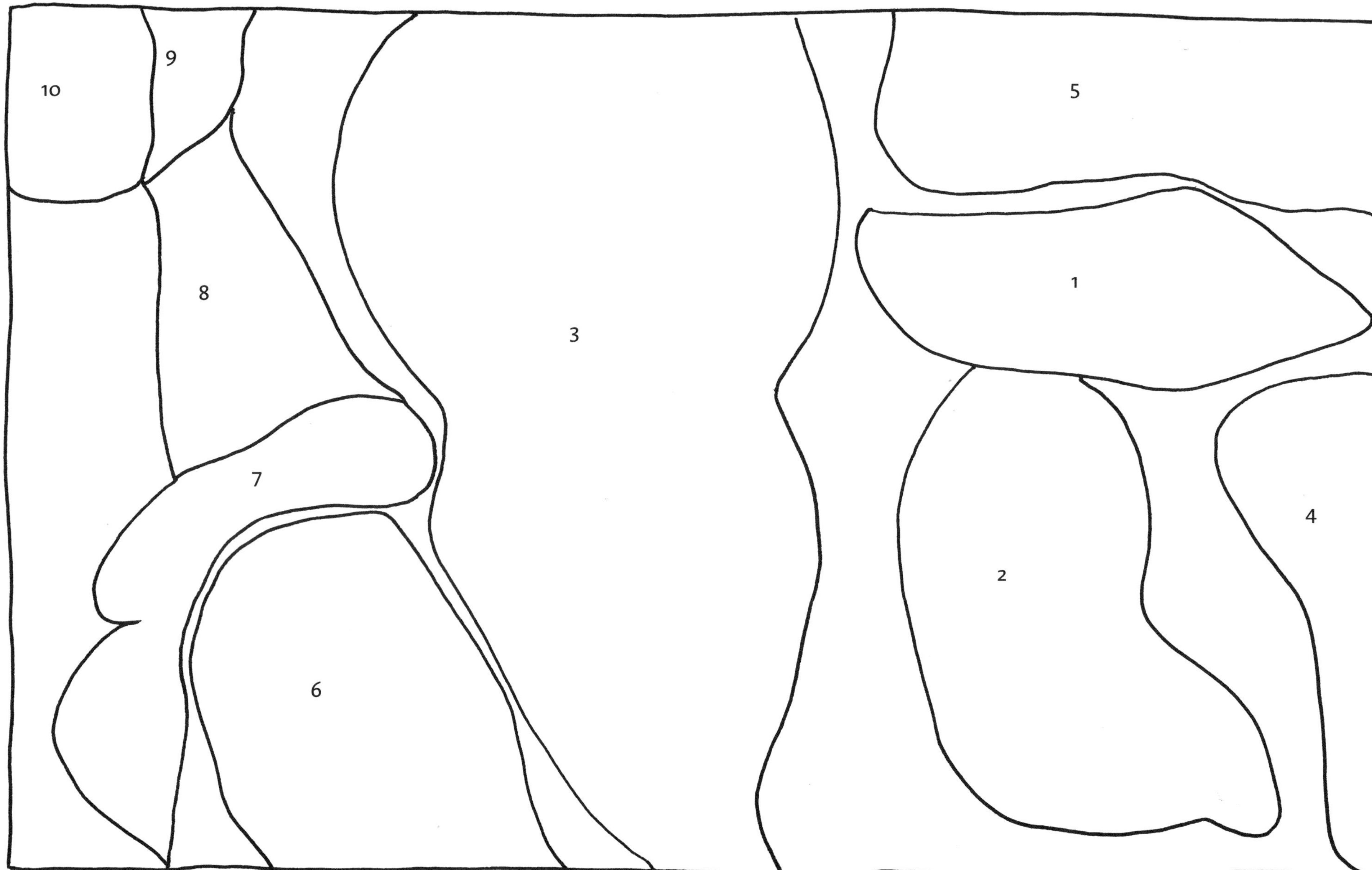

Abdeckschablone »Chagall, Mose vor dem brennenden Dornbusch«

1 Mose als Hirte (Ex 3,1a-c)
2 Mose empfängt und verkündet eine Botschaft (Ex 6,2-12)
3 Mose vor dem brennenden Dornbusch (Ex 3,1d-15)
4 Aaron (Ex 4,27-31)
5 Bildzeichen der Schöpfungsgeschichte (Gen 1 und 2)
6 Die Ägypter verfolgen die Israeliten (Ex 14)
7 Die Wolke des Herrn (Ex 13,17 –14,31)
8 Die Israeliten gelangen sicher durch das Schilfmeer (Ex 14)
9 Mose führt die Israeliten mit des Herrn Hilfe durch das Schilfmeer (Ex 14)
10 Die Gesetzestafeln am Sinai (Ex 19,1 – 20,17)

Farbsymbolik bei Chagall

Blau verkörpert die Fläche des Himmels und die des Meeres. Dabei handelt es sich jeweils um die von jedem Menschen zu machende Erfahrung unserer räumlichen Begrenzung durch die Wasserfläche oder das Firmament, woran sich die oft spekulative Frage anschließt: Was mag dahinter sein?

Goldgelb verkörpert die Herrlichkeit Gottes, Farbe der Offenbarung Gottes.

Grün dominiert die Bilder der biblischen Urgeschichte, also die Texte mit Erfahrungsthemen für alle Menschen.

Rot verbindet die himmlische Welt mit der irdischen Welt, Farbe der Offenbarung Gottes.

Weiß ist oft die Farbe der »Epiphanie«, der göttlichen Erscheinung.

Gott hat viele Namen

**Du,
Gott,
bist der
Ich-bin-da.**

Du bist Mensch geworden.
In Jesus hast du mir gezeigt, dass du alle Menschen liebst.

Du bist wie ein gütiger Vater.
Ich kann dir ganz vertrauen.

Du bist wie eine Arche.
In dir bin ich geborgen und sicher.

Das Vaterunser interpretieren und gestalten

Aufgabe:
Überlegt euch, welche Bedeutung die einzelnen Verse des Vaterunsers für euch haben und mit welchen Symbolen, Farben und Materialien ihr diese darstellen wollt. Bringt eure persönlichen Gedanken und Erfahrungen mit ein.

Vers	Symbol	Farbe	Material
Vater unser im Himmel			
Geheiligt werde dein Name			
Dein Reich komme			
Dein Wille geschehe, wie im Himmel so auf Erden			
Unser tägliches Brot gib uns heute			
Und vergib uns unsere Schuld, wie auch wir vergeben unseren Schuldigern			
Und führe uns nicht in Versuchung			
Sonderen erlöse uns von dem Bösen			

Antwortversuche auf die große Frage

Folgende Antworten haben Menschen zur Theodizeefrage versucht. Schreibe jeweils deine Meinung dazu.

(1) Gott ist gut und allmächtig. Alles, was geschieht, will er auch so. Das Leiden ist eine Strafe für Böses, was Menschen getan haben. Durch die Strafe sollen sich die Menschen bessern.

(2) Was Menschen einander an Leid zufügen, dürfen wir Gott nicht vorwerfen. Gott lässt es zu, denn er gibt den Menschen die Freiheit, sich für Gutes oder Böses zu entscheiden.

(3) Gott ist gut, aber seine Stärke ist anders als die Macht von Menschen. Wenn Menschen leiden, leidet er mit ihnen. Er ist immer auf der Seite derer, denen Leid und Unrecht geschieht.

(4) Wir können Gott nicht verstehen und wir können das Leiden nicht ganz erklären. Wir wissen nicht, warum Gott das Leid zulässt. Wir müssen Gott danach fragen und uns auch bei ihm beklagen.

Ein Bild erzählt seine Geschichte

Schreibe einen Katalogtext zu dem Bild »Leid macht stark« von Gottfried Helnwein. Die Anfangsworte helfen dir dabei.

Das ______

Traurig ______

Wie ______

Der ______

Die ______

Was fragst du Gott?

Fragen an Gott

WER? ______________________________

____

____

____

WIE? ______________________________

____

____

____

WAS? ______________________________

____

____

____

WIESO? ______________________________

____

____

____

WESHALB? ______________________________

____

____

____

WARUM? ______________________________

____

____

____

Tipps für das Beten

1 Entschließe dich zu einem regelmäßigen, täglichen und eher kurzen Gebet.

2 Verachte die überlieferten Gebete nicht – die Psalmen, das Vaterunser, kurze Verse aus der Bibel.

3 Bete zu einer festen Zeit und nicht nur, wenn dir danach zumute ist. So muss man nicht immer neu entscheiden, ob man jetzt beten will oder nicht.

4 Bete – wenn möglich – an einem festen Ort. Ein Ort wirkt auch auf uns und kann es uns erleichtern zu beten.

5 Beten fällt nicht immer leicht. Manchmal fühlen wir dabei nichts, manchmal tut es uns sehr gut. Trotzdem wollen wir regelmäßig beten.

6 Beten, das Gespräch mit Gott, ist manchmal schwierig, weil wir unseren »Gesprächspartner« nicht sehen und er uns auch nicht direkt antwortet. Es bleibt immer unvollkommen, aber wir erfahren viel über uns und unser Leben.

Welche Rolle spielt das Gebet in deinem Alltag?

Ich bete jeden Abend. Als Resümee des Tages und aus dem Bedürfnis, mich an jemanden zu wenden.

Marius Müller-Westernhagen

Ich versuche jeden Tag, inständig mit Gott verbunden zu sein.

Xavier Naidoo

Beten heißt: in der Luft Gottes atmen.

Friedrich von Bodelschwingh

Zwei Lebensstützen brechen nie, Gebet und Arbeit heißen sie.

Gefunden auf einem Haus

Ich habe beim Casting, vor allem während der schweren Wochen in Ibiza, viel gebetet. Ohne Gottes Hilfe hätte ich nie den Einzug ins Finale geschafft.

Giovanni von der Gruppe BroSis über das »Popstar«-Casting auf Ibiza

Ich bete oft, wenn ich heil nach Hause komme.

Michael Schumacher

Ich bete zu Gott, dass er mir die Kraft gibt, das zu überstehen. Gott gibt und Gott nimmt.

Sammy Kuffour (Bayern München) nach dem Tod seines Kindes

Ich bin Christin, ich bete täglich und gehe in die Kirche.

Britney Spears

Ich bete vor jedem Spiel und sogar noch vor dem Anpfiff auf dem Spielfeld ... Als mein schwerer Fehler am Herzen festgestellt wurde und ich nie mehr Fußball spielen sollte, hatte ich nur noch eine große Hoffnung: die auf Gott, und der hat mir geholfen. Dafür bin ich sehr dankbar.

Gerald Asamoah (Schalke 04)

Es ist richtig, dass ich sehr gläubig bin und jeden Tag bete. Ich schöpfe Kraft daraus, und das hilft mir, wenn Sie so wollen, auch bei meiner Arbeit als Trainer. Es ist auch trostreich zu wissen, dass es vielleicht doch noch etwas gibt nach dem Tod.

Ottmar Hitzfeld (ehem. Trainer Bayern München)

Ich habe so viel Arbeit, dass ich nicht auskomme, ohne täglich mindestens drei Stunden meiner besten Zeit dem Gebet zu widmen.

Martin Luther

Ich glaube absolut an Treue und bete vor jedem Auftritt mit meinem Vater Psalm 91. Darin geht es um innere Kraft und Stärke.

Shakira

Sorgen und Niedergeschlagenheit treiben mich ins Gebet, und das Gebet vertreibt Sorge und Niedergeschlagenheit.

Philip Melanchthon

4 Keiner lebt allein

Hintergrund

Das Thema »Keiner lebt allein« ist gerade in einer Phase, in der Sch zu neuen Gruppen (neue Klasse, neue Religionsgruppe) zusammenfinden müssen, von großer Bedeutung. In der Regel in Ein- bzw. Zweikindfamilien aufgewachsen fällt es heutigen Sch immer schwerer, sich in Gruppen einzugliedern und gelegentlich die eigenen Interessen auch hinter die von anderen zu stellen.
Die Reflexion verschiedener sozialer Bezüge, in denen die Kinder dieses Alters stehen, das Nachdenken über ihre eigene Rolle in diversen Gruppen und das Interesse am Erleben ihrer Mitschüler stellen für das Erlernen von Empathie und somit für die Entwicklung der Sch zu verantwortungsvollen Jugendlichen eine große Hilfe dar.

Immer wird hierbei vom (Er-)Leben der Kinder ausgegangen, das sie sich gegenseitig mitteilen können, um dann allgemeinere Schlüsse und Problemlösungsstrategien ansatzweise daraus herzuleiten. So können bestehende Regeln überdacht und neue Verhaltensweisen in den Blick genommen werden. Im gemeinsamen Nachdenken über die individuellen sozialen Bezüge wird die Gruppe, in der dies stattfindet, eine neue Qualität bekommen.
In dieser LL werden besonders Kompetenzen aus dem Inhaltsfeld »Menschsein in Freiheit und Verantwortung« (NRW) angestrebt. Neben einer größeren Sachkompetenz über Gruppenverhalten erlernen Sch die grundlegenden Regeln, auf die sich in unserer Gesellschaft die meisten Verhaltensnormen zurückführen lassen. Sie können darüber hinaus zeigen, wie sich diese im konkreten Handeln niederschlagen können.

Keiner lebt allein — REISEPROSPEKT 48 | 49

Ansetzen

Die DS zeigt im Überblick einige Gruppen, zu denen ein Sch dieser Altersstufe in der Regel gehört. Durch die Zeichnung der Erdkugel und darauf abgebildeten Kindern aus verschiedenen Teilen der Erde sowie durch die »Ortung« des Lesers und seiner ihm nahen Mitmenschen auf dieser Welt wird das »Ich« sozusagen eingeordnet. Es wird deutlich, dass ich mich in diversen sozialen Bezugsgruppen bewege, und mein Blick wird geweitet auf alle Kinder dieser Welt und somit auch auf die sehr unterschiedlichen Lebensbedingungen, unter denen diese leben und aufwachsen.

Umsetzen

■ **Menschen um mich.** Dieser AA ist zunächst von jedem Sch allein zu erledigen. Es bedarf einer ruhigen und konzentrierten Atmosphäre im Klassenraum. Am besten wäre es, wenn jeder Sch hierbei seinen eigenen Arbeitsplatz hätte. Leise Musik im Hintergrund erhöht die Konzentration der Kinder auf sich selbst. Nach einer entsprechenden Einführung und einem evtl. von L vorgegebenen »Beispielorganigramm« auf Folie oder an der Tafel brauchen Sch Zeit für sich. Die Sorgfalt wird erhöht, wenn ansprechende Arbeitsmaterialien (schönes Papier, Stifte, Lineale) zur Verfügung gestellt werden.
Eine Variante zur Zusammenstellung verschiedener Namen ist es, die Kopien von Fotos verschiedener, für Sch wichtiger Gruppen mitbringen zu lassen. In der Stunde haben sie die Aufgabe, die darauf abgebildeten Personen auszuschneiden und in neuer Kombination dem eigenen Bild bzw. Namen zuzuordnen. Sind Sch sich nach einigen Versuchen sicher, werden die Fototeile in dieser Zusammenstellung festgeklebt.

Ansetzen

Der erste Ausflug regt zur Auseinandersetzung mit der für die Kinder bzw. Jugendlichen nach wie vor wichtigsten Bezugsgruppe, ihrer eigenen Familie, an. Waren die Kinder bisher eher stark in diese sozialen Bezüge eingebettet, werden nun mit der beginnenden Pubertät andere Gruppen mit Gleichaltrigen immer wichtiger. Die eigene Familie wird im Zuge dessen zunehmend kritisch betrachtet.
Hier sollen Sch nun Gelegenheit bekommen, sich auf unterschiedliche Weise mit ihrer Familie und deren Bedeutung für sie zu beschäftigen. Wichtig ist dabei auch die Einbeziehung der eigenen Familienmitglieder, wodurch in den Familien selbst ein gewisser Reflexionsprozess angeregt werden kann. Die Ergebnisse können (müssen aber nicht) in der Klasse kommuniziert werden, was das Verständnis der Sch untereinander und füreinander erhöht.
Ausgangspunkt für eine solche Auseinandersetzung können die verschiedenen Familienbilder auf dieser DS sein. Das große Spektrum von Familienkonstellationen bietet den Sch die Möglichkeit der Identifikation; sie können die unterschiedlichen Familientypen beschreiben und in diesem Zusammenhang ihre eigene Familie einer der abgebildeten zuordnen.
Auf eher spielerische Weise (beschriftetes »Familienbild« im Heft; Werbeplakat für Familien) lernen die Jugendlichen, sich – liebevoll – mit ihren Familien auseinanderzusetzen. Sie lernen dabei auch, dass das Gebilde »Familie« keine starre Konstruktion ist, sondern dass Familie sich verändert und jedes (Familien-) Mitglied dazu beitragen kann und muss, sich unterschiedlichen Herausforderungen und Situationen anzupassen. Weiterhin erfahren Sch über die Beschäftigung mit den Familien ihrer Mitschüler, dass der Facettenreichtum von »Familie« schier unerschöpflich ist. Es gibt nicht die »richtige« bzw. »falsche« oder defizitäre Familie, wie bisweilen in verschiedenen Zusammenhängen suggeriert wird. Dies entlastet die Jugendlichen von falsch verstandener Scham oder Unzulänglichkeitsgefühlen.

Umsetzen

■ **Meine Familie.** Neben den auf dieser DS abgebildeten Familien bietet sich auch die Betrachtung diverser Familienfotos aus unterschiedlichen Zeiten an. Im Vorfeld werden Sch angeleitet, mögliche Beziehungen zwischen den Familienmitgliedern, die sich auf den Bildern bzw. den Fotos zeigen, zu analysieren.
Danach kann jeder ein eigenes Familienfoto für sich betrachten und deuten. Denkbar wäre auch, ein »Familienwappen« zu erstellen und im Gespräch mit dem Nachbarn die Unterschiede zu erläutern.
Eher individuell und mit viel Schutzraum für den Einzelnen ist der AA: »Was mir an meiner Familie gefällt und was ich gerne anders hätte« auszuführen. Hier muss die Anonymität des Einzelnen gewahrt bleiben. In der Klasse vorstellen könnte man die positiven Seiten der Familien.

■ **Familienbilder.** Dieser AA weitet den Horizont des Besprochenen über die Schule hinaus: Im Gespräch mit den Familienmitgliedern haben die Jugendlichen und deren Familien die Chance, sich über selbstverständlich Scheinendes Gedanken zu machen und darüber zu sprechen. Als Hilfestellung für die Recherche der Sch zu Hause könnte ihnen ein kleiner Fragenkatalog mitgegeben werden:

- Nenne die Vorteile und Nachteile des Lebens in einer Familie (frage alle Familienmitglieder).
- Warum habt ihr eine Familie gegründet? (Großeltern; Eltern)
- Brauchen wir heutzutage noch Familien? (alle)
- Welche Schwierigkeiten haben Familien heutzutage? (eher die Erwachsenen, älteren Geschwister)
- Was wünschst du dir von deiner Familie? (alle)
- Der Wert von »Familie« kann so allen Beteiligten (wieder) bewusst werden. – Eine gute Voraussetzung für die abschließende Gestaltung eines Werbeplakates für »Familie«.

Weiterführen

■ **Ich bin nicht allein.** Im Zusammenhang mit diesem Thema lässt sich auch eine Einheit zum Thema »Geschwistergeschichten« durchführen.

■ **Wünsche an die Familie.** Eine erste Umfrage zur Bedeutung von »Familie« kann mit dem Fragebogen »Das wünsche ich mir von meiner Familie« (**M 4.1, S. 95**) durchgeführt werden.

Literaturhinweis

Lernort Familie. Miteinander leben und zu sich selbst finden, Themenfolge 138, Bd. 2, Arbeitshilfe der Gymnasialpäd. Materialstelle der evang.-luther. Kirche in Bayern. Sie beinhaltet Unterrichts-Module zum Thema »Familie« (z. B.: »Zukunft der Familie – Familie der Zukunft«, »Geschwister – Segen oder Fluch?«, »Was ist Jesu wahre Familie?«) und thematisiert das Familienleben anderer Zeiten und Kulturen.

Ansetzen

Die DS thematisiert das gemeinsame Essen. Waren noch in den 1960er- und 70er-Jahren gemeinsame Mahlzeiten in der Familie fester Bestandteil des Tagesablaufs, so hat sich bis zu Beginn des 21. Jh. die Essenspraxis besonders bei Kindern und Jugendlichen deutlich gewandelt. Wie aus einer Sendung von Radio Bremen aus dem Jahr 2004 zum Thema »Rituale« hervorgeht, zeigen »Umfragen ..., dass (zwar) 80 bis 90 Prozent der Kinder den Familientisch als einen Ort der Kommunikation, Gemütlichkeit und Entlastung von Sorgen schätzen. Zwei Drittel der Familien finden sich aber überhaupt nicht oder höchstens einmal am Tag zu einer gemeinsamen Mahlzeit ein«.
Dass Essen nicht nur reine Nahrungsaufnahme mit dem Ziel der Sättigung ist, müssen zahlreiche Kinder und Jugendliche erst wieder lernen. Auf dieser DS geht es darum, was eine richtige Mahlzeit ausmacht und warum gemeinsames Essen für Menschen so wichtig ist.

Umsetzen

■ **Bildbetrachtung.** Die Bildbetrachtung muss vom spontanen Eindruck der Sch ausgehen. Weiter kann über die Anordnung der Personen und über die Farben eine erste Interpretation des Bildes erfolgen. Sch können sich in diesem Bild positionieren und ihre jeweilige Wahl begründen. Sie können auch ein neues Bild anfertigen, indem sie den – Renoir'schen – Tisch (Bildausschnitt oder Umrisszeichnung) in eine völlig andere Umgebung stellen und mit anderen Menschen (ihrer Familie?) umgeben.
Das Bild ist auch in der MITTENDRIN-Folienmappe (ISBN 978-3-466-50761-0), Folie 6, zu finden, mit weiterführenden Beschreibungen und Einsatzmöglichkeiten.

■ **Mahlzeit!** Im Gespräch über die dargestellten bzw. die beschriebenen Mahlzeiten und deren Beurteilung werden sich Kriterien für eine richtige Mahlzeit ergeben. Ergänzt werden könnten diese Mahlzeiten-Beispiele durch literarische (z. B.: Thomas Mann »Buddenbrooks«) oder durch Beispiele aus Filmen (z. B.: Essen im Film »Babettes Fest«, »Johannas Welt« etc.). Zusätzlich können Essensrituale aus anderen Kulturen und im Vergleich dazu unsere Essensnormen kennengelernt bzw. reflektiert werden. (Viele Schulen bieten bereits »Benimm-Kurse« für Sch an: Sozusagen fächerübergreifend könnten diejenigen, die an solch einem Kurs teilgenommen haben, in diesem Zusammenhang ihren Mit-Sch die wichtigsten »Essensregeln« vermitteln.)
Krönender Abschluss für dieses Thema wäre die Gestaltung einer gemeinsamen Mahlzeit in der Religionsgruppe, die die wesentlichen vorher erarbeiteten Kriterien erfüllt.

Pierre-Auguste Renoir, Frühstück der Ruderer (1881)
Der Künstler (geb. 1841 in Limoges, gest. 1919 in Cagnes) gilt als der Hauptmeister des französischen Impressionismus. In seiner »impressionistischen Phase« malte er heitere Gesellschaftsstudien, die sich durch eine typische Pinselführung und die große Bedeutung der Farben auszeichnen.
Das Bild »Frühstück der Ruderer« bietet sich als Einstieg in das Thema an. Dargestellt ist eine zwanglose »Essenssituation«, die auf den ersten Blick nicht das Kriterium einer »Mahlzeit« erfüllt, bei der alle Teilnehmer um einen Tisch sitzen und sich in einer gemeinsamen Kommunikationssituation befinden. Doch obwohl es an diesem Tisch viele Einzelgespräche gibt, so ist doch der festlich gedeckte Tisch das Zentrum der anwesenden Personen, auf das hin alle Grüppchen ausgerichtet sind. Das gemeinsame Essen ist vermutlich schon vorbei und dennoch – oder gerade deshalb – bleibt die »Tischgesellschaft« noch zusammen und genießt – neben allen Einzelaktivitäten – die Gemeinschaft. Die Menschen auf dem Bild haben viel Zeit – keiner wirkt so, als müsse er demnächst einen weiteren Termin wahrnehmen. Das dominierende Weiß des Tischtuches findet sich an jeder Person in unterschiedlicher Intensität wieder. Dies verstärkt ebenso wie der alles überdachende Baldachin den Eindruck von Zusammengehörigkeit bei den Anwesenden. Der Betrachter des Bildes scheint dazuzugehören; seine Perspektive ist die eines am Tisch Stehenden oder Hinzutretenden, der das am Kopf des Tisches befindliche Glas nur zu ergreifen braucht und den die Frau, die im rechten Hintergrund des Bildes gerade trinkt, bereits in den Blick genommen hat. Gastfreundschaft – immer einen Teller für einen Hinzukommenden parat zu haben – ist sicher ein wesentlicher Aspekt bei einer Mahlgemeinschaft.

Weiterführen

■ **Wir im Bild von Renoir.** Eine weitere Möglichkeit, mit dem Bild von Renoir umzugehen, besteht darin, sich durch das Foto einer Schulklasse (**M 4.2, S. 96**) anregen zu lassen. Sch können versuchen, das Bild von Renoir selbst nachzustellen. Hier bietet sich die Zusammenarbeit mit dem/der Kunst-L an.

■ **Festessen.** Sch könnten im Rahmen eines Klassenfestes eine gemeinsame Mahlzeit für ihre Familien planen, zubereiten und durchführen.

Miteinander lernen

AUSFLUG

Ansetzen

Eine Schulklasse ist ein kompliziertes Gemisch aus einer »Zwangs- und Zweckgemeinschaft« und – innerhalb dieser – aus diversen sozialen Beziehungen. H. P. Petillon nennt diese ein »äußeres« und »inneres System«, die einander jeweils beeinflussen. So wie jede Gruppe hat auch eine Klasse »offizielle« und »inoffizielle Ziele« sowie die Bedürfnisse der einzelnen Mitglieder, die sehr stark voneinander abweichen können. All diesem gerecht zu werden, darin liegt die Schwierigkeit des Unterrichtens, das Augenmerk von L richtet sich jedenfalls fast nur auf das »äußere System« und die »offiziellen Ziele«. Dieser »Ausflug« bietet sowohl für L als auch für Sch die Möglichkeit, sich der Gruppendynamik des sozialen Systems, in dem sie sich befinden, bewusst zu werden und die Lerngruppe als Konglomerat von Individuen mit verschiedenen Fähigkeiten und Wünschen kennenzulernen. Daraus können sich Ziele für den Unterricht ergeben, die der Lerngruppe nicht nur übergestülpt wurden, sondern die aus gemeinsamen Überlegungen resultieren.
Die Schwierigkeit im kath. Religionsunterricht besteht darin, dass eine konfessionelle Religionsgruppe nicht mit der eigentlichen Klasse der einzelnen Sch identisch ist. Der Unterricht findet hier also in einer Gruppe statt, die sich in dieser Konstellation im Regelfall zweimal wöchentlich sieht. Sollten innerhalb der Herkunftsklassen noch keine derartigen Reflexionen über die Klassengemeinschaft stattgefunden haben, böte sich für diese LL konfessionsübergreifender Unterricht im Klassenverband an. Denkbar ist auch, dieses Thema speziell in und für die Religionsgruppe zu behandeln, da deren Zusammenwachsen zu einer Gruppe, die – im Glücksfall – immerhin acht Schuljahre gemeinsam durchläuft, schon im frühen Stadium äußerst wichtig ist. Dies hätte, quasi als Nebeneffekt, eine größere Anbindung an den Religionsunterricht zur Folge.

Umsetzen

■ **Unser Klassenhaus.** Die gemeinsame Gestaltung eines Klassenhauses bzw. »Gruppenhauses« muss entsprechend der Gruppengröße und -dynamik erfolgen. Handelt es sich um eine eher kleine und homogene Gruppe, können alle Arbeitsschritte gemeinsam erfolgen. Bei einer größeren bzw. eher inhomogenen Religionsgruppe müssen die ersten Aufgaben (eigene Fähigkeiten notieren und deren Effekt für die Gruppe diskutieren; Einigung auf besonders wichtige) in Kleingruppen erledigt werden, bevor die Gestaltung des ganzen »Hauses« dann im Plenum abgeschlossen wird.
Darüber hinaus könnten die Fenster des Hauses mit Bildern (Fotos) der Sch versehen werden und auf deren Fensterläden eine kurze Vorstellung der einzelnen Kinder (z. B. Wohnort, Alter, Geschwister, Lieblingsfächer, Hobbys ...) geschrieben werden. Auch L dürfte in dem Haus nicht fehlen.

■ **Unsere Ziele.** Zunächst formuliert jeder Sch eigene Ziele im Hinblick auf seine Situation als Schüler dieser Klasse. Anschließend werden die Ziele in Kleingruppen besprochen, und dort wird ein gemeinsamer Zielkatalog erarbeitet. Den Abschluss bildet die Zusammenführung der »Gruppenziele« in solche, die von der ganzen Klasse getragen werden können.

■ **Beziehungsnetz.** Dem Bild des Hauses entspricht im Hinblick auf den Gemeinschaftsaspekt das Bild des Beziehungsnetzes, das jedoch die Verantwortung jedes einzelnen Gruppenmitgliedes für das »Funktionieren« der Gesamtgruppe besonders hervorhebt. Denkbar wäre, im Vorfeld der vorgeschlagenen Übung anhand verschiedener Fotos über Netze und deren Funktion zu meditieren. Vielleicht fällt der Gruppe entsprechend dem Klassenfoto auf der Souvenirseite (s. MITTENDRIN 5/6, S. 66f.) ein Bildmotiv ein, wie sie sich so fotografieren lassen könnte, dass ihr Zusammenhalt und ihr Gruppengefühl besonders gut zum Ausdruck kommen.

Im Anschluss daran kann die Gruppe bereits jetzt Überlegungen zu möglichen gemeinsamen Aktivitäten (Vorschläge ebenfalls auf der Souvenirseite) anstellen, die sie sich für das laufende Schuljahr vornehmen möchte. Selbstverständlich gehören dazu ein Ablaufplan mit Terminen, die Verteilung von Zuständigkeiten und eine Abstimmung über die zu erreichenden Ziele.

■ **Schulgottesdienst.** Schulgottesdienste stellen eine große Bereicherung für das Schulleben und das Miteinander der Schulfamilie dar. Gerade hier können Sch Schulgottesdienste vorzubereiten, an denen sie in vielfältiger Form als aktiv Handelnde im Gottesdienst vorbereiten bzw. mitwirken können.

Weiterführen

■ **Miteinander gut sein.** Weitere Möglichkeiten, über eine gut funktionierende Klasse nachzudenken, bieten die Fragen zu »meiner neuen Klasse« (**M 4.3, S. 97**). Sch bearbeiten die Fragen zunächst in EA, dann tauschen sie sich in PA aus: Gibt es Gemeinsamkeiten, gibt es Unterschiede? L sammelt im UG die guten Eigenschaften.

■ **Ein Leib, viele Glieder.** Nach der Errichtung eines »Klassenhauses« könnte der Text 1 Kor 12,12-18 zu diesem Bild in Beziehung gesetzt werden.

Miteinander leben AUSFLUG 56 | 57

Ansetzen

In der beginnenden Pubertät werden geltende Verhaltensnormen und Regeln von den Jugendlichen zunehmend kritisch hinterfragt. Sie testen einerseits Grenzen aus, wie weit sie bei bestimmten Erziehungsberechtigten gehen dürfen, andererseits werden L und auch Eltern danach beurteilt, ob sie die Einhaltung bestimmter Regeln im Unterricht bzw. zu Hause durchsetzen oder hierbei inkonsequent sind. In den Familien ist die Einhaltung von Regeln aufgrund der geringen »Gruppengröße« für das Funktionieren der Gruppe nicht so essenziell wie in einer Schulklasse. In einer Dreier- oder Vierergruppe können weitaus individuellere Lösungen für ein funktionierendes Zusammenleben gefunden werden als in einer Lerngruppe mit 20 und mehr Kindern. Das bedeutet, dass die Kinder in der Schule mit anderen Regeln als in der Familie konfrontiert werden, deren Einhaltung weitaus dringlicher erscheint als in ihren Familien. Auf dieser DS haben Sch die Möglichkeit, sich mit bestehenden Regeln auseinanderzusetzen, deren zeitliche Bedingtheit zu reflektieren und eigene Regeln für ein gutes Miteinander in der Lerngruppe aufzustellen.
Die sogenannte »Goldene Regel« wird auch bei letzteren häufig die Grundlage für das eingeforderte Verhalten sein. Ziel dieses Lerngangs ist die Erkenntnis, dass sich letztlich alle Verhaltensnormen bzw. Regeln auf ihnen zugrunde liegende Einstellungen den Mitmenschen gegenüber zurückführen lassen. Es geht nicht darum, die Regeln um ihrer selbst willen oder aus Angst vor Bestrafung einzuhalten, sondern aus der Einsicht heraus, dass sie zu einem besseren Funktionieren von Gruppen beitragen, in denen die Mitglieder von einer Haltung des gegenseitigen Respekts getragen sind. In diesem Zusammenhang ist das Erlernen von Empathie von großer Bedeutung: Erst, wenn man sich in andere hineinversetzen kann, sind bestimmte Verhaltensnormen für den Einzelnen einsehbar.

Umsetzen

■ **Schulordnung.** Dieser AA verbindet zwei Lernziele: Durch den Vergleich der aktuellen mit der alten Schulordnung lernen Sch ihre eigene Hausordnung kennen und beurteilen sie zugleich nach deren Sinnhaftigkeit. Wie sehr der gesellschaftliche Hintergrund und dessen Einstellungen sich in Regeln widerspiegeln, zeigt die Schulordnung aus dem 19. Jh.: Welche Werte, die damals galten, spiegeln sich in diesen Paragrafen wider?
Der Vergleich muss exemplarisch erfolgen, nachdem man die Schulordnung auf dieser DS in verschiedene Rubriken (z. B. Kleidung, Verhalten im Schulhaus, Verhalten im Unterricht etc.) eingeteilt hat. Entsprechend ist eine Auswertung der aktuellen Schulordnung möglich.

■ **Familie.** Um welche Werte geht es in unseren heutigen Regelsystemen, beispielsweise auch in dem von unserer Familie? Das Gespräch über Regeln in der Schule und den verschiedenen Familien zeigt den Sch, dass Regeln einerseits die eigenen Interessen schützen müssen und andererseits Einschränkungen dieser Einzelinteressen zugunsten der Gruppe erforderlich sind. Diese Gratwanderung muss immer wieder reflektiert und austariert werden. Nach einer Sammlungsphase und der Diskussion über bestimmte Regeln werden diese eingeteilt in solche, die unbedingt einzuhalten sind, und andere, deren Einhaltung eher optional ist.

■ **Welche Regeln?** Nun werden Aussagen darüber getroffen, welche Regeln welcher Situation angemessen sind und nach welchen Kriterien deren Dringlichkeit beurteilt werden kann. Das gemeinsame Erstellen eines Regelkanons für die eigene Gruppe sollte im Plenum im Rahmen einer breit geführten Diskussion erfolgen, da diese Regeln eine Selbstverpflichtung für die ganze Gruppe sein sollen. Deren schriftliche Fixierung und Platzierung im Unterrichtsraum bildet den Abschluss dieser Phase. Im besten Fall bedarf es nun nur noch eines Hinweises auf eine bestimmte Regel durch L oder Mit-Sch, wenn diese nicht eingehalten wird.

■ **Goldene Regel.** Die Auseinandersetzung mit den verschiedenen Varianten der »Goldenen Regel« fördert nebenbei auch das genaue Textverstehen der Sch. Je zwei Formulierungen dieser Regel werden in KG ausgewählt und erarbeitet. Im Plenum können dann die Unterschiede im Überblick herausgearbeitet werden. Folgende Kriterien wären hierbei zu nennen:

- Das eigene Verhalten gegenüber den anderen Menschen hat eher etwas mit Vermeidung von Negativem zu tun (Buddhismus, Tobit, Konfuzius).
- Das Verhalten gegenüber dem Mitmenschen schließt all das ein, was man sich selbst wünscht – dies erfordert eine gute Selbstkenntnis (wenn nicht sogar Selbstliebe) und die Haltung, dem anderen Gutes tun zu wollen (Matthäus, Koran).

Die Entscheidung für eine der Varianten muss gut begründet sein. Die Formulierung kann nun – in Schönschrift – über die Regeln für die Gruppe gehängt werden.

Weiterführen

■ **Tägliche Regeln.** Zu einer Reflexion über »Regeln, Gebote, Gesetze« regt der Wegweiser (**M 4.4, S. 98**) an: Sch werden darin aufgefordert, in den Wegweiser die Regelbefolgungen eines Tages einzutragen. So wird ihnen bewusst, wie viele Regeln sie unbewusst einhalten. Im Anschluss könnte eine Reflexion darüber erfolgen, was passieren würde, wenn diese Regeln von ihnen/von anderen Menschen nicht eingehalten würden.

■ **Regeln in Jugendbüchern.** Zum Thema »Regeln« bietet sich auch die Beschäftigung mit einem Kinder- oder Jugendbuch (evtl. »Pippi Langstrumpf«) an – am besten in Zusammenarbeit mit Deutsch-L!

■ **Regeln erträumen.** Sch könnten die Schulordnung einer »Traumschule«, in die sie gerne gehen würden, erstellen. Diese Schulordnung müsste anschließend auf ihre Praktikabilität hin untersucht werden.

■ **Damit es allen gut geht.** Unter www.rpz-heilbronn.de/znt/feld/schul/rs/akt/ganzheitl/klasse.htm findet sich eine Unterrichtssequenz zum Thema: »In meiner Klasse geht's mir gut! – Sich in der neuen Klasse kennenlernen und gemeinsam Klassenregeln entwickeln. Ein Modell für die Klassen 5-7« mit vielen guten Anregungen. Daraus entnommen sind die »Situationen in einer Klasse« (**M 4.5, S. 99**), die z. B. auf einzelne Zettel übertragen, von Gruppen gezogen und gespielt werden sollten. Weitere Impulse befinden sich auf dem AB.

Literaturhinweis

Das Kursbuch Religion 1, Kap. 1.4: »Regeln, die guttun«, Stuttgart/Braunschweig 2005, 30-35

Gottes Weisungen AUSFLUG 58 | 59

Ansetzen

Ein Regelkanon, der unser abendländisches Zusammenleben bis heute nachhaltig prägt, sind die »Zehn Gebote«, der Dekalog. Sie sind wesentlicher Bestandteil der Bundesordnung Israels und sollen dem Volk Israel die ihm von Gott geschenkte Freiheit bewahren. Die biblische Bundestheologie spiegelt die von der Menschheit immer wieder reflektierte Dialektik von Freiheit und Bindung: Einerseits ermöglicht die Bindung an eine Ordnung erst ein freiheitliches Zusammenleben. Andererseits erstickt die Fixierung auf den »Buchstaben des Gesetzes« jede Freiheit. Für Israel garantiert die Treue zum Gott des Bundes die eigene Freiheit. Da der Dekalog in konkreten historischen Situationen entstanden ist, müssen diese als seine Entstehungs- und Bedingungsfaktoren in den Blick genommen werden, damit die einzelnen Gebote in Bezug auf die Probleme der heutigen Zeit aktualisiert werden können. Reflektiert werden sollte jedoch auch der Stellenwert eines Gesetzeskanons, der – nach dem Glauben seiner Adressaten – ihnen von Gott gegeben wurde. Ein solches Regelwerk entzieht sich allzu großer Anpassung an menschliche Belange und hat zeitübergreifende Allgemeingültigkeit. Auf dieser DS sollen Sch den Dekalog zunächst einmal kennenlernen. Die einzelnen Weisungen werden unter dem Freiheitsaspekt betrachtet. Einem ersten Aktualisierungsversuch der Sch folgt die genauere Betrachtung des 7. Gebotes und dessen Anwendung auf das eigene Lebensumfeld.

Dekalog – Hintergrund und Bedeutung in biblischer Zeit
Die Zehn Gebote sind das Ergebnis einer komplexen Entwicklung eines gewachsenen Stammesethos. Laut Ps 81 spielt der Dekalog im Tempelgottesdienst eine wichtige Rolle, indem er zusammen mit dem Sch'ma Israel rezitiert wurde. Der wohl älteste Kern des Dekalogs besteht aus dem 5., 6., und 7. Gebot. Es sind Weisungen, die besonders den Schutz des Menschen und der eigenen Sippe im Auge hatten. Sie beziehen sich nur auf die Bereiche menschlichen Zusammenlebens, die nicht durch das Gesetz geregelt sind (vgl. A. Wuckelt, Zentrale Texte des AT. Eine Praxishilfe für den RU in der Sek. I, München 1985, 94ff.).
So wendet sich die Weisung, nicht zu töten (5. Gebot), gegen das hinterlistige und heimtückische Vergießen unschuldigen Blutes (Mord). Nicht betroffen von diesem Gebot waren die gesetzlich geregelte Blutrache oder das Töten im Krieg. Die Weisung, die Ehe nicht zu brechen (6. Gebot), richtet sich, da die Frau ganz ihrem Mann gehörte, an die Frau und den (fremden) Mann, der durch den Ehebruch dieses Besitzrecht verletzte. Die Weisung, nicht zu stehlen (7. Gebot), hatte zunächst nicht den Diebstahl von materiellen Gütern im Blick, sondern den Raub eines Menschen. Hintergrund der beiden letzteren ist besonders der Schutz der Sippe, da bei Ehebruch die Zahl der – rechtmäßigen – Nachkommen gefährdet ist, ebenso wie beim Raub eines Sippenmitgliedes. Die Aufforderung, kein nichtiger Zeuge zu sein, wendet sich an den Zeugen vor Gericht, der mit seiner Aussage im Zweifelsfall über Schuldspruch oder Freilassung eines Angeklagten entschied. So sollte der Tod eines Unschuldigen verhindert werden. Das 9. und 10. Gebot sind thematisch nahe am siebten und wenden sich schon gegen das geistige Begehren nach fremdem Eigentum bis zur Ausführung der Tat, mit der man es in seinen Besitz bringt.
Diese Verhaltensregeln in einer Sippe wurden später Bestandteil der »Zehn Weisungen«, die das Volk Israel als Bundesurkunde mit ihrem Gott betrachtete. Das »Fremdgötterverbot«: Allmählich kam Israel zur Erkenntnis, dass allein JHWH der Gott Israels ist. Bei den Nachbarvölkern existierte ein solches Gebot nicht. Das »Elterngebot« gehört ebenfalls in den Bereich des Gottesrechtes. Für den altorientalischen Menschen war der Respekt vor den alten Eltern sowie deren Versorgung eine innere Verpflichtung und gehörte gewissermaßen zum Gottesdienst. Dieses Gebot richtete sich vor allem an die erwachsenen (!) Söhne: Sie sollten die Alten auch dann in Ehren halten, wenn diese nichts mehr geben konnten. Der respektvolle Umgang mit den Eltern verlangte zudem die Honorierung dessen, was die Eltern ihren Kindern erwiesen hatten.
Bis in die heutige Zeit haben die Zehnzahl und die Sinaiszene suggestive Kraft: »Wo Orientierungswissen angeboten oder Regeln für eine bessere Lebensführung empfohlen werden, wird gern der Dekalog bemüht – das Bundesgesundheitsamt mit seinen Zehn Geboten für die HIV-Prävention oder der ADAC mit seinen Zehn Geboten für das Verhalten im Sommerreisestau beerben die mosaische Autorität. Denn jeder kann ja an den zehn Fingern seiner Hände die heilige Evidenz des Dezimalsystems abzählen« (F.W. Graf, Moses Vermächtnis. Über göttliche und menschliche Gesetze, München 2006, 52).

Umsetzen

■ **Collage.** Vor ersten Aktualisierungsversuchen der zehn Weisungen empfiehlt es sich, die Bedeutung einiger von den Sch als zentral beurteilter Gebote zur Zeit ihrer Entstehung zu behandeln. Die Erstellung einer Collage bietet ihnen die Möglichkeit eines unbefangenen Aktualisierungsversuchs der ihnen teilweise fremd anmutenden Gebote. Das Nachgespräch im Plenum muss Interpretationsversuche würdigen, jedoch auch Fehlinterpretationen benennen. Die Sammlung verschiedener Aspekte vervollständigt – neben Anmerkungen des L – ein erweitertes Verständnis der zehn Weisungen.

■ **Gebote der Freiheit.** Als Gebote der Freiheit sollen Sch zunächst die Gebote einteilen und danach eine eigene Rangfolge erstellen. Die Arbeit mit zehn Textkarten bietet sich hierbei an, die sich jeder Sch aus einer Kopie des Dekalogs selber zurechtschneiden kann. Die Einteilung in die drei Gruppen von Weisungen sollte dann mit großen Plakatstreifen an der Tafel erfolgen. Dies hat den Vorteil, dass unterschiedliche Anordnungsvarianten an der Tafel darstellbar sind.

■ **Meins oder deins oder unseres?** In einer Gesellschaft, in der kleine Tricks beim Einkommensteuerbescheid oder mit Versicherungen als Kavaliersdelikt gelten, verschwimmt der Unterschied zwischen Mein und Dein. In diesem AA können Sch die um das Bild

gruppierten Aussagen dem siebten Gebot zuordnen. Erwartungsgemäß wird es eine gewisse Toleranzbreite bei der Beurteilung der angesprochenen »Gebotsverstöße« geben. Die kontroversen Begründungen aus der PA müssen im Plenum und am besten auch an der Tafel gesammelt werden, um daraus Kriterien für eine Beurteilung solchen Verhaltens gewinnen zu können. Den Abschluss sollte eine moderne Interpretation des siebten Gebotes bilden.
Nach der Besprechung des Dekalogs sollten Sch die Zehn Gebote auswendig können, denn diese gehören zu den grundlegenden Texten unserer Religion.

Keith Haring, aus »The 10 Commandments« (1985)
Der Künstler hat seine Bilder aus diesem Zyklus den Zehn Geboten nicht zugeordnet. Dies müssen die Betrachtenden selbst leisten. Gemeinsam ist allen Bildern neben ihrem großen Format ein gelber Hintergrund mit einem grünen gepunkteten »Teppichboden« und mit roter Farbe gemalte agierende mächtige Figuren sowie abhängige Menschen in Grau. In manchen Formen findet sich auch die Farbe Grün, die hier die Assoziation des Dämonischen hervorrufen soll. Die Gefährdung der Würde des Menschen durch die Strukturen von Macht und Ohnmacht ist vermutlich die Hauptaussage des Bilderzyklus und passt gut zum Dekalog als der »Magna Charta für ein menschenwürdiges Leben in Freiheit«. Auf dem vorliegenden Bild ragt von rechts oben ein dicker roter Unterarm mit einer verhältnismäßig kleinen Hand in die Bildmitte hinein. Drei Finger halten leicht einen großen Geldschein, auf dem inmitten von zwei Dollarzeichen eine Null abgebildet ist. Zwei Hände an weitaus dünneren Armen ragen in das untere Bildviertel, kommen aber kaum über den Boden hinaus, während der »Himmel« fast ausschließlich von der großen Hand mit dem Geldschein eingenommen wird. Alle Hände sowie der Dollarschein scheinen durch Striche sehr in Bewegung zu sein – es ist jedoch nicht deutlich, wohin diese geht. Es sieht so aus, als verharrten alle Bildelemente in ihrer eigenen Bewegung, sie gehen nicht aufeinander zu, die kleinen Hände erreichen den Geldschein nie. Liest man die Zeichen auf der Dollarnote als Buchstaben, so ergibt sich die Folge SOS (»Save our souls«).
Auf den ersten Blick hat dieses Bild nichts mit dem Sachverhalt des Stehlens zu tun, denn die große rote Hand streckt den kleinen zitternden Händen den Geldschein ja scheinbar entgegen. Dass dem Stehlen bzw. der Verwischung von »Mein und Dein« jedoch die Gier vorausgeht und diese Gier sehr abhängig macht, zeigt die Nähe dieses Gebotes zum neunten und zehnten. Haring kritisiert hier eine Gesellschaft, in der viele durch wenige abhängig gemacht und durch ihre Gier klein gehalten werden. Wo Reichtum und Besitz als »Erlösung« gelten, stabilisieren sich Machtverhältnisse und Abhängigkeiten.

Weiterführen

■ **Bildbetrachtung.** Es bietet sich an, mit den einzelnen Elementen des Bildes zu arbeiten, z. B. in GA entweder mit der ausgestreckten Hand von oben und dem Geldschein oder den zappelnden Händen von unten. Sch setzen sich – unter Einbeziehung dieser Bildelemente – kreativ damit auseinander oder äußern sich schriftlich, z. B. auf die Fragen: »Wenn ich jetzt 500 Euro hätte, was würde ich damit machen? Welche Bedeutung hat Geld für mich? Gibt es manchmal eine Hand ›von oben‹, die mir etwas hinstreckt? Was tue ich dafür? Wessen Hände könnten so zappelnd betteln?« Der Bezug dieses Bildes zu den Zehn Geboten sollte erst nach einer solchen Besprechung hergestellt werden.

■ **Meine zehn Gebote für heute.** Sch werden vor der Behandlung des Dekalogs aufgefordert, selbst zehn Gebote zu verfassen, die das Zusammenleben aller Menschen befördern könnten, wenn sich alle daran hielten. Einstiegsimpuls: Deine zehn Gebote für heute. Du hast die Möglichkeit, den Menschen zehn Regeln, Gebote oder Weisungen zu nennen. Zehn Regeln sind es, die für alle Menschen gelten sollen. Wenn wir die befolgen, könnte das Miteinanderleben der Menschen gelingen. Schreibe sie auf! 1. ..., 2. ... usw. Danach können die Ergebnisse der Sch mit dem Dekalog verglichen werden (vgl. P. Orth, SchülerInnen schreiben ihre Zehn Gebote, in: KatBl 131 (2006), 411ff.).

Literaturhinweis

Auf www.unsere-zehn-gebote.de gibt es unter der Rubrik »Für Erwachsene« eine Vielzahl von Anregungen für den Umgang mit dem Dekalog – auch für Sek. I.

Ansetzen

Das Doppelgebot der Liebe ist das zentrale Gebot für alle Christen. Es findet sich nicht nur in den drei synoptischen Evangelien, sondern auch in der Briefliteratur des NT (Gal 5,14; Röm 13,9; Jak 2,8). Diese breite Bezeugung macht es wahrscheinlich, dass es in seinem Kern auf den historischen Jesus zurückgeht. Doch hat er dieses Gebot schwerlich selbst erfunden. Seine beiden Bestandteile finden sich bereits im AT und haben im späteren Judentum eine reiche Auslegungsgeschichte erfahren. Auch die Kombination der beiden Einzelelemente Gottes- und Nächstenliebe ist ... nicht erst durch Jesus erfolgt, sondern ist bereits im jüdischen Schrifttum nachzuweisen«. Voraussetzung für Nächstenliebe ist, dass ein Mensch sich selbst bejaht, weil er sich geliebt weiß. Es ist hierfür also immer ein Gleichgewicht zwischen Eigenliebe und der Liebe zum anderen nötig. Im Gleichnis vom barmherzigen Samariter richtet Jesus das Augenmerk seiner Zuhörer auf die Perspektive des Hilfsbedürftigen. Nur von ihm her kann das eigene Handeln beurteilt werden – er ist unser Nächster. Berechnung hat dabei keinen Platz, vielmehr sind diejenigen, die sich selbst mit all ihren Mängeln geliebt wissen und selbst annehmen können, frei, sich anderen zuzuwenden.
Auf dieser DS wird das Liebesgebot als oberstes Kriterium für christliches Handeln dargestellt. Neben einer Paraphrasierung von Mt 22,34-40, die die Schlagkraft dieses Gebots damals veranschaulicht, lernen Sch ein heutiges Beispiel für Nächstenliebe kennen. Eine 16-Jährige schildert in ihrer Schülerzeitung, wie sie die letzten Lebensmonate einer gleichaltrigen leukämiekranken Jugendlichen via Mail begleitet hat. Die Jugendlichen sehen an diesem Beispiel, dass es oft keines großen Aufwands bedarf, anderen Menschen zu helfen, und dass schon Anteilnahme meist als große Hilfe empfunden wird.

Umsetzen

■ **Nur ein Gebot.** Der Impuls knüpft an die Ergebnisse der vorhergehenden DS an. Es kann nun zusätzlich zur Einteilung der Sch die Aufteilung der Zehn Weisungen in solche, die das Verhältnis Mensch – Gott, und solche, die das Verhältnis der Menschen untereinander regeln, erfolgen. Ziel der Beschäftigung mit dem Doppelgebot sollte die Erkenntnis sein, dass dieses Gebot Jesu eine Haltung erfordert, die Voraussetzung für die Einhaltung aller anderen Gebote ist bzw. sie erst ermöglicht.

■ **Zum Beispiel Leah Spitzenpfeil.** Eine Konkretisierung des Liebesgebots und eine Antwort auf die Frage »Wer ist mein Nächster?« bietet das Beispiel einer 16-Jährigen: Unprätentiös und deshalb sehr beeindruckend berichtet sie hier von ihrem selbstverständlichen Engagement für eine sterbenskranke Gleichaltrige. Es bieten sich verschiedene Möglichkeiten, mit den E-Mail-Auszügen auf dieser DS umzugehen:
- Eine Gruppe von Sch könnte sich nach der Lektüre des ganzen Textes mit der Entwicklung von Leah, die andere mit der von Noreen während ihres Kontaktes beschäftigen und diese stichpunktartig auf einer Kurve eintragen.
- Auf die Frage: »Was lösten die Mails von Leah bei Noreen aus?« könnten die Ergebnisse eines UG an der Tafel fixiert werden.
- Sch formulieren eine eigene Mail an Leah, in der sie ihr schreiben, was sie ihr gerne sagen würden, oder sie berichten schriftlich vom eigenen Engagement einem Hilfsbedürftigen gegenüber.
- Sch suchen – evtl. auch unter der im Buch angegebenen Internet-Adresse – eine Möglichkeit für eigenes Engagement und planen in Gruppen dessen Durchführung.

Weiterführen

■ **Hilfe!** Konkret handeln. Soziale Verantwortung wahrzunehmen, kann sehr schnell sehr konkret werden: »Ein Mensch braucht Hilfe – was tun?« **(M 4.6, S. 100)** schildert drei Situationen, in denen jeweils eine Person mit jemandem konfrontiert wird, der Hilfe braucht. Sch werden angehalten, sich in die hinzukommenden Personen hineinzuversetzen und Handlungsstrategien zu entwerfen (vgl. »RAAbits Religion«, Rubrik »Gesellschaft und soziale Verantwortung«, hier Thema »Diakonie«).

■ **Heiliger Helfer.** Über die Betrachtung eines modernen »St. Martinbildes« **(M 4.7, S. 101f.)** versetzen sich Sch mittels der Methode des »sukzessiven Aufdeckens« in die Situation von Helfer bzw. Hilfsbedürftigem (vgl. T. Jung-Krug/A. Radvan, Das Martinbild von Johannes Grützke. Bildbetrachtung in einem 4. Schuljahr, in: Religion heute Nr. 59, 176ff.; www.st-martin-berlin.de). Dabei wird die Aufmerksamkeit zunächst auf einzelne Ausschnitte gelenkt und die Stimmung des Bildausschnitts eingefangen. Der 1. Bildausschnitt zeigt zwei Männer vor einem kahlen, winterlichen Baum, die sich nach etwas umschauen. Der 2. Bildausschnitt zeigt einen halb nackten Mann, der sich ängstlich zusammengekauert an eine Wand lehnt. Der 3. Ausschnitt zeigt Martin, allerdings noch ohne das Teilen des Mantels. Das Betrachten des ganzen Bildes führt zur Frage, ob der Soldat dem Mann die Kleidung entreißt oder seinen eigenen Mantel teilt ...

Literaturhinweis

Unter www.rpi-loccum.de/krunae findet sich ein Unterrichtsbaustein zum Thema »Wer ist mein Nächster?«.

Miteinander ist es besser   AUSFLUG   62 | 63

Ansetzen

Auf dieser DS geht es um »Freundschaft« bzw. »nicht allein sein«. Mit der allmählichen Lösung der Jugendlichen aus dem familiären Kontext werden Freundschaften zu Gleichaltrigen zunehmend wichtiger. Waren die kindlichen Beziehungen eher unreflektiert, so beginnen die Kinder nun, die Altersgenossen in solche, die ihnen sympathisch bzw. unsympathisch sind, einzuteilen. Es werden Kriterien für eine solche »Einteilung« aufgestellt und in Cliquen von Gleichgesinnten setzt man sich von den anderen ab. Dieser Prozess hat für die Entwicklung der Kinder und Jugendlichen eine große Bedeutung.
Die Bedeutung von Freundschaften ändert sich mit zunehmendem Lebensalter: Bei Kindern im Alter von fünf bis acht Jahren dominiert noch der Unterhaltungsaspekt. Wer gerne dieselben Spiele spielt, ist mein Freund. Erst mit zehn Jahren ist der Freund dann ein Helfer in schwierigen Situationen. Der Aspekt, dass man Freunde zur Absicherung der eigenen Individualität braucht, gewinnt erst in der Pubertät an Bedeutung. In der Regel werden in diesem Alter Beziehungen zu Gleichgeschlechtlichen vorherrschen, jedoch kommen auch (platonische) Freundschaften zwischen Jungen und Mädchen bereits jetzt immer wieder vor.
Die Fragen »Wie entstehen Freundschaften?« oder »Wann sind wir eigentlich Freunde?« werden hier über einen literarischen Text aus einem bekannten Kinderbuch aufgeworfen und thematisiert. Über die Auseinandersetzung mit dem Beginn der Freundschaft zwischen Ronja und Birk wird den Sch die Möglichkeit eröffnet, eigene (Freundschafts-)Erfahrungen zu reflektieren und zu kommunizieren.

Umsetzen

■ **Ronja und Birk.** Das Verhalten der beiden Protagonisten Ronja und Birk im vorliegenden Text wird schriftlich oder mündlich analysiert und entweder in einer Tabelle oder einer Grafik festgehalten.

■ **Freundschaft.** Sch können den Beginn einer Freundschaft aufschreiben und – freiwillig – vor der Klasse vorstellen. Dabei werden bereits Kriterien für eine Freundschaft festgehalten.
Alternativ oder ergänzend dazu tauschen Sch sich zu diesem Thema in einem Schreibgespräch aus, bei dem sie sich in kleinen Gruppen ausschließlich schriftlich über das Thema unterhalten. Hierbei sind – wie das zu einer Unterhaltung gehört – Kommentare zu bereits Geschriebenem ausdrücklich erlaubt. Sehr wichtig ist die Auswertung der Plakate im Plenum, bei der zentrale Aspekte herausgearbeitet werden müssen, ebenso ist auf Gemeinsamkeiten und Unterschiede einzugehen. Nie sollte hier die Anonymität verletzt und der Schreiber einer bestimmten Meinung ermittelt werden (es sei denn, er »outet« sich selbst).
Darüber hinaus können Sch, die das Buch »Ronja Räubertochter« bereits kennen oder bereit sind, es zu lesen, damit beauftragt werden, den weiteren Verlauf der Freundschaft zwischen Ronja und Birk darzustellen und mit dem von den Sch aufgestellten »Kriterienkatalog« für eine gute Freundschaft zu vergleichen. Alternativ hierzu würde sich auch die gleichnamige Verfilmung des Buches anbieten, die man auszugsweise oder komplett mit der Klasse anschauen könnte.
Der im AA vorgesehene Brief an die Freundin/den Freund ist als Vorschlag für die Kinder zu verstehen. Ein solcher Brief kann nur zu Hause angefertigt werden und ist etwas sehr Persönliches, das nur für den Adressaten – und manchmal nicht einmal für ihn – bestimmt ist. Dennoch kann ein solcher AA eine Chance sein, den Sch die Bedeutung des RU über die Schulgrenzen hinaus zu verdeutlichen.

Astrid Lindgren (1907-2002)
Die Autorin hat einige der bekanntesten Kinderbücher verfasst. Die Kindheit mit all ihren Facetten ist Hauptthema ihrer Bücher. In »Ronja Räubertochter« steht eine enge Vater-Tochter-Beziehung im Mittelpunkt, die im Verlauf des Älterwerdens von Ronja heftigen Bewährungsproben ausgesetzt ist. Es geht hier um die Ablösung älter werdender Kinder von ihren Eltern und ihre Zuwendung zu Gleichaltrigen.

■ **Gen 1,1-25 und Gen 2,1-4a.** Das gestaltete Leporello bietet einen guten Überblick zu den beiden unterschiedlichen Schöpfungserzählungen. Durch eine Ausstellung der gestalteten Leporellos werden die verschiedenen Gedanken der Sch noch einmal verdeutlicht.

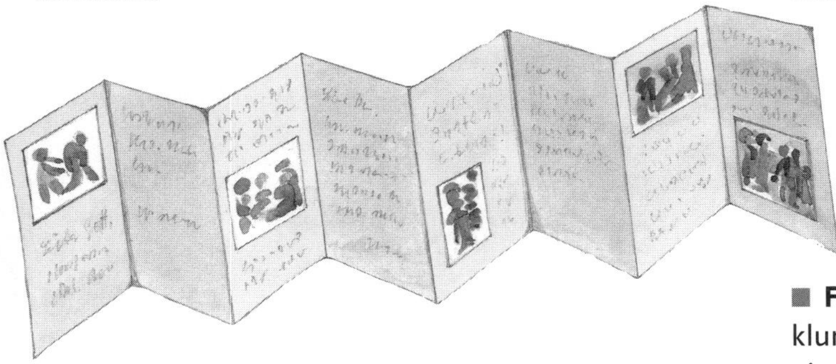

■ **Nicht allein.** Abschließend denken Sch über das Allein- und das Nicht-allein-Sein nach. Ausgehend von Tätigkeiten, die man besser alleine verrichtet, und dem, was man nur gemeinsam machen kann, stellen Sch Überlegungen über die Vor- und Nachteile, alleine bzw. nicht alleine zu sein, an. Vorstellbar wäre in diesem Zusammenhang eine Pro-und-kontra-Diskussion. Im UG könnten dann u. a. die Themen: »Zugehörigkeit zu Gruppen«, »Gruppenzwang«, »Anführer von Gruppen« und »Gruppendynamik« zur Sprache kommen. All dies sollte auf einem konkreten Niveau geschehen, indem von den Erfahrungen der Sch ausgegangen wird.

Weiterführen

■ **Ich male – wir malen.** Als Einstieg zum Thema »Freundschaft« kann in kleinen Gruppen auch ein sogenanntes »Malgespräch« (**M 4.8, S. 103**) durchgeführt werden.

■ **Zeichen der Freundschaft.** Anhand der Bedeutung von Freundschaftssymbolen könnte der Symbolbegriff eingeführt werden. Die Sch stellen sich gegenseitig ihre Freundschaftszeichen vor oder basteln selbst eines.

■ **Freundschaftsketten.** Einen würfelgroßen Tonklumpen flach drücken und mit einem Messer in einer Zackenlinie teilen. Durch die beiden Hälften wird mit einem Bleistift ein Loch gestochen, durch das ein Lederbändchen gezogen wird. Beide Freunde/Freundinnen tragen jeweils eine Hälfte der Tonscheibe.

■ **Freundschaftsbändchen.** Bändchen um das Handgelenk sind beliebte Zeichen für Freundschaft. Mit drei Wollfäden oder Perlgarn kann man schnell ein Freundschaftsbändchen flechten oder auch knüpfen.

■ **Was andere zum Thema sagen.** Eine Übung mit Fragen und Antworten zum Thema »Freundschaft« wurde vom Jugendmagazin einer Krankenkasse durchgeführt. Zu den Fragen (**M 4.9, S. 104**) gibt es Antworten von einer Psychologin (**M 4.10, S. 105**), die Sch den Fragen, nachdem sie sie beantwortet haben, zuordnen können.

Miteinander Schöpfung bewahren AUSFLUG 64 | 65

Ansetzen

Die Gefahren eines rücksichtslosen Umgangs mit Ressourcen und der Verschmutzung der Umwelt kennen bereits Sch der Unterstufe. Es soll aber nicht darum gehen, Ängste zu schüren, sondern aufzuzeigen, dass auch wir zu einem schonenden Umgang mit der Schöpfung aufgerufen sind. Denn die Schöpfung kommt von Gott, er hat sie uns Menschen anvertraut, wie es auch schon im Schöpfungsauftrag Gen 2,15 heißt: der Mensch soll den Garten pflegen und schützen.

Umsetzen

■ **Begeistert und Farben.** Die lebendige Psalmübertragung von R. Oberthür zeigt sehr anschaulich die Wunder der Schöpfung. Nach der Auswahl dreier Schöpfungstaten fällt die Umsetzung des Schöpfungspsalms in ein Farbgedicht leichter. Besonders farbkräftig ist dies bei der Arbeit mit Pastellkreiden, die der Kunst-L sicher ausleiht. Das Fixieren der leicht verwischbaren Bilder ist mit Fixier- oder Haarspray möglich.

■ **Wahrheiten.** Wichtig ist hier der Hinweis auf MITTENDRIN 5/6, S. 196, wo sehr eindrücklich von der Bibel als Glaubensbuch die Rede ist. Somit wird deutlich: Die Aussagen der Bibel sind keine Zeitungsreportagen, keine verschriftlichten Videoberichte, sondern Zeugnisse gläubiger Menschen, die über ihre Geschichte mit Gott erzählen. Freundschaft und Liebe lassen sich ja auch nicht auf ein emotionales oder gar hormonelles Geschehen reduzieren.

■ **Die Schöpfung bewahren.** Sch sammeln Gründe für und gegen das Fällen der Linde.

Pro	Kontra
Die Linde ist besonders schön. Sie erinnert an die Großeltern, die sie sehr geliebt haben. Man kann sich schön unter sie setzen. Sie beherbergt viele Vögel, auch Singvögel. Es wäre sehr kahl ohne sie.	Sie macht viel Arbeit und Dreck im Frühjahr und im Herbst. Sie steht ungünstig, das Umfahren kostet Zeit und Mühe. Heute kann sich niemand mehr alte Sentimentalitäten leisten.

Weiterführen

■ **Lebewesen Baum – Lebensraum Baum.** Sch informieren sich (evtl. beim Biologie-L) über den Lebensraum, den ein Baum bietet, und über das Lebewesen Baum. Sie finden z. B. heraus, dass in einem großen Baum viele Lebewesen »wohnen« und dort auch Nahrung finden. Alte Bäume werden in unseren Breiten – je nach Sorte – über 20 Meter hoch und haben entsprechend viele Blätter. Schätzungen bei alten Buchen gehen von weit über einer halben Million Blätter und einer Gesamtblattoberfläche von rund einhundert Quadratmetern aus. Diese Menge an Blättern erzeugt etwa drei Millionen Liter Sauerstoff pro Jahr und filtert mehrere tausend Kilogramm Staub aus der Luft. Über das Wurzelwerk, das den Boden vor Erosion schützt, sowie über den Stamm und die Äste transportiert ein sehr großer Baum täglich bis zu 100 Liter Wasser bis in die höchsten Zweige. Von den Früchten ernähren sich je nach Baumart Tiere und Menschen, das Laub liefert wertvollen Humus. – Sch schreiben einen Artikel über den »Lebensraum Baum«, stellen Vergleiche zu dem Lied »Herr, wie ein Baum sei vor dir mein Leben« an oder schreiben ein Dankgebet, in dem sie Gott für die Schöpfung und für die Wunder der Natur danken.

Gemeinsam handeln SOUVENIR 66 | 67

Ansetzen

Diese Seite soll zu gemeinsamem Tun anregen: Dazu werden verschiedene Projekte vorgeschlagen, deren Durchführung Kooperation voraussetzt und zugleich fördert. Es sind dies einerseits einmalige Projekte, die über einen bestimmten Zeitraum gehen und einen Zeitplan erfordern (Klassenfest, Sozialprojekt), andererseits fortlaufende gemeinsame Aktivitäten, die sich über das Schuljahr hinziehen (Aufgaben in der Klasse verteilen; Gespräche in der Klasse führen) und die das Ziel haben, jeden einzelnen Sch zu einem verantwortlichen Gruppenmitglied der Klasse/Religionsgruppe werden zu lassen. Auch inhaltliche fortlaufende Aktivitäten, wie z. B. das Anfertigen eines Klassengebetbuchs, die schrittweise Ausgestaltung des Jahreskreises (u. a. auch mit den Geburts- oder Namenstagen der Sch) oder die Zeitleiste von den Anfängen der Kirche, sind dem Zusammenwachsen der Gruppe und der Nachhaltigkeit des Lernens sehr förderlich. Alle diese Projekte sind nicht nacheinander »abzuarbeiten«, sondern in den Unterrichtsverlauf zu integrieren.

Umsetzen

■ **Fortschritte sichern und sichten: Portfolio.** Damit den Sch die Bedeutung solcher gemeinsamer Aktivitäten verdeutlicht wird, wäre das Führen eines »Portfolios« dafür vorstellbar. Alle Unternehmungen sowie deren Ergebnisse könnten darin gesammelt und – nach Bedarf – gesichtet und besprochen oder auch weitergeführt werden. Besonders wirkungsvoll ist die Vorstellung davon bei Elternabenden oder am »Tag der offenen Tür« der Schule.

Kompetenzerwartungen in der LL »Keiner lebt allein«

Die Tabelle gibt an, welche der im Kernlehrplan konkretisierten Kompetenzerwartungen in dieser Lernlandschaft »Keiner lebt allein« zentral bedient werden [X] bzw. welche teilweise oder wiederholend angesprochen werden können [(X)]:

INHALTSFELD 1: MENSCHSEIN IN FREIHEIT UND VERANTWORTUNG Die Schülerinnen und Schüler	
Sachkompetenz:	
– erläutern, inwiefern jeder Mensch eine einzigartige und unverwechselbare Persönlichkeit ist, die auf Gemeinschaft hin angelegt und auf sie angewiesen ist; – erläutern die Bedeutung der christlichen Überzeugung, dass der Mensch von Gott geschaffen, geliebt und zur verantwortlichen Mitgestaltung der Schöpfung berufen ist; – erläutern an Beispielen, wodurch das Gelingen menschlichen Lebens gefährdet oder gefördert wird; – zeigen exemplarisch die Schönheit der Schöpfung und ihre Gefährdung auf.	X
Urteilskompetenz:	
– beurteilen menschliche Verhaltensweisen vor dem Hintergrund des Glaubens an Gott als den Freund des Lebens; – bewerten Möglichkeiten ökologischen Engagements als Ausdruck und Konsequenz von Schöpfungsverantwortung.	X
INHALTSFELD 2: SPRECHEN VON UND MIT GOTT Die Schülerinnen und Schüler	
Sachkompetenz:	
– begründen, warum Religionen von Gott in Bildern und Symbolen sprechen; – deuten Namen und Bildworte von Gott; – erläutern an Beispielen Möglichkeiten und Schwierigkeiten, Gott darzustellen; – zeigen Situationen auf, in denen Menschen sich im Gebet an Gott wenden; – zeigen auf, wie Widerfahrnisse des Lebens aus dem Glauben gedeutet werden können; – deuten biblische Psalmen als Ausdruck menschlicher Erfahrungen im Glauben an Gott; – erläutern den Glauben katholischer Christen an einen Gott in drei Personen.	
Urteilskompetenz:	
– erörtern in Grundzügen Lebenswege glaubender Menschen im Hinblick auf deren Orientierungsangebot.	X
INHALTSFELD 3: BIBEL ALS »UR-KUNDE« DES GLAUBENS AN GOTT Die Schülerinnen und Schüler	
Sachkompetenz:	
– erläutern den Aufbau der Bibel; – zeigen auf, dass die biblischen Erzählungen Erfahrungen ausdrücken, die Menschen mit Gott gemacht haben; – geben exemplarische Glaubensgeschichten des Alten und Neuen Testaments wieder; – stellen die Bedeutsamkeit ausgewählter biblischer Frauen- und Männergestalten für die Glaubenspraxis dar; – erläutern, dass das Volk Israel seine Glaubenserfahrungen als Familiengeschichte erzählt; – weisen an Beispielen die Bedeutung der Bibel im Leben der Kirche nach (u.a. Gottesdienst); – begründen, warum die Bibel für Christen als »Heilige Schrift« besondere Bedeutung hat.	
Urteilskompetenz:	
– beurteilen ansatzweise die Relevanz biblischer Glaubenserzählungen für Menschen heute.	X

INHALTSFELD 4: JESUS DER CHRISTUS Die Schülerinnen und Schüler	
Sachkompetenz:	
– ordnen Jesus von Nazaret in seine Zeit und Umwelt ein;	
– benennen Merkmale, die die Zugehörigkeit Jesu zum Judentum verdeutlichen;	
– erläutern an neutestamentlichen Beispielen, wie Jesus von Gott spricht;	
– erläutern, dass die Zuwendung Jesu zu den benachteiligten und zu kurz gekommenen Menschen jeder ethischen Forderung vorausgeht;	
– deuten die bildhafte Rede Jesu an Beispielen;	
– erklären die Bezeichnung Jesu als Christus als Bekenntnis des Glaubens.	
Urteilskompetenz:	
– erörtern in Ansätzen Ursachen für Konflikte, die Worte und Taten Jesu bei den Menschen seiner Zeit auslösten;	
– beurteilen an Beispielen, inwiefern Jesus Christus für Menschen heute Bedeutung haben und Orientierung sein kann.	(X)
INHALTSFELD 5: KIRCHE ALS NACHFOLGEGEMEINSCHAFT Die Schülerinnen und Schüler	
Sachkompetenz:	
– erläutern die Entstehung der Kirche aus dem Glauben an Jesus Christus und dem Wirken des Heiligen Geistes;	
– nennen beispielhaft Aufgaben der sich auf Jesus Christus gründenden Kirche;	(X)
– erläutern die Bedeutung des Apostels Paulus für die frühe Kirche;	
– erklären Feste des Kirchenjahres in ihrer Bedeutung;	X
– zeigen die Bedeutung von Sakramenten und ihre Verknüpfungen mit Stationen im Leben eines Christen auf;	
– erläutern, warum und wie katholische Christen Eucharistie feiern;	X
– zeigen an Beispielen Gemeinsamkeiten und Unterschiede in der Glaubenspraxis der Konfessionen auf.	
Urteilskompetenz:	
– erörtern, inwiefern der Einzelne am Leben der Kirchengemeinde teilnehmen und wie er seinen Auftrag als Christ im Alltag realisieren kann.	X
INHALTSFELD 6: WELTRELIGIONEN UND ANDERE WEGE DER SINN- UND HEILSSUCHE Die Schülerinnen und Schüler	
Sachkompetenz:	
– benennen Gemeinsamkeiten und Unterschiede in Glaube und Glaubenspraxis der abrahamitischen Religionen;	
– beschreiben wichtige Stationen im Leben großer Gestalten der abrahamitischen Religionen;	
– zeigen Spuren jüdischen und muslimischen Lebens in ihrer Umgebung auf;	
– erläutern anhand von Erzählungen aus der Abrahamgeschichte die gemeinsamen Wurzeln der abrahamitischen Religionen und deren Bedeutung für das Zusammenleben der Religionen;	
– zeigen das Bekenntnis zu Jesus als dem Christus als unterscheidend christlich auf.	
Urteilskompetenz:	
– nehmen zu verbreiteten Vorurteilen gegenüber Religionen Stellung.	

Das wünsche ich mir von meiner Familie

1. Schutz	①	②	③	④	⑤
2. Freude	①	②	③	④	⑤
3. Nähe	①	②	③	④	⑤
4. Trost	①	②	③	④	⑤
5. Toleranz	①	②	③	④	⑤
6. Flexibilität	①	②	③	④	⑤
7. Vertrauen	①	②	③	④	⑤
8. Geborgenheit	①	②	③	④	⑤
9. Offenheit	①	②	③	④	⑤
10. Unterstützung	①	②	③	④	⑤

1 = Das hat für mich keine Bedeutung.
5 = Das ist für mich sehr wichtig.

Frühstück der Ruderer

1. Schüler und Schülerinnen der St. Ursula Schule Geisenheim haben Renoirs Bild »Frühstück der Ruderer« nachgestellt. Vergleiche ihr »Bild« mit dem Original. Was haben sie übernommen, was verändert? Wie ist die Wirkung?

2. Wie würdet ihr das Originalbild nachstellen? Macht ein Foto davon.

Meine neue Klasse

Welche Eigenschaften muss ein guter Klassenkamerad/ eine gute Klassenkameradin haben?	Welche Eigenschaften muss ein guter Klassenlehrer/eine gute Klassenlehrerin haben?

Welche Eigenschaften braucht ein Klassensprecher/eine Klassensprecherin?	Ihr kommt aus verschiedenen Grundschulen. Wie könnt ihr eine neue Klasse werden?

Regeln, Gebote, Gesetze

Jeder Tag unseres Lebens ist von Regeln, Vorschriften, Geboten und Gesetzen geprägt. Überlege, welchen Regeln, Geboten und Gesetzen du am gestrigen Tag gefolgt bist, und schreibe sie in die Schilder.

Inwiefern kann man Regeln, Gebote und Gesetze auch »Wegweiser« nennen?

Situationen in der Klasse

1. Uli geht in der Pause schnell noch einmal ins Klassenzimmer, um etwas zu holen. Da sieht er, wie Jörg und Manfred durchs Zimmer rennen. Dabei stoßen sie an die Schultasche von Klaus. Sie kippt um und die ganzen Bücher und Hefte fallen heraus. Na, der wird sich ganz schön ärgern, denkt Uli. Als die Klasse nach dem Gong zurückkommt, sind einige schon über die Stifte und Hefte getrampelt, bevor Klaus seine Sachen zusammensuchen kann.

2. Peter ist ziemlich schüchtern und sagt im Unterricht kaum etwas. Aber bei Aquarien kennt er sich gut aus. Deshalb meldet er sich auch gleich, als in Biologie zufällig das Gespräch darauf kommt. Doch kaum hat er den ersten Satz gesagt, schreit Klaus von hinten: »Fische, so was Langweiliges! Mein Nachbar hat zu Hause eine große Ratte als Haustier!« Peter meldet sich nicht mehr.

3. Monika und Sabine möchten beim Klassenfest Mixgetränke machen. Sie haben die leckersten Rezepte mit in die Schule gebracht und wollen nun mit den anderen die drei besten Getränke aussuchen. »So was Blödes, Mixgetränke!«, schreit Nico durch die Klasse. »Wer soll denn so was trinken!«, setzt Walter dazu. Sie lachen die Mädchen aus.

4. Gruppenarbeit in Erdkunde. Sabine sucht die Hauptstädte, Annette trägt die Flüsse auf der Karte farbig ein, Markus schaut im Atlas nach, wie die Gebirge heißen. Christian macht gar nichts.

5. Die Klasse ist in der Pause. Als die Jungen und Mädchen zurückkommen, sucht Thomas in seiner Schultasche nach dem Geldbeutel. Er ist weg. Es waren 10,- Euro darin, denn der Klassenleiter sammelt heute das Kopiergeld ein.

6. In der Klasse ist Geld verschwunden. Wer könnte es gestohlen haben? Thomas verdächtigt Gerhard. Claudia und Ingrid denken, es könnte Horst gewesen sein. Gerhard glaubt, dass Thomas das Geld vielleicht verloren hat. Keiner traut dem anderen mehr. Als die Klassleiterin den Wandertag planen will, hat gar keiner Lust, etwas mit den anderen zu unternehmen.

7. Andrea und Christa sind gute Freundinnen. In der Pause vertraut Andrea Christa an, dass sie den Florian aus der 9. Klasse so süß findet. Mittags an der Bushaltestelle sieht Christa Florian vorbeigehen. »Andrea«, schreit sie, »da ist dein Schwarm!« Alle Jungen und Mädchen schauen neugierig. Andrea möchte im Erdboden versinken.

- Bereitet die Szene, die ihr gezogen habt, so vor, dass ihr sie den anderen vorspielen könnt.
- Sprecht in der Klasse über die dargestellten Situationen: Was ist hier passiert? *(Inhalt)* Kennt ihr solche Situationen? Wie könnte es nach den jeweiligen Szenen weitergehen?
- Spielt nach dem Gespräch eine positive Version dieser Szene.

Ein Mensch braucht Hilfe – was tun?

Situationskarten

Situation 1
Ein alter Herr führt seinen Hund spazieren. Hin und wieder bleibt er stehen, da ihn das Laufen sehr ermüdet. Plötzlich sieht er auf der gegenüberliegenden Straßenseite einen Fahrradfahrer, der schwer gestürzt ist.
1. Notiere die ersten Gedanken des Mannes.
2. Notiere, wie er sich dann verhalten wird.

Situation 2
Eine Mutter schiebt einen voll bepackten Kinderwagen vor sich her. Sie kommt gerade von ihrem Wocheneinkauf, die Kinder quengeln. Plötzlich sieht sie auf der gegenüberliegenden Straßenseite einen Fahrradfahrer, der schwer gestürzt ist.
1. Notiere die ersten Gedanken der Frau und Mutter.
2. Notiere, wie sie sich dann verhalten wird.

Situation 3
Eine Schülerin kommt von der Schule. Sie ist müde und genervt, weil ein Mitschüler sie in der Schule geärgert hat. Plötzlich sieht sie auf der gegenüberliegenden Straßenseite einen Fahrradfahrer, der schwer gestürzt ist. Bei genauerem Hinsehen erkennt sie, dass es der Junge ist, mit dem sie morgens Streit hatte.
1. Notiere die ersten Gedanken der Schülerin.
2. Notiere, wie sie sich dann verhalten wird.

Die rechtliche Situation – das Strafgesetzbuch (StGB)
Paragraf 323c StGB – Unterlassene Hilfeleistung
Wer bei Unglücksfällen oder gemeiner Gefahr oder Not nicht Hilfe leistet, obwohl dies erforderlich und ihm den Umständen nach zuzumuten, insbesondere ohne erhebliche Gefahr und ohne Verletzung anderer wichtiger Pflichten möglich ist, wird mit Freiheitsstrafe bis zu einem Jahr oder mit Geldstrafe bestraft.

Wer verhält sich wie? Aufgaben zu den Situationskarten

Aufgabe

Entscheide dich anhand der Situationskarten für eine der drei Personen.
Notiere die ersten Gedanken der Person in die Gedankenblase.
Wie wird sich die Person nach deiner Einschätzung nach kurzem Überlegen verhalten? Mach dir dazu Notizen.
Kreuze an, für welche Person du dich entschieden hast.
☐ Ein alter Herr mit Hund
☐ Eine Frau mit Kindern und bepacktem Kinderwagen
☐ Eine Schülerin, die Streit mit dem Fahrradfahrer hatte

Nach kurzem Überlegen verhält sich die Person so:

St. Martin, Berlin

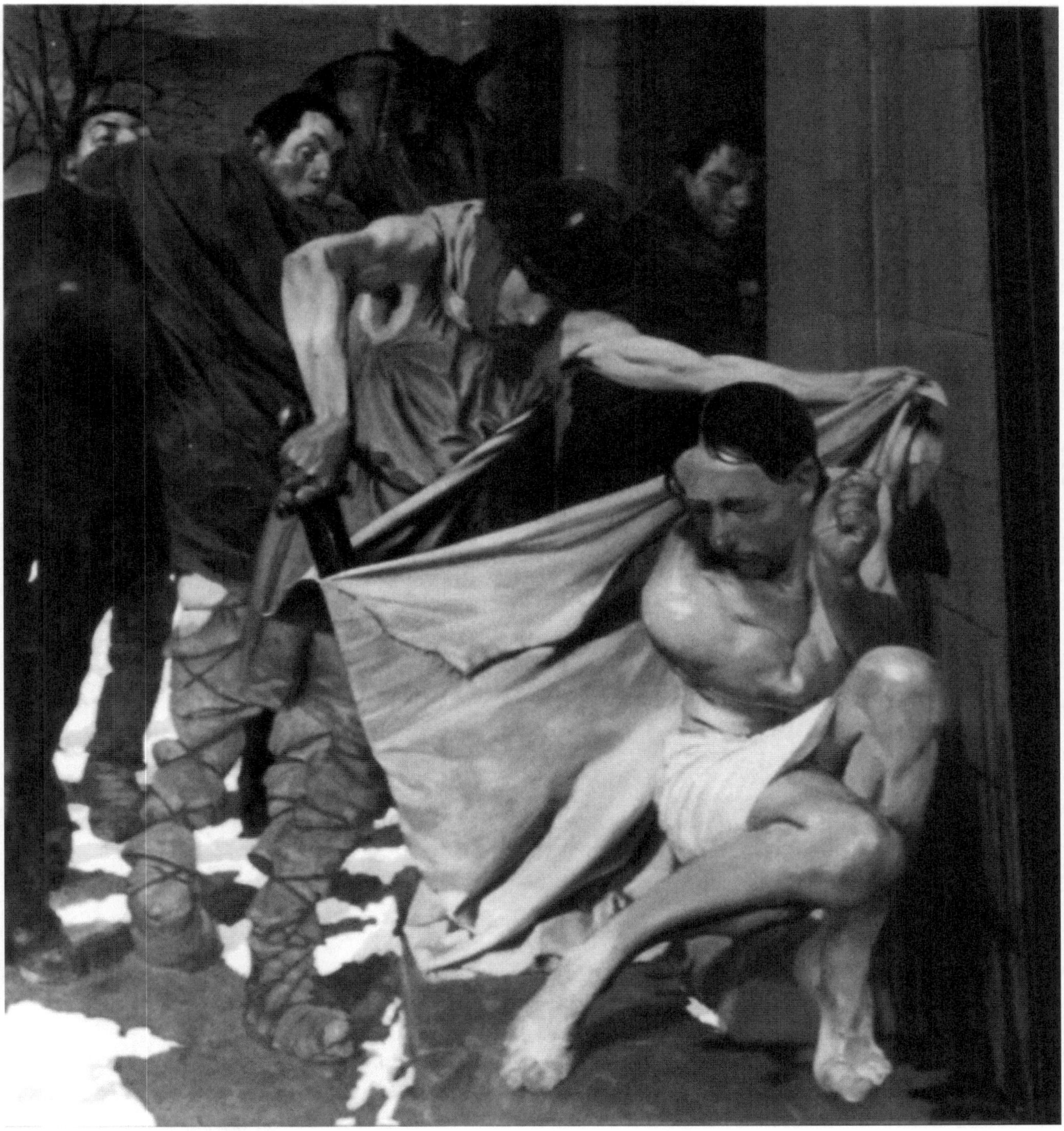

Johannes Grützke, St. Martin

Abdeckschablone für »St. Martin«

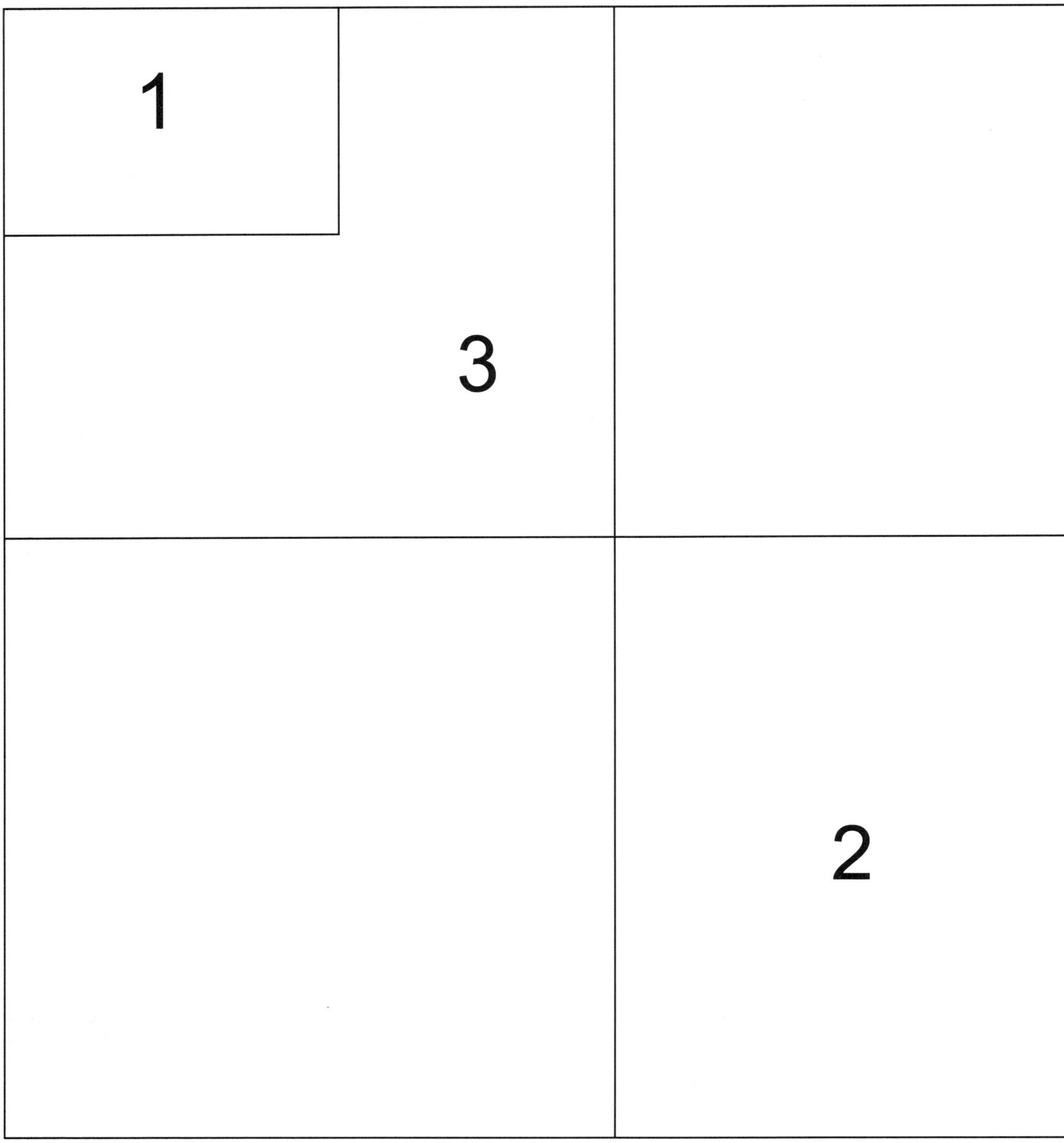

Malgespräch

Setzt euch in Gruppen zu etwa vier Kindern jeweils um einen Tisch. Jeder beginnt, ein Bild zu einem Thema, für das ihr euch vorher entschieden habt (z. B. Freundschaft, Familie, Gemeinschaft ...), zu malen.
Nach fünf Minuten gibst du dein Bild an deinen rechten Nachbarn und malst selbst an dem Bild weiter, das du bekommen hast. Nach weiteren fünf Minuten wird erneut im Ring getauscht usw. Nach ca. 30 Minuten hört ihr auf zu malen und schaut euch eure Bilder an.

Betrachtet zum Schluss eure Bilder. Wurden die einzelnen Bildelemente so fortgesetzt, wie es sich der jeweils Beginnende vorgestellt hatte? Sind sich manche Bilder ähnlich?

Freundschaft ist ... (Fragen)

Das Jugendmagazin einer Krankenkasse führt ein Interview mit einer Psychologin durch. Wie würdest du die gestellten Fragen beantworten?

Wie entsteht eine gute Freundschaft?

Wie erkennt man, ob jemand ein guter Freund oder eine gute Freundin ist?

Was kann man tun, wenn der Freund oder die Freundin sich verändert und man sich Sorgen um ihn oder sie macht?

Was kann man tun, wenn die anderen Freunde die beste Freundin oder den besten Freund nicht mögen?

Warum gibt es manchmal Probleme, wenn in einer Freundschaft einer plötzlich einen Partner hat?

Haben Dreierfreundschaften eine Chance?

Wie bringt man jemandem bei, dass es nervt, wenn er oder sie sich genauso stylt wie man selbst?

»Gegensätze ziehen sich an« oder »Gleich und Gleich gesellt sich gern«? Was stimmt?

Wann sollte man eine Freundschaft beenden?

Freundschaft ist … (Antworten)

Dreierkonstellationen sind häufig schwierig, weil sich zwei fast immer näher sind und der Dritte sich leicht ausgeschlossen fühlt. Und wenn es Zoff gibt, stehen zwei gegen einen. Oft konkurrieren auch zwei aus der Gruppe um einen Dritten, und es entsteht eine ***Rivalität*** *– keine besonders gute Basis für eine Freundschaft. Solche Konflikte gibt es übrigens auch häufig unter Geschwistern.*

Man muss zwar nicht alles teilen, aber jemand, der mit mir gewisse Ansichten oder Vorlieben teilt, ist als Freund oder Freundin attraktiver. Eine hundertprozentige ***Übereinstimmung*** *gibt es aber nicht. Da müsste einer schon komplett zurückstecken.*

Wenn man Angst um jemanden hat, sollte man ihm das sagen. Drohungen, dem anderen die Freundschaft aufzukündigen, bringen dagegen nichts. Ist die ***Veränderung*** *nur eine Phase, sollte eine langjährige Freundschaft das aushalten. Ist die Veränderung dauerhaft, muss man entscheiden, ob man die Freundschaft aufrechterhalten möchte.*

Wenn einer dem anderen alles nachmacht, hat er wahrscheinlich Angst, den anderen zu verlieren. Am besten erklärt man ihm, dass man ihn genauso mag, wenn er seinen ***eigenen Stil*** *hat. Und als Freund oder Freundin kann man ja auch anbieten, den anderen zu beraten. Manchen Leuten macht es allerdings auch Spaß zu zeigen, dass sie zusammengehören – zum Beispiel, indem sie dieselben Klamotten tragen. Wenn beide das gut finden, ist das natürlich o. k.*

Wenn man nicht mehr zusammenpasst und die Freundschaft nur noch krampfhaft ist, sollte man sich lieber ***trennen*** *und akzeptieren, dass Menschen sich verändern.*

Es ist verletzend, wenn eine Freundin nicht vom übrigen Freundeskreis akzeptiert wird. Damit fühlt man sich selbst auch immer ein bisschen abgelehnt. Wenn sie wirklich nicht miteinander auskommen, muss man seine Zeit eben aufteilen und mal mit der Freundin, mal mit den übrigen Freunden verbringen. Dafür sollten alle ***Verständnis*** *haben.*

Bei einem guten Freund muss man sich ***nicht verstellen****, sondern kann so sein, wie man ist. Er oder sie steht auch dann zu mir, wenn andere das nicht tun.*

Eine Freundschaft entwickelt sich Schritt für Schritt. Es kommt zwar vor, dass die Chemie auf Anhieb stimmt, zum Beispiel, wenn man dieselben Dinge mag oder über die gleichen Witze lacht. Aber ***Vertrauen aufzubauen****, braucht Zeit. Wer sich gleich zu Beginn ganz öffnet, kann den anderen leicht überfordern.*

Es ist natürlich schwierig, jemanden plötzlich teilen zu müssen. Ganz verschiedene Gefühle können daher hochkommen. ***Eifersucht, Traurigkeit, Wut …*** *Dahinter steht die Angst, den anderen zu verlieren. Wenn's geht, sollte man das Ganze locker sehen. Meist legt sich das Frischverliebtsein nach ein paar Wochen ja etwas. Wer dann immer noch das Gefühl hat, völlig abgemeldet zu sein, sollte seine Ansprüche geltend machen. Einen gewissen Einsatz für die Freundschaft kann man nämlich erwarten. Und bestimmt gibt es Kompromisse, mit denen alle zurechtkommen.*

– Schneide die Antworten der Psychologin aus und ordne sie den entsprechenden Fragen zu. Vergleiche sie mit den eigenen Antworten.
– Schreibe alle fett gedruckten Wörter auf: ______________________________

____

– Wähle einen Begriff, der dir besonders wichtig ist, und male dazu ein Zeichen, das diesen Aspekt der Freundschaft deutlich macht.
– Nummeriere die unten stehenden Aussagen über Freundschaft und sortiere sie nach ihrer Wichtigkeit für dich: Freundschaft ist …

☐ gemeinsame Interessen zu haben
☐ über dieselben Dinge lachen zu können
☐ ehrlich zueinander zu sein
☐ den anderen zu kritisieren – wenn es nötig ist
☐ Kritik vom anderen einstecken zu können
☐ sich nicht verstellen zu müssen
☐ dem anderen einen Schutzraum zu geben, in dem er sich sicher fühlen kann
☐ dem anderen direkt zu sagen, wenn einem etwas nicht passt, statt hinter seinem Rücken über ihn zu reden
☐ zusammen schweigen zu können

5 Judentum

Hintergrund

Mit der LL »Judentum« begegnen Sch der ältesten der abrahamitischen Religionen. Die Motivation zu einer frühen Begegnung der Sch mit dem Judentum liegt in der Erkenntnis, dass wesentliche Strukturen und Glaubensinhalte des Christentums vom Judentum geprägt und bestimmt sind. Ein Verständnis für die eigene Religion und Religiosität kann nur dort wachsen, wo die Wurzeln der Religion verstanden werden. Zudem leben Jüdinnen und Juden in Deutschland und sind Teil unserer Gesellschaft. Verstehen der und Verständnis für die Bräuche und Sitten einer (anderen) Religion fördert über die angestrebten Standards und Dimensionen hinaus auch die Fähigkeit zu Toleranz und Respekt dem anderen Menschen und seiner religiösen Identität gegenüber. Das Verstehen einer anderen Religion fordert von Sch ein hohes Maß an Empathie und ein Nachdenken über die eigene Religion und deren Vollzüge. So dient diese LL auch dem Erwerb und der Festigung personaler und sozialer Komponenten der religiösen Kompetenz der Sch. Ihren Ausgang nimmt die LL bei dem verbindlichen Inhaltsfeld »Weltreligionen und andere Wege der Sinn- und Heilssuche« und seinen Kompetenzen.
Ein leitender Aspekt der LL ist der Bundesgedanke im Judentum, der in verschiedenen Konkretisierungen sichtbar wird. Die Bräuche, Feste, Gebete sind eingeflochten in diesen Bundesgedanken und Ausdruck desselben. Von hier gewinnen die einzelnen Ausflüge ihre inhaltliche Gestalt: Der Bund Gottes mit seinem Volk konkretisiert sich in den Stationen des Lebens, der Tora und ihren Weisungen, dem Gebet, der persönlichen Lebensführung und der Anamnese in der liturgischen Feier der Geschichte, die Gott mit seinem Volk hat. Diesem Aspekt der LL ist zunächst ein phänomenologischer Zugang vorangestellt: Das Judentum ist keine uns ferne Religion, sondern eine Religion, die hier bei uns erfahrbar und erlebbar ist.
Immer wieder werden Vergleiche mit dem Christentum eingefordert, die auch ein Nachdenken über die eigene Religion verlangen. Die Anlage der LL ermöglicht sowohl ein lineares Arbeiten als auch die offene Form einer arbeitsteiligen GA. Schon auf der ersten DS, dem Reiseprospekt, finden sich Gegenstände, die eine besondere Rolle im Judentum spielen und für einen thematischen Ausflug stehen. Auf den folgenden DS tauchen diese Gegenstände wieder auf. Eine Einteilung der Gruppen könnte also über die Wahl der Gegenstände erfolgen, die gleichzeitig mit einem Thema verbunden sind.
Umfassende und seriöse Hintergrundinformationen zum Judentum bietet www.hagalil.com.

Literaturhinweise

Georg Hilger/Stephan Leimgruber/Hans-Georg Ziebertz, Religionsdidaktik. Ein Leitfaden für Studium, Ausbildung und Beruf – Neuausgabe, München [6]2010, 462-471
Hans Mendl, Religionsdidaktik kompakt. Für Studium, Prüfung und Beruf, München 2011, 130-138

Judentum REISEPROSPEKT 68 | 69

Ansetzen

Das Judentum wird für die meisten Sch zunächst fremd sein. Über Gegenstände und Situationen soll ein erster Zugang geschaffen werden, der das Interesse für diese Religion weckt und Fragen nach der Bedeutung und dem Sinn dieser Gegenstände hervorruft. Um den Sch ein Benennen der Gegenstände zu ermöglichen, finden sich Kurzinformationen auf der rechten Seite. Die Bilder dieser DS sind hinterlegt mit dem Bild des Regenbogens, dem Zeichen für den Bund, den Gott mit den Menschen geschlossen hat (Gen 9,12f.). Damit wird schon hier die Ausweitung des rein phänomenologischen Zugangs zur grundsätzlichen Bedeutung der jüdischen Religionspraxis angedeutet.

Umsetzen

■ **Orientierung.** Nachdem Sch sich auf der Seite orientiert haben, benennen sie mithilfe der Erläuterungen die abgebildeten Gegenstände bzw. die Situation. L kann im UG weitere Informationen, die dem Verständnis der Sch dienen, einflechten. Nach dieser ersten Phase kann mit den Sch gemeinsam festgelegt werden, in welcher Reihenfolge die Ausflüge der LL bearbeitet werden sollen. Alternativ wäre auch die Einteilung in Gruppen möglich, die sich jeweils mit einem Thema beschäftigen und die anderen Sch der Klasse durch eine »Informationsbroschüre« zu ihrem Thema informieren. Ebenso kann ein Informationsplakat durch die Gruppe erstellt werden, das dann den anderen Gruppen präsentiert wird.
Schon hier kann auf das Hintergrundbild des Regenbogens eingegangen werden. Vielen Sch ist das Bild als Bundeszeichen geläufig und es fällt der Lerngruppe sicher nicht schwer, die Verbindung zu den übrigen Bildern im UG herzustellen.

Bei uns zu Hause — AUSFLUG — 70 | 71

Ansetzen

Ebenso wie das Christentum zunächst an äußeren Erscheinungsformen wie Kirchenbauten wahrgenommen wird, trifft dies auch für das Judentum zu. Synagogen sind Bethäuser, in denen sich die Gemeinde zum Gottesdienst trifft. Darüber hinaus sind sie aber auch Gemeindezentren, in denen in Gemeinschaft das jüdische Leben gepflegt wird, eine Reihe von Bildungsangeboten stattfinden und auch Jugendarbeit ihren Raum hat (z. B. im Religionsunterricht). Viele Sch wissen nicht, dass es in ihrer Nähe eine Synagoge gibt oder einmal gegeben hat. Umso wichtiger erscheint es, den inhaltlichen Auftakt der DS in der räumlichen Nähe der Sch zu beginnen und ihnen somit ein erstes Angebot zur Annäherung zu unterbreiten. Mit den bewusst gewählten Beispielen moderner Synagogen-Architektur – je eine Außen- und eine Innenansicht der Synagogen in Köln, Bochum und Münster – können Sch erfassen, dass das Judentum eine Religion ist, die heute und »bei uns zu Hause« von Menschen gelebt wird. Daneben wird auch ein erster Vergleich mit einer Kirche erfolgen, da Sch sicher wahrnehmen, dass einige der in den Synagogen vorhandenen Gegenstände oder Anordnungen auch in christlichen Kirchen zu finden sind.

Umsetzen

■ **Synagogen vergleichen.** Der Impuls gibt Sch die Möglichkeit, sich mit dem angebotenen Bildmaterial auseinanderzusetzen. Bei der Suche nach den Gemeinsamkeiten der Synagogen sind besonders der Toraschrein und das ewige Licht sowie die Bänke auffällig. Sie erschließen den Synagogenraum für Sch als Gottesdienstraum, insofern Parallelen zu Tabernakel und ewigem Licht in der Kirche gezogen werden. Zentrales Element in allen Synagogen ist die Bima, auf der die Torarolle zum Vorlesen abgelegt wird. Auffallend ist auch, dass es sich bei den abgebildeten Synagogen um »moderne« Gebäude handelt. Wieso dies so ist, kann Teil eines UG sein.

■ **Davidstern.** Die Recherche nach der Bedeutung des Davidsterns führt Sch in die Geschichte des Judentums: Der »Magen David« (= Schild Davids) ist in der Antike kein spezifisch jüdisches Zeichen. Er kommt zwar auch im Judentum (Synagoge von Kapernaum, 2. Jh.) vor, aber ebenso in benachbarten Kulturkreisen. Die Beziehung zu David hat mit einer mittelalterlichen Legende zu tun, nach der David auf seinem Schild ein Hexagramm trug, mit dessen Hilfe er die Feinde besiegte. Als Zeichen einer jüdischen Gemeinde taucht der Davidstern im 16. Jh. in Prag auf und verbreitete sich von dort aus. Zur Zeit des Nationalsozialismus wird er zum »Judenstern« degradiert. Heute ziert er die Flagge des Staates Israel. Deutlich wird, dass der Davidstern in die Geschichte des Judentums und bis in den Bau der Synagogen hinein verwoben ist. Sch fertigen eine Zeichnung des Davidsterns in ihrem Heft (alternativ in der Informationsbroschüre, auf dem Plakat) an und schreiben daneben ihr Rechercheergebnis.

■ **Synagogen bei uns.** Der Handlungsimpuls vertieft den ersten Zugang über das Bildmaterial, insofern sich Sch über eine der Synagogen näher informieren. Das Ergebnis wird je nach den Fähigkeiten und Möglichkeiten der Sch am Computer oder den entsprechenden Materialien (Heft/Broschüre/Plakat) gesichert und im Anschluss vorgestellt und verglichen bzw. am Ende präsentiert. Wird die LL linear unterrichtet, besteht mit diesem Impuls auch die Möglichkeit, sich in Gruppen arbeitsteilig je über eine der abgebildeten Synagogen und die Synagoge am eigenen Ort (oder in der Nähe) zu informieren und das Ergebnis am Ende vorzustellen.

Weiterführen

■ **Spuren suchen.** Neben einer Synagoge gibt es vielleicht noch weitere Spuren jüdischen Lebens in der näheren Umgebung. Sch gehen auf die Suche und tragen diese in Form von Bild- und Textmaterial zusammen. Die Ergebnisse werden in einer Collage präsentiert.

■ **Lerngang in eine Synagoge.** Befindet sich in erreichbarer Nähe zur Schule eine Synagoge, bietet sich ein Lerngang zu dieser an. In der Regel werden sachkundige Führungen angeboten, bei denen gleichzeitig ein Gesprächspartner aus dem Judentum für Sch erlebbar wird.

■ **Synagoge und Kirche.** Der im Handlungsimpuls »Synagogen vergleichen« eher implizit angedeutete Vergleich mit christlichen Kirchen kann zu einer expliziten Untersuchung ausgeweitet werden. Mithilfe des in der LL »Keiner glaubt allein« (MITTENDRIN 5/6, S. 138-141, 148f.) zur Verfügung stehenden Materials können Sch Grundriss und Ausstattungsmerkmale der Synagogen mit denen christlicher Kirchen vergleichen und auf Gemeinsamkeiten und Unterschiede in der religiösen Praxis schließen.

Leben im Bund mit Gott AUSFLUG 72 | 73

Ansetzen

Jüdisch zu sein, beschreibt nicht nur eine Religionszugehörigkeit, sondern ist zugleich Zugehörigkeit zu einer Kultur und Lebensart, die geprägt ist durch Sprache, Bildung, Musik, Ästhetik und Religion, die den jüdischen Menschen sein Leben lang begleitet. Die DS zeigt jüdisches Leben an zentralen »Lebenswenden« von der Geburt über die Bar bzw. Bat Mizwa und die Hochzeit bis zum Tod. Durch die jeweiligen Bräuche und ihre Bedeutung wird deutlich, dass jüdisches Leben immer als Leben im Bund mit Gott verstanden wurde und wird. Dieser Bund Gottes wird erstmals mit Noach geschlossen (Gen 9,8-17) und garantiert das Überleben der Menschen nach der Sintflut für alle Zeiten. Er wird erneuert mit Abraham (Gen 15,18) und nochmals mit Mose auf dem Berg Sinai (Ex 6,5-7; 24,3-8; 34,10.27). Insgesamt 286-mal kennt das AT das Wort »Bund«. Juden sind überzeugt davon, dass dieser Bund Gottes bis heute nicht aufgekündigt wurde, sondern weiterhin gültig ist. Als ein Zeichen dieses Bundes gilt der die DS umspannende Regenbogen, wenngleich in Gen 9,14 nur vom Bogen die Rede ist. Das andere Zeichen ist die Beschneidung (Gen 17,7-14). Vom Anfang bis zum Ende steht das jüdische Leben in diesem alles umspannenden Bund. Das Judentum kennt keine Mission. In diesen Bund wird man in der Regel hineingeboren. So ist die jüdische Herkunft eine lebensbegleitende Bindung an die jüdische Gemeinschaft und unterscheidet das Judentum fundamental vom Christentum – wer als Jude auf die Welt kommt, wird auch als Jude sterben (Christ wird man durch die Taufe). Wenngleich orthodoxe jüdische Gemeinden bis heute Konvertiten deshalb sogar ganz ablehnen, kennen progressivere Gemeinden durchaus die Möglichkeit, dem Judentum beizutreten.

Die DS greift den Begriff »Bund« auch für das Christentum auf. Dies ist insofern passend, erinnern sich Christen doch Sonntag für Sonntag im Hochgebet des Bundes, den Jesus Christus mit uns Menschen geschlossen hat. Auch die an den Lebenswenden gespendeten Sakramente werden als Taufbund, Ehebund oder Bund des Lebens bezeichnet. Die Existenz dieses Bundes, der alle Menschen, die an Jesus Christus glauben, mit einbezieht, stellt Christen allerdings vor die Frage, wie sich ihr Bund zu jenem Bund verhält, den Gott mit dem Volk Israel eingegangen ist.

Der Bundesbegriff in der Diskussion

Warum gibt es einen neuen Bund? Und wie verhalten sich beide Bünde zueinander? Die Antworten sind mit einer schweren Hypothek belastet. So glaubten die Kirchenväter, dass der Bund Gottes mit den Juden durch den Tod Jesu gebrochen sei. Das jüdische Volk sei verblendet, ja sogar verstoßen. So überlieferten Juden zwar die biblischen Texte, sie seien aber mit Archivaren zu vergleichen, die nichts von dem verstünden, was sie aufbewahrten. Ihre Hoffnung liege in der Bekehrung zu Christus. Spätestens am Ende der Tage würden sie auch Jesus als Messias anerkennen. Diese klare Substitutionsthese (Ersetzung der Synagoge durch die Kirche) verkennt das eindeutige neutestamentliche Urteil über die Beziehung Gottes zu seinem Volk Israel, das nie verstoßen wurde. Seine Erwählung ist unwiderruflich. Ganz Israel war, ist und wird »ein heiliges Volk« sein, ja Gottes »Eigentum«. Im 2. Vatikanischen Konzil wurde ausdrücklich betont, dass die Juden »nach dem Zeugnis der Apostel immer noch von Gott geliebt [sind] um der Väter willen; sind doch seine Gnadengaben und seine Berufung unwiderruflich«. Dies hat zuletzt auch Papst

Johannes Paul II. bei einem Besuch der Synagoge in Rom 1986 betont – als erster Papst besuchte er offiziell eine jüdische Synagoge –, als er von der »unwiderruflichen Berufung« Israels sprach. Im jüdisch-christlichen Dialog aber bleibt der Begriff »Bund« für eine gemeinsame Basis von Juden und Christen mehr als problematisch. Die Gefahr einer Vereinnahmung durch christliche Formulierungen wie »neuer Bund« oder »wahres Israel« oder »neues Volk Gottes« bleibt bis heute virulent.

Umsetzen

■ **Regenbogen.** Der Regenbogen ist das sichtbare Zeichen für den Bund Gottes mit Noach nach der Sintflut. Mit ihm verspricht Gott den Menschen und allen Lebewesen, dass er sie nie mehr vernichten wird. So gesehen ist er umgangssprachlich gesprochen das Garantiesiegel Gottes für den Schutz der gesamten Schöpfung.
Genauso wie der Regenbogen alle Juden an den Bund mit Gott erinnert, erinnert auch die im Sachtext vorgestellte Beschneidung jeden Juden daran, dass er zum Bundesvolk Gottes gehört und von Gott erwählt ist.

■ **Religionsmündig.** Wer als Kind getauft worden ist, der konnte noch nicht selbst über den Glauben entscheiden. Stellvertretend haben seine Eltern zusammen mit den Taufpaten bei der Taufe den Glauben bekannt und versprochen, das Kind im Glauben zu erziehen. Wenn Kinder aber »religionsmündig« werden, sind dem Gesetz zufolge nun nicht mehr die Eltern für die religiöse Erziehung verantwortlich, sondern ab jetzt kann jede und jeder selbst über sein religiöses Bekenntnis entscheiden. In Deutschland ist man nach dem Gesetz über die religiöse Kindererziehung (RelKErzG § 5) ab Vollendung des 14. Lebensjahres religionsmündig. Das bedeutet, dass die Entscheidung darüber, welchem religiösen Bekenntnis man angehören möchte, selbst getroffen werden darf. Jüdische Kinder werden in der Regel mit 13 Jahren »Sohn der Pflicht« (Bar Mizwa) bzw. »Tochter der Pflicht« (Bat Mizwa), was der Religionsmündigkeit gleichkommt. Im UG sollte thematisiert werden, dass »religionsmündig« nicht meint, dass ab jetzt kein RU mehr stattzufinden hat oder die religiöse Erziehung beendet ist. Zwar können sich Sch von der Teilnahme am RU ab diesem Zeitpunkt selbst aus Glaubens- und Gewissensgründen befreien. Die meisten Jugendlichen befinden sich in diesem Alter aber noch in einer Phase der Entwicklung und Suche und sind oft sehr froh, wenn sie religiöse Angebote annehmen und prüfen können bzw. ihre Fragen an Gott und Religion beantwortet bekommen. »Religionsmündig« richtig verstanden meint daher eine größere, nämlich die eigene Verantwortung für den Glauben zu übernehmen. Für jüdische Kinder heißt das konkret, im Synagogengottesdienst aus der Tora vorlesen zu dürfen. Für katholische Sch fällt in dieser Zeit die Entscheidung zur Firmung, bei evangelischen Sch zur Konfirmation.

■ **Jesus, der Jude.** Sch erkennen durch die Lektüre der Bibelstellen, dass Jesus tief in der jüdischen Religion verwurzelt war. Acht Tage nach seiner Geburt wurde er beschnitten (Lk 2,21), als fromme Juden feierten seine Eltern jährlich die Tempelfeste in Jerusalem wie das Pessachfest (Lk 2,41). Als Jesus zwölf Jahre war, zog er mit ihnen (Lk 2,42-51) nach Jerusalem und »lehrte« erstmals im Tempel – man kann hierin die »Bar Mizwa« Jesu sehen. Nach Kreuzigung und Tod wurde Jesus gemäß jüdischer Bräuche bestattet (Mt 27,59-60).
Auf die jüdische Sozialisation Jesu verweisen zahlreiche weitere Bibelstellen, z. B. der Stammbaum Jesu, der ihn als Sohn Davids und Nachkommen Abrahams ausweist (Mt 1,1.16), das Reinigungsopfer Marias nach der Geburt (Lk 2,22), die häufigen Synagogenbesuche Jesu am Sabbat (Mk 1,21), das Auslegen der Tora (Mt 5,17ff.) oder das Beten des Psalms 22 am Kreuz (Mk 15,33-39).

■ **Auch Christen leben im Bund.** Angesichts der theologischen Diskussionen um den Bundesbegriff (s. o.) muss hier tunlichst vermieden werden, den »Neuen Bund« der Christen gegen den »Alten Bund« der Juden auszuspielen. Anders als bei Juden, die von Geburt an jüdisch sind, wird man Christ erst durch die Taufe. Sch erkennen, dass sie als Christen durch die Taufe hineingenommen sind in den Bund Gottes. Das Christentum feiert und bestärkt diese Zugehörigkeit an »Lebenswenden« mit besonderen Festen, die den Lebensweg begleiten. Die Eltern entscheiden über die Taufe, als weitere Feste folgen bei Katholiken Erstkommunion und Firmung. Höhepunkt für viele Christen ist die kirchliche Hochzeit. Und bei Krankheit und Tod finden Christen im Glauben und in der Begleitung durch die Kirche wie z. B. im Sakrament der Krankensalbung Halt und Trost. Das christliche Begräbnis ist verbunden mit der Auferstehungshoffnung und gibt den Angehörigen die Möglichkeit des Abschiednehmens. Der Besuch am Grab Verstorbener, besonders am Fest Allerheiligen, wo ein »Seelenlicht« entzündet wird als Symbol des »Ewigen Lichtes«, das den Verstorbenen leuchtet, gibt der Trauer einen Ort und lässt die Erinnerung an den Verstorbenen weiterbestehen. Zu diesen christlichen »Bundesfesten« suchen Sch Bilder oder Fotos, die z. B. in Form eines Lebensweges im Heft eingeklebt werden.

Weiterführen

■ **Ein Vergleich.** Beschneidung, Bar bzw. Bat Mizwa, Hochzeit und Sterben bzw. Begräbnis im Judentum und Christentum lassen sich vergleichen. Sch tragen in einer Tabelle entsprechende Gemeinsamkeiten und Unterschiede ein. Auch das jüdische »Kaddisch«-Gebet (**M 5.1, S. 118**) lässt sich mit dem Vaterunser vergleichen.

■ **Besuch eines jüdischen Friedhofes.** Der Besuch eines jüdischen Friedhofes bietet sich an. Aufgrund der Unantastbarkeit der Totenruhe sind Gräber und Grabmale in der Regel aus mehreren Jahrhunderten erhalten geblieben, während auf anderen Friedhöfen immer wieder – nach Ablauf von Ruhefristen – einzelne Gräber oder ganze Grabfelder geräumt werden. Ein jüdisches Grab ist für die Ewigkeit gedacht.
Eine Liste jüdischer Friedhöfe im süddeutschen Raum und angrenzenden Gebieten bietet: www.alemannia-judaica.de/juedische_friedhoefe.htm; für ganz Deutschland: www.juden.de/friedhof.shtml.
Zu jüdischen Bestattungsritualen vgl. auch »Bestattungsbräuche« (**M 12.3, S. 279**).

Ins Herz geschrieben AUSFLUG 74 | 75

Ansetzen

Der Ausflug rückt die Tora als Urkunde des Glaubens im Judentum in die Mitte der Betrachtung. Mehr als bei Christen die Bibel verkörpert für den gläubigen Juden die Tora die Gegenwart Gottes, weshalb die Torarollen auch in besonderer Weise geschmückt und aufbewahrt werden. Neben das sachliche Kennenlernen der Tora als Grundlage des jüdischen Lebens in Fragen der Lebensführung, der Ethik und des Rechts muss die Bedeutung der Tora als Zentrum religiösen Glaubens treten. Auch für Christen besitzt die Tora bleibende Gültigkeit und findet sich in der Bibel wieder. Gerade aufgrund solcher Gemeinsamkeiten kann die Nähe von Christentum und Judentum erfasst werden. Bis heute bleiben die Gebote des Dekalogs auch für Christen in der zusammenfassenden Formulierung des Haupt- und Doppelgebotes Jesu verbindlich.
Neben die sachliche, informative Seite tritt mit dem Bild von Ernst Alt die empathische Ebene, die es den Sch ermöglichen soll, sich der Bedeutung der Tora für einen Juden anzunähern.

Umsetzen

■ **Ein Lexikon.** Sch setzen sich intensiv mit dem Sachtext auseinander. Der Impuls schult die Arbeit an Texten, insofern nur die wesentlichen Informationen aus dem Text erhoben werden. In der Regel entstehen in der Beschäftigung mit dem Text Fragen, die sich auf den Sinn und die Bedeutung der einzelnen Teile, die den Toraschmuck bilden, beziehen. Diese können in einem UG zunächst geklärt werden. Eine Vertiefung wird durch die Bildbetrachtung möglich.

■ **Die fünf Bücher der Tora.** Der Handlungsimpuls bringt den Sch die Übereinstimmung der Tora mit den ersten fünf Büchern des Alten Testaments nahe. Ebenso gewinnen sie einen Überblick über den Inhalt dieser Bücher.

■ **Bildbetrachtung.** Mithilfe einer Folie (MITTENDRIN-Folienmappe, ISBN 978-3-466-50761-0, Folie 11) werden Sch zu einer Bildbetrachtung angeleitet. Zunächst ist das Bild diagonal so abzudecken, dass nur der jüdische Mann zu sehen ist. Welchen Eindruck hinterlässt er? Welche Gefühle zeigt sein Gesicht? Was könnte der Mann jetzt denken? Sch werden aufgefordert, sich in die Person hineinzuversetzen und nachzuspüren, wie es ihr geht. Danach wird auch die linke Bildhälfte mit der Torarolle aufgedeckt: Diese wird als Grund seiner Gefühle sichtbar. Im UG wird darüber nachgedacht, welches Verhältnis zur Tora dadurch zum Ausdruck kommt. Alternativ zur Arbeit mit der Folie können Sch mit einem Heft die linke obere Bildhälfte, also die Torarolle, abdecken und zunächst den Mann betrachten.

Ernst Alt, Jude mit Torarolle (1975)
Das Bild ist klar gegliedert. Die bestimmende Hauptlinie des Bildes ist die Diagonale von links oben nach rechts unten, auf der sowohl die Tora als auch der jüdische Mann, der die Tora hält, angeordnet sind. Durchbrochen wird die Anordnung von einer Linie, die von der linken unteren Ecke in ungefähr die Mitte des oberen Bildrandes emporsteigt. Die hieraus entstehenden Bereiche sind auch farblich zu erkennen. Von den warmen Rotbraun- und Gelbtönen hebt sich die Gestalt des Mannes ab. Dieser Jude im Gebetsmantel hat die Augen geschlossen und schmiegt sich an die Tora. Ein Verhalten, das einem Juden in der Realität nicht einfallen würde. Das Bild zeigt weniger ein reales Verhalten, sondern fasst als Thema die Beziehung des Juden zur Tora. Es könnte als »Verhältnis der Liebe« oder

»Hingabe« beschrieben werden. Jedenfalls scheint der Mann vollkommen entrückt und in einer anderen Welt. Das Bild zeigt ferner den Schmuck einer Torarolle: Mantel, Glöckchen und Kronen, die das Verhältnis zur Tora als Hingabe an die Tora erschließen.

Weiterführen

■ **Du sollst Gott und deinen Nächsten lieben.** Anhand des Lückentextes »Die Tora« (**M 5.2, S. 119**) werden die Bedeutung der Tora als Urkunde des Bundes sowie ihre Weisung von den Sch erarbeitet. Die zentrale Aussage, dass Gott und der Nächste zu lieben sind, kann mit dem Haupt- und Doppelgebot Jesu verglichen werden.

Mit Gott im Gespräch

Ansetzen

Die DS nimmt die religiöse Praxis eines gläubigen Juden in den Blick, dessen Alltag in religiöser Hinsicht strukturiert wird durch das mehrfache Gebet. Dieses Beten verbleibt nicht in der rein verbal-kognitiven Sphäre, es verleiblicht sich in Haltungen, Gegenständen und Orten. In diesem Sinne sind es zunächst die gegenständlichen Darstellungen von Mesusa, Tefillin und Gebetsmantel, die die Aufmerksamkeit der Sch gewinnen sollen und deren Fremdartigkeit einen ersten Einstieg in den Themenkomplex zu geben vermag. Hinterlegt sind diese Darstellungen mit der hebräischen Fassung des Hauptgebets des Judentums, dem »Sch'ma Israel« (Höre Israel), das auch in deutscher Übertragung zitiert wird. Dieses zentrale Bekenntnis zu dem einen Gott und der Liebe zu ihm, das auch für Christen wesentliche Aspekte enthält, ist in der Hand- und Kopfkapsel der Tefillin sowie der Mesusa enthalten und verweist damit wieder auf die Verbindung zu der in den Bildern angedeuteten Verleiblichung des Betens.

Umsetzen

■ **Sch'ma Israel.** Der Handlungsimpuls soll den Sch zum einen die zentralen Aussagen des Textes verdeutlichen, zum anderen aber auch durch die ruhige und konzentrierte Tätigkeit des Abschreibens die Wertschätzung für diesen wichtigen Text verdeutlichen. Alternativ zum »Schönschreibauftrag« können Sch auch einem »Kleinschreibauftrag« nachgehen und den Text auf eine kleine Schriftrolle schreiben. Danach überlegen Sch gemeinsam, welcher Aufbewahrungsort für diese Rolle (analog zur Mesusa) in ihrem Alltag angemessen wäre.

■ **Drei Texte der Tora.** Der Auftrag führt Sch zur Beschäftigung mit den drei in der Mesusa enthaltenen Texten. In der gemeinsamen Erarbeitung erkennen sie, dass hier nicht nur der äußere Rahmen des Betens gesetzt wird, sondern dass dieser nur dazu dient, die zentralen Heilsverheißungen der Tora im Gedächtnis der Betenden zu halten und an das Gebot der Verehrung des einzigen Gottes zu knüpfen.
Die Erweiterung des Auftrages führt zurück zu den zentralen Verheißungen des Bundes mit Noach und Abraham, die in dieser LL angesprochen werden; denkbar ist aber auch eine Anknüpfung an Elemente der LL »Erfahrungen mit Gott – Die Bibel«, etwa die Auszugserfahrung (MITTENDRIN 5/6, S. 160f.) oder die Verheißungen der Propheten (MITTENDRIN 5/6, S. 164f.).

■ **Mit Kopf, Herz und Hand.** Der Impuls nimmt Elemente des Lerngangs »Beten« (MITTENDRIN 5/6, S. 43) auf und soll den Sch bewusst machen, dass auch Christen in ihrem inneren Beten eine äußere, leibhaftige Haltung einnehmen können.

■ **Bekenntnis im Alltag.** Der Auftrag führt die konkrete fassbare und die textuelle Ebene des Gebetes zusammen: Sch vollziehen nach, wie das »Sch'ma Israel« in konkrete Gebetshandlung und Gebetshaltung umgesetzt wird.

Weiterführen

■ **Tefillin und anderes.** Viele katholische und evangelische Medienzentralen bieten die Möglichkeit, einen »Medienkoffer Judentum« auszuleihen. Die haptische Begegnung und der handelnde Umgang mit den im Sch-Buch nur im Bild dargestellten religiösen Gegenständen kann die Motivation für die Beschäftigung mit dem Gebet sicherlich deutlich erhöhen, v. a. wenn Sch die Möglichkeit haben, Tefillin und Tallit selbst anzulegen (»Das Anlegen von Tefillin«, **M 5.3, S. 120**). Ein sensibler und sorgsamer Umgang mit Gegenständen, die für andere Religionen eine besondere Bedeutung haben, ist dabei selbstverständlich.

■ **Einen Text-Teppich auslegen.** Eine weitere Möglichkeit, den Sch die Verschränkung von Kopf, Herz und Hand erfahrbar zu machen, knüpft an die Tradition der jüdischen Toraschulen an, die gerade studierten Texte halblaut vor sich hin zu sprechen. Sch einigen sich dazu auf einen Text der Bibel, geeignet wären z. B. Ps 23 oder Ps 150, und verteilen sich mit diesem im Raum. Jeder darf nun im Raum umhergehen und dabei mit halblauter Stimme und in seinem eigenen Tempo mehrmals den Text lesen. Dabei entsteht ein ganz eigenes textuelles Klanggewebe, in dem die einzelnen Passagen des Textes sich aufeinander zu beziehen scheinen. Diese Methode kann auch zur Erschließung anderer Texte (z. B. die Dornbuscherzählung Ex 3,1-16 oder die Berufung des Samuel 1 Sam 3,1-10) zum Einsatz kommen.

Sabbat in der Familie

AUSFLUG 78 | 79

Ansetzen

Insgesamt setzt die DS den Akzent auf zwei aus heutiger Sicht recht strikt klingende Vorschriften des Judentums: die Sabbatruhe und die Speisevorschriften. Beide Aspekte dürften auch in den Vorkenntnissen und Vorurteilen der Sch über das Judentum eine große Rolle spielen. Dabei will die DS aber auch deutlich machen, dass es Unterschiede zwischen orthodoxen und liberalen Juden gibt, bei denen Ausnahmen und Teilregelungen praktiziert werden, was der Erfahrungswirklichkeit im Umgang mit den eigenen religiösen Vorschriften entsprechen dürfte.
Der Sabbat gilt als der eigentliche Feiertag im Judentum (siehe auch Lexikon in MITTENDRIN). Er ist nicht nur ein »Tag der Ruhe«, sondern auch ein »Tag der Heiligung« (vgl. Ex 20,8-11). Vor allem aber ist der Sabbat ein traditionelles Familienfest, worauf die DS auch den Akzent legt. Besuche oder Ausflüge und selbst Telefonieren sind nicht erlaubt. Keiner darf stören, die Familie möchte miteinander unter sich bleiben. Wenn über den Sabbat gesprochen wird, liegt ein Seitenblick auf den christlichen Sonntag – das wöchentlich gefeierte Osterfest – nahe, dessen Ursprung ja auch in der biblischen Begründung eines Ruhetages liegt. Die Problematik, wie in einer immer weniger religiös geprägten, säkularen und pluralen Gesellschaft ein Tag der absoluten Ruhe noch gelebt werden kann, greift die DS ebenfalls auf. Ausgehend von der Feier des Sabbat mit seinen bestimmten Speisen nimmt die DS schließlich Bezug auf die Speisevorschriften, die im Judentum ebenfalls eine große Rolle spielen.

Umsetzen

■ **Eine schwere Entscheidung.** Die Diskussion sollte die grundsätzliche Problematik thematisieren, wie in der heutigen Gesellschaft, die keine Ruhetage mehr achtet, religiöses Alltagsleben gepflegt werden kann. Möglicherweise werden Sch ähnliche Erfahrungen des Hin-und-Hergerissen-Seins mit Sportvereinen und Ministrantendienst und/oder Gottesdienst gemacht haben. Auch dass man viel Mut braucht, um vor einer Klasse über den eigenen Glauben zu sprechen, sollte deutlich werden. Bei der Überlegung, wie die Klasse entschieden hätte, kann eine »Probeabstimmung« durchgeführt werden. Die Suche nach Alternativen wie z. B. das Verschieben des Besuchs auf Sonntagabend (was die Geschichte allerdings ausschließt) sind sicherlich auch zu bedenken.

■ **Sabbat = Sonntag?** Der Vergleich ergibt einerseits, dass auch im Christentum der Sonntag heilig ist und als Tag der Ruhe der Familie gehört. Andererseits wird der Sonntag in unserer Gesellschaft oft als solcher immer weniger wahrgenommen: Verkaufsoffene Sonntage, Sportveranstaltungen, arbeitende Eltern, aus der Perspektive der Sch vielleicht auch das Lernen auf Klassenarbeiten oder das Erledigen von Hausaufgaben sowie das Bedürfnis bei Jugendlichen, Samstag und Sonntag »Party« zu machen, sollten zur Sprache kommen. Entweder werden diese Aspekte bereits in den Sch-Briefen genannt oder sie werden durch L ergänzt und anschließend im TA visualisiert und diskutiert. Für manche Kinder dürfte zudem ein Tag zu Hause mit der Familie, in ihren unterschiedlichen Erscheinungsweisen, nicht gerade erstrebenswert erscheinen. Auch darüber sollte gesprochen werden.

■ **Die Sabbatfeier.** Bei der häuslichen Sabbatfeier am Freitagabend ziehen alle festliche Kleidung an, das Haus ist aufgeräumt und besonders geschmückt. Die Mutter spielt eine besondere Rolle. Sie ist es, die den Teller mit den Hefezöpfen und auch einen Becher mit Wein auf den Tisch stellt und die vor Sonnenuntergang die beiden Kerzen entzündet (denn das Entzünden von Feuer ist eine am Sabbat verbotene Tätigkeit). Sie eröffnet den Sabbat mit einem Gruß an alle. Nun danken alle Gott für den Sabbat und der Vater segnet den Wein, von dem alle trinken. Anschließend wird gegessen, gesungen und miteinander gespielt. Für den Sabbat sind drei Mahlzeiten obligatorisch: abends, morgens und nachmittags. Die Morgenmahlzeit wird meist erst nach dem Gottesdienst eingenommen und fällt in den späten Vormittag, denn der

Vormittagsgottesdienst, bestehend aus dem Morgengebet mit Tora- und Prophetenlesung und dem Zusatzgebet, ist relativ lang.

Literaturhinweis

Eine schülergerechte und ausführliche Schilderung einer häuslichen Sabbatfeier gibt das Jugendbuch von H.-P. Richter, Damals war es Friedrich, München 2006 (Erstauflage 1961), 23-25, wieder.

■ **Menükarten.** Beim Erstellen der Tabelle ist es hilfreich, zunächst nach Oberbegriffen zu suchen, die Tiere als »rein« bzw. »unrein« klassifizieren. »Koschere« Speisen werden demnach aus Tieren zubereitet, die gespaltene Klauen haben und Wiederkäuer sind, z. B. Rind, Schaf, Ziege, Hirsch, Gazelle, Rehbock und Antilope, aber auch aus Tieren, die im Wasser leben und Schuppen haben, z. B. Fische. Unrein dagegen sind alle Nicht-Wiederkäuer, wie z. B. Schwein, Kamel, Dachs, Hase, und alle schuppenlosen Wassertiere wie Aal, Muscheln und Krebse, aber auch alles Kleingetier, v. a. wenn es auf dem Bauch kriecht, oder geflügelte Kleintiere, wie z. B. Adler, Strauß, Eule, Storch, Reiher. Grundsätzlich verboten ist jeglicher Genuss von Aas. – Menü 2 wird es nicht in einem jüdischen Restaurant geben, da Muscheln und auch Hase verboten sind. Menü 1 entspricht dagegen den Speisevorschriften.

Weiterführen

■ **Sabbat in der Synagoge.** Mit dem Sabbat verbunden ist der Besuch des Synagogengottesdienstes. Während werktags die vorgeschriebenen Gebete auch zu Hause verrichtet werden dürfen, soll am Sabbat die Synagoge aufgesucht werden. Sch erkundigen sich entweder beim Besuch einer jüdischen Gemeinde oder durch Recherchen im Internet bzw. Büchern über den Ablauf des Sabbatgottesdienstes. Wichtig dabei ist, dass in der Regel sowohl am Beginn des Sabbatabends als auch am darauffolgenden Tag morgens je ein Synagogengottesdienst stattfindet. Und wenn der Sabbat beendet wird, wird nochmals in der Synagoge zum Abschluss des werktäglichen Abendgebets die Zeremonie der »Hawdala« (Unterscheidung) durchgeführt, die Trennung zwischen Feiertag und Werktag, zwischen Heiligem und Profanem.

■ **Marc Chagall: »Der Sabbat« (M 5.4, S. 121).** Das Gemälde entstand um 1910 und spiegelt die Erfahrung mit der Sabbatruhe in einer eher ärmlichen Wohnstube wider. Sch werden aufgefordert, alle Dinge, die sie mit der Sabbatruhe in Verbindung bringen, zu beschreiben: Die Stube ist sauber aufgeräumt, die Uhr zeigt fünf nach zehn, also Freitagabend, alle Lampen und vor allem die beiden Sabbatleuchter sind schon angezündet, die ganze Familie von jung bis alt sitzt vereint und ruhig im Zimmer, eine Frau betritt gerade den Raum. Es herrscht Ruhe und jeder und jede ist für sich, aber keiner allein. Im anschließenden UG ist zu überlegen, welchen Sinn die Sabbatruhe hat, aber auch zu fragen, ob das Bild so etwas wie Anspannung ausdrückt. Die Rolle der tickenden Uhr kann ebenso thematisiert werden.

■ **»Koscher« oder »trefe«?** Sch bearbeiten **M 5.5, S. 122**, als Vertiefung zu den Sachtexten in MITTENDRIN.

■ **Streng oder lockerer?** Sch erfahren durch die Bearbeitung, die in gruppenteiliger PA erfolgen kann, von **M 5.6, S. 123**, »Speisegesetze und Sabbatruhe«, dass es auch im Judentum strenger und liberaler gelebten Glauben gibt.

■ **Im jüdischen Restaurant.** Anknüpfend an die zwei Menükarten wird die Lerngruppe aufgefordert, in PA unter strenger Beachtung der Kaschrutgesetze eine Speisekarte für die Eröffnung eines jüdischen Restaurants zu erstellen.

Mit Gott durch das Jahr AUSFLUG 80 | 81

Ansetzen

Nach der religiösen Praxis im täglichen Vollzug (Beten) und im Wochenrhythmus wird auf dieser DS der Jahreskreis in das Zentrum der Aufmerksamkeit gerückt. Den Sch wird dabei deutlich, dass die das jüdische Festjahr strukturierenden Feste in all ihrer Verschiedenheit doch von einem Grundgedanken geleitet werden: So wie Gott das jüdische Volk in seiner Geschichte begleitet hat, so begleitet er sie auch durch ihre Lebenszeit hindurch in all ihren Freuden und Nöten, Sorgen und Anliegen. Die kreisförmige Anordnung der Festsymbole um das zentrale Symbol des Schofar-Horns soll dieser Kontinuität in der Vielfalt Ausdruck verleihen; gleichzeitig weckt diese Anordnung auch erste Assoziationen zum christlichen Festkreis, den viele Sch bereits z. B. durch die LL »Feste feiern« (MITTENDRIN 5/6, S. 138f.) kennen.
So ist neben dem Kennenlernen und Wertschätzen des jüdischen Festjahres die Wiederholung und der Vergleich mit dem christlichen Jahreskreis eines der zentralen Anliegen dieses Ausflugs.

Umsetzen

■ **In der Bibel.** Sch erkunden die biblischen Verankerungen der Feste. Ihnen wird dadurch die Beziehung des Volkes und jedes Einzelnen zu Gott deutlich. Ex 12 verweist dabei auf »Pessach«, Dtn 16,13-17 auf das Laubhüttenfest »Sukkot« mit seinem letzten Tag, dem Fest »Simchat Tora«, Dtn 16,9-12 auf »Schawuot«, das Wochenfest. In Lev 23,23ff. (»Rosch Haschana«/Neujahr) und 23,26ff. (»Jom Kippur«/Versöhnungstag) werden die »Hohen Feiertage« grundgelegt, die in ihrer Zusammengehörigkeit der Erforschung des Gewissens, der Buße und der Versöhnung dienen sollen. Das »Chanukka-Fest« ist eigentlich ein nachbiblisches Fest, es basiert aber auf der in 1 Makk 4,36ff. berichteten Wiedereinweihung des Tempels im Jahr 165 v. Chr. Est 9,20-32 schließlich erzählt von der Einführung des »Purim-Festes«.

■ **Große Ereignisse.** Neben ihrer Bedeutung als Jahresfeste, die den natürlichen Gegebenheiten der Jahreszeiten folgen, haben die meisten jüdischen Feste ihre tiefe Verankerung in der Geschichte des Volkes Israel mit Gott. Dieser Verankerung spüren Sch nach. Aufgrund der Sachtexte zu den einzelnen Festen und einer Zeittafel zur Geschichte Israels, wie sie etwa die Einheitsübersetzung bietet, wird das Ergebnis so lauten:

Pessach	Auszug des Volkes Israel aus Ägypten
Schawuot	Übergabe der Gebote am Sinai
Sukkot/Simchat Tora	Israels Wanderung durch die Wüste und die Freude an der Tora
Purim	Errettung der Juden in Persien im 5. Jahrhundert v. Chr.
Chanukka	Wiedererrichtung des Tempels durch Judas Makkabäus um 165 v. Chr.

■ **Ein großer Jahreskreis.** Der Handlungsimpuls ermuntert Sch dazu, z. B. in arbeitsteiliger GA oder EA weitere Informationen zu den einzelnen Festen zu sammeln und in einem gemeinsamen »grafischen Großprojekt« zusammenzufassen. Evtl. könnten die einzelnen Rechercheaufträge auch an eine Gruppe (Gesamtgestaltung eines Festkreises) oder an einzelne Sch zur Feststellung einer besonderen Lernleistung (GFS) vergeben werden.

■ **Der christliche Festkreis.** Der Impuls dient der Verknüpfung der neu erarbeiteten Kenntnisse mit dem Wissen der Sch um die eigenen religiösen Traditionen (und u. U. der muslimischen Tradition). Dabei stellen Sch als generelle Gemeinsamkeiten fest, dass sich im Judentum wie im Christentum die Feste auf das Handeln Gottes an den Menschen und die Antwort des Menschen darauf beziehen, dass sie aber auch sehr oft in den natürlichen Kreislauf des Jahres eingebettet sind. Elemente wie Lob und Dank, Schuldbekenntnis und Bitte um Vergebung kommen in beiden Festkreisen vor. Auch einzelne Feste können einander mit mehr oder weniger großer Gemeinsamkeit zugeordnet werden: Dem jüdischen Komplex Rosch Haschana und Jom Kippur ist die christliche Fastenzeit mit dem Aschermittwoch als Auftakt vergleichbar; Pessach als das Fest der großen Befreiung ist schon in der neutestamentlichen Tradition eng mit dem Osterfest verbunden; Schawuot, 50 Tage nach Pessach gefeiert, bietet nicht nur wegen des Zeitpunktes eine Anknüpfung an das christliche Pfingstfest; das Lichterfest Chanukka erinnert zumindest auf der phänomenologischen Ebene an Weihnachten, Purim trägt Züge der (nicht aus der christlichen Tradition stammenden) Faschingstage.

Weiterführen

■ **Das Glück der reinen Leere (M 5.7, S. 124).** Der Artikel bietet einen ersten Einstieg in das Thema des Ausflugs, indem er quasi aus der Außenperspektive eines der wichtigsten Feste der Juden betrachtet. Zudem stellen die Beobachtungen einen Zusammenhang her zur Auseinandersetzung mit dem Gebot der Sabbat-Ruhe. Nach der Lektüre des Artikels vergleichen Sch in einer Tabelle den Ablauf des Jom-Kippur-Tages aus der Sicht der frommen Juden und der Perspektive eines weltlichen Juden. Im Anschluss an diesen Vergleich drängt sich die Frage nach dem Sinn des strengen Ruhegebotes auf.

■ **Chanukka.** Das bei jüdischen Kindern beliebte Chanukka-Fest bietet für Sch einer fünften oder sechsten Klasse gute Anhaltspunkte, um sich näher mit der jüdischen Festkultur zu beschäftigen. »Chanukka – Fest der Kinder« (**M 5.8, S. 125**) bietet vertiefte Informationen zur Gestaltung des Festes, an die sich ein UG anschließen lässt, das den Vergleich zum christlichen Weihnachtsfest noch einmal thematisiert oder auch die Frage, was man denn selbst als Familie mit einer geschenkten Chanukka-Stunde anfangen könnte. Die Bauanleitung und Spielidee zum Chanukka-Würfel lässt sich leicht im Unterricht umsetzen.

■ **Pessach.** Zur Beschäftigung mit dem Pessachfest sei auf die DS 146f. und die entsprechenden Materialien hierzu verwiesen.

Ansetzen

Die Souvenir-DS greift viele Aspekte des in der LL Erfahrenen und Erlernten noch einmal auf und stellt diese in den Horizont des in der Geschichte spannungsgeladenen und oft unheilvollen Verhältnisses von Juden und Christen. Während der Zeit des Nationalsozialismus erreichten diese Spannungen ihren Höhepunkt. In wenigen Jahren wurde die jahrhundertealte, wenngleich auch schwer belastete, Koexistenz von jüdischer und deutscher Kultur so gut wie ganz zerstört. Vor 1933 lebten etwa 570.000 Juden in Deutschland, nach 1945 noch etwa 15.000. Das führte und führt dazu, dass heutzutage kaum noch Begegnungen mit Juden und ihrer Kultur im Alltag möglich sind. Angesichts der historischen Belastung ist der jüdisch-christliche Dialog von größter Bedeutung. Dabei ist zu beachten, dass das Christentum in der jüdischen Heiligen Schrift (Hebräische Bibel/AT) nicht vorkommt, umgekehrt das Christentum in beiden Teilen seiner Heiligen Schrift (AT/NT) ständig auf das Volk Israel bzw. das jüdische Volk und seine Geschichte stößt. Seit 1952 veranstalten die »Gesellschaften für christlich-jüdische Zusammenarbeit« jährlich im März die »Woche der Brüderlichkeit«.
Die DS thematisiert sowohl die historische Belastung des jüdisch-christlichen Verhältnisses als auch die zwingende Notwendigkeit eines Miteinanders. Beides wird kontrastiert durch das Bild der brennenden Synagoge sowie Psalm 133,1 bzw. das Lied »Hinnei matóv«, in denen der Gedanke der Geschwisterlichkeit zwischen beiden Religionen betont wird, dem auch der Sachtext »Geschwister im Glauben« verpflichtet ist. Die DS will den Sch verdeutlichen, dass das Christentum seine Wurzeln im Judentum hat. Zugleich wird die Bedeutung des jüdisch-christlichen Dialogs hier und heute betont.

Zum Verhältnis von Christen und Juden heute
Einen Umschwung im jahrhundertelang belasteten Verhältnis von Juden und Christen markierte auf katholischer Seite die Erklärung »Nostra Aetate« des 2. Vatikanischen Konzils von 1965. Sie erinnert daran, »dass die Kirche durch jenes Volk, mit dem Gott aus unsagbarem Erbarmen den Alten Bund geschlossen hat, die Offenbarung des Alten Testaments empfing und genährt wird [Präsens!] von der Wurzel des guten Ölbaums, in den die Heiden als wilde Schösslinge eingepfropft sind«. Die Erklärung drückt ihre Hochschätzung für das AT dadurch aus, dass sie zahllose Aussagen ausschließlich durch Schriftzitate aus dem AT begründet.

Umsetzen

■ **Verbindendes und Trennendes.** Ergänzend zu »Verbindendes« kann genannt werden: lebenslange Begleitung und Prägung durch religiöse Feste, ein Ruhetag in der Woche, rituelle Ähnlichkeiten ... Bei »Trennendem« kann auf die unterschiedliche Bedeutung der jeweiligen Feste verwiesen werden. Im Gespräch sollte deutlich werden, dass es wesentliche Gemeinsamkeiten gibt. Regeln für den Umgang miteinander sollten sein: gegenseitiges Wissen voneinander, Zuhören und das Vermeiden jeglicher Herabwürdigung.

■ **Spurensuche vor Ort.** Die Spurensuche zielt auf den Nachweis der langen kulturellen Prägung des Alltagslebens in Deutschland durch das Judentum, dessen fast vollständige Vernichtung durch die Nationalsozialisten, aber auch das Wiederaufleben nach 1945, um dadurch Unkenntnis und Vorurteile abzubauen. Weitere Hinweise dazu finden sich in: Information zur politischen Bildung 2/2010. Jüdisches Leben in Deutschland. Möglichkeiten zur Begegnung, hrsg. von der Bundeszentrale für politische Bildung.

■ **Ölbaum und strahlender Stern.** Beide Bildworte zeigen, dass die prächtigsten Erscheinungen einer mächtigen Baumkrone oder eines strahlenden Sternes einen Ursprung haben, nämlich die Wurzel bzw. den Stern selbst. Für das Christentum ist dieser Ursprung das Judentum, ohne das es nicht denkbar und zu verstehen ist. Passende Bildworte dazu sind der Tropfen, der im Wasser weite Kreise zieht, oder der Funke, der ein Feuer entflammt (vgl. das Lied »Ins Wasser fällt ein Stein«), oder der Weinstock und die Reben (Joh 15,4).

Weiterführen

■ **Jüdische Kinder in Deutschland erzählen (M 5.9, S. 126).** In den Texten lernen Sch jüdische Kinder kennen, die heute in Deutschland leben. Sie erfahren dabei, dass auch heute noch keine »Normalität« in der Beziehung zwischen Deutschen und Juden möglich ist, und erkennen so die Bedeutung des jüdisch-christlichen Dialoges.

■ **Anne Frank.** Eine Vertiefung der Verfolgung der Juden während der Zeit des Nationalsozialismus bietet sich am Beispiel von Anne Frank an, die aufgrund ihres Alters Identifikationsmöglichkeiten für Sch bietet. Die vorgeschlagene Internetrecherche »Das kurze Leben der Anne Frank« (**M 5.10, S. 127**) erlaubt weitgehend selbstständiges Arbeiten.

Kompetenzerwartungen in der LL »Judentum«

Die Tabelle gibt an, welche der im Kernlehrplan konkretisierten Kompetenzerwartungen in dieser Lernlandschaft »Judentum« zentral bedient werden [X] bzw. welche teilweise oder wiederholend angesprochen werden können [(X)]:

INHALTSFELD 1: MENSCHSEIN IN FREIHEIT UND VERANTWORTUNG Die Schülerinnen und Schüler	
Sachkompetenz:	
– erläutern, inwiefern jeder Mensch eine einzigartige und unverwechselbare Persönlichkeit ist, die auf Gemeinschaft hin angelegt und auf sie angewiesen ist; – erläutern die Bedeutung der christlichen Überzeugung, dass der Mensch von Gott geschaffen, geliebt und zur verantwortlichen Mitgestaltung der Schöpfung berufen ist; – erläutern an Beispielen, wodurch das Gelingen menschlichen Lebens gefährdet oder gefördert wird; – zeigen exemplarisch die Schönheit der Schöpfung und ihre Gefährdung auf.	
Urteilskompetenz:	
– beurteilen menschliche Verhaltensweisen vor dem Hintergrund des Glaubens an Gott als den Freund des Lebens; – bewerten Möglichkeiten ökologischen Engagements als Ausdruck und Konsequenz von Schöpfungsverantwortung.	
INHALTSFELD 2: SPRECHEN VON UND MIT GOTT Die Schülerinnen und Schüler	
Sachkompetenz:	
– begründen, warum Religionen von Gott in Bildern und Symbolen sprechen; – deuten Namen und Bildworte von Gott; – erläutern an Beispielen Möglichkeiten und Schwierigkeiten, Gott darzustellen; – zeigen Situationen auf, in denen Menschen sich im Gebet an Gott wenden; – zeigen auf, wie Widerfahrnisse des Lebens aus dem Glauben gedeutet werden können; – deuten biblische Psalmen als Ausdruck menschlicher Erfahrungen im Glauben an Gott; – erläutern den Glauben katholischer Christen an einen Gott in drei Personen.	 (X) (X) (X) (X)
Urteilskompetenz:	
– erörtern in Grundzügen Lebenswege glaubender Menschen im Hinblick auf deren Orientierungsangebot.	(X)
INHALTSFELD 3: BIBEL ALS »UR-KUNDE« DES GLAUBENS AN GOTT Die Schülerinnen und Schüler	
Sachkompetenz:	
– erläutern den Aufbau der Bibel; – zeigen auf, dass die biblischen Erzählungen Erfahrungen ausdrücken, die Menschen mit Gott gemacht haben; – geben exemplarische Glaubensgeschichten des Alten und Neuen Testaments wieder – stellen die Bedeutsamkeit ausgewählter biblischer Frauen- und Männergestalten für die Glaubenspraxis dar; – erläutern, dass das Volk Israel seine Glaubenserfahrungen als Familiengeschichte erzählt; – weisen an Beispielen die Bedeutung der Bibel im Leben der Kirche nach (u. a. Gottesdienst); – begründen, warum die Bibel für Christen als »Heilige Schrift« besondere Bedeutung hat.	 X X X
Urteilskompetenz:	
– beurteilen ansatzweise die Relevanz biblischer Glaubenserzählungen für Menschen heute.	X

INHALTSFELD 4: JESUS DER CHRISTUS Die Schülerinnen und Schüler	
Sachkompetenz:	
– ordnen Jesus von Nazaret in seine Zeit und Umwelt ein; – benennen Merkmale, die die Zugehörigkeit Jesu zum Judentum verdeutlichen; – erläutern an neutestamentlichen Beispielen, wie Jesus von Gott spricht; – erläutern, dass die Zuwendung Jesu zu den benachteiligten und zu kurz gekommenen Menschen jeder ethischen Forderung vorausgeht; – deuten die bildhafte Rede Jesu an Beispielen; – erklären die Bezeichnung Jesu als Christus als Bekenntnis des Glaubens.	
Urteilskompetenz:	
– erörtern in Ansätzen Ursachen für Konflikte, die Worte und Taten Jesu bei den Menschen seiner Zeit auslösten; – beurteilen an Beispielen, inwiefern Jesus Christus für Menschen heute Bedeutung haben und Orientierung sein kann.	
INHALTSFELD 5: KIRCHE ALS NACHFOLGEGEMEINSCHAFT Die Schülerinnen und Schüler	
Sachkompetenz:	
– erläutern die Entstehung der Kirche aus dem Glauben an Jesus Christus und dem Wirken des Heiligen Geistes; – nennen beispielhaft Aufgaben der sich auf Jesus Christus gründenden Kirche; – erläutern die Bedeutung des Apostels Paulus für die frühe Kirche; – erklären Feste des Kirchenjahres in ihrer Bedeutung; – zeigen die Bedeutung von Sakramenten und ihre Verknüpfungen mit Stationen im Leben eines Christen auf; – erläutern, warum und wie katholische Christen Eucharistie feiern; – zeigen an Beispielen Gemeinsamkeiten und Unterschiede in der Glaubenspraxis der Konfessionen auf.	
Urteilskompetenz:	
– erörtern, inwiefern der Einzelne am Leben der Kirchengemeinde teilnehmen und wie er seinen Auftrag als Christ im Alltag realisieren kann.	
INHALTSFELD 6: WELTRELIGIONEN UND ANDERE WEGE DER SINN- UND HEILSSUCHE Die Schülerinnen und Schüler	
Sachkompetenz:	
– benennen Gemeinsamkeiten und Unterschiede in Glaube und Glaubenspraxis der abrahamitischen Religionen; – beschreiben wichtige Stationen im Leben großer Gestalten der abrahamitischen Religionen; – zeigen Spuren jüdischen und muslimischen Lebens in ihrer Umgebung auf; – erläutern anhand von Erzählungen aus der Abrahamgeschichte die gemeinsamen Wurzeln der abrahamitischen Religionen und deren Bedeutung für das Zusammenleben der Religionen; – zeigen das Bekenntnis zu Jesus als dem Christus als unterscheidend christlich auf.	X X X X X
Urteilskompetenz:	
– nehmen zu verbreiteten Vorurteilen gegenüber Religionen Stellung.	X

Kaddisch

Das Kaddisch-Gebet ist eines der bekanntesten jüdischen Gebete. Meistens wird es das »Totengebet« genannt, was es aber nur indirekt ist. Es geht vor allem um die Heiligung des göttlichen Namens. Es wird stellvertretend für die Verstorbenen gebetet, um an sie zu erinnern. In vielen Gemeinden ist es üblich, dass männliche Verwandte, meistens der Sohn, das Kaddisch elf Monate lang nach dem Tod eines Elternteiles beten sowie jedes Mal, wenn der Verstorbene »Jahrzeit« hat, d. h. wenn der Tag des Todes sich jährt. Das Kaddisch-Gebet darf nur in der Gegenwart eines Minjan gesagt werden, also in der Gegenwart von zehn Männern. In einigen Gemeinden werden auch Frauen zum Minjan gezählt. Einige Teile des Kaddisch-Gebets sind auf Aramäisch verfasst.

Erhoben und geheiligt werde Sein großer Name auf der Welt,
die nach Seinem Willen von Ihm erschaffen wurde –
Sein Reich soll in eurem Leben, in euren Tagen
und im Leben des ganzen Hauses Israel
schnell und in nächster Zeit erstehen.
Darauf sprechet: Amen!
Sein großer Name sei gepriesen in Ewigkeit und Ewigkeit der Ewigkeiten.
Gepriesen sei und gerühmt, verherrlicht, erhoben, erhöht, gefeiert,
hoch erhoben und gepriesen sei der Name des Heiligen,
gelobt sei Er, hoch über jedem Lob und Gesang,
Verherrlichung und Trostverheißung,
die je in der Welt gesprochen wurde.
Darauf sprechet: Amen!
Fülle des Friedens und Leben möge vom Himmel herab
uns und ganz Israel zuteil werden.
Darauf sprechet: Amen!
Der Frieden stiftet in seinen Himmelshöhen,
stifte Frieden unter uns und ganz Israel.
Darauf sprechet: Amen!

Die Tora

Die Tora nennt ____________________, die zum ______________________ helfen. In ihr finden sich Erzählungen, in denen vom ___________________________ der Menschen berichtet wird. Sie gibt ______________________ für das Leben mit ________________ und in der _____________________, beschreibt den Ablauf von ____ und enthält wichtige _________________________________ der Eltern für ihre Kinder.

Das hebräische Wort Tora hat zwei Bedeutungen: Sie ist die _______________________ Gottes und ____________________________ des Bundes, den Gott mit dem Volk Israel geschlossen hat. Das Zentrum und eine Art Zusammenfassung der Tora sind die _________________________ .

Setze folgende Worte in den Lückentext ein:
Regeln – Weisungen – Ratschläge – Gott – Gebote – Feiern und Gottesdienste – Leben – Zusammenleben – Zehn Gebote – Gemeinschaft – Urkunde

Lies Dtn 6,4-9 und schreibe den Text unten in den Kasten.

Lies Lev 19,17-18 und schreibe den Text unten in den Kasten.

Die Tora fordert vom Menschen die ...

... Liebe zu ________________

und ...

... die Liebe zu seinem ________________ .

ARBEITSBLATT M 5.3

Das Anlegen von Tefillin

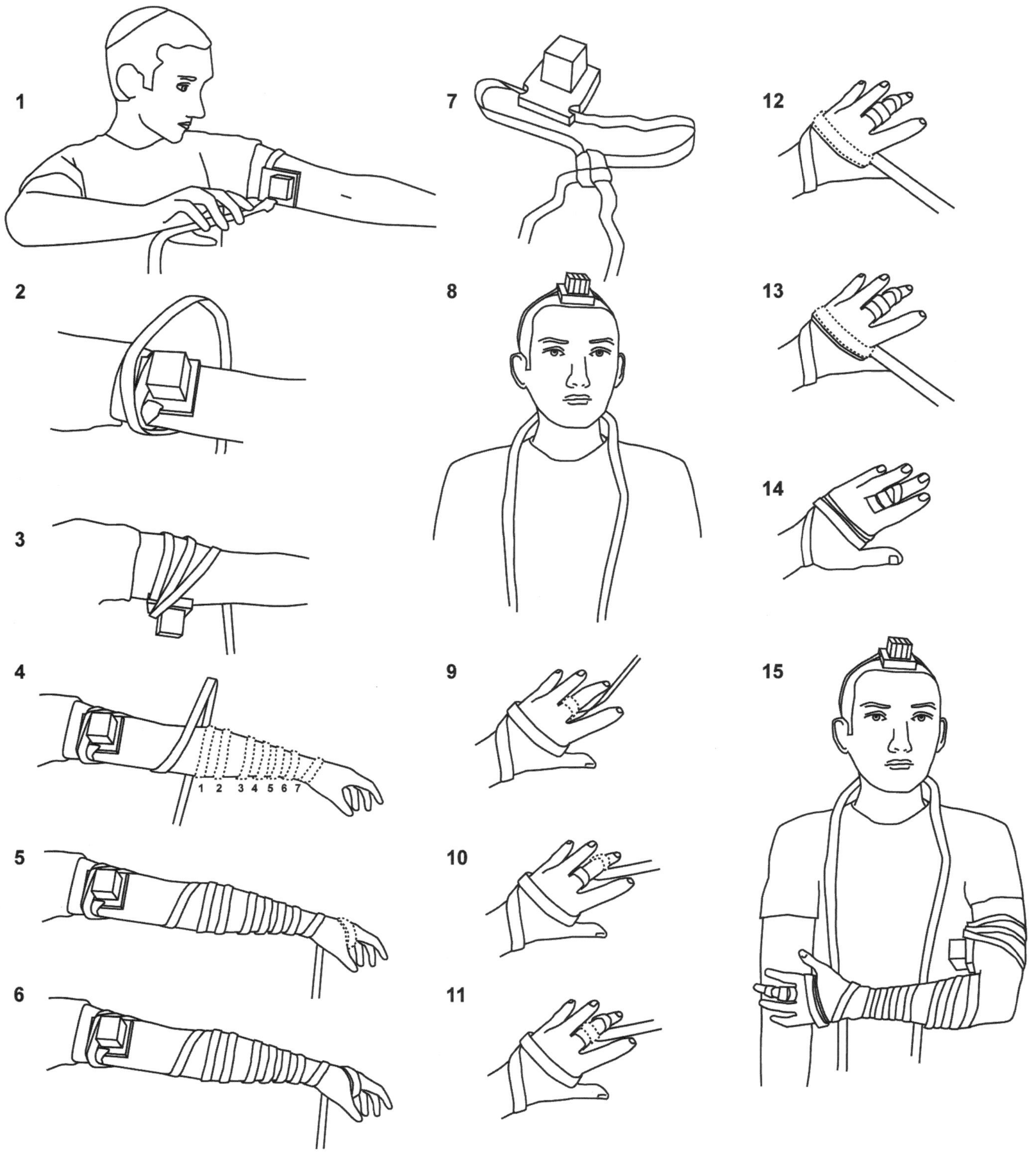

Marc Chagall, Der Sabbat

»Koscher« oder »trefe«?

Ordne die Tiere den beiden Begriffen »koscher« und »trefe« zu!

Speisegesetze und Sabbatruhe

Israel M. Lau, Oberrabbiner des Staates Israel, erläutert in seinem Buch »Wie Juden leben« praktische Fragen zum jüdischen Alltag aus orthodoxer [wörtlich: »richtiger«] Sicht:

Selbstverständlich wird jemand, der bei sich zu Hause die Kaschrut-Vorschriften (= Speisegesetze) befolgt, sie auch außerhalb des eigenen Hauses und auch im Ausland wie zu Hause befolgen. Beweisen wir uns und den anderen, dass wir allen augenblicklichen Wünschen und Genüssen entsagen und auch den kleinen Verlockungen widerstehen können. Die Kaschrut ist Kennzeichen und Schutzmauer des jüdischen Hauses. Bewahren wir diese Mauer!
Das Verbot, [am Sabbat] gewisse Gegenstände zu bewegen, geht auf eine Entscheidung der Weisen zurück ... Die Beschäftigung mit diesen Dingen wird vom Verbot des Gehens und des Sprechens über werktägliche Dinge am Sabbat hergeleitet. Ein weiterer Grund ist der, dass jemand, der werktägliche Gegenstände bewegt und sich mit ihnen beschäftigt, möglicherweise auch das Gebot der Tora missachtet, das ihm vorschreibt, am Sabbat zu ruhen ... Alle vor allem für den Sabbat untersagten Arbeiten dürfen am Sabbat auf keinen Fall angerührt, noch dürfen alltägliche Dinge bewegt werden, damit derjenige, der sie anrührt oder bewegt, nicht zu ihrem Gebrauch verführt wird. Beispiele dafür sind ... Geld, Kraftwagen ... usw.

Israel M. Lau

Andreas Nachama, Vorsitzender der Jüdischen Gemeinde Berlin, lebt sein Judentum liberaler. Das Magazin der Frankfurter Allgemeinen Zeitung (= FAZ) befragt ihn:

FAZ: Heute ist Freitag. Gehen Sie am Abend in die Synagoge?

Nachama: Ich besuche seit vielen Jahren regelmäßig eine Synagoge der amerikanischen Armee in Berlin-Zehlendorf. Der Gottesdienst ist nicht sehr formell, und ich mag die Art des geselligen Beisammenseins. Ich bin aber sicher nicht typisch für Juden meiner Generation in Westeuropa und den Vereinigten Staaten. Typisch sind die »Dreitagejuden«, die nur noch zu Rosch Ha-Schana, Jom Kippur und Pessach in die Synagoge gehen.

FAZ: Essen Sie koscher und lassen Sie samstags das Auto zu Hause?

Nachama: Ich habe dazu ein recht großzügiges Verhältnis. Selbst mein Vater, der Vorbeter in einer Gemeinde ist, fährt samstags mit dem Auto zur Synagoge und führt kein streng koscheres Leben. Es kommt immer darauf an, woher man stammt: Ich kenne das koschere Leben von Freunden, aber es ist nicht meines. Dasselbe wird umgekehrt für einen jungen orthodoxen Juden gelten, dem meine liberale, deutsche Tradition nicht vertraut ist. Ich glaube, in den vergangenen dreißig Jahren hat es da auf beiden Seiten wenig Bewegung gegeben. Die wirkliche Revolution fand schon vor hundert Jahren statt. Damals führte man zum Beispiel in deutschen Synagogen das Orgelspiel ein, obwohl das Betätigen der Tasten im streng orthodoxen Sinn Arbeit ist. Genauso ging es später mit dem Autofahren und anderen Tätigkeiten.

Interview: Irene Mayer-List

Das Glück der reinen Leere

Eine Welt ohne Parkplatzgerangel und Straßenlärm, ohne Fernsehmüll oder Soundschrott aus dem Radio – eine Utopie? Nein, friedliche Wirklichkeit in Tel Aviv. Allerdings nur für 24 Stunden: an Jom Kippur, dem höchsten jüdischen Feiertag.

Alle Räder stehen still. Kein Bus fährt, kein Taxi, kein Auto, kein Moped und keine Vespa. Die Stadt gehört den Fußgängern, den Kindern und den Hunden. Rad- und Rollschuhfahrer flitzen durch Einbahnstraßen gegen die Fahrtrichtung, und niemand hält sie auf. Hunde laufen auf der Fahrbahn Frisbee-Scheiben hinterher. Alle Geschäfte sind zu, die vielen Kioske und Saftbuden auch. Sogar in »Alberts Schnitzelhaus« und schräg gegenüber im »Café Mersand«, die praktisch immer aufhaben, stehen die Stühle auf den Tischen.

Aber es ist nicht autofreier Sonntag in Hamburg, ausgelöst durch eine Ölkrise, es ist Jom Kippur in Tel Aviv, der höchste jüdische Feiertag. Und während die frommen Juden in den Synagogen beten und Gott und ihre Mitmenschen um Vergebung bitten, gehen die weltlichen in der Stadt spazieren. Sie könnten auch zu Hause bleiben und das Ende des Feiertags bei Anbruch der Dunkelheit abwarten, nur: Auch das Fernsehen hat den Sendebetrieb eingestellt und aus dem Radio kommt nichts als Rauschen. Richterin Barbara Salesch auf Sat.1 und das Familiengericht auf RTL, die man neben CNN und al-Dschasira im israelischen Kabelnetz empfangen kann, sind nicht jedermanns Sache.

Es ist der totale Stillstand ... Einmal im Jahr wird Israel wie ein Computer heruntergefahren. Für viele weltliche Juden ist Jom Kippur der schönste Tag des Jahres. 24 Stunden völlige Ruhe. Kein Kampf um Parkplätze, man muss nicht wegfahren und nichts unternehmen, die Schwiegereltern bleiben daheim, die Vision einer entspannten Gesellschaft nimmt Gestalt an.

Die Frommen erleben Jom Kippur ganz anders. Sie beten und fasten von Sonnenuntergang bis Sonnenuntergang. Bei 35 Grad im Schatten und einer Luftfeuchtigkeit von 90 Prozent muss man in guter Verfassung sein, um ohne Wasser auszukommen. Nicht alle schaffen es, und deswegen sind immer wieder Ambulanzen unterwegs. In der König-Salomon-Straße klappen Feuerwehrleute eine Leiter aus und steigen über den Balkon in eine Wohnung im ersten Stock ein.

In der König-George-Straße hockt ein Mädchen mitten auf der Fahrbahn und ruft übers Handy ihren Vater an: »Hol mich bitte ab, das Fahrrad ist kaputt!« An der Kreuzung Allenby, Sheinkin und Shuk Ha-Karmel, früher auch »Potsdamer Platz« genannt, stoßen eine Radfahrerin und ein Rollschuhfahrer in voller Fahrt zusammen. Beide kippen um und bekommen einen Lachkrampf.

Fünf Kilometer weiter südlich, in Jaffo, wo Christen, Muslime und Juden leben, findet Jom Kippur mitten im Ramadan statt. Während die Juden und die Muslime fasten, nutzen die christlichen Araber den Feiertag, um sich etwas Gutes zu gönnen. In der Luft liegt der Geruch von Gegrilltem. Das wiederum empfinden manche als Provokation und rufen die Polizei.

Doch sobald die Sonne untergegangen ist, sind alle Unterschiede beseitigt. Man darf wieder essen und trinken! Gelobt sei der Herr! Baruch Haschem! Allahu Akbar!

Henryk M. Broder

www.spiegel.de/kultur/gesellschaft/0,1518,379677,00.html

Chanukka – Fest der Kinder

Chanukka ist ein Fest, das ganz besonders den Kindern am Herzen liegt, denn sie bekommen an diesen Tagen Geschenke, außerdem ist in Israel schulfrei. Eine besondere Freude ist für sie das Anzünden der Chanukka-Lichter: Am ersten Tag zündet das jüngste Kind das erste Licht an und an jedem weiteren eines mehr. Bis am achten Tag der Chanukka-Leuchter in vollem Glanz strahlt. Die Kerzen sollen mindestens eine halbe Stunde lang brennen und so lange ist dann auch jegliche Arbeit im Hause verboten. Es darf jedoch in dieser Zeit gespielt werden! Ganz besonders beliebt ist während dieser Zeit ein Kreiselspiel, bei dem man Nüsse gewinnen kann. Ein vierseitiger Kreisel hat statt Punkten auf jeder Seite einen hebräischen Buchstaben. N, G, H und S, sie ergeben den hebräischen Satz: Nes gadol haja scham – ein großes Wunder ist dort geschehen, eine Anspielung auf das Lichtwunder. Jeder Spieler legt zu Beginn eine Nuss auf einen Teller in der Mitte. Dann wird der Kreisel gedreht. Bleibt er mit dem N nach oben liegen, bekommt der Spieler NICHTS, bei G wie GU bekommt er zwei Nüsse, bei H die Hälfte – also eine Nuss – und bei S wie SETZ EIN muss er zwei eigene Nüsse auf den Teller legen.

Chanukka-Kreisel

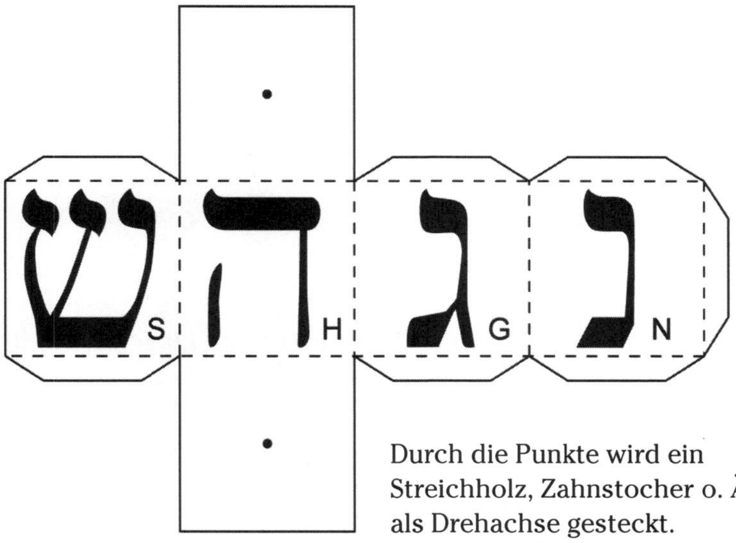

An den Strichlinien entlang falten, Laschen umknicken und zusammenkleben.

Durch die Punkte wird ein Streichholz, Zahnstocher o. Ä. als Drehachse gesteckt.

Jüdische Kinder in Deutschland erzählen

Mitja, 5. Klasse
»Guten Tag, liebe Freunde! Ich heiße Mitja. Ich bin aus Kiew gekommen. Wir hatten dort eine Vier-Zimmer-Wohnung. Ich besuchte eine russische Schule. In der Schule hatte ich einen sehr guten Freund. Einmal fand ich im Briefkasten einen Zettel. Auf dem Zettel stand geschrieben: ›Juden! Fahrt weg nach Israel, oder wir bringen euch um.‹
Einmal habe ich mit einem Jungen gestritten, und er hat mich mit einem beleidigenden Wort beschimpft. Ich bin in Deutschland schon seit sieben Monaten. Es gefällt mir hier. Ich wohne im Hotel und gehe zur jüdischen Schule«.

David, 6. Klasse
»Ich heiße David, bin elf Jahre alt ... Man hat mich schon öfters in meiner Straße (auch außerhalb) gefragt, was ich bin, und ich habe immer wieder das Gleiche geantwortet, nämlich dass ich ein Christ bin. Das ist natürlich gelogen, aber ich hatte Angst, wenn ich die Wahrheit sage, dass sie mich verhauen oder sonst irgendwas mit mir machen.
In unserem Haus wissen eigentlich sowieso fast alle, dass ich ein Jude bin, und sie behandeln mich eigentlich wie einen normalen Menschen, wie alle anderen auch. Das finde ich gut, weil ich nicht anders bin als andere Menschen, ich habe ja bloß nur eine andere Religion. Ansonsten habe ich auch gute christliche Freunde, die wissen natürlich, dass ich ein Jude bin, und sie interessieren sich auch dafür. Das finde ich toll, und es gab noch nie Streitereien, wo sie zu mir gesagt haben, dass ich ein ›Scheißjude‹ sei, und ich glaube auch nicht, dass alle Neonazis, die man im Fernsehen sieht, so schlimm sind. Die meisten werden ja leider auch von den Eltern beeinflusst. Ich glaube, dass fast alle Deutschen gut sind und nicht so denken wie die Neonazis. Trotzdem habe ich Angst, warum, weiß ich selbst manchmal nicht.«

Evelyne, 16 Jahre
»Früher hatte ich mich geschämt, jüdisch zu sein. Dies kam besonders vor, als ich noch in der Grundschule mit lauter Kindern zusammen war, die Christen waren. Diese wussten, dass ich Jüdin bin, aber über meinen Glauben hatten sie keine Ahnung. Besonders in den Zeiten vor christlichen Feiertagen kam ich mir etwas komisch vor, aber trotzdem wollte ich nicht Christ sein. Und jetzt sage ich mir, wenn die Christen Weihnachten feiern, feiere ich sowieso Chanukka. Im Laufe der Jahre hat sich mein Gefühl, Jüdin zu sein, sogar verändert, und ich bin stolz, dass ich diesen Glauben habe. Als ich dann ins Gymnasium kam, erzählte ich niemandem, dass ich Jüdin bin, weil ich die meisten meiner Mitschüler noch nicht kannte. Aber jetzt ist es so, dass alle meine Freunde über meinen Glauben Bescheid wissen, und ich habe auch gar nichts dagegen. Trotzdem hatte ich schon mal Unannehmlichkeiten, Jüdin zu sein. Früher war ich im Handball, und da gab es zwischen zwei Gruppen einen großen Streit, über eine Meinungsverschiedenheit. Da sagte dann ein Mädchen meiner Gegengruppe: ›Ach, lasst doch diese Gruppe sein, die sind doch alle mit einer Jüdin befreundet. Wenn es irgendwo Juden gibt, kommt es doch immer zum Streit!‹ Ein weiteres Beispiel war, als mich ein Junge fragte, ob ich überhaupt meinen Geburtstag feiere, ob ich abends ausgehen dürfte und ob ich überhaupt in Urlaub fahren würde. Meine Antwort war, dass ich doch genau wie er und alle anderen ein Mensch sei. Mir ist aufgefallen, dass alle Leute, die irgendwelche Vorurteile gegen Juden und das Judentum haben, entweder keine Ahnung über die Religion haben und/oder keinen Juden kennen.«

Das kurze Leben der Anne Frank

Aufgabe

Informiere dich mithilfe der angegebenen Internetadresse www.annefrank.nl (auf der Startseite kannst du unter Sprache »Deutsch« wählen) möglichst umfassend über das Leben der Anne Frank. Die unten stehenden Gliederungspunkte bieten dir dabei eine Orientierungshilfe! Übertrage deine Erkenntnisse in dein Heft.

Gliederungspunkte

a) Lebenslauf
- Herkunft und Familie
- Kindheit in Deutschland
- Kindheit in Holland
- Das Leben im Versteck
- Die Helfer
- Die Entdeckung
- Das Ende

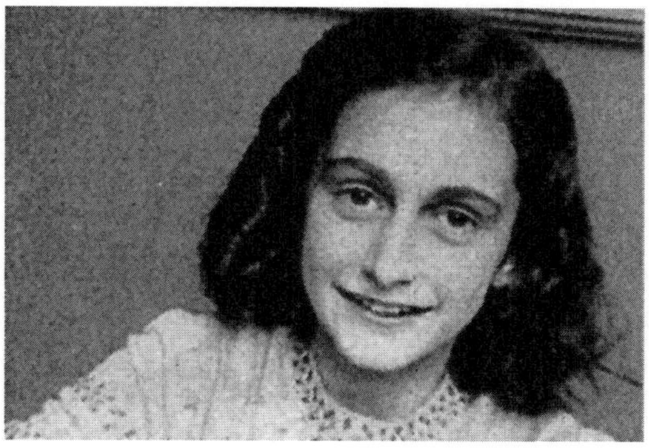

b) Das Tagebuch
- Die Entstehung
- Die Bedeutung
- Die Erhaltung nach Annes Tod
- Fragen nach der Echtheit
- Spätere Neuentdeckungen

c) Das Anne-Frank-Haus in Amsterdam
- Was weißt du über das Aussehen des Hauses?
- Welches Ziel verfolgt die Ausstellung im Anne-Frank-Haus?

6 Jesus kommt aus Nazaret

Hintergrund

Die Frage nach dem, woran Christen glauben, stellt sich konzentriert in der Frage nach der Person Jesu Christi als Ursprung und Urgrund des christlichen Glaubens. Im Bildungsplan NRW beschäftigt sich das Inhaltsfeld »Jesus der Christus« explizit mit der Botschaft Jesu in seiner Zeit und Umwelt. In der fünften und sechsten Klasse steht die Auseinandersetzung mit der Person Jesu an, der aus dem Judentum stammt, dort beheimatet ist, aber innerhalb dieser Tradition auch einen eigenen Weg geht, welcher von heutigen Christen als Heilsethos verstanden und geglaubt wird. Dieses Heilsethos verdichtet sich in besonderer Weise in den Begegnungen Jesu mit Menschen, seiner Hinwendung zu jenen, die am Rande der Gesellschaft stehen. Sie erfahren im Handeln und im Wort Jesu Gottes Zuwendung, die im wahrsten Sinne eine Neuorientierung der Geschichte als solcher und der je eigenen, biografischen Geschichte ermöglicht bzw. sogar verlangt. In Jesu Handeln und Wort zeigt sich der Anbruch der Gottesherrschaft und deshalb bleibt beides vorbildhaft für das Handeln und Reden aller Christen, gerade auch im Umgang mit ihrem Nächsten. Dass Jesus in seiner Ansage und Verkündigung des anbrechenden Reiches Gottes in seiner Person nicht unumstritten ist, sondern in Konflikt mit Traditionen des Judentums gerät, dass er bis hinein in seine eigene Familie zum »Stein des Anstoßes« wird, spiegelt sich in den biblischen Erzählungen wider. Menschen, die Jesus begegnen, müssen sich entscheiden.

Begegnung ist daher der bleibende Schlüsselbegriff für eine Auseinandersetzung mit der Person Jesu und ihrer Geschichte. Der sich in dieser Begegnung eröffnende Dialog wird in der LL versinnbildlicht durch Personen, die von Jesus angesprochen werden und auf diesen Zuspruch antworten. Der Zuspruch Jesu wird bildlich dargestellt in den Sprechblasen in den jeweiligen Ausflügen, die Antwort in den Sprechblasen im Reiseprospekt. Die alles entscheidenden Begegnungen mit Jesus werden zudem in der LL durch die Narration als didaktischem Prinzip umgesetzt. Hierbei nimmt die LL »Jesus kommt aus Nazaret« ihren Ausgang von der Person Jesu in ihrer konkreten geschichtlichen Verortung und nutzt den narrativen Ansatz als Möglichkeit für Sch, in der Haltung der Nähe oder Ferne zu den erzählenden Personen ihre eigene Meinung und Position zur Person Jesu zu formulieren.

Die Narration hat in der christlichen Religion eine lange Tradition in der Weitergabe des Glaubens und entfaltet in der kritischen Reflexion der Erzählung stimulierende, differenzierende und korrigierende Elemente. Im Nachdenken über die Erzählung kommt die eigene Person ins Spiel, die sich zu dem Erzählten in irgendeiner Weise verhält. Insofern hat die Narration einen affektiv-integrierenden Charakter, der bis zur Aktualisierung in konkreten Lebenssituationen reichen kann. Je nach Erzählposition kann der Sinn einer biblischen Geschichte neu erlebt und erfahren werden bzw. aus einer neuen Perspektive betrachtet und so auch in einer neuen Weise plausibel werden. Bei der in der LL gewählten freien Erzählform wird bewusst der Blickwinkel einer Person eingenommen, die Jesus begegnet und ihre (fiktive) Erfahrung berichtet. In der Auseinandersetzung oder Identifikation mit der erzählenden Person können Sch zum Textgeschehen der Bibel Stellung nehmen. Die erzählerische »Ferne« zum biblischen Text eröffnet so in der Lektüre der entsprechenden Bibeltexte eine veränderte, erneuerte Annäherung. Durch das »Verfremden« kann ein neues Verstehen wachsen. Erweitert wird dieser affektiv-integrierende Zugang durch Elemente der Bilddidaktik und der Körperarbeit im Lerngang Darstellen (»Standbild«, MITTENDRIN 5/6, S. 95).

Literaturhinweis

Georg Hilger/Stephan Leimgruber/Hans-Georg Ziebertz, Religionsdidaktik. Ein Leitfaden für Studium, Ausbildung und Beruf – Neuausgabe, München [6]2010, 374-386

Hans Mendl, Religionsdidaktik kompakt. Für Studium, Prüfung und Beruf, München 2011, 121-129

Jesus kommt aus Nazaret REISEPROSPEKT 84 | 85

Ansetzen

Der Reiseprospekt zur LL verfolgt einen doppelten Ansatz: Zum einen wird den Sch durch eine Karte Israels die konkrete Verortung der Geschichte Jesu in einem historischen und bis heute existierenden geografischen Raum gezeigt, zum anderen werden Orte dieses geografischen Raums mit konkreten Begegnungen und Menschen verknüpft, deren Aussagen über Jesus zu einer eigenen Positionierung und Meinung führen. Die DS umkreist so gewissermaßen die Fragen: »Wer war dieser Jesus von Nazaret, dass Menschen so unterschiedlich über ihn gedacht haben? Und: Wie denke ich über ihn?« Gleichzeitig nutzt die DS die Personen als gestaltendes Element, insofern Sch dort ihre Annäherung an das Thema veranschaulicht finden können: große Distanz oder Nähe zu den Aussagen. Von hier können individuelle und gruppenbezogene Lernprozesse gestaltet werden.
So trägt der Reiseprospekt zu einer doppelten Orientierung bei: Er führt in die Geschichten der Personen ein, denen Sch auf den nächsten Seiten wieder begegnen werden. Die hier noch thesenhaft geäußerte Haltung gegenüber Jesus wird dort in Narrationen entfaltet. Ihrer Haltung wird jeweils ein Jesus-Wort in einer Sprechblase entgegengestellt, das die jeweilige Einstellung kontrastiert bzw. begründet. Gleichzeitig strukturiert der Reiseprospekt die geografische Verortung, die sich dann in den jeweiligen kleinen Kartenausschnitten links oben auf jeder DS fortsetzt.

Umsetzen

■ **Aussagen über Jesus.** Sch gewinnen eine erste Orientierung in der LL und können die folgenden Planungen mitbestimmen. Neben einer Festlegung der Abfolge der Ausflüge für die gesamte Lerngruppe kann auch eine in Teilgruppen differenzierte Arbeitsform gewählt werden, wenn dies entsprechend eingeübt ist.

■ **Und du?** Sch halten in der Sprechblase ihre eigene Meinung fest und stellen sie der Lerngruppe vor. Für das UG bietet sich die Sozialform des Sitzkreises an, da so das Hören auf die Meinung des anderen eingeübt wird. Das anschließende Gespräch trägt zur Klärung und auch Neuformulierung der eigenen Meinung bei. Möglich ist am Ende der LL auch der Vergleich der Meinung, die Sch jetzt haben, mit der im Einstieg geäußerten Meinung.

■ **Wo Jesus herkommt.** Informationen über Israel finden Sch sowohl in Reiseprospekten, Reiseführern und Büchern als auch im Internet, z. B. www.goisrael.de (eher touristisch ausgerichtete Seite) oder www.rachel.israel.de (vermittelt sehr kindgerecht die Geschichte Israels und seine Besonderheiten). Die in Gruppen erarbeiteten Poster werden in der Lerngruppe vorgestellt.

Weiterführen

■ **Was andere über Jesus denken.** Sch interviewen Menschen über ihre Meinung und Haltung zu Jesus von Nazaret. Mögliche Fragen: Kennen Sie Jesus von Nazaret? Was hat er getan? Wann lebte er? Kennen Sie eine Geschichte aus dem Leben Jesu? Was war das Besondere an ihm? Was denken Sie über ihn? – Die Ergebnisse der Interviews werden zusammengetragen und im UG ausgewertet. Sch erhalten so einen Impuls, sich mit den Meinungen und Haltungen aktuell lebender Personen auseinanderzusetzen.

Wo Jesus herkommt AUSFLUG 86 | 87

Ansetzen

Die DS ermöglicht eine erste Begegnung mit der Person Jesu aus der Sicht der Menschen, die ihn aus seinem unmittelbaren Lebensumfeld kannten. Dabei werden bewusst die Probleme thematisiert, die sich aus dem Anspruch Jesu einerseits und dem persönlichen Lebensumfeld andererseits ergaben. Dass der Anspruch Jesu durchaus auf Widerstand traf, kann an biblischen Beispielen wie in Mt 12,46-50 par. nachgelesen werden. Das Kennenlernen der Lebensverhältnisse der damaligen Zeit in Israel dient dem Verorten der Botschaft Jesu in seinem konkreten zeitgeschichtlichen und lebensgeschichtlichen Rahmen.

Umsetzen

■ **Was tun?** Der kreative Zugang im Schreiben gibt den Sch die Möglichkeit, sich in die Situation des Sprechers hineinzuversetzen, gleichzeitig jedoch auch eine eigene Haltung gegenüber dem Sprecher und dem Verhalten Jesu zu formulieren. Die Briefe werden in Auswahl im Unterricht vorgelesen und die Antworten gesammelt (s. »Gegenüberstellung«).

■ **Gegenüberstellung.** Dieser Auftrag kann sowohl als Vertiefung als auch als Vorbereitung für den Impuls »Was tun?« erarbeitet werden. Die Tabelle dient dann entweder zur Sammlung der in den Briefen gefundenen Gründe für das Verhalten der Menschen um Jesus oder aber als Hilfestellung für den zu schreibenden Brief. Eine gemeinsame Erarbeitung der Tabelle mit TA ist sinnvoll.
Die Tabelle könnte in etwa so ausfallen:

Familie	Jesus
Ihm waren schon immer Gott und die Tora wichtiger als ein handfester Beruf	Das Gottesreich ist nahe, da kann ich nicht still bleiben
Er blamiert mit seinem ständigen Reden vom Gottesreich die ganze Familie	Gottes Wille ist so wichtig, dass ich nicht auf Traditionen und Anstandsregeln achten kann
Er spricht Gott respektlos mit »Abba« an	Gott ist nicht fern und so heilig, dass man seinen Namen nicht nennen darf, sondern er ist wie ein liebender Vater, ein »Papi« eben
Er ist von Gott besessen	Von Gott reden ist niemals peinlich
Er verleugnet seine Familie und nennt alle Menschen »Brüder und Schwestern«	Alle Menschen sind Kinder Gottes, wir sind alle eine große Menschenfamilie

■ **Sprechblase.** Die Sprechblase konzentriert die Erfahrung Jesu der Ablehnung durch Menschen. Der Erarbeitung des Impulses im UG folgt eine Suche nach Beispielen in der heutigen Zeit. Dabei soll im Lebensumfeld der Sch angesetzt werden, z. B. in der Schule.

■ **Wohnen.** Der AA bietet den Sch einen Zugang zur Umwelt Jesu. Das Haus hat – wohl wegen des heißen Klimas – nur kleine Fenster und ein Flachdach. Zudem gibt es nur einen einzigen Raum, in dem in der Regel Menschen und Tiere gemeinsam lebten. Einrichtungsgegenstände gibt es nur die allernötigsten. Im Vergleich zu heute waren die Wohnverhältnisse deutlich enger und weniger bequem. Heutzutage leben Menschen in Wohnungen bzw. Häusern mit mehreren Zimmern, die komplett eingerichtet sind. Bei uns haben diese Häuser in der Regel schräge Dächer. Und die Tiere leben, wenn es überhaupt noch welche gibt, im Stall getrennt von den Menschen.

■ **Ein Haus zur Zeit Jesu.** Sch erhalten in den genannten Bibelstellen weitere Informationen: Häuser waren mit Brettern und Lehm gedeckt, Wein wurde in Schläuchen aufbewahrt, Wasser in Krügen, Mehl wurde von Frauen mit einer Mühle hergestellt, Brot wurde selbst gebacken, der Teig in Trögen angemischt. Aus den Abbildungen auf der Buchseite und diesen Informationen kann somit ein realistisches Bild vom Leben der Menschen zur Zeit Jesu entstehen, das Sch in ihrem Heft festhalten.

Land und Leute AUSFLUG 88 | 89

Ansetzen

Um die Botschaft Jesu aus seiner Umwelt und der gesellschaftlichen Situation in der damaligen Zeit heraus richtig verstehen zu können, bedürfen Sch einer Grundinformation zum Aufbau der Gesellschaft in Israel zur Zeit Jesu. Ebenso blieben Verhaltensweisen und Aussagen Jesu ohne eine Information zur Interpretation von Krankheit und Kranksein in der damaligen Zeit unverständlich, wie auch die Randstellung einzelner Gruppen thematisiert werden muss. Geografische Kenntnisse ergänzen dieses Wissen und machen eine Einordnung der Botschaft Jesu in seine Lebenswelt möglich.

Umsetzen

■ **Säulen.** Der Impuls erschließt den Sachtext und verdeutlicht die gesellschaftlichen Verhältnisse zur Zeit Jesu. Im UG kann auch überlegt werden, welcher gesellschaftlichen Gruppe Jesus angehört hat bzw. welchen Menschen besonders Jesu Aufmerksamkeit gehörte.

■ **Stationen.** Als Vorlage für die Zeichnung kann die Karte auf der DS des Reiseprospektes dienen. Die Bibelstellen werden zunächst gemeinsam gelesen und die Orte auf dieser Karte gesucht. Danach übertragen Sch die Karte in ihr Heft.

Weiterführen

■ **Das Land, in dem Jesus lebte.** Alternativ oder weiterführend zum Handlungsimpuls »Stationen« können Sch auch die Karte »Das Land, in dem Jesus lebte« (**M 6.1, S. 141**) bearbeiten. Als Hausaufgabe bietet sich an, Sch die Karte entsprechend der geografischen Verhältnisse kolorieren zu lassen. Die Landkarte (MITTENDRIN 5/6, S. 84f.) oder der Atlas der Sch kann dazu als Vorlage dienen.

■ **Gruppen zur Zeit Jesu (M 6.2a, S. 142).** Die Sachtexte werden in KG gelesen und die wichtigsten Kennzeichen der Gruppen erarbeitet, die danach in einer Tabelle (**M 6.2b, S. 143**) zusammengetragen werden.

Jesus begegnet Menschen AUSFLUG 90 | 91

Ansetzen

Die DS soll zeigen, wie die Begegnung mit Jesus Menschen und deren ganzes Leben verändert. Erneut tritt dabei in der Erzählung eine fiktive Person, Lea genannt, auf, die eine Entsprechung in der Perikope der Begegnung Jesu mit der Ehebrecherin (Joh 7,53–8,11) hat. Nicht nur sie, sondern auch alle anderen an der Erzählung Beteiligten werden durch die Begegnung mit Jesus mit einer ganz neuen Erfahrung konfrontiert, die sie zwingt, ihre bisherige Sicht der Dinge zu überdenken. Jesus hält ihnen einen Spiegel vor. Der einfache Satz »Wer von euch ohne Sünde ist, der werfe den ersten Stein« stellt alle auf die gleiche Stufe, auf die Stufe des Menschseins. Irritation ist beabsichtigt: Welches Fehlverhalten, theologisch »Sünde« genannt, zieht wiederum welches Fehlverhalten nach sich? Ist die Frau Täterin bzw. Sünderin oder Opfer? Sind die Umstehenden Richter oder selbst Täter, die die Frau demütigen, verspotten, ja steinigen wollen? Durch die Begegnung mit Jesus erfahren alle Beteiligten »Sündenvergebung«: Die Männer erkennen, dass auch sie nicht ohne Fehler sind, und werden sich ihrer Schuld bewusst; und die Frau erfährt, dass sie als Mensch und Person von Jesus gesehen wird und nicht als Frau und Täterin. Von Gott ist in dieser Geschichte mit keinem Wort die Rede. Und doch ist jedem der Beteiligten klar, dass hinter allem, was auch immer Jesus tut und sagt, Gott steht. So wie Jesus Menschen begegnet, so steht Gott diesen Menschen gegenüber. Die Begegnung mit Jesus führt zu einem Perspektivenwechsel, der auch Sch zum Nachdenken über die Frage »Wer ist frei von Schuld?« einlädt. Dabei dürfte schnell deutlich werden, dass Jesu indirekte Aufforderung, »keinen Stein zu werfen«, nur schwer zu erfüllen ist. Wir Menschen verurteilen schnell und oft. Nicht so Jesus: Die Frau bekommt von ihm Schutz und Stütze, damit sie aufrecht und unverletzt davongehen kann, freilich mit der Aufforderung, das Leben künftig ohne Fehltritt zu meistern. Das Gemälde von Max Beckmann spiegelt diese Überlegungen auf frappierende Art und Weise wider.

Max Beckmann, Christus und die Sünderin (Christus und die Ehebrecherin), 1917
Das Gemälde schildert die in Johannes 8,1-11 erzählte Geschichte von der Ehebrecherin, die gesteinigt werden sollte. Die Gesamtanlage der Komposition wird von der Zentralgestalt Jesu beherrscht. Seine überragende Größe, verbunden mit der unverhältnismäßigen Verkleinerung der Sünderin, die an seiner Seite kniet, macht seine Überlegenheit sinnfällig. Von der bedeutsamen Gestik seiner Hände – der segnenden linken und der bergenden rechten – geht ebenso wie von seinem seitwärts gewandten Gesicht und seinem Blick, der den Steinwerfer hinter dem Bretterzaun fixiert, eine geradezu magische Kraft aus. Die Sünderin zu seinen Füßen gibt sich durch ihre Demutshaltung, ihre bittend erhobenen Hände und ihre geschlossenen Augen so rückhaltlos und vertrauensvoll in die Obhut Jesu, dass selbst ihre entblößten Brüste und ihr roter Schal, der den Kopf wie eine Aureole umrahmt, sie eher als Heilige denn als Ehebrecherin erscheinen lassen. Beckmann hat den Bibeltext allerdings sehr frei ausgelegt. Statt des überlieferten Christustypus mit langen Locken stellt er ihn annähernd kahlköpfig dar – nur am Hinterkopf sind spärlich Haare angedeutet. Sein weißes, hemdartiges Gewand verstärkt den asketischen Ausdruck des Kopfes. Sein Profil, das selbstbildnishafte Züge trägt, wirkt entschlossen und konzentriert. Auch die ihn umgebenden Figuren sind keineswegs die Pharisäer und Schriftgelehrten des Evangeliums, sondern grobschlächtige Landsknechttypen, deren karikaturhafte Mimik an spätmittelalterliche Darstellungen erinnert. Dies gilt ebenso für die bedrängende Enge der Raumbühne und die symbolischen Größenverhältnisse der Gestalten, unter denen die Sünderin in Haltung und Position wie eine Stifterfigur auf alten Altarbildern anmutet. Auch der Ankläger rechts, der durch seinen Spitzhut und durch seine Gesichtszüge als Jude gekennzeichnet ist, geht auf vereinfachte und satirisch zugespitzte Phari-

säertypen zurück. In ihrer pointierten Gebärdensprache gewinnen die Gesichter und vor allem das Spiel der Hände bedeutsames Gewicht: Sie umklammern einen Stein oder eine Waffe; sie stemmen zurück; sie sammeln auf (wie die versteckte Hand am Boden zwischen den gegrätschten Beinen der linken Rückenfigur); sie bergen oder segnen, wie in dem Gestus Jesu; sie falten sich zum Bittgebet; sie denunzieren oder ballen sich zur Faust. Die dunklen, kantigen Konturen und das bleiche, graugrüne Inkarnat verleihen den Gestalten das Gepräge von steinernen Skulpturen. Nur einige kräftige Farbakzente – das Rosé der spitzen Haube rechts oben, das brandige Rot des Kopftuchs der Knienden unten und das Blau des Wamses zur Linken – beleben in rhythmischer Anordnung das komplexe Gefüge aus prägnanten Details und Fragmenten, aus sperrigen Überschneidungen und schroffen Verkürzungen, die den Bildraum in die Tiefe staffeln und zugleich mit der Fläche verspannen.
(nach: Max Beckmann, Meisterwerke 1907-1950, hrsg. v. Karin v. Maur, Stuttgart 1994, 85)

Ein vertiefendes Nachdenken über »Sünde« kann hier angeschlossen werden. Die DS will zum einen den Sch verdeutlichen, dass Vertrauensbruch in einer festen Beziehung falsch ist, zum anderen aber auch klarmachen, dass es ein Leben ohne Fehler – ohne Sünde – nicht gibt. Vergebung wiederum kommt nur von anderen her. Eine Hilfe beim Aufrichten gibt Jesus, der jedem einzelnen Menschen mit Liebe begegnet – egal, ob er gerecht oder sündig, reich oder arm, krank und besessen oder einfach nur suchend ist.
Bei der didaktischen Umsetzung der DS ist zu überlegen, ob das dominierende Bild nicht zuerst ohne Textkenntnis besprochen wird (siehe Weiterführen: Ansichten 2). Hierbei wäre hilfreich, es als Folie zu zeigen und die Bücher zunächst zugeschlagen zu lassen.

Ehebruch
Ehebruch ist in den Zehn Geboten untersagt (Ex 20,13 par. Dtn 5,18). Darunter wird nicht jeder Seitensprung eines oder einer Verheirateten verstanden, sondern im strengen Sinn kann Ehebruch nur von einer verheirateten Frau oder von einem verheirateten oder unverheirateten Mann mit einer verheirateten Frau begangen werden. In diesen Fällen wird nämlich das »Besitzrecht« des betreffenden Ehemannes angetastet und die Reinheit der Nachkommenschaft gefährdet. Auf Ehebruch stand für beide Beteiligten die Todesstrafe (Lev 20,10: »Ein Mann, der mit der Frau seines Nächsten die Ehe bricht, wird mit dem Tod bestraft, der Ehebrecher samt der Ehebrecherin«, sowie Dtn 22,22: »Wenn ein Mann dabei ertappt wird, wie er bei einer verheirateten Frau liegt, dann sollen beide sterben, der Mann, der bei der Frau gelegen hat, und die Frau«). Die Art der Todesstrafe war nach Dtn 13,11 die Steinigung.

Umsetzen

■ **Begegnen.** Die Geschichten der Sch sollen bewusst in der heutigen Zeit (»Fußgängerzone«) ansetzen, um die zeitlose Bedeutung der Begegnung mit Jesus zu verdeutlichen. In den Geschichten sollte deutlich werden, dass Jesus jeden Menschen als Mensch und nicht als Sünder bzw. Gerechten sieht. Jesus verurteilt nicht und fordert uns dadurch auf, unsere bisherige von Vorurteilen bestimmte Sicht der Dinge zu überdenken und zu korrigieren.

■ **Mit dem Finger im Sand.** Sch thematisieren in ihren Sprechblasen, was Jesus im Hinblick auf die Pharisäer gedacht hat, z. B. wieso sie ihn immer »reinlegen« bzw. auf die Probe stellen wollten, wieso sie so selbstüberzeugt und selbstgerecht taten, worauf ja auch die Sprechblase im Schulbuch aufmerksam macht. Im Hinblick auf die Frau können sie in ihre Sprechblasen eintragen, dass Jesus sich fragt, wo eigentlich der Mann ist, dass die Frau ihm leid tut so allein gegen so viele, dass er ihr einfach helfen will.

■ **Ansichten.** Erste spontane Sch-Äußerungen dürften das Bild als eher abstoßend beschreiben, wozu die blässlichen und zugleich grellen Farbtöne sowie die überzeichnete Mimik und Gestik der grotesk wirkenden Personen beitragen dürften. Die Beschreibung der Hände bringt Unterschiedliches: Der Mann rechts im Bild zeigt mit dem Finger nach unten, hinter ihm noch weiter rechts ist eine geballte Faust zu sehen. Links von ihm im Hintergrund sieht man einen erhobenen Zeigefinger. Der Mann in der Mitte des Bildes (Jesus) scheint etwas aufzufangen mit der einen Hand und etwas abzuwehren mit der anderen. Die kniende Frau wiederum hat ihre Hände wie zum Gebet erhoben und gefaltet. Am linken Bildrand sieht man erneut zwei zu Fäusten geballte Hände von verschiedenen Personen. Andere Hände halten Spieße. Beim Nachahmen dürfte die Bedeutung der Gesten deutlich werden, wie z. B. das Mit-dem-Finger-auf-jemanden-Zeigen als verspottende Geste, die abwehrende Hand als beschützende Geste, der erhobene Zeigefinger als mahnende Geste oder die gefalteten Hände als bittende Geste. Das Abmalen des Bildes auf

Butterbrotpapier hilft sehr, das Bild genauer wahrzunehmen. So können auch anschließend verschiedene Personengruppen wahrgenommen werden. Der nun folgende »Bildspaziergang« hilft, sich selbst im Bild ein wenig zu finden: Wo würde ich stehen? Auch vermag er die Spannungen zwischen den Personen und die Empfindungen der jeweiligen Personen(-gruppen) zu erspüren. Wie geht es ihnen jeweils? Was empfinden, was denken sie gerade? Das Verweilen und das Zur-Sprache-Bringen der Gedanken der verschiedenen Personen verdeutlichen die jeweiligen Empfindungen: Der Spötter dürfte sich erhaben fühlen und als etwas Besseres, der Mahnende hat es ja schon immer gesagt, dass es ein schlimmes Ende nimmt. Die Bittende will nur Hilfe, die Wütenden wollen gewalttätig eingreifen – und die Person in der Mitte zeigt Courage und stellt sich schützend und helfend ins Zentrum des Bildes.

Weiterführen

■ **Ansichten (2).** Das Bild kann zunächst ohne Textkenntnis gezeigt werden. Das Bild wird als Umriss auf Butterbrotpapier gezeichnet. Sch werden aufgefordert, mit einer oder zwei Farben die Elemente zu gestalten, die sie hervorheben möchten. Dabei wird Beckmanns Stil aufgegriffen, der selbst das Bild auch nur vorsichtig koloriert hat. Sowohl Hände als auch Köpfe dürften von den Sch hervorgehoben werden. Beim Austausch kommt es zum weiteren Aufspüren von Bildelementen. Erste Vermutungen, was zu sehen ist, werden abgefragt: Vielleicht eine Szene aus dem Sklavenhandel? Oder betet die Frau? Ist sie vielleicht eine Bettlerin oder »Pennerin«? Beschützt der Mann sie – aber vor wem? Warum sind die anderen Menschen so wütend bzw. verspotten die Frau? Kleingruppen werden gebildet und erhalten den Auftrag, ein Standbild (MITTENDRIN 5/6, S. 95) zu bauen und es anschließend zum Sprechen zu bringen. Dabei dürften Sch das Verspotten und Herabwürdigen anderer spielen, Ausgrenzung und Gewaltbereitschaft, aber auch couragiertes Eingreifen und Bitte um Hilfe dürften zur Sprache kommen. Erst danach lesen Sch die Geschichte im Schulbuch und vergleichen ihre vorherigen Interpretationen mit der Geschichte.

■ **Lea heute.** Sch überlegen, wie die Situation heute aussehen könnte, welche »Sünden« heute ähnliche Folgen nach sich ziehen und wie wir heute damit umgehen bzw. im Sinne Jesu umgehen sollten. Die von den Sch gefundenen Beispiele können in ein Standbild, das später zum Sprechen gebracht wird, umgesetzt werden.

Jesus heilt Menschen — AUSFLUG — 92 | 93

Ansetzen

Der Ausflug setzt den Gedanken der vorangehenden DS fort und treibt ihn gleichsam weiter: Die Begegnung mit Jesus ist heilsame Begegnung. Die Perikope von der Heilung des blinden Bettlers an den Stadttoren von Jericho ist in vielerlei Hinsicht paradigmatisch für das Heilshandeln Jesu an den Menschen und von didaktisch außerordentlich hohem Wert, zeigt sie doch Jesus nicht als einen Wundermagier, der in Harry-Potter-Manier den Zauberstab schwingt, sondern als Therapeuten, der die Menschen zu ihren eigenen Heilswegen ermuntert und die Voraussetzungen anmahnt, die für gelingende Heilung unabdingbar sind: Der nach der Heilung Suchende muss so wie Bartimäus, der am Stadttor sitzt und auf Jesus wartet, bereit sein; er muss wachsam sein und willens, sich zu engagieren, auch gegen die hartnäckigen Widerstände der sogenannten Gesunden – so wie Bartimäus sich Gehör verschafft gegen die Menge; er muss den Mut aufbringen, Altes und Verbrauchtes hinter sich zu lassen und das Neue zu wagen – so wie Bartimäus in der markinischen Variante den Mantel abwirft und auf Jesus zugeht; und er muss schließlich das Heil-Werden wirklich wollen – »Rabbuni, ich möchte wieder sehen können«.

Umsetzen

■ **Blind sein?** Der Handlungsimpuls zielt darauf ab, dass Sch die Heilung des Bartimäus auch in einem übertragenen Sinn einordnen können. Dazu erkennen sie in der Wortfeldübung, dass man in vielerlei Hinsicht blind sein kann: »Blind vor Wut«, »Liebe macht blind«, »Blinder Schiedsrichter«, »Auf einem Auge blind sein«, »Blinder Fleck« ...

■ **Wirklich sehen.** Der Handlungsimpuls stellt in gewisser Weise das Gegenstück zum Impuls »Blind sein« dar: Wirkliches Sehen geschieht nicht nur mit vom Optiker optimiertem Augenlicht, sondern durch Verständnis, Empathie, Durchblick. »Richtig sehen« kann vor diesem Hintergrund für Bartimäus vieles bedeuten: Die Welt, seine dunkle Welt verstehen, die Menschen außerhalb dieser Welt in adäquater Weise wahrnehmen, vor allem aber: in Vertrauen auf Jesus und in dessen Nachfolge das Reich Gottes anfanghaft zu erleben und seine Vollendung zu erwarten: »Geh! Dein Glaube hat dir geholfen.«

■ **Was geschieht da?** Der Auftrag soll den Sch einen Zugang zu einer intensiveren, textimmanenten Begegnung mit der Perikope ermöglichen. Die Arbeit an der Tabelle **M 6.3., S. 144** bringt sie dazu, den Text (entweder als Narratio oder nach Mk 10,46ff.) genau wahrzunehmen und die Handlungsstruktur zu analysieren.

Umstehende	Jesus	Bartimäus
Wollen Jericho verlassen	Will Jericho verlassen	Sitzt am Stadttor, wartet (Gefühl der Leere)
Schauen zu	Kommt vorbei (blickt Bartimäus an)	»Sohn Davids Jesu, hab Erbarmen mit mir!«
Werden ärgerlich	–	(Spürt Jesu Blick), ruft Jesus an
Wollen Bartimäus von Jesus fernhalten	–	Schreit noch lauter
–	Ruft Bartimäus zu sich	–
Ermuntern nun Bartimäus	–	Springt auf
–	–	Wirft Mantel ab, geht zu Jesus hin
–	»Was soll ich dir tun?«	–
–	–	»Rabbi, ich will wieder sehen können.«
–	»Geh! Dein Glaube hat dir geholfen.«	Kann wieder sehen und folgt Jesus auf seinem Weg

Im Anschluss an diese Analyse könnten sich über den Handlungsimpuls hinaus weitere Fragen anschließen: An welcher Stelle geschieht eigentlich ein Wunder? Die Antworten der Sch werden hier vielfältig sein: Dass Jesus Bartimäus anspricht, dass er ihn zu sich ruft und ihn so annimmt. Aber auch an anderen Stellen geschehen Wunder: dass Bartimäus sich traut, sich gegen die anderen durchzusetzen, dass er sich nicht den Mund verbieten lässt, dass er sich trotz seiner Blindheit auf den Zuruf Jesu vertrauend aufmacht, dass er formulieren kann, was sein innerster Wunsch ist. Und auch dies kann ein Wunder sein: dass die Gemeinschaft auf Jesu Wort hin dem Außenseiter wieder einen Platz in ihrer Mitte zugesteht. Und noch eines wird bei der Betrachtung der Tabelle deutlich: Das Fehlen einer eigentlichen Wunderhandlung – stattdessen werden Sch viel begriffen haben über das Zusammenspiel von heilendem Jesus und geheilt werdenden Menschen, dass Heilung nämlich viel mit Zutrauen, Vertrauen, Glauben zu tun hat.

■ **Seitenwechsel.** Das Bild aus dem Echternacher Codex illustriert die Perikope nicht nur, sondern beleuchtet die Szene noch einmal aus einem anderen Blickwinkel. Dies gilt sowohl für die inhaltliche Ausrichtung der Szene, die eher der lukanischen Fassung (Lk 18,35-43) folgt, als auch für den Perspektivenwechsel von der »Binnenperspektive« (Jesus und Bartimäus) zur »Außenperspektive der Umstehenden«. Besonders interessant dürfte es dabei sein zu sehen, dass es auch in der Außenperspektive durchaus unterschiedliche Standpunkte geben kann: Diejenigen, die »vorauseilen« und den Blinden auch noch mundtot machen wollen, müssen stehen bleiben, ja sogar »umkehren«.

Codex Aureus, Heilung des Blinden von Jericho
Das Evangelienbuch von Echternach entstand um das Jahr 1045 in der Benediktinerabtei Echternach bei Trier und diente dem hauseigenen Gebrauch. Der gesamte Text des Evangeliars ist mit Goldtinte geschrieben, deshalb trägt es auch die Bezeichnung »Codex Aureus«. Ausgestattet ist die Handschrift mit über 60 Bild- und Zierseiten und mit mehr als 500 Initialen, die das gesamte Spektrum der Evangelientexte erfassen: Kindheitsgeschichten, Wunder und Heilungen, Kreuzigung und Auferstehung. Die abgebildete Zeichnung stellt die Heilung des Blinden von Jericho dar. Die Szene entfaltet sich vor einem hoffnungsverheißenden grünen Hintergrund. Die Bildmitte wird von Jesus eingenommen, der sich dem unter dem Baum sich aufmachenden Bettler mit einer Segensgeste zuwendet. Der Blinde geht nicht selbstständig auf Jesus zu, sondern wird von einem rot gekleideten jungen Mann geführt (vgl. Lk 18,40), der mit erhobener Hand auf Jesus weist. Die tastend ausgestreckten Hände, die pupillenlosen, weißen Augen sowie der Stab kennzeichnen den Bettler als Blinden. Entgegen der Markus-Perikope trägt hier der Blinde noch den braunen Umhang. Während Bartimäus und sein Helfer die rechte Bildhälfte ausfüllen, steht die eng mit Jesus verbundene Jüngergruppe auf der linken Bildhälfte und schafft somit eine ausgewogene Bildkonzeption, deren Dreh- und Angelpunkt Jesus mit blau-rotem Gewand darstellt. Er stellt die Ver-

bindung her zwischen den Menschen, die ihren Platz an seiner Seite gefunden haben, und denen, die sich noch zu ihm aufmachen.

Weitere Infos:
www.bibel.cathol.lu/spip.php?article442
bzw. article444.

Weiterführen

■ **Eine Blindenführung.** Wie in den Hinweisen zum Ausflug »Jesus begegnet Menschen« angedeutet, könnte im Zusammenhang mit der Reflexion um das (Wort-) Feld »Blind sein« eine Blindenführung durch das Klassenzimmer oder das Schulhaus hilfreich sein, um in die zunächst fremde Lebenssituation eines Blinden einzuführen. Dazu finden sich Sch paarweise zusammen und lassen sich von dem Partner mit verbundenen oder geschlossenen Augen (je nach Grad der Vertrautheit, jedes Paar kann dies selbst bestimmen) durch das Gebäude führen. Nach einem Rollentausch erfolgt eine abschließende Reflexion über die gemachten Erfahrungen.

■ **Konkrete Hilfe.** Damit Blindsein nicht nur auf der spirituellen oder metaphorischen Ebene verbleibt, kann mit dem Text »Licht für das Leben schenken« (**M 6.4, S. 145**) das Augenmerk auf die konkreten Probleme blinder Menschen und auf mögliche Hilfestellungen gelenkt werden.

■ **Körperübung.** Die Übung (**M 6.5, S. 146**) kann dazu beitragen, die in der Analyse der Perikope kognitiv erworbene Erkenntnis um das Wechselspiel von Jesus und Bartimäus ganzheitlich zu vertiefen oder vorzubereiten. Wichtig erscheint dabei, den Sch wirklich die Gelegenheit zu geben, wie unter Punkt 7 vorgeschlagen, ihre Eindrücke zu bearbeiten und in gegebener Form auch zu veröffentlichen und zu vergleichen.

Jesus lehrt den Willen Gottes — AUSFLUG 94 | 95

Ansetzen

Dieser Ausflug setzt die Thematik der Heilungen Jesu fort, verweist aber nun auf einen neuen Horizont: Wer sich wie Jesus für andere einsetzt, setzt sich anderen aus, den Spöttern, den Unnachgiebigen, den Gesetzestreuen. In der vorliegenden Erzählung und den entsprechenden Perikopen spitzt sich diese Entwicklung in der Konfrontation des Heilshandelns Jesu mit den Vorwürfen der gesetzestreuen Pharisäer zu – der markinische Rahmen verknüpft gerade diese Heilungserzählung mit dem Tötungsbeschluss gegen Jesus (Mk 3,6).
Die Narratio setzt bei der Person des Pharisäers selbst an. Sch nehmen zunächst seine Perspektive ein und erfahren von den Gründen und Motiven, die einen gesetzestreuen Juden seiner Zeit umtreiben. Damit soll deutlich werden, dass die pharisäische Frömmigkeit, toragemäße Religionsgesetze zu erlassen und einzuhalten, per se nicht verwerflich ist, sondern eine ganz bestimmte Art der Annäherung an Gott und seinen Willen darstellt. Erst in der Konfrontation mit der Perspektive Jesu scheint das Brüchige dieser Haltung auf: Nicht die gesetzestreue Ausübung der Vorschriften selbst erscheint als problematisch, sondern die absolute Gewichtung, die der Einhaltung zugemessen wird. Vor diesem Hintergrund lässt Markus die Gegner Jesu sich formieren.

Umsetzen

■ **Stellung nehmen.** Der Impuls soll dazu dienen, die beiden Positionen zu benennen und gegenüberzustellen: Für den Pharisäer geht der Weg zu Gott über die strikte Einhaltung der Gebote, eine Abweichung von diesen Vorschriften kommt für ihn nicht infrage, da sie den Weg zu Gott versperren würde. Jesus hingegen setzt tiefer an: Er fragt nach dem Willen Gottes, nach der Absicht, die hinter den Geboten steht, und kommt zu den absoluten Geboten der Gottesliebe (»innere Reinheit vor Gott«) und der Nächstenliebe (»Der Sabbat für den Menschen«). Alle anderen Vorschriften müssen von diesem Doppelgebot her gelesen, interpretiert und gelebt werden.

■ **Gesetz und Sabbat.** Sch finden in MITTENDRIN 5/6, S. 78, und im Lexikon, S. 212, Informationen zur Bedeutung und zur Ausgestaltung der Feier des Sabbats. Sie erhalten einen Einblick in die Ernsthaftigkeit, mit der fromme Juden auch heute noch die Vorschriften bezüglich des Sabbats einhalten. Der Ausflug »Ins Herz geschrieben« (MITTENDRIN 5/6, S. 74f.) kann diesen Zugang vertiefen, indem er den Sch die Grundlagen dieser Vorschriften in der Tora vermittelt, die letztlich auf das »Leben im Bund mit Gott« (vgl. MITTENDRIN 5/6, S. 72f.) verweisen. Pharisäer und Jesus werden darin übereinstimmen, dass es weder am Sabbat noch am Werktag erlaubt ist, Böses zu tun. Leben zu retten oder zu verteidigen, ist am Sabbat geboten (vgl. die religionsgesetzliche Entwicklung in 1 Makk 2,41). Entsprechend hebt der Lehrtext auf das zornige Auftreten Jesu ab – und setzt das Tun des Guten erzählerisch um. Die Evangelien gestalten die Szene so, dass es bei der Auseinandersetzung zwischen Jesus und den Pharisäern nicht um theologisches »Kleingeld« geht, sondern um die zentrale Frage nach dem Menschen im Bund mit Gott.

■ **Standbild bauen.** Die Ausrichtung der LL auf narrative Elemente erleichtert auch den Zugang zur szenischen Umsetzung dieser Erzählungen. Innerhalb eines sich kontinuierlich entwickelnden Kompetenzgefüges zum dramatischen Spiel stellt das Standbild eine sehr einfache, weil auf wenige Elemente beschränkte Form dar. Durch diese Beschränkung wird zugleich ein affektiver Zugang zu Gefühlen, Konfliktkonstellationen u. Ä. eröffnet.
Weitere Stationen auf dem Weg zum Kompetenzaufbau »Szenische Darstellung« wären Pantomime, Monolog/Dialog, Rollenspiel (vgl. dazu die folgenden Bände von MITTENDRIN).

■ **Hände.** Sowohl im Bild von Max Beckmann (MITTENDRIN 5/6, S. 91) als auch im Echternacher Codex (MITTENDRIN 5/6, S. 93) oder in der Erzählung vom Mann mit der verkrüppelten Hand spielen Hände und ihre Haltungen bzw. Absichten eine große Rolle. So ist es lohnend, eine Reflexion über die unterschiedlichen Möglichkeiten unserer Hände in die Unterrichtssequenz einzubringen: Mit unseren Händen können wir alle möglichen Dinge tun. Wir können basteln, malen, töpfern, werken, wir können unsere Welt gestalten, formen, schmücken – mit anderen Worten: Wir können schöpferisch tätig werden, so wie Gott es bei der Erschaffung der Welt war. Wir können aber auch an die Hand genommen werden und so erfahren, dass wir uns auf andere verlassen können. Kleine Kinder greifen immer wieder vertrauensvoll nach den Händen der Eltern. Aber auch Verliebte halten sich an den Händen, um sich ganz nahe zu sein. Die Bibel weiß zu berichten, dass Gott uns Menschen an die Hand nimmt bzw. in seiner Hand hält (vgl. Ps 139,5.10). Und Jesus hat am Kreuz gebetet: »Vater, in deine Hände lege ich meinen Geist« (Lk 23,46).
Um diese Erfahrungen den Sch zu vermitteln, widmen sich Sch in diesem Impuls zunächst ihren eigenen Händen. Die verschiedenen Hände können auch ausgeschnitten und auf ein Plakat geklebt werden. Dass Hände aufrichten, führen, helfen können, erleben Sch in der gegenseitigen »Blindenführung« (vgl. oben S. 135). Sie achten auf bzw. reflektieren dabei besonders das Gefühl in ihren Händen als Führende und das Berührtwerden als Geführte.

Weiterführen

■ **Weitere Standbilder.** Nicht nur diese Szene eignet sich zur Darstellung in einem Standbild. In ähnlicher Weise könnten auch die Erzählungen aus den anderen Ausflügen der LL umgesetzt werden. So könnte – etwa am Ende und zur Sicherung des in der Lernsequenz Erfahrenen – eine Art »Skulpturengarten« entstehen, der noch einmal den roten Faden und die Zusammenhänge innerhalb der einzelnen Ausflüge herstellt.

■ **Sprechende Hände.** Hände können auch »sprechen«. Nicht nur gehörlose Menschen können sich mittels der Gebärdensprache unterhalten, sondern auch in unserem alltäglichen Sprechen benutzen wir die Hände oft, um mithilfe von Gesten etwas besonders deutlich zu machen. Sch werden angeregt, sich einmal nur mithilfe ihrer Hände über ein bestimmtes Thema zu unterhalten – L kann zur Motivation und Veranschaulichung dieses Thema selbst mit seinen Händen einführen. Das anschließende UG reflektiert zunächst die Erfahrungen der Sch: Konntet ihr euch verständigen und verstehen? Was war hilfreich? Welche Gesten waren besonders eindrücklich?
Umgekehrt kann sich der Versuch anschließen, einmal ohne Hände über ein spannendes Thema engagiert zu reden und diese Erfahrung zu reflektieren. Beide Übungen können den Sch verdeutlichen, wie wichtig – gesunde – Hände auch für die Kommunikation untereinander und damit für die soziale Positionierung sind.
In einer Weiterführung dieses Impulses könnten Sch versuchen, ganze Geschichten mit den Händen nachzuerzählen oder als Handschattenspiele aufzuführen.

Ansetzen

Der Ausflug hat eine doppelte Zielrichtung, die sich in der Person des Hauptmannes unter dem Kreuz bündelt: Zum einen setzen sich Sch mit dem Kreuzestod Jesu auseinander, zum anderen erarbeiten sie wesentliche Informationen über die politischen Verhältnisse in Palästina zur Zeit Jesu, die für das Verständnis seines Prozesses, seiner Verurteilung und seiner Hinrichtung wichtig sind.
Mit der Einführung des Hauptmannes findet ein erneuter, ein doppelter Perspektivenwechsel statt: Nach der binnenjüdischen Auseinandersetzung blickt der Römer zunächst quasi von außen auf das Geschehen. Erst nach und nach zieht ihn Jesus und sein Verhalten in seinen Bann, seine Außenperspektive wandelt sich zu einer Sichtweise, die mehr verstehen will als nur die politisch-juristischen Fakten und über diese Wandlung und angesichts Jesu am Kreuz zu dem Bekenntnis kommt: »Wahrhaftig, dieser Mensch war Gottes Sohn« (Mk 15,39b). Die Impulse versuchen, diese Entwicklung nachzuzeichnen.

Umsetzen

■ **Unbeschreiblich.** Das Wort »unbeschreiblich« steht für die Außenperspektive des Hauptmannes, der eine alltägliche Hinrichtung erwartet und dann einem Delinquenten gegenübersteht, der sich jenseits alles Erwartbaren verhält: der in aufrechter Haltung, ohne Klage und Anklage, ja sogar seinen Peinigern verzeihend und im absoluten Vertrauen auf Gott in den Tod geht.

■ **Abschiedsgesuch.** Der Impuls bringt Sch dazu, dem Weg des Hauptmannes nachzuspüren, der die Erfahrungen mit Jesus nun verarbeiten muss. Dieser Weg mündet schließlich in der fiktiven Entscheidung des Hauptmannes, seinen Dienst zu quittieren. Indem Sch zunächst schriftlich ein Abschiedsgesuch verfassen, wiederholen, ergänzen und sortieren sie die Gefühle und Konflikte, die den Hauptmann seit der Begegnung mit Jesus beschäftigen. In der anschließenden kleinen Rede stellen sie diese neuen Perspektiven auf den Prüfstand einer Auseinandersetzung mit jemandem, der diesen Perspektivenwechsel nicht vollzogen hat.

■ **Das Römische Reich.** Der Impuls verortet die historischen Gegebenheiten in der Erfahrungswelt der Sch. Diese entdecken u. U. nicht nur die großen Städte als Teil des Imperium Romanum, sondern können auch Erfahrungen aus dem Urlaub in der Karte »Imperium Romanum« (**M 6.6, S. 147**) verorten.

■ **Oft gemalt.** Der Impuls verknüpft die LL »Jesus kommt aus Nazaret« mit der LL »Feste feiern« und stellt damit die Verbindung her zwischen wichtigen christlichen Festen und der Lebensgeschichte Jesu (vgl. die entsprechenden Inhaltsfelder »Jesus der Christus« und »Kirche als Nachfolgegemeinschaft« im Bildungsplan NRW). Auch bei diesem Bild lohnt ein Blick auf die Hände der dargestellten Personen.

Weiterführen

■ **Kreuzwege.** Der Kreuzweg spielt in der christlichen Frömmigkeitstradition spätestens seit dem 14. Jh. eine wichtige Rolle. In meist 14 Stationen wird das Leiden und Sterben Jesu abgeschritten, meditiert, nachvollzogen. Die Stationen selbst sind teils aus den Evangelien entlehnt, teils legendär. Die Tradition des Kreuzweges kann in besonderer Weise den narrativen Grundansatz der LL unterstützen und vertiefen.
Bei einer gemeinsamen Kirchenerkundung beschreiben Sch die einzelnen Stationen des Kreuzwegs und vergleichen ihre Ergebnisse miteinander. Im Anschluss daran gestalten sie selbst einen Kreuzweg, entweder, indem sie die Einzelstationen selbst malen, oder mittels Zeitschriften-Collagen. Auch mit Legematerialien kann hier sehr gut gearbeitet werden. Erfolgt die Beschäftigung mit der LL in der Fastenzeit, bietet sich der Einbezug des jeweiligen Jugendkreuzweges an.

■ **Jesus und die Römer (M 6.7, S. 148).** Als Ergebnissicherung füllen Sch den Lückentext nach der Lektüre des Sachtextes »Leben unter der Römerherrschaft« aus. Lösung: Römer, Mittelmeerraum, Herodes, 4 v. Chr., Judäa, Statthalter, Pontius Pilatus, Jerusalem, Steuern, Zöllner, verachtet, Sonderrechte, Religion, Hohe Rat, Todesstrafe, kreuzigen.

Ansetzen

Die DS greift die Motive des »Reiseprospekts« (MITTENDRIN 5/6, S. 84f.) auf, indem sie die fünf Porträtzeichnungen mit einer Landkarte verbindet. Aber sie verändert die Landkarte von Israel, dem Land, in dem Jesus lebte, zu Deutschland, dem Land, in dem Sch leben. Dadurch soll deutlich gemacht werden, dass die Bedeutung und das Wirken Jesu nicht auf einen bestimmten Raum oder eine bestimmte Zeit beschränkt bleiben, sondern Jesus als Vorbild bis heute und bis zu uns fortwirkt. Analog zu den fünf fiktiven Personen aus der Zeit Jesu im Reiseprospekt werden erneut fünf fiktive Personen bzw. Personengruppen vorgestellt. Ihre Bedeutung liegt darin, dass sie sich alle in ihrem Tun dem Vorbild Jesu verpflichtet fühlen. Wie die Personen von damals so repräsentieren auch sie jeweils bestimmte Formen der Jesusnachfolge, weswegen ihnen als Wiedererkennung die entsprechenden Porträtzeichnungen des Reiseprospekts zugeordnet wurden. Durch diese Parallelisierung der heutigen Aktivitäten mit dem Verhalten der Personen zur Zeit Jesu soll die Klammer um die ganze LL geschlossen und den Sch deutlich werden, dass die vorgestellten Verhaltensweisen, aber auch Erkenntnisse aus der Begegnung mit Jesus nachwirken: Nachfolge hat bis heute konkrete Folgen.

Umsetzen

■ **Jesus heute.** Wie Kriegsdienstverweigerer aus christlichen Motiven so möchte auch der römische Hauptmann Cornelius nach der Begegnung mit Jesus nicht mehr Soldat sein. Anders als der Pharisäer Jonadab achtet Pastor Siggelkow nicht in erster Linie darauf, ob die Kinder und Jugendlichen christlich sind und die religiösen Vorschriften einhalten, sondern er praktiziert zusammen mit seinen Helferinnen und Helfern Gottesdienst als Nächstenliebe. Die Jüdin Lea, die als Frau Gleichberechtigung und Achtung erfahren hat, repräsentiert heute den Einsatz für Frauen und Kinder, der blinde Bettler Bartimäus steht für den weltweiten Kampf gegen Blindheit und der Jesus verspottende Jakobus aus Nazaret setzt sich heute im Kampf um umweltbewusstes Wirtschaften selbst dem Spott seiner Umgebung aus.

■ **Die tun was.** Sch sollen erkennen, dass alle genannten Personen und Personengruppen christlich motiviert sind, d. h. Jesus als Vorbild haben. Bei der anschließenden Internetrecherche wird deutlich, dass sie oft breite Unterstützung erhalten, d. h. dass viele Menschen hinter ihnen stehen und ähnlich denken und so Jesus auch als ihr Vorbild annehmen. Die Rechercheergebnisse sollten präsentiert und dadurch gewürdigt werden. Mithilfe der Homepage »local heroes« (www.ktf.uni-passau.de/local-heroes) suchen sich Sch zunächst eine Rubrik aus und dann eine Person, die sie als Kurzreferat der Klasse vorstellen.

Kompetenzerwartungen in der LL »Jesus kommt aus Nazaret«

Die Tabelle gibt an, welche der im Kernlehrplan konkretisierten Kompetenzerwartungen in dieser Lernlandschaft »Jesus kommt aus Nazaret« zentral bedient werden [X] bzw. welche teilweise oder wiederholend angesprochen werden können [(X)]:

INHALTSFELD 1: MENSCHSEIN IN FREIHEIT UND VERANTWORTUNG Die Schülerinnen und Schüler	
Sachkompetenz:	
– erläutern, inwiefern jeder Mensch eine einzigartige und unverwechselbare Persönlichkeit ist, die auf Gemeinschaft hin angelegt und auf sie angewiesen ist; – erläutern die Bedeutung der christlichen Überzeugung, dass der Mensch von Gott geschaffen, geliebt und zur verantwortlichen Mitgestaltung der Schöpfung berufen ist; – erläutern an Beispielen, wodurch das Gelingen menschlichen Lebens gefährdet oder gefördert wird; – zeigen exemplarisch die Schönheit der Schöpfung und ihre Gefährdung auf.	
Urteilskompetenz:	
– beurteilen menschliche Verhaltensweisen vor dem Hintergrund des Glaubens an Gott als den Freund des Lebens; – bewerten Möglichkeiten ökologischen Engagements als Ausdruck und Konsequenz von Schöpfungsverantwortung.	
INHALTSFELD 2: SPRECHEN VON UND MIT GOTT Die Schülerinnen und Schüler	
Sachkompetenz:	
– begründen, warum Religionen von Gott in Bildern und Symbolen sprechen; – deuten Namen und Bildworte von Gott; – erläutern an Beispielen Möglichkeiten und Schwierigkeiten, Gott darzustellen; – zeigen Situationen auf, in denen Menschen sich im Gebet an Gott wenden; – zeigen auf, wie Widerfahrnisse des Lebens aus dem Glauben gedeutet werden können; – deuten biblische Psalmen als Ausdruck menschlicher Erfahrungen im Glauben an Gott; – erläutern den Glauben katholischer Christen an einen Gott in drei Personen.	 (X)
Urteilskompetenz:	
– erörtern in Grundzügen Lebenswege glaubender Menschen im Hinblick auf deren Orientierungsangebot.	
INHALTSFELD 3: BIBEL ALS »UR-KUNDE« DES GLAUBENS AN GOTT Die Schülerinnen und Schüler	
Sachkompetenz:	
– erläutern den Aufbau der Bibel; – zeigen auf, dass die biblischen Erzählungen Erfahrungen ausdrücken, die Menschen mit Gott gemacht haben; – geben exemplarische Glaubensgeschichten des Alten und Neuen Testaments wieder; – stellen die Bedeutsamkeit ausgewählter biblischer Frauen- und Männergestalten für die Glaubenspraxis dar; – erläutern, dass das Volk Israel seine Glaubenserfahrungen als Familiengeschichte erzählt; – weisen an Beispielen die Bedeutung der Bibel im Leben der Kirche nach (u. a. Gottesdienst); – begründen, warum die Bibel für Christen als »Heilige Schrift« besondere Bedeutung hat.	 X X X
Urteilskompetenz:	
– beurteilen ansatzweise die Relevanz biblischer Glaubenserzählungen für Menschen heute.	X

INHALTSFELD 4: JESUS DER CHRISTUS Die Schülerinnen und Schüler	
Sachkompetenz:	
– ordnen Jesus von Nazaret in seine Zeit und Umwelt ein; – benennen Merkmale, die die Zugehörigkeit Jesu zum Judentum verdeutlichen; – erläutern an neutestamentlichen Beispielen, wie Jesus von Gott spricht; – erläutern, dass die Zuwendung Jesu zu den benachteiligten und zu kurz gekommenen Menschen jeder ethischen Forderung vorausgeht; – deuten die bildhafte Rede Jesu an Beispielen; – erklären die Bezeichnung Jesu als Christus als Bekenntnis des Glaubens.	X X X X X X
Urteilskompetenz:	
– erörtern in Ansätzen Ursachen für Konflikte, die Worte und Taten Jesu bei den Menschen seiner Zeit auslösten; – beurteilen an Beispielen, inwiefern Jesus Christus für Menschen heute Bedeutung haben und Orientierung sein kann.	X X
INHALTSFELD 5: KIRCHE ALS NACHFOLGEGEMEINSCHAFT Die Schülerinnen und Schüler	
Sachkompetenz:	
– erläutern die Entstehung der Kirche aus dem Glauben an Jesus Christus und dem Wirken des Heiligen Geistes; – nennen beispielhaft Aufgaben der sich auf Jesus Christus gründenden Kirche; – erläutern die Bedeutung des Apostels Paulus für die frühe Kirche; – erklären Feste des Kirchenjahres in ihrer Bedeutung; – zeigen die Bedeutung von Sakramenten und ihre Verknüpfungen mit Stationen im Leben eines Christen auf; – erläutern, warum und wie katholische Christen Eucharistie feiern; – zeigen an Beispielen Gemeinsamkeiten und Unterschiede in der Glaubenspraxis der Konfessionen auf.	(X)
Urteilskompetenz:	
– erörtern, inwiefern der Einzelne am Leben der Kirchengemeinde teilnehmen und wie er seinen Auftrag als Christ im Alltag realisieren kann.	
INHALTSFELD 6: WELTRELIGIONEN UND ANDERE WEGE DER SINN- UND HEILSSUCHE Die Schülerinnen und Schüler	
Sachkompetenz:	
– benennen Gemeinsamkeiten und Unterschiede in Glaube und Glaubenspraxis der abrahamitischen Religionen; – beschreiben wichtige Stationen im Leben großer Gestalten der abrahamitischen Religionen; – zeigen Spuren jüdischen und muslimischen Lebens in ihrer Umgebung auf; – erläutern anhand von Erzählungen aus der Abrahamgeschichte die gemeinsamen Wurzeln der abrahamitischen Religionen und deren Bedeutung für das Zusammenleben der Religionen; – zeigen das Bekenntnis zu Jesus als dem Christus als unterscheidend christlich auf.	 (X) (X)
Urteilskompetenz:	
– nehmen zu verbreiteten Vorurteilen gegenüber Religionen Stellung.	(X)

Das Land, in dem Jesus lebte

Lies die angegebenen Textstellen in der Bibel und beschreibe kurz die dort erzählten Ereignisse. Dann gib den Erzählungen deine eigene Überschrift und schreibe diese auf die Zeilen.

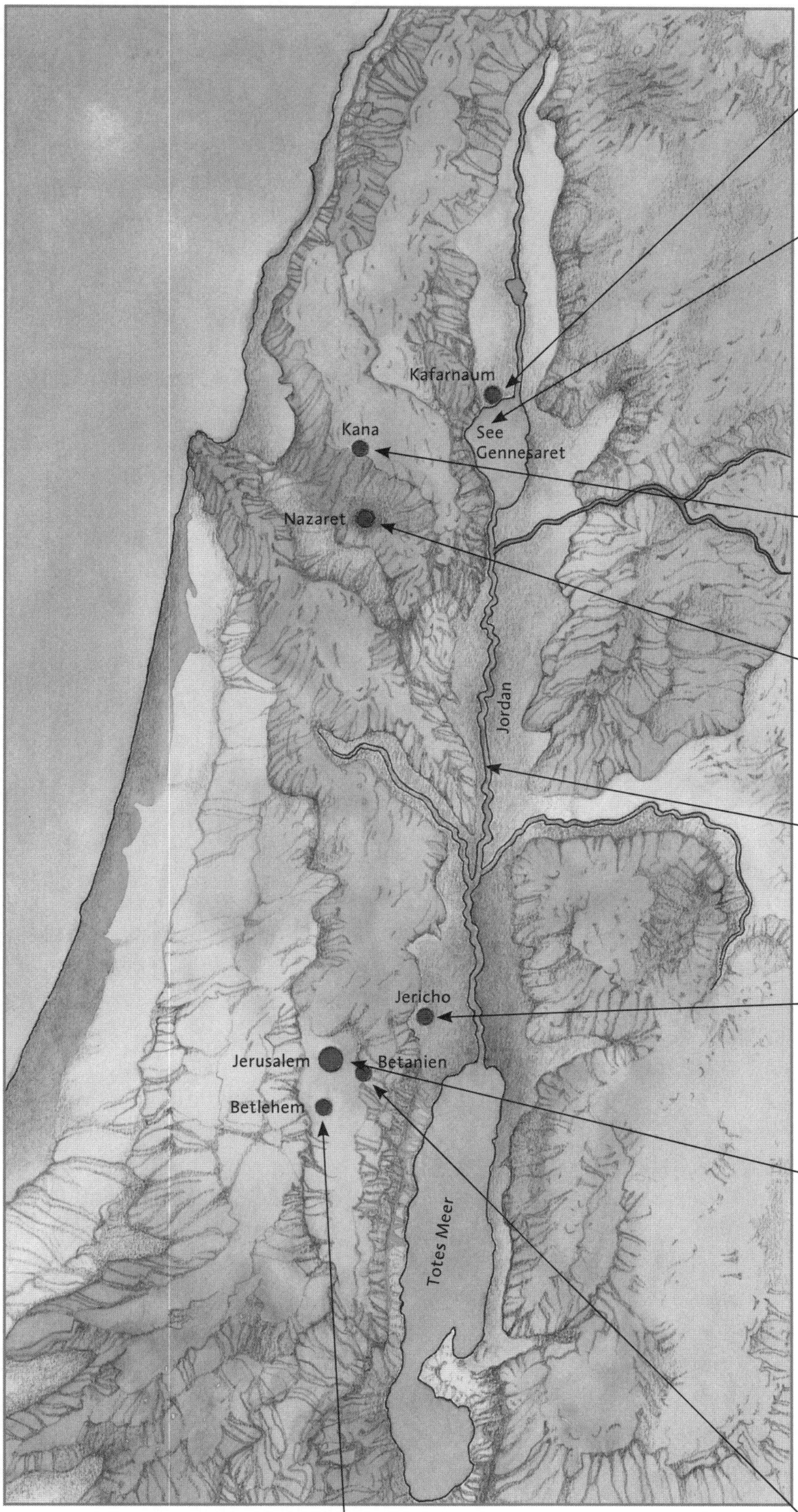

Mk 1,21-28

Mk 4,35-41

Joh 2,1-12

Mt 2,22-23 und Lk 2,39-40

Mt 3,13-17 und Mk 1,9-11

Mk 10,46-52

Mk 11,1-11

Mt 2,1ff. und Lk 2,1ff.

Mk 14,3-9

ARBEITSBLATT M 6.1

Gruppen zur Zeit Jesu

Die Sadduzäer

Der Ursprung dieser Gruppe liegt im Dunkeln (vermutlich 2. Jh. v. Chr.), ihren Namen leitet sie vom Hohepriester »Sadduk«/»Zadok« ab. Die »Sadduzäer« erheben mit diesem Namen den Anspruch, von einem bedeutenden Hohepriester Israels abzustammen. Sie fühlen sich daher als die mächtigsten und einflussreichsten jüdischen Männer. Aus der »Partei der Sadduzäer« stammten viele der am Tempel amtierenden Hohepriester. Die Sadduzäer waren wohlhabend und gehörten der höheren Gesellschaftsschicht an. In ihrem Lebenswandel hatten sie sich der Art der Römer und deren Kultur angepasst. Sie unterschieden sich von den Pharisäern, da sie die mündliche Überlieferung und den Glauben an Engel, Geister und an eine Auferstehung von den Toten ablehnten und sich nur an die schriftliche Tora hielten. Auch glaubten sie nicht an einen Retter, der von Gott gesandt würde, um sein Volk Israel zu erlösen. Sie kamen oft mit den Pharisäern in Konflikt. Für sie war die Macht wichtig und so arbeiteten sie mit den Römern zusammen und wollten jeden Unruhestifter entfernen, der ihre Stellung und das brüchige politische Gefüge gefährdete.

Die Zeloten

Sie wollten die als Fremdherrscher ungeliebten Römer mit Gewalt aus Israel vertreiben. Ihr Name bedeutet »Eiferer«, ursprünglich haben sie sich aus der Gruppe der Pharisäer entwickelt. Sie zahlten keine Steuern an den römischen Staat und lehnten das Opfer für den Kaiser in Rom als Götzendienst entschieden ab. Gott allein sollte Herr über Israel sein und alle seine Gebote sollten ohne Einschränkung befolgt werden. Die Zeloten kämpften immer wieder in Aufständen gegen die römische Besatzungsmacht. Sie wollten mit Gewalt Gottes Alleinherrschaft über Israel herbeiführen und glaubten, dass mit dem Kampf die Befreiung Israels und damit das Kommen des Messias (des Retters) verbunden sei. Sie glaubten ferner, dass dieser Messias als Priester und König auftreten werde.

Die Pharisäer

Die Pharisäer waren zur Zeit Jesu eine wichtige Gruppe. Ihr Name bedeutet wörtlich »die Abgesonderten«. Sie entstanden um 150 v. Chr. Im Neuen Testament ist oft von ihnen die Rede, die Evangelisten lassen sie häufig als Gegner Jesu auftreten, mit denen Jesus über die rechte Befolgung der Tora diskutiert. Die Pharisäer wollten dem Gesetz Gottes in Israel wieder Geltung verschaffen und mithilfe des Gesetzes alle Lebensbereiche so ordnen, dass die Tora und ihre Auslegungen als Weg zum wahren Leben erkannt werden konnte. In Glaubensfragen waren die Pharisäer bekannt als streng, politisch fielen sie nicht auf. Sie vermieden Auseinandersetzungen mit den Römern, um ihre religiösen Verpflichtungen erfüllen zu können. Die Pharisäer setzten sich für die genaue Beachtung der Tora und der mündlichen Traditionen (dem späteren Talmud) ein. Sie glaubten, dass der Messias bald kommen und mit ihm das Reich Gottes anbrechen würde, und zwar dann, wenn das Volk Israel einen Tag lang alle Gebote der Tora erfüllen würde. Sie glaubten auch an die Auferstehung der Toten.

Die Pharisäer waren keine Priester am Tempel, sondern Bauern, Handwerker oder einfache Kaufleute. In Schulen lehrten sie Kinder und Erwachsene, die sich durch Studium und Gebet auf das Kommen des Messias vorbereiten sollten. Beim jüdischen Volk waren sie beliebt und geachtet. Aus den Kreisen der Pharisäer kamen die Schriftgelehrten. Sie waren »Sachverständige im Wortlaut der Gebote«, d. h. sie sammelten die Überlieferungen, legten sie aus, überwachten die Einhaltung der biblischen Weisungen und sprachen Recht. Wie auch Jesus versuchten viele Pharisäer das Gesetz aus der Liebe zu Gott und zum Nächsten zu erfüllen.

Die Essener

Diese jüdische Gruppe nennt sich selbst »die Frommen«. Um 150 v. Chr. zogen sie in die Wüste am Toten Meer, um ein abgeschiedenes, nach festen Regeln (Speisegebote, Sabbatgebot) geordnetes und ordensähnliches Leben zu führen. Später lebten sie auch in Stadtvierteln von Jerusalem. Die Mitglieder dieser Gruppe blieben unverheiratet, teilten ihren Besitz und lebten allein von Handarbeit. Ein Mann mit priesterlicher Herkunft führte die Gruppe, sie nannten ihn »Lehrer der Gerechtigkeit«. Bevor jemand bei den Essenern aufgenommen wurde, musste er eine einjährige Probezeit bestehen. Typisch war für die Essener, dass sie sich allein an die Tora hielten und den Priestern am Tempel in Jerusalem vorwarfen, dass sie das Heiligtum nicht würdig verwalteten. Sie wollten durch ihre besonders gewissenhafte Einhaltung der Tora das Kommen des Messias vorbereiten. Die Römer wurden von den Essenern abgelehnt und sie waren auch bereit, mit Gewalt gegen die Fremdherrscher vorzugehen. Bekannt wurde diese Gruppe durch Handschriftenfunde in Qumran.

Gruppen zur Zeit Jesu

Aufgabe:
Stelle in einer Tabelle die wichtigsten Kennzeichen der Gruppen zusammen: Was glauben sie? Aus welcher Schicht stammen die Mitglieder der Gruppe, wie leben sie? Wie verhalten sie sich dem Gesetz, der Tora gegenüber? Welche Bedeutung hat für sie der Tempel? Wie verhalten sie sich gegenüber den Römern?

	Sadduzäer	**Zeloten**	**Pharisäer**	**Essener**
Glauben				
Soziale Schicht				
Lebensweise				
Verhalten gegenüber der Tora				
Bedeutung des Tempels				
Verhalten gegenüber den Römern				

ARBEITSBLATT M 6.2b

Was geschieht da? Jesus und Bartimäus

Umstehende	Jesus	Bartimäus
Wollen Jericho verlassen	Will Jericho verlassen	Sitzt am Stadttor, wartet (Gefühl der Leere)
Schauen zu	Kommt vorbei (blickt Bartimäus an)	»Sohn Davids Jesu, hab Erbarmen mit mir!«
Werden ärgerlich	–	(Spürt Jesu Blick), ruft Jesus an
Wollen Bartimäus von Jesus fernhalten	–	Schreit noch lauter
–	Ruft Bartimäus zu sich	–
Ermuntern nun Bartimäus	–	Springt auf
–	–	Wirft Mantel ab, geht zu Jesus hin
–	»Was soll ich dir tun?«	–
–	–	»Rabbi, ich will wieder sehen können.«
–	»Geh! Dein Glaube hat dir geholfen.«	Kann wieder sehen und folgt Jesus auf seinem Weg

Auf dem Weg zum Licht – Joyce aus Tansania kann wieder sehen

Joyce hält die Hand ihrer Oma ganz fest, als sie sich von ihr ins Krankenhaus in Moshi/Tansania führen lässt – denn sie ist blind. Als Lehrerin weiß die Oma, wie wichtig eine Operation ist: »Solange Joyce blind ist, kann sie in unserer Gegend nicht zur Schule gehen.« Dadurch hätte Joyce kaum Chancen, später einmal selbst Geld zu verdienen.

Das Krankenhaus wird von der Christoffel-Blindenmission (CBM) gefördert. Die CBM ist eine christliche Hilfsorganisation, die nach dem Vorbild Jesu Christi Menschen mit Behinderungen weltweit unterstützt.

Joyces Welt wird immer dunkler

Ein paar Monate zuvor hatte die Mutter bemerkt, dass sich die Pupillen ihrer Tochter eingetrübt hatten – wie ein verschmutztes Fenster, durch das keiner mehr durchschauen kann. Den Nachbarskindern fiel auf, dass Joyce nicht mehr mitspielen konnte. Zum Glück wurde sie von Mitarbeitern des Krankenhauses gefunden. Joyce erfuhr, dass ihre Blindheit geheilt werden kann.
Im Krankenhaus stellt Augenarzt Dr. Heiko Philippin von der CBM fest, dass Joyce auf beiden Augen Grauen Star hat. Der Graue Star ist die häufigste Ursache von Blindheit auf der Welt. Er kann mit einer Operation behoben werden, die durchschnittlich 30 Euro kostet.

Der graue Star hat Joyce (rechts) blind gemacht.

Bei Kindern wie Joyce kostet sie 125 Euro, weil sie unter Vollnarkose operiert werden. Joyces Familie ist froh und erleichtert, dass sie nichts für den Eingriff bezahlen muss.

Am nächsten Morgen operieren Heiko und sein Team das Mädchen. Nach etwa einer halben Stunde ist die trübe Linse durch eine Kunstlinse ersetzt. Joyce spürt wegen der Vollnarkose nichts von der Operation. Als zwei Tage später der Verband abgenommen wird, freut sie sich riesig, dass sie wieder sehen kann. Sie bekommt einen Termin für die Nachuntersuchung und wird dann eine Brille erhalten.

Auf in eine bessere Zukunft!

Auf der Heimfahrt sieht Joyce mit großen Augen Bäume, Hügel und Maisfelder vorbeirauschen. Einmal ist sogar ein Äffchen zu sehen. Zu Hause läuft Joyce ihrer Mutter in die Arme und drückt sie ganz fest. Die freut sich: »Ich bin glücklich, dass Joyce wieder sehen kann. In zwei Jahren kann sie die Schule besuchen und hat eine bessere Zukunft vor sich.«

Rund eine Milliarde Menschen weltweit haben eine Behinderung. Sie können z. B. nicht sehen, hören oder gehen. 800 Millionen behinderte Menschen leben in den ärmsten Ländern der Welt. Viele können sich einen Arztbesuch oder eine Operation nicht leisten. Deshalb hilft die CBM blinden und anders behinderten Menschen in den ärmsten Ländern weitgehend umsonst und gibt ihnen so die Chance auf ein besseres Leben.

Weitere Infos und Material über die CBM-Arbeit:
CBM Deutschland e.V., Sönke Bruch, Nibelungenstr. 124, 64625 Bensheim, Telefon: 06251/131-293, E-Mail: material@cbm.de, Internet: www.cbm.de

Nach der Operation sieht Joyce ihre kleine Schwester.

Körperübung

Was Bartimäus am Stadttor von Jericho macht, ist nur auf den ersten Blick einfach: sich aufmachen aus dem Gewohnten, sich in Bewegung setzen. Das fällt nicht nur einem Blinden, sondern jedem Menschen schwer. Im ersten Teil unserer Körperübung wollen wir dem etwas nachspüren. Dazu müssen die folgenden Anweisungen von einem oder einer aus eurer Klasse laut und ganz langsam vorgetragen werden:

1 Suche dir zunächst einen Platz im Klassenraum, der es dir ermöglicht, eine längere Strecke zu gehen (vielleicht musst du vorher Tische und Stühle etwas beiseiterücken).

2 Setze dich auf den Boden und suche eine Haltung, die für dich bequem ist. Schau dich noch einmal um und präge dir den Raum ein. Schließe nun die Augen. Wenn dein Atem ruhig geworden ist: Spüre, wie du auf dem Boden sitzt, fühle den Boden. Hast du noch ein Gefühl für den Raum um dich herum? Kannst du spüren, wer oder was neben, vor, hinter dir ist?

3 Einer von euch oder euer Lehrer liest nun einen Teil der Bartimäus-Geschichte vor (Mk 10,46-48). Versuche, dich in die Situation des Bettlers einzufühlen, wie er den ganzen Tag schon dasitzt. Spüre die vom Sitzen müden und verspannten Teile deines Körpers.

4 Da plötzlich lässt Jesus dich rufen: »Steh auf, er ruft dich!« Überlege genau, ob du dem Ruf folgen möchtest. Spüre, was dein Körper dir sagt. Möchte er schnell aufspringen – oder sich ganz langsam erheben – oder möchtest du lieber sitzen bleiben?

5 »Da warf er seinen Mantel weg, sprang auf und ging auf Jesus zu.« Wenn du möchtest, kannst du nun aufspringen oder aber auch dich langsam erheben, Schritt für Schritt. Sei mit deiner ganzen Aufmerksamkeit nun bei diesem Aufbrechen. Konzentriere dich auf jeden deiner Schritte und geh vorsichtig dorthin, wo du hinmöchtest. Wenn du stehen bleiben möchtest, bleib einfach da stehen, wo du gerade bist.

6 Wenn du da angekommen bist, wo du hinwolltest, bleib noch ein wenig stehen. Fühle den Boden unter deinen Füßen. Spüre ein wenig deinen Gedanken und Gefühlen nach, bevor du deine Augen öffnest.

7 Geh nun, ohne zu sprechen, auf deinen Platz zurück. Ihr könnt das, was ihr erfahren oder gefühlt habt, aufschreiben oder diese Eindrücke nachmalen.

Imperium Romanum

Jesus und die Römer

Seit 63 v. Chr. waren die ________________________ die Vormacht im ________________________ .

Sie setzten einheimische Fürsten als Könige ein. Der berühmteste dieser Könige war ____________ ____________ , der von 37 v. Chr. bis _______ regierte. Nach dem Tod des Herodes übernahmen die Römer selbst die Herrschaft. Sie machten das Land zur römischen Provinz ________________ und ließen es durch einen ________________________________ (= anstelle des Kaisers) regieren.

Einer von ihnen – er regierte von 26 bis 36 n. Chr. – war ________________________________ .

Er hielt sich nur selten in _________________________ auf und verbrachte die meiste Zeit in seiner Residenz in Cäsarea am Meer.

Die Römer waren in den eroberten Gebieten darauf aus, möglichst viele ________________________ einzunehmen. Das war für die einheimische Bevölkerung eine schwere Last. Besonders verhasst waren ihnen daher die _________________ , die für die Römer diese Arbeit machten und einen Teil der Abgaben als Lohn einbehalten haben. Sie wurden deshalb von den Juden _________________ .

Die Römer gewährten den Juden viele ____________________________ . Vor allem hatten sie den Juden das Recht gelassen, über ihre eigenen Dinge selbst zu bestimmen und auch ihre eigene ____________________________ auszuüben. Oberste Gerichtsbehörde für religiöse Fragen war der ____________________________ , sein Vorsitzender war der Hohepriester. Er durfte aber nicht die ____________________________ aussprechen. Dieses Recht behielten sich die Römer vor, die auch Jesus zum Tode verurteilten und _________________________ ließen.

7 Wie alles begann

Hintergrund

Diese Lernlandschaft (LL) setzt einen (kirchen-)geschichtlichen Akzent. Wie ging das weiter mit den Freundinnen und Freunden Jesu nach seinem Kreuzestod, der Auferweckung und der Himmelfahrt? Wie überwanden die zunächst zutiefst enttäuschten und verängstigten Jesusanhängerinnen und -anhänger ihre Verzagtheit und gewannen den Mut, öffentlich zu bekennen: »Der gekreuzigte Jesus, schmählich als Verbrecher gestorben, ist nicht im Tod geblieben, sondern von den Toten auferweckt worden. Er ist der Christus, der erwartete Messias.« Und wer waren herausragende Persönlichkeiten, die das Christusbekenntnis über Palästina hinaus bis an die Grenzen des Römischen Reiches brachten? Welche Schwierigkeiten gab es bei all diesen »Grenzüberschreitungen« zu überwinden? Diese LL bezieht sich auf das im Bildungsplan verbindliche Inhaltsfeld »Jesus der Christus« (NRW) und das Inhaltsfeld »Kirche als Nachfolgegemeinschaft« und ermöglicht zugleich besondere Akzentsetzungen, z. B. auf die Person des Apostels Paulus oder auf das Leben der ersten Christen in Rom.
Zwei Grundelemente dieser LL sind: Es waren und sind Menschen, denen Jesus die Verkündigung seiner Reich-Gottes-Botschaft, seines Evangeliums, aufgetragen hat, Menschen mit allen menschlichen Stärken und Schwächen, keine Engel und auch nicht immer Heilige. Genauso aber steht fest, dass diese Menschen nicht alleingelassen sind, sondern auf den Beistand des Heiligen Geistes hoffen dürfen.

Anknüpfungspunkte zu dieser LL bieten sich durch den Bezug auf »Jesus kommt aus Nazaret« (MITTENDRIN 5/6, S. 84-99), v. a. Wirken, Botschaft und Tod. Auch ein Rückgriff auf das »Leben unter der Römerherrschaft« (MITTENDRIN 5/6, S. 97) ist sicherlich sinnvoll.
Die Integration des Pfingstereignisses in eine Unterrichtseinheit zum Thema »Feste des Kirchenjahres« ist denkbar unter Einbeziehung entsprechender Elemente aus der LL »Feste feiern« (MITTENDRIN 5/6, S. 120-137).
Beim Thema »Paulus und seine Missionsreisen« ist sicher eine Kooperation mit dem Fach Geografie sinnvoll, aber wegen der häufigen Mischgruppen in Katholischer Religionslehre ebenso schwierig wie mit den Fächern Geschichte und Deutsch.
Für Projekttage wäre ein fächerverbindendes Thema wie »Reisen in der Antike« sicher lohnend.

Wie alles begann — REISEPROSPEKT 100 | 101

Ansetzen

Neben der alten Legende, die als »roten Faden« die Menschlichkeit, d. h. die Stärken und Schwächen des »Unternehmens Kirche« von ihren Anfängen an, zum Thema hat, steht ein über 600 Jahre altes Pfingstbild im Zentrum dieser Eingangsseite.

Westfälischer Meister, Ausgießung des Heiligen Geistes (um 1370/80)
Ein unbekannter westfälischer Meister hat um 1370/80 ein Altartriptychon gemalt, dessen rechter Flügel die »Ausgießung des Heiligen Geistes« darstellt (zu sehen im Wallraf-Richartz-Museum, Köln). Das Bild zeigt Maria und die Zwölf (der Apostelkreis ist also nach dem Tod des Judas Iskariot wieder komplettiert) auf einer runden, mit einem prächtigen Brokatstoff bedeckten Sitzgelegenheit um einen runden Tisch im Gebet (Handhaltung) versammelt. Bis auf den jungen Mann zur Linken Marias, der wohl den Lieblingsjünger Jesu darstellt, und die unterschiedlichen Bartformen zeigt das Bild wenig Individuelles auf den Gesichtszügen der Zwölf. Es dominieren die Farben Rot und Gold (vgl. MITTENDRIN 5/6, S. 125). Die Münder der 13 Personen führen in einer roten Linie zu einer im Zentrum des Tisches befindlichen Hostie, die die Anwesenheit Jesu Christi im eucharistischen Mahl symbolisiert.

Auf dieses Zentrum kommt der Heilige Geist herab in Gestalt einer Taube: Die Urzelle der ersten Gemeinde wird also gestärkt durch das Herrenmahl und den Heiligen Geist. Die Taube ist in der Bibel ein Symbol für Friedfertigkeit und Schönheit. In der Sintflut-Erzählung bringt eine Taube einen Ölzweig in die Arche des Noach als Zeichen dafür, dass die Flut beendet ist und auf der Erde wieder neues Leben wächst. Bei der Taufe Jesu öffnet sich der Himmel und Jesus sieht den Geist Gottes wie eine Taube auf sich herabkommen.

Umsetzen

■ **Anfangen.** Sch äußern Vermutungen, warum die Engel so erschrocken über die Antwort des Herrn sind. Sie kennen entscheidende Figuren des Anfangs, z. B. Petrus mit seinen Stärken und Schwächen oder auch Paulus, den zunächst fanatischen Christenbekämpfer. Gott erwählt nicht die stromlinienförmigen und angepassten »Musterchristen«, sondern glaubwürdige Menschen »mit Ecken und Kanten«.

■ **Bildbetrachtung.** Beim Bildeinsatz steht vor allem die Farbgebung im Vordergrund. Sch füllen Sprech- und Gedankenblasen aus (Kopien der Buchseite). Die vorgelesenen oder auf Folie präsentierten Ergebnisse bieten die Möglichkeit einer gezielten Wiederholung der Jesusgeschichte und Vermutungen, wie es wohl weitergehen kann.

Wer ist Petrus? AUSFLUG 102 | 103

Ansetzen

Im Zentrum der DS steht Petrus, der »Fels«, der aber immer wieder »Risse« bekommt, Risse der Ängstlichkeit, Mutlosigkeit und Feigheit. Durch die Beschäftigung mit der DS entsteht so ein Steckbrief des Petrus in all seiner Ambivalenz und damit auch Liebenswürdigkeit und Glaubwürdigkeit.
Zur Bilddidaktik wird hier der Lerngang »Bilder entdecken« vorgestellt. Er bietet – über die jeweiligen Arbeitsimpulse zu einzelnen Bildern hinaus – eine gute Möglichkeit der Bildbegegnung im Allgemeinen.

Literaturhinweis

Reinhard Hoeps (Hg.), Sehen lernen mit der Bibel. Der Bildkommentar zu Meine Schulbibel, München 2003 – zugleich eine kurzweilige Einführung in die Bibeldidaktik
Franz Wendel Niehl/Arthur Thömmes, 212 Methoden für den Religionsunterricht, München [11]2011, 13-42

Albrecht Dürer, Vier Apostel (1526), hier Detail: Bildportrait des Petrus
Nach seiner niederländischen Reise ... schickte Albrecht Dürer aus Eigeninitiative das zweiteilige Gemälde der »Vier Apostel« mit einem Schreiben – datiert auf den 6. Oktober 1526 – als Geschenk an seine Heimatstadt in das Nürnberger Rathaus. Die beiden jeweils über zwei Meter hohen Lindenholztafeln wurden vom Rat angenommen und damit, wie von Dürer beabsichtigt, im »Zentrum der Macht« aufgehängt. Dem renommierten Künstler wurde darüber hinaus ein Ehrenhonorar von 100 Gulden bezahlt.
Dürers letztes großes malerisches Werk ist zugleich auch sein geistiges Vermächtnis. Es ist sein eindringlicher kunst- und religionspolitischer Kommentar, mit dem er aktiv für die neuen Ideale der Reformation, für die unantastbare Autorität von Gottes Wort, aber auch für die Kunst eintrat. Der seit 1538 verwendete Bildtitel stimmt nicht ganz, da neben Johannes und Petrus, zusammen mit Paulus auch der Evangelist Markus als überlebensgroße Figur dargestellt ist. Solitär, monumental und von intensivster, innerlicher Ausdruckskraft und Dichte stehen die vier Heiligen wie skulpturale Gewandfiguren, herausleuchtend aus sich selbst und aus dem dunklen umgebenden Raum. Sie wurden auf einem sockelartigen Grund platziert, auf dessen Front die von Dürer bestimmten und vom Kalligrafen Johann Neudörffer ausgeführten einleitenden Worte sowie Bibelzitate aus den Schriften der Dargestellten angebracht sind. Diese entsprechen der Übersetzung Martin Luthers von 1522 und sind als Mahnung an die Regierenden, an die Menschheit gerichtet, sich vor allem vor falschen Propheten zu hüten.
Bewusst greift Dürer die Bildtradition christlicher Kunst auf, von jeher waren Apostel »Verkündergestalten«. Indem das Malergenie sein Werk auf die beiden flügelartigen Tafeln konzentrierte, auf einen altarähnlichen Mittelteil verzichtete, traten die Apostel aus dem sonst üblichen Handlungszu-

sammenhang heraus und wurden zu autonomen Persönlichkeiten. Laut Neudörffer hat Dürer in Anlehnung an die Lehre der vier Temperamente jedem Apostel eine Grundstimmung der menschlichen Seele – vom Sanguiniker, Choleriker, Phlegmatiker bis zum Melancholiker – zugeordnet. Neben den eindrucksvoll gemalten Charakterköpfen der Figuren tragen hauptsächlich die außergewöhnlich mächtigen, grandiosen, schlichten Mäntel zur monumentalen, denkmalartigen Gesamtwirkung der höchst vielschichtigen Arbeit bei ...
(Eva Schickler, Geniestreiche des Weltkünstlers Albrecht Dürer. Teil X: Die vier Apostel, in: Wirtschaft in Mittelfranken 04/2004, 19)

Umsetzen

■ **Steinmeditation.** Simon erhält nach Mt 4,18-20 den Beinamen Petrus, Fels. Sch erhalten je einen Stein, nehmen diesen in die Hand, ertasten und spüren ihn, lassen ihn von einer Hand zur anderen wandern. Impuls: »Stell dir vor, ein Mensch wird »der Fels« genannt. Was wird das wohl für ein Mensch sein?« Die Assoziationen und Eigenschaften werden auf Folie festgehalten und nach Bild- und Textarbeit in den »Steckbrief« des Petrus integriert.

■ **Nach Ostern.** Der Text von Kurt Rommel führt mitten in die Problematik der Jesusanhänger nach Jesu Tod: Ganz unterschiedlich reagieren die Menschen auf die Botschaft, dass Jesus nicht im Tod geblieben ist, sondern lebt. Sch stellen diese unterschiedlichen Reaktionen in ihrem Heft zusammen.
Von zweifelnder Ungläubigkeit »Es ist doch alles aus!«, »Das sind nur Lügen, um sich der Wahrheit nicht stellen zu müssen« bis hin zum Bekenntnis »Er lebt! Er ist uns begegnet. Er hat uns aufgetragen, Zeugen zu sein« reicht das Spektrum auch unter den Anhängern Jesu.

■ **Rubens Frage.** Sch erheben aus dem Text von Kurt Rommel eine erste Charakterisierung von Petrus:
- Er ist ein Fischer vom See Gennesaret in Galiläa.
- Er ist wohl der Wortführer der neuen Sekte, der Jesus-Leute.
- Er ist ein Draufgänger, der manches riskiert.
- Er ist wirklich nicht vollkommen, er hat sogar Jesus verleugnet.
- Jetzt wirft den Petrus so schnell nichts mehr um.

■ **Annäherung an Petrus.** Sch beschreiben den Gesichtsausdruck des Petrus. Er wirkt ernst, gefasst, nachdenklich, konzentriert, ein bisschen traurig ... Sch bilden KG und sammeln folgende Informationen aus den Bibelstellen für einen »Steckbrief Petrus«:
- Mt 4,18-20: Berufung der ersten Jünger (Simon Petrus und Andreas)
- Mt 10,2: Simon Petrus an erster Stelle der Apostelliste
- Mt 14,29-31: Der Gang Jesu auf dem Wasser, die Kleingläubigkeit des Petrus
- Mt 16,18-20: Das Messiasbekenntnis des Petrus; Namensfestlegung auf Petrus = Fels, auf den der Herr seine Kirche bauen wird
- Mt 26,69-75: Die Verleugnung Jesu durch Petrus
- Lk 24,34: Im Rahmen der Emmaus-Perikope die Bestätigung in Jerusalem: Der Auferstandene ist dem Simon erschienen
- Apg 1,15: Petrus als Oberhaupt der Brüderversammlung bei der Nachwahl des Matthias
- Apg 2,14-36: Die Pfingstpredigt des Petrus
- Apg 8,14-25: Petrus und Johannes in Samarien
- Apg 10: Vision des Hauptmanns Kornelius in Cäsarea; Vision des Petrus über Reines und Unreines; Taufe des Kornelius durch Petrus sowie Rechenschaft des Petrus vor der Gemeinde in Jerusalem
- Gal 2: Konflikt mit Paulus; Apostelkonzil (96/97)

Weiterführen

■ **Petrus als Freund und Verräter.** Will L mit den Sch – z. B. im Rahmen der Behandlung der Passionsgeschichte – länger bei der Gestalt des Petrus verweilen, empfiehlt sich die UE von Angelika Schmidt, Petrus lässt seinen Freund im Stich (in: Loccumer Pelikan 1/02, 11-16). In der achtstündigen Einheit wird die Passions- und Ostererzählung als Geschichte der Freundschaft zwischen Jesus und Petrus akzentuiert. Besonders eindrücklich sind die methodisch-didaktischen Anregungen zur Verleugnungsszene. Sch vergleichen die Ergebnisse der Steinmeditation (s. o. Umsetzen) mit den Ergebnissen und integrieren diese in den »Steckbrief« des Petrus.

Ansetzen

Pfingsten gehört zu den wenig bekannten christlichen Festen. Mehr als die Hälfte der Deutschen wissen nicht, was an Pfingsten gefeiert wird – viele Sch auch nicht. Dabei gilt Pfingsten zu Recht als »Geburtsstunde der Kirche«. Auf dieser DS gehen Sch dem Pfingstereignis nach und erspüren es – durch die Textadaption von Jörg Zink und das durch seine Farb- und Formgebung unmittelbar beeindruckende Bild von Arnulf Rainer – als Initialzündung der Kirche.

Umsetzen

■ **Etwas Neues beginnt.** Den Sch fallen beim Textvergleich schnell die unterschiedlichen Akzentsetzungen, aber auch die Gemeinsamkeiten ins Auge: Zink legt großen Wert auf den jüdischen Hintergrund des Pfingstfestes als Fest der Weizenernte und spinnt diesen Gedanken weiter in Bezug auf den »Ernteauftrag« der Jüngerinnen und Jünger.
Die zentralen Bilder für den Geist, nämlich Sturm, Feuer/Licht und die Gabe der Rede werden in beiden Texten pointiert: Der Geist räumt mit Altem auf, ein frischer, neuer Wind weht und verwandelt die Menschen, die aus ihrer Deckung hervorkommen und miteinander reden. Die Pfingstpredigt des Petrus (Apg 2,14-36) ist bei Zink auf einen Kernsatz zusammengeschrumpft, die Zitate aus Joël, die Psalmenbelege und die Ausführungen über Tod und Verwesung fehlen ganz – eine altersgerechte didaktische Reduktion!
Die unterschiedlichen Interpretationen des Geschehens (sie sind verrückt, betrunken oder, wie Petrus richtigstellt, voller Freude über den auferweckten Herrn) finden sich in beiden Texten.

■ **Pfingstbilder.** Der Bildvergleich mit dem 600 Jahre älteren Pfingstbild (MITTENDRIN 5/6, S. 101) gelingt sicher schon über den Farbvergleich (in beiden Bildern dominieren Gelb-/Gold- und Rottöne) und den unterschiedlichen Grad der Abstraktion. Denkbar wäre auch, der Lerngruppe einen Ausschnitt aus der Bildinterpretation von Patrik Scherrer vorzustellen und diskutieren zu lassen.
Eigene Malversuche, bei denen Sch über Farb- und Formenwahl ihre Interpretation des Pfingstgeschehens zu Papier bringen, gelingen besonders gut mit einheitlichem Material.
Kunst-L stellen gern leichten Karton oder sogar Ingrespapier zur Verfügung sowie Pastellkreiden. Mit Haarspray können die Kunstwerke fixiert werden.

Arnulf Rainer, Pfingsten (1995-98)
Das Bild »Pfingsten« von Arnulf Rainer (geb. 1929 bei Wien, Begründer der Kunstform »Übermalungen«) stammt aus dem Zyklus »Bibelübermalungen« 1995-98, Graphit und Leimfarbe auf Karton 60,5 x 46,5 cm, Museum Frieder Burda, Kunsthalle Baden-Baden.
Das Geschenk des Heiligen Geistes drückte sich bei den Aposteln durch Reden in fremden Sprachen aus. In seinen 160 Blätter umfassenden »Bibelübermalungen« bringt Arnulf Rainer das Pfingstereignis ganz anders zum Ausdruck: Er übermalte nicht wie bei den anderen Blättern Vorlagen aus der Kunstgeschichte, sondern brachte drei völlig eigenständige Bilder hervor. Es ist, als wollte er damit die besondere Kraft des Heiligen Geistes noch mehr hervorheben. Eines dieser Blätter sei hier vorgestellt.
Der Ausgangspunkt des Bildes ist am oberen Rand. Alle Linien und Farben brechen dort mit konzentrierter Urgewalt hervor, um sich orkanartig und wie vor Lebensfülle wellenförmig hin- und herwindend auf die Erde zu ergießen. Der überirdische Strom erinnert mich an die Verheißung des Propheten Joël, dass Gott am Tag der Ausgießung des Heiligen Geistes »wunderbare Zeichen wirken [wird] am Himmel und auf der Erde: Blut und Feuer und Rauchsäulen« (3,3). Für den Propheten sind diese Zeichen wunderbar, weil sie Befreiung bedeuten ... Rot und Gelb weisen auf die feurige Kraft des Heiligen Geistes hin. Gottes Geist ist Wärme und Licht, der die Wahrheit an den Tag bringen wird (vgl. Jes 32,15-17; Joh 16,13), er ist die in unsere Herzen ausgegossene Liebe Gottes (Röm 5,5b), in der er uns belebend durchglüht und zu gutem Denken und Tun anfeuert und begeistert.
Links und rechts ist dieser stürmische Flammenregen von sanften Farbtönen begleitet, die diesem Bogen etwas Friedvolles geben. Parallelen zum Regenbogen tauchen auf, den Gott als Zeichen des Bundes »in die Wolken« gesetzt hat (vgl. Gen 9,8-17). Auch nach Pfingsten brach etwas Neues an. Gott schenkte allen Menschen seinen Heiligen Geist! Nicht nur denen, die im Hauptstrom stehen, nein, auch denen im Abseits, wie mir das Bild tröstlich zu verstehen gibt.
Das Bild weckt in mir die Sehnsucht, mich unter diesen pfingstlichen Gnadenstrom zu stellen und mich wieder neu von Gottes Liebe, Licht, Gerechtigkeit und Frieden durchströmen und erfüllen zu lassen – um ganz Mensch zu werden, Mensch nach seinem Abbild (Gen 1,27)!
(Patrik Scherrer, in: www.bildimpuls.de)

Weiterführen

■ **Pfingsträtsel.** Zur Vertiefung und Wiederholung bearbeiten Sch das »Rätsel zur Pfingstgeschichte« (**M 7.1, S. 164**). Lösungen: 1. Petrus, 2. Jerusalem, 3. Taufe, 4. betrunken, 5. Wind, 6. Erntedank, 7. lebt, 8. Predigen, 9. Feuer, 10. gemeinsam.
Lösungswort: BEGEISTERT.

■ **Stilles Pfingsten.** Dass es auch ganz anders hätte gehen können am Pfingsttag, zeigt sehr schön der »Antitext« zu Apg 2 »Pfingsten ohne Folgen« (**M 7.2, S. 165**). Sch entwerfen und spielen eine Streitszene.

Durch den Vergleich mit der Apg und das Rollenspiel lässt sich eine Brücke schlagen zum Eingangstext der alten Legende (MITTENDRIN 5/6, S. 100): das Vertrauen auf die immer wieder sich als sehr menschlich erweisenden Jüngerinnen und Jünger Jesu – bis hin zu uns mit unseren Schwächen und Unzulänglichkeiten.

Literaturhinweis

Pfingsten. Materialbrief RU 2/2001 (Praxisbeilage der KatBl), erarbeitet v. Stefan Schwarzmüller, München 2001

Was der Geist bewirkt — AUSFLUG — 106 | 107

Ansetzen

Das Wirken des Heiligen Geistes – des lebensspendenden, tröstenden, zusammenführenden Geistes – wird hier kontrastiert mit dem »Ungeist«, der sich in Gen 11 (Turmbau zu Babel) spiegelt. Während der Geist lebendig und frei macht und die Zunge löst, sodass Menschen unterschiedlichster Herkunft und Sprache einander verstehen und annehmen, versperrt der Geist der Überheblichkeit und des Egoismus menschliche Kommunikationsstrukturen.
Obschon auf älteren Vorlagen basierend, wird die Pfingstsequenz »Veni Sancte Spiritus«, die auch »goldene Sequenz« genannt wird, in ihrer Vorlagenform für die hier benutzte Übersetzung heute allgemein eher Stephan Langton, dem Kardinalerzbischof von Canterbury (um 1220), zugeschrieben.
Gen 11 ist vor dem Hintergrund altorientalischer Stadtgründungen zu lesen, die meist den Bau einer Zikkurat (Stufenpyramide) einschlossen (vgl. im Mittelalter den Bau von Geschlechtstürmen). Das Motiv des Turmbaus »bis zum Himmel« als Akt menschlicher Hybris findet sich in vielen Kulturkreisen. [Ein hervorragendes Buch zu diesem Thema für Kinder und Jugendliche hat Paul Maar geschrieben (Paul Maar, Türme. Ein Sach- und Erzählbuch von berühmten und unbekannten, bemerkenswerten und merkwürdigen Türmen, Hamburg 2002).]
Jedes Turmbild, jede Turmerzählung werden wir heute immer vor dem Hintergrund des 11. September 2001 sehen. An diesem Tag steuerten Terroristen zwei Linienflugzeuge in die Türme des World Trade Center in New York und brachten diese zum Einsturz. Diesem Terrorakt fielen ca. 3000 Menschen zum Opfer. Das Geschehen hatte eine hohe Symbolkraft, standen die zwei Türme doch für die globale Wirtschaftsmacht der USA.

Bernhard Heisig, Neues vom Turmbau (1977)
Die wohl berühmteste künstlerische Umsetzung des Themas stellt das Bild »Der Turmbau zu Babel« von Pieter Bruegel (1525-1569) dar. Er selbst hat verschiedene Variationen des Themas gemalt, von denen drei erhalten sind und die zahlreich zitiert und interpretiert worden sind. So auch bei unserem Bild von Bernhard Heisig (1925-2011), dem berühmten und auch viel kritisierten Maler aus der ehemaligen DDR.
Heisig hat, um seine Kriegserlebnisse zu reflektieren und zu verarbeiten, in allen seinen Bildern Gewalt, Zerstörung und Aggression thematisiert – nicht umsonst hieß eine große Retrospektive seiner Bilder, die 2005 in Leipzig, Düsseldorf und Berlin gezeigt wurde, »Die Wut der Bilder«. Von Schmerz und Aggression ist auch dieses Bild gezeichnet.
Um den brennenden und einstürzenden Turm herum sind verschiedene Figuren gruppiert. Wir erkennen eine fast nackte Sängerin mit Hasenohren (als »Bunny« kostümiert), die völlig versunken in ihren sentimentalen Gesang ist und nicht erkennt, dass sie auf dem Kanonenrohr eines Panzers sitzt. Sie wird begleitet vom Geiger am unteren Bildrand, der als einzige Person die Augen geöffnet hat. Ist sein Lied eine Warnung an die anderen? Ist es Aufgabe der Kunst, auf Gefahren aufmerksam zu machen?
Ähnlich »mit Blindheit geschlagen« ist auch der Fußballspieler links daneben, der durch den Ball direkt vor seinen Augen nichts sieht. Völlig haltlos balanciert er auf einem Bein und hat die Arme ausgebreitet wie der stürzende Ikarus, den Heisig »zitiert« durch das auf den Turm stürzende Fluggerät, aus dem ein verkohlter »Ikarus« wie eine schwarze Kreuzigungsfigur kopfüber abstürzt.

Neben dem Fußballspieler schwebt ein glatzköpfiger Mann im Anzug, dem das Fernsehgerät auf der Brust und an der Kehle die Luft zu nehmen scheint. Allen Figuren gemeinsam sind die aufgesperrten Münder. In ihren Gesichtern spiegeln sich Angst, Aggression, Anstrengung, keinesfalls Glück. Bis auf den Geiger nehmen sie die Gesamtsituation nicht wahr, sondern sind gefesselt durch ihre Beschäftigungen (ausgedrückt durch das rote und gelbe Band). Das rote Band (Kabel?) reicht bis in den Himmel, der damit Kontakt hat zum Aufschrei der Bedrängten.

Umsetzen

■ **Welcher Geist?** Der Pfingsthymnus ist in einer für Sch fremden Sprache geschrieben. So ist nach dem Vorlesen oder Singen des Textes (GL 244) sicher eine Klärung des Verständnisses notwendig.
Vor der Bearbeitung des Impulses werden die zehn Strophen jeweils grafisch umgesetzt – durch ein Bild, ein Symbol o. Ä. Dann sind die Auswahl der Lieblingsstrophen und die Ausgestaltung einfacher.

■ **Das Bild zum Text.** Die Beobachtungen und Entdeckungen der Sch werden anhand o. g. Bildinterpretation ergänzt und kanalisiert. Ausgangspunkt sind aber die Entdeckungen der Sch, die inzwischen detailliert beobachten und danach auch interpretieren können.

■ **Texte vergleichen.** Die Überheblichkeit der Menschen, ihr Egoismus, ihre Rücksichtslosigkeit und ihr Machtstreben kommen in Gen 11,1-9 besonders zum Tragen. Menschliche Vereinzelung, Aggressivität, Egoismus, Blindheit gegenüber dem Nächsten und auch gegenüber sich selbst stellt Heisig in seinem Bild dar. Solches Verhalten macht sprachlos, verhindert Kommunikation.

■ **Geist und Gemeinschaft.** Sch bilden Vierergruppen, von denen die eine Hälfte auf einem DIN-A3-Blatt eine Gemeinschaft mit »bösem Geist«, die andere eine Gemeinschaft mit »gutem Geist« beschreibt. Die Poster mit dem »guten Geist« bleiben als Anregung und »Gebrauchsanweisung« für ein gutes Klassenklima im Klassenzimmer oder Religionsraum.

Weiterführen

■ **Lesezeichen.** Sch gestalten das »Lesezeichen« (**M 7.3, S. 166**) farbig und versehen es mit einem schönen Band. Sie können das Lesezeichen auch verschenken (nach einer Idee aus: entwurf. Religionspädagogische Mitteilungen 1/2003, 26).

■ **Warum wir uns nicht verstehen.** Kommunikationsschwierigkeiten wie die im Gefolge des Turmbaus zu Babel kennen auch Sch. Folgender Impuls thematisiert dies. TA: Warum wir uns nicht verstehen. Sch teilen sich in Dreier- oder Vierergruppen auf. Jede Gruppe erhält farbige Blätter, die Backsteine darstellen (quer geteilte DIN-A4-Blätter). Jede Gruppe sammelt Gründe, warum sich Menschen nicht verstehen, und schreibt diese auf die »Steine« (z. B. Angeberei, Eifersucht, Angst, andere Sprache und Kultur etc.).
Mit den Bausteinen aller KG (Doppelungen aussortieren) wird nun an der Tafel oder auf einem großen Plakat ein Turm gebaut.
Anschließend diskutieren Sch, welche »Bausteine des Nicht-Verstehens« wohl besonders häufig sind und wie sie in »Bausteine des Verstehens« umgewandelt werden können.
Sch halten die Ergebnisse auf »Bausteinen des Verstehens« fest, aus denen für das Klassenzimmer ein »Haus des Verstehens« gebaut werden kann.

Am Wendepunkt AUSFLUG 108 | 109

Ansetzen

In den folgenden vier Ausflügen steht Paulus im Zentrum. Ohne ihn und seine missionarische Tätigkeit hätte sich das junge Christentum schwerlich vom Judentum emanzipiert und wäre wohl eine unbedeutende Sekte am Rande des Judentums geblieben und als solche untergegangen. Paulus, der Völkerapostel, ist der wichtigste Theologe des frühen Christentums, seine Briefe sind die ältesten schriftlichen Zeugnisse des Frühchristentums. Über alle diese Verdienste hinaus ist Paulus Vorbild für ein konsequentes Leben – mit all seinen Strapazen und Entbehrungen – im Geiste der Frohbotschaft. Sch erkennen die Spuren dieses Lebens in den folgenden Ausflügen.
Das zentrale Erlebnis, das Paulus aus der gewohnten Bahn geworfen und ihn dann zeitlebens geprägt hat, war seine Begegnung mit dem Auferstandenen.

Literaturhinweise

Paulus. Ein unbequemer Zeitgenosse (Welt und Umwelt der Bibel 2/2001), Stuttgart
»Mensch Paulus« (ru. Ökumenische Zeitschrift für den Religionsunterricht 3/2000), München/Stuttgart

Diese DS ist der unbegreiflichen Wende im Leben des Paulus gewidmet, die sowohl in der Apg als auch in Paulusbriefen mit unterschiedlicher Akzentsetzung geschildert wird. Lukas erzählt davon in seiner Apg dreimal: Apg 9,1-19; in gekürzter Form Apg 22,3-21; und ohne den Hinweis auf Erblindung und Heilung des Paulus und ohne Erwähnung des Hananias Apg 26,9-18.
Paulus erwähnt sein Berufungserlebnis und seine Christusbegegnung in Gal 1,13-20 sowie in 1 Kor 15,8 und in 2 Kor 12,1-4.
In Apg geht es Lukas nicht darum, historische Protokolle zu verfertigen. Er stützt sich auf feste literarische Gattungen von Erscheinung und Aussendung, wie sie uns im AT begegnen, z. B. Ex 3,4 oder Jer 1,5.7.8. In allen lukanischen Darstellungen spielt das Licht eine besondere Rolle.

Umsetzen

■ **Blindsein.** Sch benennen Situationen, in denen ihnen »ein Licht aufging«: bei einer schwierigen Schulaufgabe, bei der Lösung eines Konflikts, beim Finden eines passenden Geschenks usw.
Mögliche Gedankenblase des Paulus: »Das hätte ich nie gedacht! Jesus ist wirklich der Messias, der Herr!«

■ **Ein umwerfendes Ereignis.** Mögliche Überschriften:
- Ein fanatischer Christenverfolger (1. Absatz)
- Eine umwerfende Begegnung (2. Absatz)
- Sprachlose Begleiter (3. Absatz)
- Paulus ist blind (4. Absatz)
- Hananias erhält einen Auftrag (5. Absatz bis »... leiden muss.«)
- Saulus – ein neuer Mensch (5. Absatz »Da ging ...« bis Schluss)

Diese Einteilung des Textes in Sinnabschnitte bietet die Basis für die unterschiedlichen Szenen und Standbilder.

■ **Das Bild von Caravaggio.** Bei der durch Fragen gelenkten Bildbetrachtung empfiehlt es sich, das Bild auf Folie zu kopieren und alle Bildteile abzudecken, die nicht im Fokus der Fragestellung sind. Das konzentriert den Blick. – Den Sch fällt beim Vergleich auf, dass im Text nicht von einem Pferd die Rede ist. Hier und überhaupt bei der Bildbetrachtung werden vertiefende Gedanken aus der o. g. Bildbetrachtung eingeflochten.

Caravaggio, Bekehrung des Paulus (1600/1601)
Caravaggio (geb. 28.9.1573 in Caravaggio/Bergamo) hieß eigentlich Michelangelo Merisi. Seit 1600 war er als Unruhestifter bekannt und musste häufig wegen krimineller Handlungen fliehen. Als Künstler war er bekannt und beliebt und erhielt viele Aufträge. Er starb am 31.7.1610 vermutlich an Malaria.
Das Bild befindet sich in der Kirche Santa Maria del Populo in Rom und ist die zweite Fassung dieses Motivs. Die Gestalt des Paulus, der zu Boden geschmettert wird, ist schlicht und ohne Theatralik. Die weit geöffneten Arme, deren kreisförmige Bewegungen sich im Pferdeprofil fortsetzen, drücken die Bereitschaft aus, sich dem Willen Gottes zu fügen. Dies wird noch unterstrichen durch den Lichteinfall. Der Schein kommt von oben und fällt über das Pferd auf Paulus, der zwar geblendet wird, das Licht aber nicht abwehrt. Er ist entrückt im Zwiegespräch dargestellt. Die Umgebung ist dunkel, als wäre es Nacht. Das Pferd wird von einem Begleiter des Paulus gehalten und blickt ruhig zur Seite. Sein erhobener Vorderfuß scheint vermeiden zu wollen, Paulus zu verletzen. Obwohl das Licht Paulus geblendet zu Boden wirft, ist er doch gleichzeitig im Licht geborgen. Der rote Umhang, auf dem er liegt, bildet gemeinsam mit der Beleuchtung kompositorisch einen Kreis und symbolisiert die Geborgenheit und Liebe Gottes, die Paulus umfängt und trägt. In der Geste seiner Arme vollzieht er diesen Kreis nach. Paulus wehrt die Kraft des Lichtes nicht ab, sondern ist bereit, das Licht aufzunehmen, auf sich wirken zu lassen.
Der starke Hell-Dunkel-Kontrast, die kompositorische Konzentration auf wenige Figuren und die Bewegung in der Geste von Paulus erzeugen eine Dramatik und Lebendigkeit der Szene, die den Betrachter zum Zeugen des Geschehens macht. Wir sehen Paulus, der von Gott gerufen wird, und spüren Wärme und Intimität vom Licht und der gedeckten Farbigkeit ausgehen. Paulus erfährt die Gegenwart Gottes und trifft in diesem Moment die Entscheidung, sich Christus zu öffnen. Wie bei einem Standfoto hält Caravaggio diesen Höhepunkt der biblischen Erzählung fest. Der kurze Moment der Begegnung erhält dadurch Dauer und Gewicht.
Der Bildaufbau strukturiert das Bild in zwei Hälften. Über dem farbigen Zentrum wölbt sich der Körper des Pferdes in monochromen, erdigen Farbtönen. Das Pferd wird von einem Begleiter, der wie das Pferd mit dem Dunkel des Hintergrundes verschmilzt, an der Trense gehalten. Der massige Körper des Pferdes, der fast die gesamte obere Bildhälfte bedeckt, bildet eine schützende Mauer

gegen das Dunkel und lenkt zugleich durch die Reflexion des Lichtes den Blick auf die zentrale Figur. Die Zweiteilung des Bildaufbaus wiederholt das Motiv der Begegnung mit Gott, der Wende in Paulus' Leben. Paulus tritt aus der Dunkelheit seines bisherigen Lebens und wendet sich einem neuen Leben im Licht zu.
Die textfremde Darstellung des Sturzes vom Pferd ist durch eine atl. Perikope inspiriert.
2 Makk 3,23-30 erzählt vom Tempelräuber Heliodor, der von König Seleukos beauftragt wird, den Tempelschatz in Jerusalem zu rauben. Daran wird Heliodor durch einen schreckerregenden Reiter auf einem prächtigen Pferd, das ihn zu Boden stampft, gehindert. Heliodor »stürzte zu Boden, und es wurde ihm schwarz vor Augen« – Nähe und Differenz zu Apg 9,4.8 sind offensichtlich.
Außer dem berühmten Bild Caravaggios von der Bekehrung des Paulus gibt es weitere Darstellungen dieses Schlüsselerlebnisses, mit denen sicher auch ein Vergleich interessant wäre:
- Michelangelo, »Bekehrung des heiligen Paulus«, Fresko in der paulinischen Kapelle im Vatikan
- Parmigianino, »Sturz des Paulus«, 1527/1528
- Julius Schnorr v. Carolsfeld, »Sauls Bekehrung«, um 1800
- Thomas Zacharias, »Bekehrung des Paulus«
- Sieger Köder, »Paulus stürzt vom Pferd«, Wasseralfinger Altar

Weiterführen

■ **Umwerfendes Licht.** Die Umrisszeichnung »Die Bekehrung des Paulus« (**M 7.4, S. 167**) bietet eine intensivierende Beschäftigung mit dem Bild von Caravaggio und der Bedeutung des Lichtes.

Zweierlei Christen? AUSFLUG 110 | 111

Ansetzen

Paulus sieht sich berufen, er solle als »auserwähltes Werkzeug ... meinen [Jesu] Namen vor Völker und Könige und die Söhne Israels tragen« (Apg 9,15). In Antiochia beginnen die Anhänger Jesu im größeren Stil »auch den Griechen das Evangelium von Jesus, dem Herrn« zu verkünden (Apg 11,20). Viele bekehren sich, und: »In Antiochia nannte man die Jünger zum ersten Mal Christen« (Apg 11,26).
Damit ergab sich aber ein Problem. Zunächst waren alle Jünger ganz selbstverständlich Juden. Was aber war mit Griechen (»Heiden«), die Jesus-Jünger werden wollten? Mussten sie zunächst Juden werden und dann durch Taufe und Bekenntnis zu Jesus Christus Christen? Und waren sie auch nach der Taufe an das jüdische Gesetz gebunden? An dieser Frage hing die Ausbreitung des Christentums über die ganze Welt.
Das auseinandergerissene Bild von Guido Reni, einem bekannten italienischen Barockmaler (1575-1642), markiert die beiden Protagonisten des Streites in der Frage: »Wer ist ein Christ?«
Der alte Petrus auf der linken Seite wirkt zurückhaltend, nachdenklich, in sich gekehrt, während der als jüngerer Mann gemalte Paulus temperamentvoll und eindrücklich zu argumentieren scheint.

Umsetzen

■ **Streitschlichter.** In der fingierten Geschichte von Julia und Daniel kommen die unterschiedlichen Standpunkte zum Tragen. Die Heidenchristen sehen keinen Grund, sich an das jüdische Gesetz zu halten, z. B. an die komplizierten Speisevorschriften. Die Judenchristen sehen das als Verrat am Gesetz, an der Tora. Wie aber sollen sie gemeinsam Gottesdienst feiern, einander helfen und unterstützen, wenn sie ein zentrales Element dieses Zusammenlebens nicht teilen können, nämlich miteinander Mahl zu halten? Sch arbeiten diese Standpunkte heraus und schreiben pro Position je eine Rede. Je zwei Sch tragen eine der Reden vor.

■ **Petrus und Paulus.** Sch beschreiben zunächst die unterschiedlichen Charaktere von Petrus und Paulus anhand des Bildes von Guido Reni. Die gemeinsame Lektüre von Apg 15,1-2.6-21 zeigt die Alternative auf. *Petrus:* Christ ist, wer sich an die Tora hält, sich beschneiden lässt und nach dem jüdischen Gesetz lebt. *Paulus:* Christ ist, wer sich taufen lässt und zu Jesus Christus bekennt. Die Beschneidung und die Einhaltung der jüdischen Speisevorschriften sind nicht notwendig.

■ **Paulusbrief.** Vor dem Hintergrund von Apg 15 und Gal 2,1-10 schildern Sch in der Rolle des Paulus wiederholend die wichtigsten Argumente für die Freiheit der Christen vom Gesetz.

Die Reisen des Paulus

AUSFLUG 112 | 113

Ansetzen

Auf dieser DS rückt Paulus, der unermüdliche Missionar und Briefautor, in den Vordergrund. Es geht nicht um eine Behandlung der Reisen des Paulus en détail. Für ein fächerverbindendes Projekt (Geografie) finden sich die wichtigsten Informationen zur Route in der Apg.

Reiserouten des Paulus

1. Reise (blaue Linie): Apg 13-14
Auf dieser Reise (ca. 46-48 n. Chr.) kam er mit Barnabas und Johannes Markus nach Zypern, der Heimat des Barnabas. Von dort aus reiste er nach Kleinasien.

2. Reise (grüne Linie): Apg 15,39-18,22
Paulus unternahm diese Reise wohl um 49-51 n. Chr. in Begleitung von Silas und Timotheus. Sie führte zunächst zu einigen Stätten der ersten Reise und dann nach Griechenland: Das Christentum hatte Europa erreicht.

3. Reise (rote Linie): Apg 18,22-21,16
Auf seiner dritten Missionsreise um 52-56 n. Chr. hält sich Paulus zunächst in Ephesus auf. Danach besucht er früher gegründete Gemeinden.

4. Reise (gelbe Linie): Apg 21,27-28,16
Diese letzte Reise nach Rom (um 60 n. Chr.) unternimmt Paulus als römischer Gefangener. Nach der abenteuerlichen Fahrt lebt und wirkt er in Rom unter Hausarrest mit gewissen Freiheiten.

Umsetzen

■ **Brief.** Mögliche SMS-Stichworte:
Gott in Jesus den Menschen nahe/Jesus Christus hat in Wort + Tat gezeigt, wie Reich Gottes ist/Anstoß erregt → Tod am Kreuz/auferweckt. (135 Zeichen)

■ **Missionsreisen.** Anhand einer von Paulus gegründeten Gemeinde erarbeiten sich Sch zentrale Informationen über Philippi, die Lieblingsgemeinde des Paulus. Außerdem bietet sich auch eine Internetrecherche an. Im Paulusspiel unter www.ekd.de/paulus lassen sich die erworbenen Kenntnisse spielerisch und mit vielen Hintergrundinformationen versehen festigen.

Weiterführen

■ **Mit Paulus unterwegs.** Besonders informativ ist das Würfelspiel »Wer mit Paulus auf die Reise geht, der kann was erzählen« (**M 7.5a-c, S. 168-170**). Das gesamte Spielset muss so oft vervielfältigt werden, dass jeweils 3 bis 5 Sch ein Würfelspiel zur Verfügung haben.

In Rom

AUSFLUG 114 | 115

Ansetzen

Diese DS hat eine Gelenkfunktion. Sie schließt die Paulusbiografie mit dessen Tod in Rom ab und öffnet von da aus den Blick auf das Leben der ersten Christen in Rom: Das Christentum ist im damaligen Zentrum der Welt angekommen.
Informationen zum Alltagsleben im antiken Rom und zur Verehrung der Götter: www.wasistwas.de/geschichte/link-tipps/action/show-category/category/altes-rom; s. auch: Neil Grant, Altes Rom, Nürnberg 2002. Für gemeinsame Projekte empfiehlt sich die Kooperation mit Latein- und/oder Geschichts-L.

Umsetzen

■ **Besuch im Pantheon.** Sch sammeln etwa folgende Stichworte für die Dialogszenen zwischen Lucius (Römer) und Lydia (Christin):
Für jeden Lebensbereich ist eine Gottheit zuständig; Frömmigkeit zeigt sich darin, dass auch fremde Gottheiten verehrt werden; dies zeugt von Toleranz; das Alltagsleben ist durch Götter und ihre Verehrung geprägt ...
Prägend ist der Glaube an einen Gott, den Schöpfer, und an Jesus Christus, seinen Sohn, der alle Menschen liebt und die Menschen in allen Lebenslagen trägt und beschützt ...

Das Pantheon
Das Pantheon, abgebildet ist das Innere als Kupferstich nach einem Gemälde von Giovanni Paolo Pannini (1691/92-1765), ist von ehrfurchtgebietender Größe mitten im Zentrum Roms. Am dreieckigen Giebelfeld des Pantheon steht die Inschrift: »Erbaut von Marcus Agrippa, dem Sohn des Lucius, als er zum dritten Mal Konsul war.« Demnach müsste das Pantheon zu den Thermenanlagen (öffentliche beheizte Badeanlagen) des Agrippa, die sich an dieser Stelle des Marsfeldes befanden, gehört haben und aus dem Jahr 27 v. Chr. stammen. Es ist aber auch bekannt, dass dieser Tempel bei zwei späteren Bränden komplett zerstört wurde. Das heutige Bauwerk wurde von Hadrian 118-125 erbaut. Hadrian ließ einen Tempel bauen, wie es ihn in der antiken Welt noch nie gegeben hatte: Die Menschen standen vor einem Tempel, der sich äußerlich kaum von allen anderen unterschied, weil die neuartige Kuppel von außen nicht zu sehen war. Im Inneren des Gebäudes traf sie der ungewohnte Anblick der Dachkonstruktion. Diese versinnbildlichte das Himmelsgewölbe: Kassetten mit Bronze ausgekleidet und mit Sternen versehen. Am höchsten Punkt öffnet sich die Kuppel für das Licht des Himmels, ein Symbol für die Sonne. In den Nischen standen Götterbilder, denn geweiht war der Raum allen Göttern (»Pan-theon«), insbesondere natürlich den Schutzgottheiten der Herrscherfamilie. Den Betrachtenden wurde so die göttliche Weltordnung, die mit der politischen gleichzusetzen war, vor Augen geführt: Sonne, Himmel, darin die Götter, und der Kaiser mitten unter ihnen – ein Abbild des antiken Weltgebäudes.
Das hohe Ansehen des Pantheons beim Volk behagte den Päpsten späterer Zeit nicht. Schließlich handelte es sich um einen paganen Bau, und das Heidentum war erst mühevoll besiegt worden. Versuche einer Degradierung zur Markthalle misslangen. Schließlich wurde der Bau vom Christentum »adoptiert« und im Jahr 609 – statt allen Göttern – allen christlichen Märtyrern geweiht. Aus den Katakomben (unterirdischen Grabanlagen christlichen Ursprungs in der Nähe der Via Appia), die zu dieser Zeit immer wieder von Plünderungen durch Barbaren bedroht waren, schaffte Bonifaz IV. etwa 28 Wagenladungen mit Gebeinen heran und setzte sie im Pantheon bei.

■ **Vorbilder.** Sch suchen auf der angegebenen Homepage unter den Stichworten zwischen »Aids« und »Zivilcourage« nach Portraits mutiger und engagierter Mitmenschen (z. B. Leah Spitzenpfeil, MITTENDRIN 5/6, S. 60f.).

■ **Lieblingsspruch.** Sch werden nach der intensiven Beschäftigung mit dem Apostel Paulus problemlos den Ausspruch finden, der ihnen am besten gefällt und am besten die Haltung und den Anspruch des Paulus verkörpert.

Weiterführen

■ **Kreuzworträtsel.** Zum Abschluss der Beschäftigung mit Paulus und als Sicherung eignet sich das »Kreuzworträtsel« (**M 7.6, S. 171**). Dabei üben Sch auch das Bibelaufschlagen noch einmal.
Lösung: 1. Apostel, 2. Philipper, 3. Gebote, 4. Onesimus, 5. Gebete, 6. Gnadengaben, 7. Apostelkonzil, 8. Todesgefahr, 9. Timotheus, 10. Herrenmahl, 11. Kephas, 12. Gefängnis, 13. Verheißungen, 14. Sünde, 15. Gewinn, 16. Hymnen; Lösungswort: Apostel der Heiden.

Von Nero zu Konstantin AUSFLUG 116 | 117

Ansetzen

In einer Art »Schnelldurchgang« wird die sich verschärfende Situation der frühen Christengemeinden in Rom und im Römischen Reich dargestellt – bis hin zur systematischen Christenverfolgung. Das Blatt wendet sich mit dem sogenannten Toleranzedikt, das freie Religionsausübung gewährt und die Christen privilegiert.
Zum Thema Christenverfolgung gibt es ansprechendes Unterrichtsmaterial, z. B. B. Gruber/S. Gruber, Das Zusammenleben von Römern und Christen – Minderheiten haben's schwer. Lernzirkel für den Geschichts- und Religionsunterricht der Klassen 5 bis 7, Donauwörth 1997. Vgl. auch »Angst und Vertrauen, Wahrheit und Lüge im Leben der ersten Christen« (Klasse 6), erarbeitet von U. Reutter, in: P. Kliemann/H. Kurz (Hrsg.), Werkstatt RU. Unterrichtsentwürfe für die Sekundarstufe I, Stuttgart 2002 sowie das Heft »Märtyrer« (entwurf 4/2005).
Für die Hand der Kollegin/des Kollegen finden sich Informationen unter »Ansetzen«.

Die Christenverfolgungen

Erste Berichte über die Christenverfolgungen könnten den Eindruck erwecken, das Römische Reich habe jeden Andersgläubigen grausam hinrichten lassen. Dabei waren die Römer sehr tolerant, was die Ausübung der Religionen betraf. Jeder durfte seine eigenen Götter verehren, allerdings nur, wenn er sich auch zu den römischen Staatsgöttern bekannte und sie öffentlich verehrte. Einzige Ausnahme waren die Juden: Sie durften nach ihrem Glauben leben, ohne die römischen Götter anerkennen zu müssen. Da die Christen zunächst als jüdische Sekte galten, hatten sie nichts zu befürchten. Erst nach dem Bruch zwischen Kirche und Synagoge erschienen die Christen dem römischen Staat verdächtig, weil das Christentum einen universalen, alle Volksgruppen übergreifenden Anspruch erhob, der trotz der verschwindend kleinen Anhängerschaft die Grundfesten des universalen Römischen Reiches bedrohte. Die Christenverfolgungen lassen sich in drei Abschnitte gliedern:

1. Im 1. Jh. wurde das Christentum staatlicherseits geduldet oder ignoriert. Unter Nero (54-68) kam es zur ersten großen und sehr grausamen Verfolgung, der auch Petrus und Paulus zum Opfer fielen. Der Kaiser wollte damit seine Schuld am Brand von Rom (64) auf die Christen abwälzen. Die Verfolgung blieb auf die Stadt beschränkt; seitdem wurde den Christen in den folgenden 200 Jahren »Hass gegen das Menschengeschlecht« vorgeworfen, oft vorgeschobener Grund für weitere Verfolgungen. Unter Domitian (81-96) kam es zu einer weiteren Verfolgungswelle, die sich wieder auf Rom beschränkte.
2. Ab etwa 100 n. Chr. galt das Christentum als eigene Religion, die als staats- und menschenfeindlich verfolgt wurde. Rechtsgrundlage war der Briefwechsel zwischen Plinius und Trajan (98-117), in dem Trajan verfügte, dass Christsein an sich strafbar sei und der Angeklagte keine weiteren Verbrechen begangen haben müsse. Dieses Schreiben ging an alle Provinzstatthalter, es kam zu vielen territorial begrenzten Verfolgungen, deren Urheber oft fanatisierte Volksmassen waren. Zwischen 211 bis 244 lebten Christen bis auf wenige kurze Zeiten unbehelligt. Erst zur Tausendjahrfeier Roms 248 wurden sie wieder angefeindet. Militärische Niederlagen, Bedrohungen an den Grenzen, Teuerung und Hungersnot zusammen mit einem aufkommenden Nationalgefühl, das eine Wiederbelebung der alten Religion zur Folge hatte, führten zu neuen Verfolgungen durch die Bevölkerung.
3. Der dritte Abschnitt begann mit Kaiser Decius (249-251), der zum ersten Mal Staatsgesetze zur Ausrottung des Christentums erließ. Er wollte die religiöse Grundlage des römischen Staates wiederherstellen und alle Reichsbürger zur Staatsreligion und zum Kaiserkult zurückführen. Dabei waren die Christen die größte Bedrohung, da sie den Staatskult verweigerten. Decius setzte Sonderkommissionen ein, die den Opfervollzug überwachen und Opferbescheinigungen ausstellen mussten. Die Nachfolger von Decius setzten die Verfolgungen mäßig fort, bis Valerian sie 257 erneut aufleben ließ. Sein Sohn und Nachfolger Gallienus (260-268) nahm die Verfolgungsedikte zurück, sodass die Christen 40 Jahre lang in Frieden leben konnten. Erst unter Diokletian (284-305) setzten die bis dahin blutigsten Verfolgungen in allen vier Reichsteilen ein. Besonders im Orient erreichten sie unter Galerius in den Jahren 305-311 ein nie gekanntes Ausmaß an Brutalität. Trotzdem erkannte Galerius die Nutzlosigkeit seines Kampfes und erließ im April 311 das berühmte Toleranzedikt, das die Verfolgung beendete.

Die sogenannte »Konstantinische Wende«

Die Tatsache, dass den Christen Religionsfreiheit gewährt worden war und dass entsprechend der Mailänder Vereinbarung das Christentum staatlicherseits sogar gefördert wurde, bezeichnet man als »Konstantinische Wende«. Konstantin der Große wurde um 288 als Sohn von Konstantius, Kommandeur der Prätorianer und späterer Kaiser, und seiner Lebensgefährtin, der ehemaligen Stallmagd Helena, geboren. Nach dem Tod seines Vaters (306) wurde Konstantin von den Truppen zum Kaiser ausgerufen. In Rom ernannte man Gegenkaiser und es kam zu Kämpfen zwischen den Regenten. Seinen wichtigsten Sieg errang Konstantin gegen Mitkaiser Maxentius an der Milvischen Brücke (312). Der Legende nach war mit diesem Sieg die Wendung Konstantins zum Christentum verbunden: Lactanz berichtet, Konstantin sei vor der Schlacht im Schlaf ermahnt worden, das Zeichen des christlichen Gottes auf den Schilden der Soldaten anzubringen. Daraufhin lässt der Kaiser das Christusmonogramm anbringen, zieht also nicht mehr unter den heidnischen Schutzgöttern, sondern unter dem Zeichen und Schutz des Christengottes in die Schlacht. Eusebius schmückt in seiner Lebensbeschreibung des Konstantin das Ereignis später so aus, dass dem Kaiser und dem Heer ein Kreuz aus Licht am Himmel mit den griechischen Worten erschienen sei: »Hierdurch siege.« In der folgenden Nacht trägt Christus ihm auf, das Kreuz nachzubilden und als Standarte in den Kampf mitzunehmen, was er auch tut.

Konstantins religiöse Entwicklung hin zum Christentum war sicher ein längerer und komplexerer Prozess, als ihn die Legende schildert – v. a. dürften politische Erwägungen auch eine Rolle gespielt haben. Als sicher kann gelten, dass Konstantin die Überzeugung hegte, mithilfe des Kreuzes über seinen auf römische Götter vertrauenden Gegner gesiegt zu haben, dass deshalb künftig seine Verehrung seinem Schutzgott Christus galt und dass sich auch seine Haltung gegenüber Christen und Kirche ändern musste. So weist er noch im selben Jahr seinen Mitregenten Maximinus an, die Christenverfolgung in den östlichen Gebieten einzustellen, und verfügt die Rückgabe beschlagnahmten Kircheneigentums in Nordafrika.
Er schaffte Kreuzigung und Gladiatorenkampf als Strafe ab, verbot die heidnische Opferschau zur Deutung des göttlichen Willens und der Zukunft sowie einige unsittliche Kulte und ordnete die Feier des Sonntags durch ein Reichsgesetz an (321). Prachtvolle Kirchenbauten unterstrichen das öffentliche Bekenntnis des Kaisers zum Christentum. Er starb 337, nachdem ihm Bischof Eusebius die Taufe gespendet hatte. Nach seinem Tod führten seine Söhne sein Erbe fort. Gratian (375-383) und Theodosius d. Gr. (379-394) erhoben das Christentum schließlich zur allein berechtigten Religion im Römischen Reich. 380 verlangte ein kaiserliches Edikt von allen Untertanen die Annahme der christlichen Religion, der Abfall vom Christentum wurde unter Strafe gestellt. 392 erklärte ein weiteres Edikt die Teilnahme am heidnischen Opferdienst zum Verbrechen. Das Christentum war zur Staatsreligion geworden, die Kirche zur Reichskirche. Viele Christen spürten schon damals die Gefahren, die mit dieser Entwicklung für den Glauben verbunden waren. Sie suchten nach konsequenteren Formen der Nachfolge Christi und fanden sie in Askese und Mönchtum.

Giulio Romano, Kaiser Konstantin erscheint das Kreuz (1520/25)
Das Bild befindet sich in der Sala di Costantino, dem größten Raum für offizielle Empfänge im Vatikan. Der Maler, bürgerlich Giulio Pippi (1499-1546), hat dieses Fresko nach Vorlagen seines Lehrers Raffael gemalt. Es zeigt vier Szenen aus dem Leben des Kaisers Konstantin: Bestimmende Themen sind der Sieg der Christenheit über das Heidentum und der Triumph des »wahren« Glaubens, die in der Erscheinung des Kreuzes, der Schlacht an der Milvischen Brücke, der Taufe Konstantins und der Schenkung Roms dargestellt sind. Papstfiguren und Tugend-Allegorien dekorieren den Raum und das Sockelgeschoss. Unser Foto zeigt die Erscheinung eines Vorzeichens in Form eines Kreuzes, das Konstantin den Sieg über seinen Konkurrenten Maxentius voraussagt, wenn er den Adler auf dem römischen Feldzeichen durch ein christliches Kreuz ersetze.
Das Bild ist auch in der MITTENDRIN-Folienmappe (ISBN 978-3-466-50761-0), Folie 8, zu finden, mit weiterführenden Beschreibungen und Einsatzmöglichkeiten.

Umsetzen

■ **Christenverfolgung heute.** Auch heute werden Menschen wegen ihres Glaubens ausgegrenzt, benachteiligt, ja sogar verfolgt und getötet. Und das gilt auch für Christinnen und Christen. Sch recherchieren im Internet »Christenverfolgung heute« oder unter »Jahrbuch der Märtyrer«.

■ **Gerüchte.** Bei der Ausgrenzung von Menschen wird häufig mit Gerüchten zur Diffamierung dieser Personen gearbeitet. Den Sch wird es nach den Informationen in dieser LL leichtfallen, mindestens drei Fragen (Gerüchte) sachgemäß zu beantworten. In der Podiumsdiskussion gehen Sch noch einmal auf die Vorurteile gegenüber den Christen ein. Informationen über Märtyrerinnen und Märtyrer finden Sch außer in Heiligenbüchern z. B. auch unter www.heiligenlexikon.de.

■ **Legende.** Sch kennen Legenden, z. B. vom hl. Nikolaus und von Martin von Tours. Sie recherchieren in einem Lexikon, was wir unter einer »Legende« (»das [Vor-]Gelesene«) verstehen, und erkennen, dass auch Legenden, die sich nicht so ereignet haben, also historisch fragwürdig sind, Wahres und Treffendes erzählen. Als Hintergrundinformation können auch die Artikel zur Konstantinischen Wende und die Informationen zu der Sala di Costantino dienen.

Weiterführen

■ **Vorzüge und Nachteile der Anerkennung.** Die neue Entwicklung unter Konstantin hatte sowohl Licht- als auch Schattenseiten. Sch bearbeiten dazu den Text »Endlich anerkannt!« (**M 7.7, S. 172**).

Ansetzen

Auch wenn diese LL nur in Auszügen unterrichtet wurde, haben Sch viele Informationen erhalten, viele Personen aus der frühen Christenheit sind ihnen begegnet. Die Talkshow soll all dies noch einmal ins Gedächtnis rufen.

Umsetzen

■ **Abschlussgespräch.** An welche Persönlichkeiten erinnern Sch sich?
Zur Vorbereitung der Talkshow erhalten Sch farbige Zettel, auf die sie eine Person aus der frühen Christenheit schreiben. Das können neben Petrus, Paulus, Kaiser Nero und Kaiser Konstantin auch erfundene Figuren sein, z. B. »Sixtus, ein Heidenchrist aus Antiochia« oder »Justin, ein römischer Verwaltungsbeamter, der angeklagte Christen in Rom verhört und selbst Christ geworden ist«. Auf diesem Zettel wird in ersten Sprechblasen notiert, wie die gewählte Person sich vorstellt und was sie mit dem Christentum verbindet.
Die Personen nehmen dann in einem Stuhlkreis Platz, beschriften ein Namensschild und stellen sich vor.
Die übrigen Sch stehen um den Kreis herum und stellen Fragen.

Kompetenzerwartungen in der LL »Wie alles begann«

Die Tabelle gibt an, welche der im Kernlehrplan konkretisierten Kompetenzerwartungen in dieser Lernlandschaft »Wie alles begann« zentral bedient werden [X] bzw. welche teilweise oder wiederholend angesprochen werden können [(X)]:

INHALTSFELD 1: MENSCHSEIN IN FREIHEIT UND VERANTWORTUNG Die Schülerinnen und Schüler	
Sachkompetenz:	
– erläutern, inwiefern jeder Mensch eine einzigartige und unverwechselbare Persönlichkeit ist, die auf Gemeinschaft hin angelegt und auf sie angewiesen ist; – erläutern die Bedeutung der christlichen Überzeugung, dass der Mensch von Gott geschaffen, geliebt und zur verantwortlichen Mitgestaltung der Schöpfung berufen ist; – erläutern an Beispielen, wodurch das Gelingen menschlichen Lebens gefährdet oder gefördert wird; – zeigen exemplarisch die Schönheit der Schöpfung und ihre Gefährdung auf.	
Urteilskompetenz:	
– beurteilen menschliche Verhaltensweisen vor dem Hintergrund des Glaubens an Gott als den Freund des Lebens; – bewerten Möglichkeiten ökologischen Engagements als Ausdruck und Konsequenz von Schöpfungsverantwortung.	
INHALTSFELD 2: SPRECHEN VON UND MIT GOTT Die Schülerinnen und Schüler	
Sachkompetenz:	
– begründen, warum Religionen von Gott in Bildern und Symbolen sprechen;	(X)
– deuten Namen und Bildworte von Gott;	(X)
– erläutern an Beispielen Möglichkeiten und Schwierigkeiten, Gott darzustellen;	
– zeigen Situationen auf, in denen Menschen sich im Gebet an Gott wenden;	(X)
– zeigen auf, wie Widerfahrnisse des Lebens aus dem Glauben gedeutet werden können;	(X)
– deuten biblische Psalmen als Ausdruck menschlicher Erfahrungen im Glauben an Gott;	
– erläutern den Glauben katholischer Christen an einen Gott in drei Personen.	(X)
Urteilskompetenz:	
– erörtern in Grundzügen Lebenswege glaubender Menschen im Hinblick auf deren Orientierungsangebot.	
INHALTSFELD 3: BIBEL ALS »UR-KUNDE« DES GLAUBENS AN GOTT Die Schülerinnen und Schüler	
Sachkompetenz:	
– erläutern den Aufbau der Bibel;	
– zeigen auf, dass die biblischen Erzählungen Erfahrungen ausdrücken, die Menschen mit Gott gemacht haben;	
– geben exemplarische Glaubensgeschichten des Alten und Neuen Testaments wieder;	(X)
– stellen die Bedeutsamkeit ausgewählter biblischer Frauen- und Männergestalten für die Glaubenspraxis dar;	(X)
– erläutern, dass das Volk Israel seine Glaubenserfahrungen als Familiengeschichte erzählt;	
– weisen an Beispielen die Bedeutung der Bibel im Leben der Kirche nach (u. a. Gottesdienst);	(X)
– begründen, warum die Bibel für Christen als »Heilige Schrift« besondere Bedeutung hat.	
Urteilskompetenz:	
– beurteilen ansatzweise die Relevanz biblischer Glaubenserzählungen für Menschen heute.	(X)

INHALTSFELD 4: JESUS DER CHRISTUS Die Schülerinnen und Schüler	
Sachkompetenz:	
– ordnen Jesus von Nazaret in seine Zeit und Umwelt ein; – benennen Merkmale, die die Zugehörigkeit Jesu zum Judentum verdeutlichen; – erläutern an neutestamentlichen Beispielen, wie Jesus von Gott spricht; – erläutern, dass die Zuwendung Jesu zu den benachteiligten und zu kurz gekommenen Menschen jeder ethischen Forderung vorausgeht; – deuten die bildhafte Rede Jesu an Beispielen; – erklären die Bezeichnung Jesu als Christus als Bekenntnis des Glaubens.	
Urteilskompetenz:	
– erörtern in Ansätzen Ursachen für Konflikte, die Worte und Taten Jesu bei den Menschen seiner Zeit auslösten; – beurteilen an Beispielen, inwiefern Jesus Christus für Menschen heute Bedeutung haben und Orientierung sein kann.	
INHALTSFELD 5: KIRCHE ALS NACHFOLGEGEMEINSCHAFT Die Schülerinnen und Schüler	
Sachkompetenz:	
– erläutern die Entstehung der Kirche aus dem Glauben an Jesus Christus und dem Wirken des Heiligen Geistes;	X
– nennen beispielhaft Aufgaben der sich auf Jesus Christus gründenden Kirche;	X
– erläutern die Bedeutung des Apostels Paulus für die frühe Kirche;	X
– erklären Feste des Kirchenjahres in ihrer Bedeutung;	X
– zeigen die Bedeutung von Sakramenten und ihre Verknüpfungen mit Stationen im Leben eines Christen auf;	
– erläutern, warum und wie katholische Christen Eucharistie feiern;	
– zeigen an Beispielen Gemeinsamkeiten und Unterschiede in der Glaubenspraxis der Konfessionen auf.	X
Urteilskompetenz:	
– erörtern, inwiefern der Einzelne am Leben der Kirchengemeinde teilnehmen und wie er seinen Auftrag als Christ im Alltag realisieren kann.	X
INHALTSFELD 6: WELTRELIGIONEN UND ANDERE WEGE DER SINN- UND HEILSSUCHE Die Schülerinnen und Schüler	
Sachkompetenz:	
– benennen Gemeinsamkeiten und Unterschiede in Glaube und Glaubenspraxis der abrahamitischen Religionen; – beschreiben wichtige Stationen im Leben großer Gestalten der abrahamitischen Religionen; – zeigen Spuren jüdischen und muslimischen Lebens in ihrer Umgebung auf; – erläutern anhand von Erzählungen aus der Abrahamgeschichte die gemeinsamen Wurzeln der abrahamitischen Religionen und deren Bedeutung für das Zusammenleben der Religionen; – zeigen das Bekenntnis zu Jesus als dem Christus als unterscheidend christlich auf.	
Urteilskompetenz:	
– nehmen zu verbreiteten Vorurteilen gegenüber Religionen Stellung.	

Rätsel zur Pfingstgeschichte

Wenn du die markierten Buchstaben in der richtigen Reihenfolge zusammenfügst, erfährst du, wie die Jünger nach dem Pfingstereignis waren.

1. Er redete zu den Menschen.
2. In dieser Stadt waren die Jünger versammelt.
3. Am Ende der Pfingstgeschichte entschließen sich viele dazu.
4. Die Menschen dachten, die Jünger seien ...
5. Davon wurden die Jünger durcheinandergewirbelt.
6. An diesem Fest ereignete sich alles.
7. Die Jünger freuten sich, dass Jesus nicht tot ist, sondern ...
8. Das taten die Jünger nach dem Pfingstereignis bei jeder Gelegenheit.
9. Es war, als wäre das ganze Haus davon voll gewesen.
10. Die Jünger hatten Häuser und Geld ...

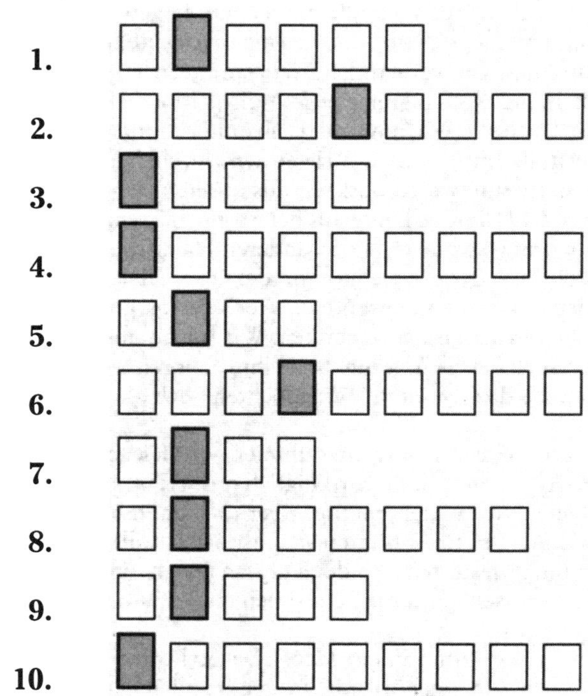

Pfingsten ohne Folgen

Als der Pfingsttag gekommen war, befanden sich alle am gleichen Ort. Sie freuten sich, beieinander zu sein. Am Himmel regte sich kein Lüftchen!
So kam es, dass sie unter sich blieben. Es störte sie keiner – wer sollte sie auch schon stören? Sie frischten Erinnerungen an Jesus auf; sie erzählten sich dies und jenes – und das konnten sie in ihrer eigenen Sprache. Die Fenster öffneten sie nur gelegentlich, um ein wenig zu lüften. In den Straßen um ihr Haus herum tummelten sich an diesem Tag Leute aus aller Herren Länder ... Sie unterhielten sich über vieles, manche auch über Jesus und seine Anhänger: »Man hört nichts mehr von der Sache. Sie scheint sich erledigt zu haben!« Dann wechselten sie das Thema und sprachen wieder über die Schriftauslegung von Rabbi Benjamin am Morgen in der Synagoge. Sie gingen weiter, ohne etwas erlebt zu haben – der Pfingsttag, ein Tag wie jeder andere!
In der kleinen Gruppe aber hielt Petrus eine Rede: »Liebe Freunde in der Erinnerung an Jesus! Inzwischen haben wir uns daran gewöhnt, dass unser Freund Jesus nicht mehr bei uns ist. Von dem Hohen Rat haben wir nichts mehr zu befürchten, denn langsam hat er sich beruhigt. Warum sollten wir von der Sache wieder anfangen? Wir haben unsere Ruhe. Das ist gut so, das soll so bleiben! Dann und wann wollen wir uns treffen, um das Andenken an ihn in Ehren zu halten. Im Übrigen soll alles so bleiben, wie es ist. Das ist für die Beteiligten das Angenehmste. Fremde können in unserer Gruppe nur stören.«
So weit Petrus. Die Jünger trafen sich noch öfters, fingen an sich zu langweilen – und die Mittelmäßigkeit erlebte Höhepunkte. Mit den Jahren starben sie. So ging die Sache Jesu zu Ende. Man redete nicht mehr viel darüber, denn Belanglosigkeiten haben das gleiche Schicksal wie Eintagsfliegen.

- Teile den Text in Einzelszenen auf und gib ihnen Überschriften.
- Vergleiche ihn mit der Erzählung in Apg 2 und halte wesentliche Unterschiede in deinem Heft fest.
- Entwerft in Kleingruppen eine Streitszene zwischen diesen schlaffen, selbstgefälligen Jüngern und den Jüngern in der Apostelgeschichte. Spielt diese Szene.

Für ...

Für ...

Ich wünsche dir
den Heiligen Geist,
wenn du traurig bist,
alleine bist,
mutlos bist.
Ich wünsche dir
den Heiligen Geist,
wenn du dich gestritten hast
und dich nach Versöhnung sehnst,
wenn du dich
ausgeschlossen fühlst
und einen Freund brauchst,
wenn du dich
überfordert fühlst
und Hilfe brauchst.
Ich wünsche dir
den Heiligen Geist.

H. Menne/A. Stuberg-Strehle

Caravaggio, Die Bekehrung des Paulus

- Gestalte das Bild von Caravaggio, indem du dich auf den Einfall des Lichtes konzentrierst.
- Male das Licht in hellen Farben. Überlege: Woher kommt das Licht? Wen/was erhellt es?

Wer mit Paulus auf die Reise geht, der kann etwas erzählen

Informationen und Hinweise zum Würfelspiel
Es ist schwierig, Sch auch nur einen begrenzten Einblick in die wechselvolle Biografie des Paulus zu geben, zumal viele seiner Probleme und Reisestationen heute ihre Brisanz und Bedeutung verloren haben. Auf spielerischem Wege lassen sich wohl am ehesten einige notwendige Informationen vermitteln. Deshalb wird in Verbindung mit einer Nacherzählung ein Würfelspiel angeboten, das sich auch für selbstständiges Arbeiten eignet. Dafür wurden einige wichtige Stationen (10 Städte/Orte) auf dem Lebensweg des Paulus nach unterschiedlichen Kriterien ausgewählt.

Spielanweisungen
Das Würfelspiel wird mit maximal 5 Sch gespielt. Dabei können übliche Spielfiguren verwendet werden.
Als Unterlage dient die Landkarte (**M 7.5c, S. 170**). Sinnvollerweise sollte diese auf Pappe geklebt und laminiert werden. Ebenso wird mit der Spielanleitung und den zehn Info-Karten (**M 7.5 a-b, S. 168f.**) verfahren.

Wer mit Paulus auf die Reise geht, der kann etwas erzählen
Spielanleitung für 3 bis 5 Mitspieler/innen

- Vor Spielbeginn liegen die zehn Info-Karten der Reihe nach geordnet und verdeckt auf dem Tisch.
- Wer eine Sechs würfelt, fängt an uns legt damit die Reihenfolge fest.
- Es wir so lange gewürfelt, bis ein Mitspiele das 1. Info-Feld erreicht.
- Er nimmt die 1. Info-Karte, liest sie lauf vor und legt sie vor sich auf den Tisch.
- Der Reihe nach wird so lange gewürfelt, bis das 2. Info-Feld getroffen wird.
- Mit allen weiteren Info-Feldern und Info-Karten wird ebenso verfahren.

Variante nach mehrmaligem Spielen
Wer eine Info-Karte erwürfelt hat, darf die Mitspieler nach dem Inhalt fragen.
Für jede richtige Antwort gibt es einen Punkt.
Wer nach drei Spielen die meisten Punkte hat, erhält eine Kopie der Landkarte zum Ausmalen und Beschriften.

Spielkarten

[1] **Tarsus**
Tarsus war eine Handelsstadt am Mittelmeer, heute gehört die Gegend zur Türkei. Paulus wurde dort geboren. Seine Eltern waren Juden. Sie gaben ihm den hebräischen Namen Saul (Saulus) und den römischen Namen Paulus.

[2] **Jerusalem**
Für den Juden Paulus war Jerusalem mit dem Tempel eine ganz wichtige Stadt. Er wuchs dort im Haus des berühmten Lehrers Gamaliel auf und lernte in der Tora den Willen Gottes kennen. Wie sein Lehrer wurde er Pharisäer. Voller Eifer setzte er sich für Gott ein. Der würde am Ende der Zeiten seinen Messias schicken, um sein endgültiges Reich zu errichten. Dann erst würde Gott auch die Toten auferwecken. Also konnten die Jesus-Anhänger nicht recht haben, die das alles von Jesus behaupteten. Da musste er, Paulus, eingreifen und diesen Leuten Einhalt gebieten.

[3] **Damaskus**

Die Jesus-Anhänger sagten: Gott hat unseren gekreuzigten Meister auferweckt. Das hatte Paulus nicht glauben können. Aber dann geschieht etwas auf dem Weg nach Damaskus (heute: Hauptstadt von Syrien). Paulus schreibt davon in einem Brief: Gott hat mich Jesus als den Messias sehen lassen. Paulus erhält den Auftrag, den Heidenvölkern zu erzählen: Durch Jesus gehört ihr nun auch zu Gott und zu seinem Volk.

[4] **Antiochia**

In Antiochia gab es schon Jesus-Anhänger. Ein Freund holte Paulus dorthin. Lange lernte er dort zusammen mit der Gemeinde, bis er sich schließlich auf ausgedehnte Predigt-Reisen über Land und Meer begab.

[5] **Korinth**

In Korinth gründete Paulus eine Jesus-Gemeinde. Später hatten die Christen dort Probleme mit dem Glauben an die Auferweckung der Toten. Da schrieb Paulus ihnen einen Brief und erklärte ihnen: »Mit den Juden hoffen wir, dass Gott alle Menschen von den Toten auferweckt, wenn seine neue Welt kommt. Wir, die wir Jesus nachfolgen, glauben aber, dass Gott mit Jesus bereits den Anfang gemacht hat.«

[6] **Athen**

Auf dem Marktplatz von Athen hielt Paulus eine feurige Rede gegen die vielen Götter in den großen Tempeln. Die Athener hatten aber auch einen Altar für einen unbekannten Gott errichtet, den Paulus natürlich kannte. Von ihm, dem einzigen Gott, der Himmel und Erde gemacht hat, und von seinem Sohn, dem Messias Jesus, erzählte er den Athenern.

[7] **Philippi**

In der griechischen Stadt Philippi lernte Paulus die Purpurhändlerin Lydia kennen. Sie ließ sich mit allen, die zu ihrem Haus gehörten, taufen. Die Römer aber warfen Paulus und seinen Freund Silas wegen Aufruhrs ins Gefängnis.

[8] **Ephesus**

In Ephesus wurden Diana, die Göttin der Fruchtbarkeit, und der römische Kaiser als Sohn Gottes verehrt. Die Silberschmiede am Ort verdienten viel Geld mit kleinen silbernen Tempeln und Statuen von der Göttin und dem Kaiser. Immer mehr Epheser hörten aber auf die kleine christliche Gemeinde: »Wir glauben an Gott, den Schöpfer des Himmels und der Erde. Er hat Pflanzen, Tiere und Menschen erschaffen und erhält sie – nicht die Göttin Diana. Jesus ist Gottes Sohn, nicht der Kaiser.« Deshalb gingen bei den Silberschmieden die Geschäfte schlecht und sie demonstrierten.

[9] **Cäsarea**

Paulus wurde von Jerusalem aus als Gefangener in die Hafenstadt Cäsarea im Norden gebracht. Lange Verhöre vor dem Statthalter und anderen Gerichten begannen. Schließlich wurde Paulus als Gefangener weiter nach Rom geschickt.

[10] **Rom**

Hier konnte Paulus noch einmal allen, die es hören wollten, von Gott und seinem Messias Jesus erzählen. Zuletzt wurde er aber für seinen Glauben im Auftrag des Kaisers von römischen Soldaten hingerichtet.

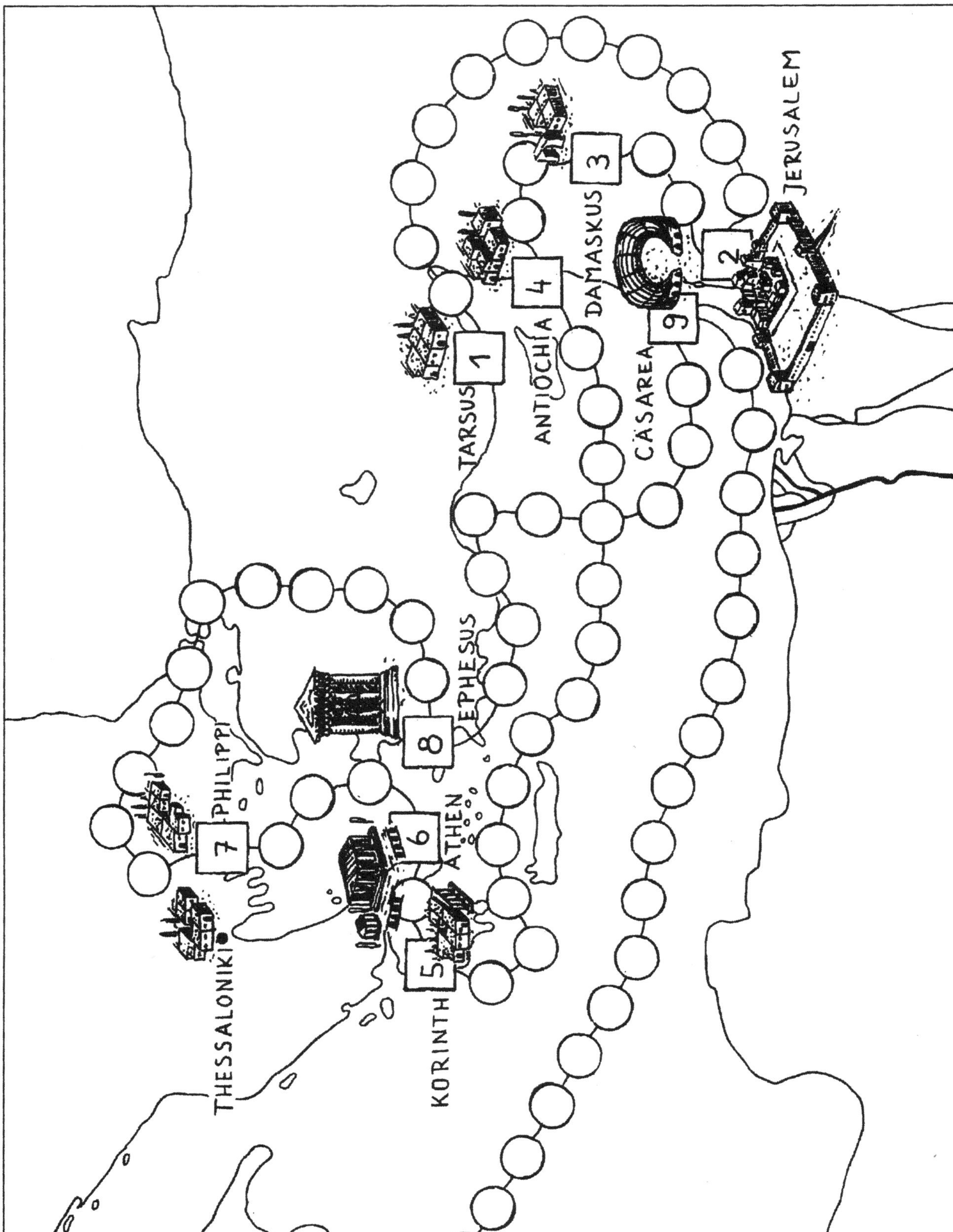
1 TARSUS
2 JERUSALEM
3 DAMASKUS
4 ANTIOCHIA
5 KORINTH
6 ATHEN
7 PHILIPPI
8 EPHESUS
9 CÄSAREA
10 ROM
THESSALONIKI

Kreuzworträtsel zu Paulus

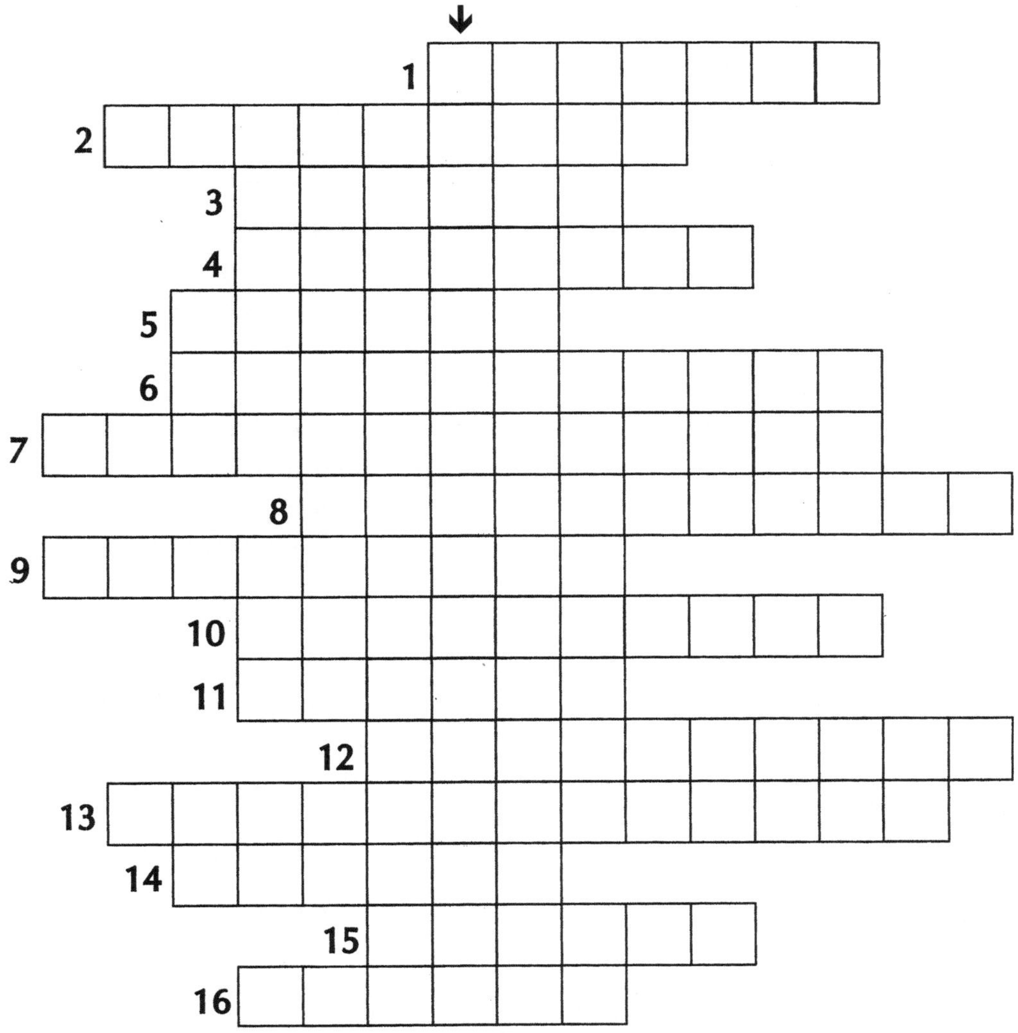

Lösungswort: _ _ _ _ _ _ _ _ _ _ _ _ _ _ _ _

1. Dazu ist Paulus berufen (Röm 1,1).
2. Die Adressaten dieses Briefes (Phil).
3. Sie soll man halten (1 Kor 7,19).
4. Name des Sklaven, der zu Paulus flieht (Phlm).
5. Darin denkt Paulus an die Römer (Röm 1,10).
6. Davon gibt es verschiedene (1 Kor 12,4).
7. Es fand in Jerusalem statt (Gal 2).
8. Darin war Paulus oft (2 Kor 11,23).
9. Mitabsender des Briefes (1 Thess 1,1).
10. Die Gemeinde feiert es nicht richtig (1 Kor 11,20).
11. Der Auferstandene erschien ihm (1 Kor 15,5).
12. Dort ist Paulus (Eph 4,1).
13. Das haben Christen (2 Kor 7,1).
14. Durch das Gesetz kann man sie erkennen (Röm 3,20).
15. Er wird für Paulus zum Verlust (Phil 3,7).
16. Sie sollen die Getauften in ihrem Herzen singen (Kol 3,16).

(Beachte: ß = ss und ä, ö, ü = ae, oe, ue)

Schlagt die angegebenen Stellen in der Bibel nach und füllt das Kreuzworträtsel aus.
Das Lösungswort ergibt das Selbstverständnis des Paulus.

Endlich anerkannt!

Bischof Eulogius, die Diakonin Johanna und der kaiserliche Beamte Lactantius stehen im Jahr 325 n. Chr. vor dem Konstantinbogen in Rom und unterhalten sich über die Ereignisse der letzten 20 Jahre.

Eulogius: Wir können gar nicht dankbar genug sein, dass wir diesen Kaiser haben. Niemals werde ich vergessen, wie uns Kaiser Diocletian im ganzen Reich verfolgen ließ. Dabei haben sie unsere Gotteshäuser zerstört, und wer den Göttern und dem Kaiser nicht opferte, der wurde grausam hingerichtet. Hier könnt ihr noch die Narben von meiner Auspeitschung sehen, als ich damals mit knapper Not dem Märtyrertod entgangen bin.

Lactantius: Ja, es hat sich viel geändert in den letzten zehn Jahren, seit Konstantin die Schlacht gegen Maxentius gewonnen hat und Kaiser geworden ist. Seitdem dürfen wir uns offen zu Christus bekennen. Sogar die Feldzeichen seiner Soldaten tragen jetzt das Christuszeichen.

Johanna: Meiner Meinung nach will Konstantin nur die Christen für sich gewinnen. Er hofft, dass er sich dann keine Sorgen mehr um seine Macht machen muss. Er selbst ist ja noch nicht einmal getauft!

Eulogius: Trotzdem! Wir brauchen uns nicht mehr zu verstecken. Wir können ungehindert und ohne Angst unseren Gottesdienst feiern. Und immer mehr Menschen kommen. Unsere Häuser werden bald zu klein sein. Deshalb dürfen wir jetzt mit kaiserlicher Erlaubnis neue, große und prächtige Kirchen bauen. Konstantin gibt sogar Geld dafür her.

Johanna: Das finde ich auch schön. Aber für mich bleiben Fragen. Sind die Menschen, die sich taufen lassen, wirklich überzeugt von unserem Glauben? Oder meinen sie nur, dass sie im Staat schneller Karriere machen, wenn sie Christen sind?

Lactantius: Sicher gibt es Mitläufer. Aber ich kenne auch sehr viele ernsthafte Christinnen und Christen.

Eulogius: Unser Einfluss im Staat wächst. Und das finde ich gut. Erst kürzlich hat Konstantin die grauenhafte Kreuzigungsstrafe abgeschafft. Und jetzt dürfen auch keine Gladiatorenkämpfe mehr stattfinden. Wer weiß, vielleicht wird bald auch das Los der Sklaven leichter.

Johanna: Das sind viele gute Entwicklungen. Aber es gibt auch genauso viel Schlimmes. Manche Christen haben schnell vergessen, dass sie verfolgt wurden, und verfolgen nun andere! In Ephesus zum Beispiel haben Christen eine Synagoge angezündet und die Behörden haben nicht eingegriffen. In Athen wurden Anhänger der alten Götter verspottet und verprügelt. Das kann man doch als Christ nicht machen!

Lactantius: Dafür schäme ich mich auch! Außerdem fällt mir auf, wie unbescheiden Bischöfe und Priester geworden sind. Sie reisen auf Staatskosten über Land und Priester zahlen keine Steuern.

Eulogius: Das sollte natürlich nicht sein. Aber wir müssen auch sehen, dass wir jetzt endlich die Gelegenheit bekommen haben, das Evangelium von Jesus Christus überall zu verkünden. Viele werden es richtig verstehen, da bin ich mir sicher. Wir müssen uns nur richtig Mühe geben.

- Lest diesen Text mit verteilten Rollen vor (Eulogius, Lactantius, Johanna).
- Sammelt an der Tafel/auf Folie die Vorteile und die Gefahren der neuen Entwicklung.
- Teilt euch in Dreiergruppen auf. Die eine Hälfte der Kleingruppen hält eine flammende Rede in der Gemeindeversammlung, die die Vorzüge beschreibt, die andere Hälfte eine ebenso flammende Rede, die auf die Gefahren der neuen Situation hinweist. Die Reden werden gehalten und evtl. auf Kassette aufgenommen.

8 Feste feiern

Hintergrund

Wir alle leben in verschiedenen Rhythmen und strukturieren unsere Zeit. Meistens werden wir uns unserer Zeit bewusst, wenn sie uns fehlt, selten, wenn wir genug davon haben. Menschen vergangener Tage strukturierten ihre Zeit entsprechend dem jahreszeitlichen Turnus, der eng mit dem Kirchenjahr verbunden war. Heutzutage bestimmen vor allem technische Machbarkeitsvorstellungen und der Kommerz unseren Jahresablauf. Wir fahren bis weit in das späte Frühjahr hinein Ski, auch wenn es nicht schneit, wir essen Erdbeeren im Winter und Weihnachtsgebäck gibt es schon im September zu kaufen. Den Wechsel zwischen Zeiten der Erwartung und solchen des Feierns gibt es kaum mehr, vielmehr gibt es dauernd neue Anlässe zu feiern (z. B. Halloween), aber keine Zeit des Verzichts mehr – das Leben, eine einzige Party. Viele Menschen besinnen sich im Gegenzug darauf, in all dem Überfluss wieder eine Zeit der Einschränkungen und der Besinnung einzuhalten. Die – von evangelischer Seite angestoßene – Aktion »sieben Wochen ohne« findet zur österlichen Bußzeit immer größeres Echo. Menschen besinnen sich in dieser Zeit ihrer »Abhängigkeiten« und reflektieren im zeitweiligen Verzicht auf bestimmte Gewohnheiten ihre Lebensweise und die Selbstverständlichkeit von jederzeit zugänglichen Genussmitteln.
Diese LL stößt zunächst eine Reflexion über den Umgang mit der Zeit an. Sch machen sich Gedanken über ihr persönliches Zeitempfinden in verschiedenen Situationen, über ihren Tages- und Jahresrhythmus und bedenken die Bedeutung von Feiern und Gedenktagen für eine Gesellschaft und für jeden Einzelnen. In diesem Zusammenhang lernen sie die zentralen christlichen Feste Weihnachten und Ostern mit deren jeweiliger Vorbereitungszeit (Advent und österliche Bußzeit) kennen. Sie setzen sich mit den Ursprungsgeschichten dieser Feste auseinander und können sie in den Ablauf des (Kirchen-)Jahres einordnen.

Feste feiern — REISEPROSPEKT 120 | 121

Ansetzen

Auf dieser DS findet sich die Abbildung eines Werbeplakats von einer Uhrenfabrik aus den 1920er-Jahren. Äußerst detailgetreu sind hier verschiedene »Zeitabläufe« abgebildet.
Umgeben von einem nicht nur damals typischen Tagesablauf mit den jeweiligen Uhr-Zeiten geht es im Zentrum dieses Bildes um die Lebenszeit eines Menschen: Das Räderwerk einer Uhr symbolisiert die Maschinerie, in der wir uns – beruflich wie auch in unserer Freizeit – tagein, tagaus befinden. In diese gehen die Menschen morgens hinein (linke Seite) und abends hinaus (rechte Seite). Das Zifferblatt der zentralen Uhr ist mit einem Frauen- und einem Männerkörper gestaltet und weist auf den allmählichen Verfall unserer Körper im Laufe der Zeit hin. Darunter stellen die tanzenden Menschen den »Lebenstanz« dar, zu dem das darunterstehende Skelett (Memento-mori-Motiv) mit seiner Geige aufspielt. Umgeben ist die Mitte von den verschiedenen Mondphasen, die unseren Zeitablauf bis hin zu bestimmten Festen entscheidend geprägt haben und immer noch prägen. Der im äußeren Kreis dargestellte Tagesablauf zeigt ganz unten (unterhalb des Skeletts) den Moment, an dem die Lebenszeit des Menschen abgelaufen ist: seinen Tod. Ganz oben (um 12 Uhr) ist der Zenit im Leben eines Menschen dargestellt, sein »Lebensmittag«.

Umsetzen

■ **Bildbetrachtung.** Den Sch wird hier ein spontaner Bildzugang ermöglicht: Sie können aufschreiben, was ihnen zuerst auffällt. Sie können jedoch auch mit einer kleinen selbst gebastelten Schablone (kleiner viereckiger Rahmen aus Papier oder Pappe) das Bild untersuchen und sich so einige Details näher anschauen. In einer Präsentation zeigen anschließend einige Sch mithilfe des Rahmens den Mit-Sch »ihre« Ausschnitte des Bildes auf Folie und begründen ihre Auswahl.

Im Plenum erfolgt dann die gemeinsame Bildbetrachtung, bei der die verschiedenen Einzelaspekte zusammengetragen und ggf. durch L ergänzt werden. Gemeinsam mit den Sch werden die im Bild verwendeten Bilder für die (Lebens-)Zeit besprochen und im Hinblick auf ihre Treffsicherheit für die Jugendlichen beurteilt. Gibt es heutzutage neue Symbole oder Bilder für unsere Zeit? Welche sind für Sch ansprechender und warum?

■ **Deine Zeit.** Nun können Sch ihre eigene Uhr gestalten. Vielleicht verwenden sie dabei einige der auf dieser Seite gebrauchten Symbole oder sie finden neue. Für diesen AA sollte den Sch genügend Zeit gegeben werden – eine Präsentation ihrer Ergebnisse darf nur auf freiwilliger Basis erfolgen.

Alles hat seine Zeit AUSFLUG 122 | 123

Ansetzen

Im ersten Ausflug geht es allgemein um das Thema »Zeit«: wie unterschiedlich unser Zeitempfinden einmal im Hinblick auf verschiedene Beschäftigungen, aber auch in individueller Hinsicht ist. Verschiedene Übungen auf dieser Seite regen zu einer Auseinandersetzung damit an. Ein Gespräch über die gemachten Erfahrungen kann in die Erkenntnis münden, dass unser Zeitempfinden Ausdruck einer bestimmten kulturellen Prägung ist. O. G. Klein beschreibt (in: Psychologie heute 7/07, 26) unser – kulturell bedingtes – Zeitempfinden als sehr widersprüchlich: Einmal sprechen wir über die Zeit wie über ein Ding, über das wir verfügen können (sparen, beeinflussen, gestalten etc.), dann wieder empfinden wir uns als deren Opfer, weil sie etwas mit uns tut, über uns hinweggeht, uns in (Zeit-)Not bringt etc. Beides trifft seiner Ansicht nach nicht zu, vielmehr sind wir ein »Teil der Zeit und die Zeit ein Teil von uns«. Er beschreibt zwei gängige Zeitmodelle: das lineare und das zyklische. Das erstere entstammt der jüdisch-christlichen Tradition, die uns sehr geprägt hat. Hierbei erleben wir die Zeit eher als Zeitstrahl von der Vergangenheit über die Gegenwart bis hin zur Zukunft. Dies fördert eine Haltung, dass die Zeit gut zu nutzen sei, dass Ziele erreicht werden müssen und ich schneller als andere sein muss. Das zyklische Zeitmodell impliziert nicht mehr unbedingt Ziele, die zu erreichen sind. Vielmehr geht es um das Eingebundensein in bestimmte Prozesse, die u. a. von der Natur vorgegeben sind. Sehe ich mich als Teil solcher Prozesse, gewinnt die Gegenwart und ihre Lebensqualität und nicht die Zukunft an Bedeutung.
Klein sieht unseren permanenten Mangel an Zeit in einem weiteren Zeitkonzept begründet. Dies zeigt sich darin, dass wir sagen: »Die Zeit vergeht.« Eher sollten wir einen Einstellungswechsel vornehmen, indem wir uns klarmachen, dass »die Zeit entsteht«, also immer wieder ein neuer Tag vor uns steht.
Auf der DS geht es weiterhin um das Empfinden von Zeitqualität: Die Soap »Gute Zeiten – schlechte Zeiten« lief lange erfolgreich im Privatfernsehen. Dass beides zum Leben dazugehört, ist den Sch sicherlich klar. Ungewohnt ist, dass Sch hier angehalten werden, sich auch die schlechten Zeiten, die man zwar ganz gern bei anderen mit verfolgt, aber bei sich selbst gerne verdrängt, vor Augen zu halten. So erfahren Sch, dass beides sich in der Zusammenschau relativieren kann.

Umsetzen

■ **Lieblingssatz.** Die Auseinandersetzung mit dem Text von Kohelet zeigt den Sch, dass bereits vor Tausenden von Jahren das Erleben von Zeit ein Thema war. Der AA regt dazu an, sich »seinen Satz« herauszusuchen und sich so über die eigene Zeit Gedanken zu machen. Vielleicht kann ein solcher (Teil-) Satz ein Motto für die nächsten Wochen oder sogar für das laufende Schuljahr werden.

Weiterführen

■ **Zeitnot.** Das Problem der Zeitnot wurde bisher noch nicht explizit in den Blick genommen. Gerade Gymnasialschüler haben jedoch häufig einen vollen Wochenplan und leiden nicht selten unter Stresssymptomen. Wird dies im Unterricht thematisiert, wären die für Jugendliche umformulierten Tipps für einen besseren Umgang mit der Zeit »Alle Zeit der Welt« (**M 8.1, S. 186**) sehr hilfreich.

■ **Zeitverschwendung.** Ein Klassiker zum Thema »Zeit« ist die Szene aus dem Jugendbuch »Momo«, in der ein »grauer Herr« dem Friseur, Herrn Fusi, seine Zeitverschwendung vorrechnet (**M 8.2, S. 187f.**). Mehrere methodische Möglichkeiten bieten sich hierfür an: Sch können die Szene verändert nachspielen, indem sie Herrn Fusi anders auftreten und argumentieren lassen. Anschließend machen sie sich Gedanken darüber, was sie als vergeudete Zeit ansehen und welche Zeiten für sie gut genutzt sind. Hierbei können Kriterien für eine Beurteilung gesammelt werden.

■ **Mein Zeitmanagement.** Alternativ zum Jugendbuchtext können Sch einen Fragebogen zu ihrem Zeitmanagement ausfüllen.

■ **Lied.** Das Lied »Ausgang und Eingang« macht abschließend deutlich, dass die Zeit ein Geschenk ist, das Sch als Gabe und Aufgabe zugleich sehen können.

Zeit zum Feiern AUSFLUG 124 | 125

Ansetzen

Hier geht es um den Jahreskreis, der nicht nur durch die Jahreszeiten, sondern auch durch Feste und Gedenktage strukturiert wird. Feiern waren für den Menschen früher – gerade in Zeiten der Entbehrung – als positive, lebensbejahende »Highlights« von elementarer Bedeutung. Unvergessen sind z. B. die – auch verfilmten – Weihnachtsfeiern in den Schützengräben an der Kriegsfront im Zweiten Weltkrieg. Heute hat eine Feier ihren »Kontrastcharakter« zum Alltag verloren, da der Lebensstandard insgesamt sehr gestiegen ist und es zu Festen keines besonderen Anlasses mehr bedarf. Umso wichtiger ist eine Reflexion darüber, was ein Fest zu etwas Besonderem macht und aus welchen Anlässen man gerne feiert.
Die Bedeutung von Gedenk- bzw. Jahrestagen hat sich aus dem kirchlichen Bereich (Abschaffung religiöser Feiertage, geringere Bedeutung des Namenstages) mehr in den öffentlich-politischen bzw. privaten Bereich verlagert. So gedenken wir als Volk wichtiger geschichtlicher Ereignisse und feiern Jahrestage von Beziehungen, Ehen oder Geburtstage in der Regel sehr aufwendig. Außerdem ist ein klarer Trend zu öffentlichen Feiern gerade bei Jugendlichen festzustellen. War eine Silvesterfeier früher ein privates Fest, so gehen heute Menschen massenhaft auf die Straße, um gemeinsam mit Unbekannten zu feiern und ein ganz neues Gemeinschaftsgefühl zu erleben. Eine spezielle Form von solchen öffentlichen Feiern sind die Straßenpartys und Autokorsos anlässlich von Fußballereignissen.

Umsetzen

■ **Mein Jahr.** Beim Gestalten eines eigenen Jahreskreises bekommen Sch die Gelegenheit, sich in Ruhe Gedanken über die (Zeit-)Struktur ihres Jahresablaufs zu machen. Als Vorlage können Sch Kopien von »Mein persönlicher Jahreskreis« (**M 8.3, S. 189**) verwenden.
Ausgehend vom abgebildeten Jahreskreis, dessen Bildsymbole zunächst gedeutet werden, können Sch entweder diese in ihren eigenen Jahreskreis übernehmen oder eigene Symbole erfinden. In KG können sich Sch anschließend ihre Jahreskreise vorstellen und ihre jeweilige Farbgestaltung begründen.

■ **Ein Fest feiern.** Ausgangspunkt für diesen AA könnte die Beschreibung des schönsten Festes durch einzelne Sch sein. Hierbei können bereits Kriterien bzw. Elemente eines gelungenen Festes gesammelt werden. Auch eine Filmszene mit einem Fest oder die Beschreibung eines Festes im Buch eignet sich als Einstieg.
Nun tragen Sch »Festanlässe« – auch fakultative – in ihren Jahreskreis ein.

■ **Farb- und Formsymbolik.** Mit diesem Impuls und dem Lerngang »Gestalten« können Sch ihre Methodenkompetenz im Hinblick auf bildnerisches Sehen und Gestalten erweitern. Nach der gemeinsamen Lektüre des Textes »Farbe und Form« (kann auch bereits vor der Gestaltung des eigenen Jahreskreises erfolgen und dann darauf angewendet werden) wenden Sch ihr neues Wissen auf ein Bild von Arnulf Rainer an (MITTENDRIN 5/6, S. 105).
Den verschiedenen Farbnuancen von Rot und Gelb können unterschiedliche Bedeutungen zugeordnet werden wie Leidenschaft, Begeisterung, Leuchtkraft. Der kräftige rote, von Schwarz durchsetzte Fluss, der seinen Ausgangspunkt in dem Klecks (einem Ereignis?) links oben nimmt und dann schwer und kraftvoll nach unten fließt, könnte eine Entsprechung zur Passion Jesu sein (Schwarz für die Trauer; Rot für sein vergossenes Blut). Begleitet wird er von einem warmen gelben Schleier, der sich seiner Form anpasst und ihm einen Hintergrund gibt: Sinnbild für Gott, der Jesu Wirken in der Welt immer begleitet hat? Sowohl der »rote Fluss« als auch der »gelbe Schleier« fließen weiter (über den Bildrand hinaus) und streuen ihre Farben auch nach rechts in die ehemals weiße Bildhälfte hinein. Nun kann der Bildtitel »Pfingsten« mit diesen Beobachtungen in Beziehung gesetzt werden.

Weiterführen

■ **Unser Jahreskreis.** Neben den persönlichen Jahreskreisen kann ein Jahreskreis für die Klasse oder Religionsgruppe angefertigt werden. Darin werden für Sch wichtige Zeiten und Ereignisse wie Ferien, Ausflüge oder Klassenarbeiten eingetragen. Selbstverständlich erhalten die Daten eine entsprechende farbliche Gestaltung.

■ **Geburtstagskalender.** Die Lerngruppe fertigt einen »Klassengeburtstagskalender« an. Sch gestalten hierbei ein je eigenes DIN-A3-Kalenderblatt, auf das sie groß das Datum ihres Geburtstags schreiben. Neben dem eigenen Namen schreiben Sch darauf einen Spruch, der aus einer von L vorgelegten Spruchsammlung ausgewählt wurde. Hier bietet sich das Zusammenstellen einer Auswahl von Sprüchen (Sprichwörter, Bibelsprüche, Zitate aus Liedern und Gedichten usw.) in einem Zettelkasten an. Sch stellen »ihren« Spruch der Gruppe vor. Dann werden die Kalenderblätter individuell gestaltet und ausgeschmückt. Die Blätter können entweder in chronologischer Reihenfolge aufgehängt werden oder es wird immer nur das Blatt des Kindes aufgehängt, das als nächstes Geburtstag hat.

■ **Klassenfest.** Auch die Gestaltung eines gemeinsamen Festes bietet sich in diesem Zusammenhang an. Über Anlass, Rahmen etc. muss verhandelt werden (vgl. »Wir planen ein Klassenfest«, MITTENDRIN 5/6, S. 66).

■ **Kreativ gestalten.** Sch malen ein Bild (evtl. zu einem Fest), in das sie ihre Erkenntnisse zu Farb- und Formsymbolik einfließen lassen.

Warten auf Weihnachten AUSFLUG 126 | 127

Ansetzen

Auf dieser DS geht es um die Gestaltung der Advents- und Weihnachtszeit. Die Adventszeit hat weitgehend ihren Vorbereitungscharakter auf Weihnachten verloren. Die Menschen werden ab Ende November permanent mit weihnachtlichen Accessoires konfrontiert. Geschäfte, Fußgängerzonen und Wohnzimmer sind voll mit Weihnachtsdeko, selbst in den meisten Schulen steht im Advent bereits ein Weihnachtsbaum. Lediglich Adventskalender und Adventskranz verweisen noch auf den Advent als Wartezeit, wobei der Inhalt der meisten Adventskalender mit vielen kleinen Geschenken bereits ein vorweggenommenes Weihnachten ist. Zahlreiche »Weihnachtsfeiern«, die schon ab Anfang Dezember begangen werden, stellen Weihnachten selbst in eine Reihe von zahllosen Festen, deren Höhepunkt es dann darstellen soll. Noch Anfang des 20. Jh. war die Adventszeit eine Fastenzeit, in der die Menschen neben dem Verzicht auf opulentes Essen auch nicht tanzen und feiern durften.
Auf der anderen Seite ist die Spendenbereitschaft der Deutschen in dieser Zeit hoch wie nie. Viele nehmen Weihnachten zum Anlass, einmal wieder an diejenigen zu denken, denen es nicht so gut geht.

Umsetzen

■ **Adventskalender.** Bei der Gestaltung des Adventskalenders werden die auf der Seite erläuterten Gedenktage mit berücksichtigt. Aus dem Beispiel der erwähnten Heiligen lassen sich zusätzlich eigene Handlungsideen entwickeln. Wie beim Jahreskreis kann auch hier ein »Klassen-Adventskalender« erstellt werden, der die gemeinsame Adventszeit begleitet.

■ **Die alte Frau.** Mit dem Text »Auch ein Weihnachtsabend« soll der Blick der Sch auf diejenigen gerichtet werden, für die Weihnachten mit Einsamkeit und Trauer verbunden ist. Den Sch kann daran deutlich werden, wie exklusiv unser »Fest der Liebe« bzw. »der Familie« sein kann. Sie lernen, sich in andere Menschen hineinzuversetzen, und gewinnen so an Empathie. Als Alternative zur zweiten Aufgabe des AA bietet sich auch die Anfertigung einer Tabelle an, in der der Weihnachtsabend, wie ihn die alte Frau früher gefeiert hat, mit dem hier beschriebenen Ablauf verglichen wird.
Statt einer Tabelle können Sch auch zwei Bilder malen, in denen jeweils eine Szene vom Weihnachten, das die Frau in ihrer Kindheit gefeiert hat, und ihrem heutigen Weihnachtsabend dargestellt wird. Sch sollen hierbei besonders auf die zu verwendenden Farben achten.

■ **Advent und Weihnachten feiern.** In der Regel tauschen Sch sich gern über ihre heimischen Advents- und Weihnachtsbräuche aus. Zu Hause (oder im Internet) können sie sich dann über Entstehung und Hintergrund dieser Bräuche informieren. Das Plakat ist Grundlage für ein UG über diese besondere Zeit, in der so viele Bräuche lebendig werden. Neben den Unterschieden werden die Gemeinsamkeiten herausgearbeitet und somit auf den Sinn von Weihnachten verwiesen.

Adventsfeier. Da in sehr vielen Schulen schon das Doppelstundenmodell eingeführt ist, gibt es in der letzten Schulwoche ausreichend Zeit für eine Adventsfeier. Vielleicht ist es möglich, bereits im Vorfeld ein Programm dafür zu erstellen (mit einer ausgewogenen Kombination von Sch-Beiträgen und Phasen, in denen die Kinder Zeit füreinander haben), damit die Feier nicht etwas Beliebiges bekommt. Außerdem können Sch Überlegungen anstellen, wie sich ihre Adventsfeier von anderen Feiern unterscheiden soll.

Weiterführen

Nikolaus statt Weihnachtsmann. Ausgehend von dem Button »Weihnachtsmannfreie Zone« können Sch sich über die Produktion des »echten« Schokoladen-Nikolauses in der Diözese Rottenburg-Stuttgart, der als Bischof Mitra und Bischofsstab trägt und sich so vom gängigen Weihnachtsmann absetzt, informieren. Die Aktion »Mein Name ist Nikolaus – Sankt Nikolaus« wurde initiiert von der Hauptabteilung Medien und Öffentlichkeitsarbeit der Diözese Rottenburg-Stuttgart (fmpr@bo.drs.de); der Verantwortliche steht sicher für ein (Telefon-) Interview zur Verfügung oder stellt Informationsmaterial bereit.

Stille Nacht, einsam wacht. Sehr beeindruckend für Sch ist das Gespräch mit jemandem, der am Weihnachtsabend ein Fest mit Menschen organisiert, die niemanden zum Feiern haben. Ob Weihnachten für Fernfahrer oder für Menschen, die keinen festen Wohnsitz haben – es gibt an Heiligabend zahlreiche kirchliche Angebote für Einsame. Sch könnten einen solchen ehrenamtlichen Mitarbeiter interviewen und sich im Anschluss darüber Gedanken machen, wie sie selbst Weihnachten für Menschen, denen es schlechter geht als ihnen, schöner gestalten könnten.

Andere Länder, andere Sitten. Der Vergleich der eigenen Weihnachtsbräuche mit denen aus anderen Ländern trägt zur Horizonterweiterung der Sch bei. Der Text »Weihnachtsbräuche international« (**M 8.4, S. 190**) eröffnet den Sch einen Blick nach Italien und Frankreich.

Weihnachtsstress. Mit der Hektik, die heutzutage immer mehr in der Vorweihnachtszeit ausbricht, können sich Sch gut anhand der Karikatur »Das Weihnachtschaos« (**M 8.5, S. 191**) auseinandersetzen.

Die Zeit steht still

AUSFLUG

128 | 129

Ansetzen

Der genaue Geburtstag von Jesus ist unbekannt, vermutlich wurde er zwischen 7 und 4 vor unserer Zeitrechnung, die aus dem 6. Jh. stammt, geboren. Unser heutiges Weihnachtsfest wurde im 4. Jh. eingeführt. Damals war das Christentum gerade im Römischen Reich Staatsreligion geworden. Das Fest der Geburt Jesu wurde auf den Tag der Wintersonnenwende und somit des römischen Sonnengottes »Sol invictus« gelegt. Vermutlich wurde Jesus in Nazaret geboren und Betlehem deshalb als Geburtsort genannt, weil David aus Betlehem stammte und Jesus so als der in Mi 5,1ff. angekündigte neue David und Messias eingeführt werden konnte. Lukas vermittelt in seiner Geschichte von der Geburt Jesu also Mehrfaches:
- Jesus wurde in einer Zeit geboren, als Römer das Land beherrschten.
- Jesus ist der erwartete Messias: Er wurde in Betlehem geboren, der Stadt Davids.
- Um seine Geburt ranken sich ganz besondere Umstände.
- Dieser Messias ist einer für alle – zuerst erfahren Hirten, einfache Leute, von seiner Geburt.

Umsetzen

Die Weihnachtsgeschichte. Mehrere Methoden sind denkbar, um sich mit den Sch der Weihnachtsgeschichte anzunähern:
Der Text wird einmal gemeinsam gelesen. Danach suchen Sch je für sich ein bis drei Wörter, die ihnen am meisten auffallen, und schreiben diese auf Kärtchen. Die Karten werden von Sch einzeln an die Tafel gehängt, wobei Sch erklärt, warum er diese Wörter gewählt hat. Abschließend werden verwandte Begriffe einander zugeordnet und Interpretationsversuche angestellt.
L schreibt im Vorfeld zentrale Begriffe der Weihnachtsgeschichte (mehrfach) auf Karten und verteilt diese im Raum. Sch gehen bei leiser Musik umher und nehmen sich eine Karte, wenn die Musik endet. Nun treffen sich Sch in kleinen Gruppen und erklären sich gegenseitig, warum sie diesen Begriff genommen haben. Möglich wäre auch, dass sich diejenigen mit den gleichen Begriffen treffen, um sich auszutauschen. Anschließend wird die Weihnachtsgeschichte nur bestehend aus den gewählten Begriffen in chronologischer Reihenfolge noch einmal laut gelesen. Wie ist die Wirkung? Fehlt Wichtiges?

■ **Kunst nachspüren.** In diesem Bild, das zu Rembrandts Spätwerk gehört, geht es nicht um die genaue Darstellung der Ereignisse zur Geburt Jesu. Die Malweise macht vielmehr einen unscharfen und fast unfertigen Eindruck. Der Künstler will vielmehr das Innerliche dieses Vorgangs in Szene setzen. Die Details treten zurück und die warmen Goldfarbtöne werden zum Träger des seelischen Ausdrucks. (Eine kurzweilige Einführung in die Bilddidaktik: Reinhard Hoeps (Hg.), Sehen lernen mit der Bibel. Bildkommentar zu Meine Schulbibel, München 2003.)

Rembrandt van Rijn, Geburt Jesu (1646)
Die einzige Lichtquelle in diesem Bild befindet sich links unterhalb der Bildmitte. Der neugeborene Jesus strahlt und beleuchtet wie ein wärmendes Feuer die Menschen, die sich um ihn herum versammelt haben. Maria »reflektiert« diesen Lichtschein am hellsten, dann nimmt – je nach Entfernung von Jesus – die Lichtintensität ab. Der Ausdruck der Hirten reicht von völliger Überraschung über Ergebenheit bis hin zu gemäßigtem Interesse am Geschehen. Der stehende Hirte hält seine Hand so, als wärme er sich an dem, was von der kleinen Gruppe um Jesus ausgeht.

■ **Eigene Weihnachtsbilder.** Für die Gestaltung von Weihnachtsbildern, die über das rein Plakative hinausgehen, bedarf es einer Vorbereitung und Hinführung der Sch. So sollten sie sich bereits mit dem Thema beschäftigt haben und mit den Aussageabsichten des Evangelisten Lukas vertraut sein. Es wäre denkbar, dass jeder Sch in sein Weihnachtsbild den vorher von ihm gewählten Begriff integriert, sozusagen als Bildmotto. Ebenso kann ein Bildausschnitt aus der »Anbetung der Hirten« (z. B. die Figurengruppe mit Maria, Josef, Jesus und evtl. den davor knienden Hirten) als Kopie von Sch in ein eigenes Weihnachtsbild oder auch in eine kontrastierende (moderne) Umgebung gestellt werden.

Weiterführen

■ **Leerstellen ausfüllen.** Sch versetzen sich in die Perspektive von Maria, Josef oder einem der Hirten und beschreiben das Ereignis aus deren Sicht.

■ **Von Weihnachten erzählen.** Sch können für die geplante Adventsfeier ihre Lieblingsweihnachtsgeschichte mitbringen und sie ihren Mitschülern vorstellen.

■ **Weihnachten im Gottesdienst feiern.** Sch bereiten gemeinsam einen Weihnachtsschulgottesdienst vor, in dem sie das zum Ausdruck bringen, was Weihnachten für Jugendliche heute sein könnte. Denkbar ist auch die Vorbereitung sogenannter »Frühschichten im Advent« (in Kooperation mit der Schulpastoral).

Die Leidenszeit Jesu

AUSFLUG

130 | 131

Ansetzen

Diese DS soll einerseits zur Beschäftigung mit der Passion Jesu anregen, auf der anderen Seite wird verdeutlicht, wie sich die Dramaturgie der Passion in der Liturgie der Karwoche niederschlägt. Nach den Auseinandersetzungen mit Pharisäern und Schriftgelehrten, seinem für viele anmaßend erscheinenden Umgang mit dem jüdischen Gesetz und vor allem nach dem von ihm im Jerusalemer Tempel entfachten Tumult (»Tempelaktion«) musste Jesus klar sein, wie brisant sein Aufenthalt in Jerusalem war. Er stellte sich bewusst den Konflikten und verdeutlichte dadurch seinen Anspruch darauf, der erwartete Messias zu sein.
Die angeheizte Stimmung in der Zeit vor dem jüdischen Pessachfest, das an die Befreiung aus Ägypten erinnert, förderte sicherlich die Tatsache, dass Jesu Botschaft als sehr provokativ und seine Aktion am Tempel als höchst gefährlich eingestuft wurden. So kam es zu den Ereignissen, die in allen vier Evangelien sehr ausführlich beschrieben sind und die in einer Hinrichtung am Kreuz enden, der damals grausamsten und qualvollsten Todesstrafe, die rebellischen Sklaven und politischen Aufrührern vorbehalten war.
In der Regel ist den Sch die Liturgie der Karwoche nicht vertraut. Parallel zu den in den Evangelien geschilderten Geschehnissen wird auf dieser DS deutlich, wie die Gläubigen sich in Brauchtum und Liturgie daran erinnern und welche Bedeutung eine solche Erinnerung für ihr Leben haben kann. Es geht darum, die Dramaturgie mit ihrer Zuspitzung der Ereignisse herauszuarbeiten und die Rollen der jeweils Beteiligten zu verdeutlichen.

Umsetzen

■ **Leiden und Sterben Jesu.** Für diesen AA empfiehlt es sich, die Passion aus einem Evangelium im Ganzen zu lesen (z. B. aus: Meine Schulbibel. Ein Buch für Sieben- bis Zwölfjährige, München u. a. 2003, S. 110-124 in der Markuschronologie). Begleitend können die jeweiligen Stationen der Karwoche mit den Sch besprochen werden. So entstehen allmählich die beiden Zeitleisten. Denkbar ist es auch, den Impuls in vier KG erledigen zu lassen und anschließend die »Stationen«, versehen mit ähnlichen oder anderen Symbolen (MITTENDRIN 5/6, S. 130) in ein gemeinsames Plakat, evtl. in eine Wegform, zu integrieren.

■ **Der Isenheimer Altar.** Nach einer spontanen Bildbetrachtung können Sch mit einer kleinen Schablone zunächst nur die Hände der abgebildeten Figuren betrachten und beschreiben. Daraus ließe sich eine Bildinterpretation erstellen.
Das Bild des Gekreuzigten kann auch mit anderen Kreuzesdarstellungen verglichen und so daraus eine Aussageabsicht des Künstlers erarbeitet werden. Die Adjektive der Sch zu verschiedenen Bildern werden nebeneinandergestellt und dienen der Annäherung an das jeweilige Werk.

Der Isenheimer Altar
Das Hauptwerk von Matthias Grünewald entstand wahrscheinlich in den Jahren 1505 bis 1516 für die Kirche des Antoniter-Ordens von Isenheim, einem Dorf, etwa 20 Kilometer südlich von Colmar. Der Orden kümmerte sich um Menschen, die vom sogenannten »Antoniusfeuer«, einer vom Mutterkorn-Pilz am Roggenkorn verursachten Erkrankung, befallen waren. Der Flügel-/Wandelaltar mit seinen großen Bildtafeln sollte den Leidenden das Mit-Leiden und die Erlösung von ihrem Leiden durch Jesus vor Augen führen.
Auf dem abgebildeten Mittelbild des geschlossenen Altars steht eindeutig der Gekreuzigte im Zentrum. Er ist als Hauptfigur viel größer dargestellt als die anderen Personen. Alle Figuren, die sich vor einem dunklen Hintergrund befinden, werden von einem Licht angestrahlt, das von der rechten Seite außerhalb des Bildes zu kommen scheint. An den Figuren unter dem Kreuz zeigt sich die Absicht Grünewalds, mit dem Bild mehr als Historisches darzustellen. Neben Johannes, der Mutter Jesu und Maria von Magdala, von denen die Evangelien im Zusammenhang mit der Kreuzigung Jesu erzählen, steht rechts Johannes der Täufer, der zu diesem Zeitpunkt bereits tot war, mit einem Lamm zu Füßen. Auffällig ist bei allen abgebildeten Figuren die Haltung ihrer Hände. Dadurch, dass der Maler beim gekreuzigten Jesus und bei Johannes dem Täufer die Hände auch überproportional groß gemalt hat, zeigt sich die besondere Bedeutung, die den Händen zukommt. So können die ineinander verschlungenen Hände der Maria von Magdala als Verzweiflung angesichts von Leiderfahrung gedeutet werden, die ineinandergelegten Hände von Maria als Annahme des Leidens. Der übergroße Zeigefinger des Täufers, mit dem er auf Jesus deutet, verweist den Betrachter, den Kranken, auf Jesus: »Schau auf Jesus und sein Leiden: Er ist auch für dich gestorben.«
Und auch bei Jesus sprechen die Hände: Sie sind eigenartig verdreht, die Finger recken sich nach oben, die Handflächen liegen fast oben auf dem Querbalken des Kreuzes. Sie bilden mit den Fingern eine Form, die den Kopf des Nagels zu umschließen scheint, wie eine Schale – ganz so, als hätte Jesus sein Leiden angenommen und als würde er Gott sein Leiden als Opfer anbieten.
Indem Johannes der Täufer auf ihn hinweist, deutet er für den Betrachter eine Möglichkeit an, mit dem eigenen Leiden umzugehen und es so letztlich zu tragen und zu besiegen.

Weiterführen

■ **Kreuzweg.** Es empfiehlt sich die Betrachtung eines Kreuzweges, am besten »vor Ort«, in einer nahe gelegenen Kirche. Noch eindrücklicher wäre es, gemeinsam einen Kreuzweg, wie er zu vielen Wallfahrtskirchen emporführt, zu begehen. Sehr eindrucksvoll ist für Kinder und Jugendliche das Betrachten der vielen Votivtafeln, Bitt- und Dankbriefe und Dankesgaben in Kirchen bzw. Kapellen. Das Erfahren von Leid und der gläubige Umgang damit müsste anschließend mit der Gruppe besprochen werden.

■ **Interview.** Die Befragung von älteren Menschen (Großeltern), wie sie früher die Karwoche begingen und welche Bedeutung diese Tage für sie hatten, kann den Sch verdeutlichen, dass die Erinnerung an Jesu Leiden und Sterben für viele Menschen eine Hilfe ist, ihr Leben zu bewältigen.

■ **Ein reales Geschehen.** Die Passionsgeschichte bietet zahlreiche Symbole und Gegenstände, die für eine Annäherung an den Leidensweg Jesu genutzt werden können: Unter ein großes Tuch können folgende Gegenstände gelegt werden: Geißel (einfache Lederriemen an einem Stock befestigen), Nägel (in einer Schachtel), Dornenkrone, Schwamm, weißes Tuch (für das Leichentuch), großer Stein, Strick, Kreuz, Hahn (Plastikfigur) oder Feder, Beutel mit Kleingeld, Brot, Flasche Wein, Würfel, Lamm (Plüschtier). Sch erfühlen blind einen Gegenstand. Wenn sie ihn erkannt haben, holen sie ihn hervor und erklären zunächst, was ihnen zu diesem Gegenstand einfällt, danach stellen sie den Zusammenhang her, den dieser mit Jesu Leiden hat. Anschließend wird die Passion gelesen und an der passenden Stelle der jeweilige Gegenstand von Sch in die Mitte gelegt.

Eine neue Zeit beginnt AUSFLUG 132 | 133

Ansetzen

Von der Auferstehung Jesu selbst steht nichts in der Bibel. Wiedergegeben sind nur die Erfahrungen und Erkenntnisse, die die Jüngerinnen und Jünger Jesu nach seinem Tod gemacht haben. Das »schändliche« Ende Jesu am Kreuz wurde sicherlich von ihnen als sein und somit auch ihr Scheitern angesehen. Sie hatten alles zurückgelassen, um Jesus nachzufolgen, und sahen sich als seine Anhänger nun mit der Gefahr für ihr eigenes Leben konfrontiert. Umso erstaunlicher ist die erneute Versammlung der Jünger Jesu und ihre Überzeugung, Jesus, der Gekreuzigte, sei auferstanden. Bereits in diesem Alter stellen Sch die Frage nach der Historizität der Auferstehung Jesu. Der Vergleich verschiedener »Auferstehungsgeschichten« in der Bibel verdeutlicht, dass es den Anhängern Jesu und den Evangelisten nicht um eine historisch richtige Darstellung der Ereignisse ging. Vielmehr sind sie Ausdruck ihrer Glaubensüberzeugung, dass Jesus – wie auch immer – anders weiterlebt und seine Sache weitergeht bzw. von ihnen fortgeführt werden muss. Die Auferweckung Jesu ist also nicht beweisbar, sie ist eine Glaubenstatsache, die allerdings existenziell für das Christentum ist. Der Titel dieser DS weist darauf hin: Werden Menschen von dieser Auferstehungsbotschaft begeistert, dann beginnt tatsächlich für sie eine neue Zeit. Der Zuspruch, erlöst zu sein, lässt sie gelassener werden. Sie müssen ihrer eigenen Erlösung nicht mehr nachjagen, denn sie wurde ihnen bereits geschenkt. N. Greinacher bezeichnet dieses daraus erwachsende Lebensgefühl der Christen als »engagierte Gelassenheit«.

Umsetzen

■ **Auferstehungsgeschichte.** Johannes beschreibt das Geschehen am Ostermorgen aus der Perspektive von Maria Magdalena. Von ihren Gedanken wird jedoch nur berichtet, als sie Jesus trifft, ihn aber nicht erkennt. Johannes schreibt in berichtendem Stil durchsetzt mit wörtlicher Rede. Der Leser kann nur erraten, dass Maria Jesus, den sie zunächst für den Gärtner hält, an seiner Stimme erkennt. Es bleibt offen, ob diese Verwechslung auf Marias Verwirrung oder auf das andersartige Sein Jesu zurückzuführen ist.

Der Impuls ermöglicht es den Sch, den genauen Inhalt dieser Bibelstelle zu erarbeiten. Ein möglicher AA hierzu wäre die Aufgabe, Joh 20,11-18 als Film mit unterschiedlichen Szenen oder als Comic mit Sprechblasen zu konzipieren. Sch bestimmen die beteiligten Figuren und deren Zuordnung zueinander.
Bereits hier kann Joh 20,1-10 mit herangezogen werden. Unter der Leitfrage: »Wie verhalten sich die verschiedenen Personen angesichts des leeren Grabes?«, treffen Sch eine Einschätzung der Verhaltensweise von Maria aus Magdala.

■ **Ostergeschichten der Bibel.** Der Fokus dieses AA liegt auf der selbstständigen Erarbeitung der Botschaft, die in den jeweiligen Ostergeschichten enthalten ist. Im Plenum festzuhalten sind folgende Aspekte:

Übereinstimmungen:

- Frauen kommen als Erste zum Grab Jesu und entdecken, dass der Stein vor dem Grab weggewälzt und es leer ist.
- Sie sind die Ersten, denen die Auferstehung Jesu verkündet wird.

Unterschiede:

- Bei Mk gehen nur Frauen ans Grab, bei Joh sind es Jünger und eine Frau.
- Die Frauen erblicken bei Mk einen Jüngling, der ihnen eine Antwort auf ihre unausgesprochenen Fragen gibt; er fordert sie auf, dies den Jüngern zu verkünden. Die Jünger erblicken bei Joh nur das leere Grab; Maria von Magdala schaut noch einmal weinend in das Grab und sieht zwei (!) Engel, die sie lediglich nach dem Grund ihrer Tränen fragen. Alle anderen Informationen bekommt sie von Jesus.
- Die Frauen erzählen aus Furcht nicht weiter, was sie gesehen haben (Mk). Maria von Magdala erzählt den Jüngern unaufgefordert von den Geschehnissen am Grab (Joh).

Botschaft der Berichte:

- Mk schildert detailliert die Absicht der Frauen, den Leichnam Jesu salben zu wollen, sowie deren Befürchtung, den schweren Stein nicht wegwälzen zu können. Dadurch wird die Ahnungslosigkeit der Frauen betont, sodass sie angesichts des leeren Grabes umso überraschter erscheinen. Verständlich wird daher auch, dass sie nach der Rede des

Jünglings, der sie auffordert, dies den Jüngern weiterzusagen, fluchtartig den Ort verlassen und schweigen, was wiederum die Leser des Mk-Evangeliums anspornen soll, die Auferweckung Jesu selbst zu verkünden. Der Fokus liegt hier auf dem Überraschungsmoment und der Ahnungslosigkeit der Anhänger Jesu.
- Joh baut einen »Gegensatz« zwischen dem Lieblingsjünger und Petrus sowie zwischen den Jüngern und Maria von Magdala auf. Petrus inspiziert das leere Grab zwar, kommt aber nicht zum Glauben. Der Lieblingsjünger sieht und glaubt. Anders Maria: Sie verharrt zunächst in Trauer und wird mit großem Einfühlungsvermögen und mit Sensibilität dargestellt. Diese sind Voraussetzung für das Empfangen der Auferstehungsbotschaft.

■ **Auferstehungsbild.** Zu Beginn der Bildbetrachtung empfiehlt sich der Vergleich der Bilder auf den Seiten 131 und 133, MITTENDRIN 5/6. Immer zwei Sch legen die beiden Abbildungen in ihren Büchern nebeneinander und stellen eigenständig Vergleiche im Hinblick auf Farbwahl und Form des Dargestellten an. Nach dem Vergleich erarbeiten Sch in KG, wie die Künstler das Thema »Auferstehung« jeweils interpretieren. Das Bild ist auch in der MITTENDRIN-Folienmappe (ISBN 978-3-466-50761-0), Folie 9, zu finden, mit weiterführenden Beschreibungen und Einsatzmöglichkeiten.

Rudolf Kurz, Kreuz/Auferstehung (1998)
Hinter einem Kreuz, das aus schwarzen Stahlstangen besteht und das komplette Bild durchtrennt, befindet sich ein Korpus, der sich zu verflüchtigen scheint. Er ist weißgelb, fast transparent, und der Körper ist – bis auf die Rippen und die Umrisse – nur angedeutet. Die Farbe erinnert an flüssigen Stahl. Dieser Jesus hängt nicht mehr am Kreuz, er hat damit nichts mehr zu tun, verflüssigt das hinter ihm befindliche Kreuz jedoch nicht. Von seinem Kopf aus bewegt sich eine Art weißlicher Schleier oder Strahl nach links oben außerhalb des Bildes, als würde er sich allmählich Richtung Himmel auflösen. Vergleicht man diese Darstellung vom gekreuzigten Jesus mit der von Grünewald, fallen neben den Unterschieden auch Gemeinsamkeiten ins Auge: So hebt sich jeweils der Korpus am Kreuz im Zentrum des Bildes von einem dunklen Hintergrund ab. Beide Male sind die Hände oberhalb des horizontalen Balkens zu sehen, als würde der Gekreuzigte nicht daran hängen.
Im Unterschied zu Grünewald leuchtet der Korpus bei Kurz jedoch aus sich heraus. Man sieht keine Wundmale und die rechte Hand ist keine Schale, sondern zur Faust geballt – ein starker Kontrast zum unerbittlichen Stahlkreuz. Der Kopf ist nicht geneigt, sondern hoch erhoben, der Körper zwar schwach, aber gleichzeitig voller aufstrebender Dynamik. Allerdings ist dieser Christus schon »nicht mehr von dieser Welt« – das Einzige, was an das Leiden erinnert, ist das Kreuz im Vordergrund. Der dunkle Hintergrund ist nicht so undurchdringlich schwarz wie im Grünewaldbild, sondern wirkt durch gelblich-rötliche Schattierungen aufgehellt.

Weiterführen

■ **Unterwegs nach Emmaus.** Eine weitere Auferstehungsgeschichte ist die Erzählung von den Emmausjüngern (Lk 24,13-35). In **»Religion vernetzt 6«** (S. 96) findet sich ein Text, der diese Bibelstelle paraphrasiert und gut mit verteilten Rollen zu lesen ist. Anschließend gestalten Sch eine Umrisszeichnung vom Bild »Unterwegs nach Emmaus« (**M 8.6, S. 192**) von Janet Brooks-Gerloff farbig aus, indem sie durch ihre Farbwahl deutlich machen, wer von den dreien Jesus ist. Danach werden die Sch-Ergebnisse mit einer Farbfolie des Originals verglichen.

■ **Standbild.** Für die Arbeit mit den beiden Geschichten »Die Frauen am leeren Grab« und die Emmausgeschichte bietet sich auch Standbildarbeit an (MITTENDRIN 5/6, S. 95). Die jeweilige Bibelstelle wird in Szenen unterteilt. Sch bilden KG, entscheiden sich für eine Szene und stellen diese als Standbild dar. Wird von einigen KG die gleiche Szene ausgewählt, so lässt sich hieran gut deren jeweilige Interpretation durch die Gruppe herausarbeiten.

Ansetzen

Diese DS dient der Reflexion über Bedeutung und Sinn des Sonntags. Bereits in der Schöpfungsgeschichte wird ein »Tag des Ausruhens« thematisiert, der einen wohltuenden Kontrast zu den restlichen Tagen der Woche darstellen soll. Der Sabbat soll der Ruhe, dem Lernen und der Muße dienen. In Ex 20,8ff. wird dieser Ruhetag sogar für die Sklaven propagiert. Die Diskussionen der letzten Jahre führten zu einer stetigen »Aufweichung« des arbeitsfreien Sonntags. Galt es in den 1950er-Jahren noch als undenkbar, dass sonntags auch unwichtige Arbeiten durchgeführt wurden, so laufen heute in vielen Firmen aus Rentabilitätsgründen selbstverständlich am Wochenende die Maschinen weiter. Viele Geschäfte haben bereits die Genehmigung, am Sonntag zu öffnen, und es ist eine Frage der Zeit, bis jeder Bundesbürger am Wochenende nach Herzenslust shoppen kann. Ohne allzu großen Kulturpessimismus wird man sagen müssen, dass wir dann wieder zwei Gruppen von Menschen haben: diejenigen, die ihren Freizeitaktivitäten sonntags im Familienkreis uneingeschränkt nachgehen können, und diejenigen, die es der ersten Gruppe ermöglichen, dies zu tun. Die Idee von einem gemeinsamen Ruhetag aller Menschen wäre somit passé.

Umsetzen

■ **Mein Lieblingssonntag.** Für die Visualisierung des »Lieblingssonntags« bietet sich die Form einer Uhr an. In das Ziffernblatt können die jeweiligen Beschäftigungen an diesem Tag eingetragen werden. Beim Vergleich geht es nicht um »sinnvollere« oder »weniger sinnvolle« Tätigkeiten. Vielmehr können Sch sich gegenseitig erklären, was für sie einen Kontrast zum Alltag darstellt.

■ **Umfrage.** Die anschließende Auseinandersetzung mit den Sonntagsbeschäftigungen aus einer Umfragetabelle kann bis in die Familien hineingeführt werden. Das ist eine Möglichkeit, festgefahrene Strukturen aufzubrechen und eine ganz neue Sonntagsbeschäftigung mit der Familie zu finden.

■ **Warum Sonntag?** In diesem AA wird das »Für« und »Wider« eines arbeitsfreien Sonntags erwogen, indem auch geschichtliche Begründungen herangezogen werden. Nachdem Sch sich mit den Argumenten auseinandergesetzt haben, können sie sich entlang eines »Meinungsstrahls« aufstellen, an dessen einem Ende das Plädoyer »Für« und an dessen anderem Ende das »Gegen« einen arbeitsfreien Sonntag steht.

Weiterführen

■ **Sonntagsmeditation.** Sch erhalten ein Blatt Papier und schreiben darauf: »Sonntag ist für mich (wie) ...« Nun bekommen sie Zeit, bei leiser Musik ihre Gedanken dazu aufzuschreiben oder zu malen. Die Ergebnisse werden in die Mitte auf den Boden gelegt und von allen betrachtet. Daran kann sich ein UG über den »Sinn des Sonntags« anschließen.

■ **Sonntag gestalten.** Sch setzen sich mit den »Zehn Ideen zur Feier des Sonntags« (**M 8.7, S. 193**) auseinander, indem sie diese Vorschläge bestätigen, umformulieren oder streichen und durch eigene ersetzen.

■ **Besuch eines Sonntagsgottesdienstes.** Gute Erfahrungen gibt es damit, dass L in den Schuljahren 5/6 einen gemeinsamen Gottesdienstbesuch initiiert. Sch nehmen das Angebot in der Regel gerne an. Eine solche Aktion fördert das Gruppengefühl nachhaltig. Anschließend lässt sich darüber reden, ob der Gottesdienstbesuch Teil der Sonntagsgestaltung sein könnte. Ebenso ließe sich der Baustein »Brot des Lebens« (MITTENDRIN 5/6, S. 144f.) anschließen.

■ **Sonntagsarbeit konkret.** Ein Gespräch der Sch mit jemandem, der sonntags arbeitet, ist einfach zu organisieren. Meist gibt es Eltern, die Erfahrungen mit Sonntagsarbeit haben und die sich für ein kurzes Gespräch mit der Klasse zur Verfügung stellen.

Ansetzen

Die Souvenirseite dieser LL fordert dazu auf, die selbst gestalteten Reflexionen über verschiedene Zeiten und Feste im Jahr noch einmal zu rekapitulieren. Durch die optische Gegenüberstellung des »profanen« Jahreskreises, in den die Schulferien eingetragen sind, und des Kirchenjahres wird deutlich, wie sehr unsere – auch berufliche – Zeiteinteilung noch vom christlichen Hintergrund her beeinflusst ist. Dies ist sicherlich für etliche Sch neu und ein Anlass, sich auch im Gespräch mit nichtchristlichen Mitschülern auf die christlichen Wurzeln unserer Gesellschaft zu besinnen. Durch die Hintergrundgestaltung der DS wird deutlich, wie sehr unsere Feste gefühlsmäßig für uns auch mit den jeweiligen Jahreszeiten verbunden sind. Dies wäre ein weiterer Aspekt bei der Beschäftigung mit den jeweiligen kirchlichen Festen und die Frage, inwiefern diese zu anderen Jahreszeiten vorstellbar wären.

Umsetzen

■ **Jahreskreise.** Ziel ist es, dass Sch durch die Integration der christlichen Feste in »ihren« Jahreskreis diese mehr zu einem Bestandteil des eigenen Lebens werden lassen. Das Nebeneinander von persönlichen und öffentlichen (profanen wie kirchlichen) Festanlässen verdeutlicht die Bedeutung von privaten Festen sowie Feiern mit einer größeren Gruppe. Das erklärt die große Zahl von Gottesdienstbesuchern an hohen kirchlichen Feiertagen.

Weiterführen

■ **Meine Zeit.** Zum Jahresende wird mit den Jahreskreisen der Sch Rück- bzw. Vorschau gehalten. Haben sich die Zeiten, die ich als »gute Zeiten« eingetragen habe, als solche erwiesen? Was war mit den Zeiten, vor denen ich Angst hatte? Welche guten bzw. schlechten Zeiten gab es im vergangenen Jahr in der Schule? Was nehme ich mir für bestimmte Zeiten im nächsten Jahr vor?

Kompetenzerwartungen in der LL »Feste feiern«

Die Tabelle gibt an, welche der im Kernlehrplan konkretisierten Kompetenzerwartungen in dieser Lernlandschaft »Feste feiern« zentral bedient werden [X] bzw. welche teilweise oder wiederholend angesprochen werden können [(X)]:

INHALTSFELD 1: MENSCHSEIN IN FREIHEIT UND VERANTWORTUNG Die Schülerinnen und Schüler	
Sachkompetenz:	
– erläutern, inwiefern jeder Mensch eine einzigartige und unverwechselbare Persönlichkeit ist, die auf Gemeinschaft hin angelegt und auf sie angewiesen ist; – erläutern die Bedeutung der christlichen Überzeugung, dass der Mensch von Gott geschaffen, geliebt und zur verantwortlichen Mitgestaltung der Schöpfung berufen ist; – erläutern an Beispielen, wodurch das Gelingen menschlichen Lebens gefährdet oder gefördert wird; – zeigen exemplarisch die Schönheit der Schöpfung und ihre Gefährdung auf.	
Urteilskompetenz:	
– beurteilen menschliche Verhaltensweisen vor dem Hintergrund des Glaubens an Gott als den Freund des Lebens; – bewerten Möglichkeiten ökologischen Engagements als Ausdruck und Konsequenz von Schöpfungsverantwortung.	
INHALTSFELD 2: SPRECHEN VON UND MIT GOTT Die Schülerinnen und Schüler	
Sachkompetenz:	
– begründen, warum Religionen von Gott in Bildern und Symbolen sprechen; – deuten Namen und Bildworte von Gott; – erläutern an Beispielen Möglichkeiten und Schwierigkeiten, Gott darzustellen; – zeigen Situationen auf, in denen Menschen sich im Gebet an Gott wenden;	
– zeigen auf, wie Widerfahrnisse des Lebens aus dem Glauben gedeutet werden können;	(X)
– deuten biblische Psalmen als Ausdruck menschlicher Erfahrungen im Glauben an Gott; – erläutern den Glauben katholischer Christen an einen Gott in drei Personen.	
Urteilskompetenz:	
– erörtern in Grundzügen Lebenswege glaubender Menschen im Hinblick auf deren Orientierungsangebot.	(X)
INHALTSFELD 3: BIBEL ALS »UR-KUNDE« DES GLAUBENS AN GOTT Die Schülerinnen und Schüler	
Sachkompetenz:	
– erläutern den Aufbau der Bibel;	
– zeigen auf, dass die biblischen Erzählungen Erfahrungen ausdrücken, die Menschen mit Gott gemacht haben;	X
– geben exemplarische Glaubensgeschichten des Alten und Neuen Testaments wieder;	X
– stellen die Bedeutsamkeit ausgewählter biblischer Frauen- und Männergestalten für die Glaubenspraxis dar; – erläutern, dass das Volk Israel seine Glaubenserfahrungen als Familiengeschichte erzählt;	
– weisen an Beispielen die Bedeutung der Bibel im Leben der Kirche nach (u. a. Gottesdienst);	(X)
– begründen, warum die Bibel für Christen als »Heilige Schrift« besondere Bedeutung hat.	
Urteilskompetenz:	
– beurteilen ansatzweise die Relevanz biblischer Glaubenserzählungen für Menschen heute.	(X)

INHALTSFELD 4: JESUS DER CHRISTUS Die Schülerinnen und Schüler	
Sachkompetenz:	
– ordnen Jesus von Nazaret in seine Zeit und Umwelt ein; – benennen Merkmale, die die Zugehörigkeit Jesu zum Judentum verdeutlichen; – erläutern an neutestamentlichen Beispielen, wie Jesus von Gott spricht; – erläutern, dass die Zuwendung Jesu zu den benachteiligten und zu kurz gekommenen Menschen jeder ethischen Forderung vorausgeht; – deuten die bildhafte Rede Jesu an Beispielen; – erklären die Bezeichnung Jesu als Christus als Bekenntnis des Glaubens.	
Urteilskompetenz:	
– erörtern in Ansätzen Ursachen für Konflikte, die Worte und Taten Jesu bei den Menschen seiner Zeit auslösten; – beurteilen an Beispielen, inwiefern Jesus Christus für Menschen heute Bedeutung haben und Orientierung sein kann.	
INHALTSFELD 5: KIRCHE ALS NACHFOLGEGEMEINSCHAFT Die Schülerinnen und Schüler	
Sachkompetenz:	
– erläutern die Entstehung der Kirche aus dem Glauben an Jesus Christus und dem Wirken des Heiligen Geistes; – nennen beispielhaft Aufgaben der sich auf Jesus Christus gründenden Kirche; – erläutern die Bedeutung des Apostels Paulus für die frühe Kirche; – erklären Feste des Kirchenjahres in ihrer Bedeutung; – zeigen die Bedeutung von Sakramenten und ihre Verknüpfungen mit Stationen im Leben eines Christen auf; – erläutern, warum und wie katholische Christen Eucharistie feiern; – zeigen an Beispielen Gemeinsamkeiten und Unterschiede in der Glaubenspraxis der Konfessionen auf.	 X X X
Urteilskompetenz:	
– erörtern, inwiefern der Einzelne am Leben der Kirchengemeinde teilnehmen und wie er seinen Auftrag als Christ im Alltag realisieren kann.	X
INHALTSFELD 6: WELTRELIGIONEN UND ANDERE WEGE DER SINN- UND HEILSSUCHE Die Schülerinnen und Schüler	
Sachkompetenz:	
– benennen Gemeinsamkeiten und Unterschiede in Glaube und Glaubenspraxis der abrahamitischen Religionen; – beschreiben wichtige Stationen im Leben großer Gestalten der abrahamitischen Religionen; – zeigen Spuren jüdischen und muslimischen Lebens in ihrer Umgebung auf; – erläutern anhand von Erzählungen aus der Abrahamgeschichte die gemeinsamen Wurzeln der abrahamitischen Religionen und deren Bedeutung für das Zusammenleben der Religionen; – zeigen das Bekenntnis zu Jesus als dem Christus als unterscheidend christlich auf.	
Urteilskompetenz:	
– nehmen zu verbreiteten Vorurteilen gegenüber Religionen Stellung.	

Alle Zeit der Welt ... und wie man sie besser für sich gewinnt

Ein Pädagogikprofessor gibt Tipps für einen besseren Umgang mit der Zeit:

Sei ab und zu langsam!
Das Schnelle ist nicht immer besser als das Langsame. Auch durch Nichtstun kommt man manchmal weiter, denn da erledigt sich manches von selbst.

Warte öfter mal!
Warten ist nicht nur verlorene Zeit. Nur wer warten kann, kann auch etwas erwarten. Den richtigen Moment für etwas erwischt man manchmal nur, wenn man wartet. Und das nur, wenn man keine Beschäftigung nebenher verrichtet. Also: Lasse die Blicke schweifen, schau dir deine Umgebung an, höre auf die Geräusche um dich her oder denke an liebe Mitmenschen.

Mach Pausen!
Durch Pausen beendet man einen Vorgang und beginnt etwas Neues. Pausen geben dir eine Struktur. Wenn du eine Pause machst, dann mach sie richtig, ohne nebenher noch schnell ein Computerspiel zu machen oder die Hausaufgaben zu erledigen. Wenn du an manchen Tagen einen vollen Terminkalender hast, dann achte darauf, dass du immer wieder Pausen machen kannst.

Vertreib dir nicht die Langeweile!
Langeweile ist eine wichtige Voraussetzung, dass man sich richtig entspannen kann. Wenn dir langweilig ist, lasse die Langeweile zu und suche nicht verzweifelt nach einer Beschäftigung, um sie dir zu vertreiben. Oft tut es ausgesprochen gut, zu dösen oder nur aus dem Fenster zu schauen.

Prof. Karlheinz Geißler

- Welcher dieser Vorschläge ist für dich eine Selbstverständlichkeit und welcher erscheint dir sehr komisch?
- Unterhaltet euch in Gruppen über eure Auswahl und versucht eine Erklärung der Gemeinsamkeiten und der Unterschiede zu finden.
- Gibt es einen Vorschlag, den niemand ausgewählt hat? Warum wohl?

Herr Fusi und die Zeit

Eines Tages stand Herr Fusi in der Tür seines Ladens und wartete auf Kundschaft. Der Lehrjunge hatte frei, und Herr Fusi war allein. Er sah zu, wie der Regen auf die Straße platschte, es war ein grauer Tag, und auch in Herrn Fusis Seele war trübes Wetter.
»Mein Leben geht so dahin«, dachte er, »mit Scherengeklapper und Geschwätz und Seifenschaum. Was habe ich eigentlich von meinem Dasein? Und wenn ich einmal tot bin, wird es sein, als hätte es mich nie gegeben.« ...
In diesem Augenblick fuhr ein feines, aschengraues Auto vor und hielt genau vor Herrn Fusis Friseurgeschäft. Ein grauer Herr stieg aus und betrat den Laden. Er stellte seine bleigraue Aktentasche auf den Tisch vor dem Spiegel, hängte seinen runden steifen Hut an den Kleiderhaken, setzte sich auf den Rasierstuhl, nahm sein Notizbüchlein aus der Tasche und begann darin zu blättern, während er an seiner kleinen grauen Zigarre paffte.
Herr Fusi schloss die Ladentür, denn es war ihm, als würde es plötzlich ungewöhnlich kalt in dem kleinen Raum.
»Womit kann ich dienen?«, fragte er verwirrt, »rasieren oder Haare schneiden?«, und verwünschte sich im gleichen Augenblick wegen seiner Taktlosigkeit, denn der Herr hatte eine spiegelnde Glatze. »Keines von beidem«, sagte der graue Herr, ohne zu lächeln, mit einer seltsam tonlosen, sozusagen aschengrauen Stimme. »Ich komme von der Zeit-Spar-Kasse. Ich bin Agent Nr. XYQ/384/b. Wir wissen, dass Sie ein Sparkonto bei uns eröffnen wollen.«
»Das ist mir neu«, erklärte Herr Fusi noch verwirrter. »Offen gestanden, ich wusste bisher nicht einmal, dass es ein solches Institut überhaupt gibt.«
»Nun, jetzt wissen Sie es«, antwortete der Agent knapp. Er blätterte in seinem Notizbüchlein und fuhr fort: »Sie sind doch Herr Fusi, der Friseur?«
»Ganz recht, der bin ich«, versetzte Herr Fusi.
»Dann bin ich an der rechten Stelle«, meinte der graue Herr und klappte das Büchlein zu. »Sie sind Anwärter bei uns.«
»Wie das?«, fragte Herr Fusi, noch immer erstaunt.
»Sehen Sie, lieber Herr Fusi«, sagte der Agent, »Sie vergeuden Ihr Leben mit Scherengeklapper, Geschwätz und Seifenschaum. Wenn Sie einmal tot sind, wird es sein, als hätte es Sie nie gegeben. Wenn Sie Zeit hätten, das richtige Leben zu führen, dann wären Sie ein ganz anderer Mensch. Alles, was Sie also benötigen, ist Zeit. Habe ich recht?«
»Darüber habe ich eben nachgedacht«, murmelte Herr Fusi und fröstelte, denn trotz der geschlossenen Tür wurde es immer kälter.
»Na, sehen Sie!«, erwiderte der graue Herr und zog zufrieden an seiner kleinen Zigarre. »Aber woher nimmt man Zeit? Man muss sie eben ersparen! Sie, Herr Fusi, vergeuden Ihre Zeit auf ganz verantwortungslose Weise. Ich will es Ihnen durch eine kleine Rechnung beweisen. Eine Minute hat sechzig Sekunden. Und eine Stunde hat sechzig Minuten. Können Sie mir folgen?«
»Gewiss«, sagte Herr Fusi.
Der Agent Nr. XYQ/384/b begann, die Zahlen mit einem grauen Stift auf den Spiegel zu schreiben.
»Sechzig mal sechzig ist dreitausendsechshundert. Also hat eine Stunde dreitausendsechshundert Sekunden. Ein Tag hat vierundzwanzig Stunden, also dreitausendsechshundert mal vierundzwanzig, das macht sechsundachtzigtausendvierhundert Sekunden pro Tag. Ein Jahr hat aber, wie bekannt, dreihundertfünfundsechzig Tage. Das macht mithin einunddreißigmillionenfünfhundertundsechsunddreißigtausend Sekunden pro Jahr. Oder dreihundertfünfzehnmillionendreihundertundsechzigtausend Sekunden in zehn Jahren. Wie lange, Herr Fusi, schätzen Sie die Dauer Ihres Lebens?«
»Nun«, stotterte Herr Fusi verwirrt, »ich hoffe so siebzig, achtzig Jahre alt zu werden, so Gott will.«
»Gut«, fuhr der graue Herr fort, »nehmen wir vorsichtshalber einmal nur siebzig Jahre an. Das wäre also dreihundertfünfzehnmillionendreihundertsechzigtausend mal sieben. Das ergibt zweimilliardenzweihundertsiebenmillionenfünfhundertzwanzigtausend Sekunden.«
Und er schrieb diese Zahl groß an den Spiegel: 2 207 520 000 Sekunden.

Dann unterstrich er sie mehrmals und erklärte: »Dies also, Herr Fusi, ist das Vermögen, welches Ihnen zur Verfügung steht.«
Herr Fusi schluckte und fuhr sich mit der Hand über die Stirn. Die Summe machte ihn schwindelig. Er hätte nie gedacht, dass er so reich sei.
»Ja«, sagte der Agent nickend und zog wieder an seiner kleinen grauen Zigarre, »es ist eine eindrucksvolle Zahl, nicht wahr? Aber wollen wir weitersehen. Wie alt sind Sie, Herr Fusi?« »Zweiundvierzig«, stammelte der und fühlte sich plötzlich schuldbewusst, als habe er eine Unterschlagung begangen.
»Wie lange schlafen Sie durchschnittlich pro Nacht?«, forschte der graue Herr weiter.
»Acht Stunden etwa«, gestand Herr Fusi.
Der Agent rechnete blitzgeschwind. Der Stift kreischte über das Spiegelglas, dass sich Herrn Fusi die Haut kräuselte.
»Zweiundvierzig Jahre – täglich acht Stunden – das macht also bereits vierhunderteinundvierzigmillionenfünfhundertundviertausend. Diese Summe dürfen wir wohl mit gutem Recht als verloren betrachten. Wie viel Zeit müssen Sie täglich der Arbeit opfern, Herr Fusi?«
»Auch acht Stunden, so ungefähr«, gab Herr Fusi kleinlaut zu. »Dann müssen wir also noch einmal die gleiche Summe auf das Minuskonto verbuchen«, fuhr der Agent unerbittlich fort. »Nun kommt Ihnen aber auch noch eine gewisse Zeit abhanden durch die Notwendigkeit, sich zu ernähren. Wie viel Zeit benötigen Sie insgesamt für alle Mahlzeiten des Tages?«
»Ich weiß nicht genau«, meinte Herr Fusi ängstlich, »vielleicht zwei Stunden?«
»Das scheint mir zu wenig«, sagte der Agent, »aber nehmen wir es einmal an, dann ergibt es in zweiundvierzig Jahren den Betrag von hundertzehnmillionendreihundertsechsundsiebzigtausend. Fahren wir fort! Sie leben allein mit Ihrer alten Mutter, wie wir wissen. Täglich widmen Sie der alten Frau eine volle Stunde, das heißt, Sie sitzen bei ihr und sprechen mit ihr, obgleich sie taub ist und Sie kaum hört. Es ist also hinausgeworfene Zeit: macht fünfundfünfzigmillioneneinhundertachtundachtzigtausend. Ferner haben Sie überflüssigerweise einen Wellensittich, dessen Pflege Sie täglich eine Viertelstunde kostet, das bedeutet umgerechnet dreizehnmillionensiebenhundertsiebenundneunzigtausend.«
»Aber ...«, warf Herr Fusi flehend ein.
»Unterbrechen Sie mich nicht!«, herrschte ihn der Agent an, der immer schneller und schneller rechnete. »Da Ihre Mutter ja behindert ist, müssen Sie, Herr Fusi, einen Teil der Hausarbeit selbst machen. Sie müssen einkaufen gehen, Schuhe putzen und dergleichen lästige Dinge mehr. Wie viel Zeit kostet Sie das täglich?«
»Vielleicht eine Stunde, aber ...«
»Macht weitere fünfundfünfzigmillioneneinhundertachtundachtzigtausend, die Sie verlieren, Herr Fusi. Wir wissen ferner, dass Sie einmal wöchentlich ins Kino gehen, einmal wöchentlich in einem Gesangsverein mitwirken, einen Stammtisch haben, den Sie zweimal in der Woche besuchen, und sich an den übrigen Tagen abends mit Freunden treffen oder manchmal sogar ein Buch lesen. Kurz, Sie schlagen Ihre Zeit mit nutzlosen Dingen tot, und zwar etwa drei Stunden täglich, das macht einhundertfünfundsechzigmillionenfünfhundertvierundsechzigtausend. –
Ist Ihnen nicht gut, Herr Fusi?«

Michael Ende

- Wie geht das Kapitel zu Ende? Schreibt »euren« Schluss.
- Besorgt euch das Buch »Momo« von Michael Ende und lest das Kapitel fertig. Vergleicht dies nun mit euren Schreibergebnissen.
- Fertigt eine Tabelle an mit der Überschrift: »Womit ich meine Zeit verbringe«. Welche der eingetragenen Tätigkeiten würdest du eher als nützlich, welche eher als nutzlos bezeichnen?

Mein persönlicher Jahreskreis

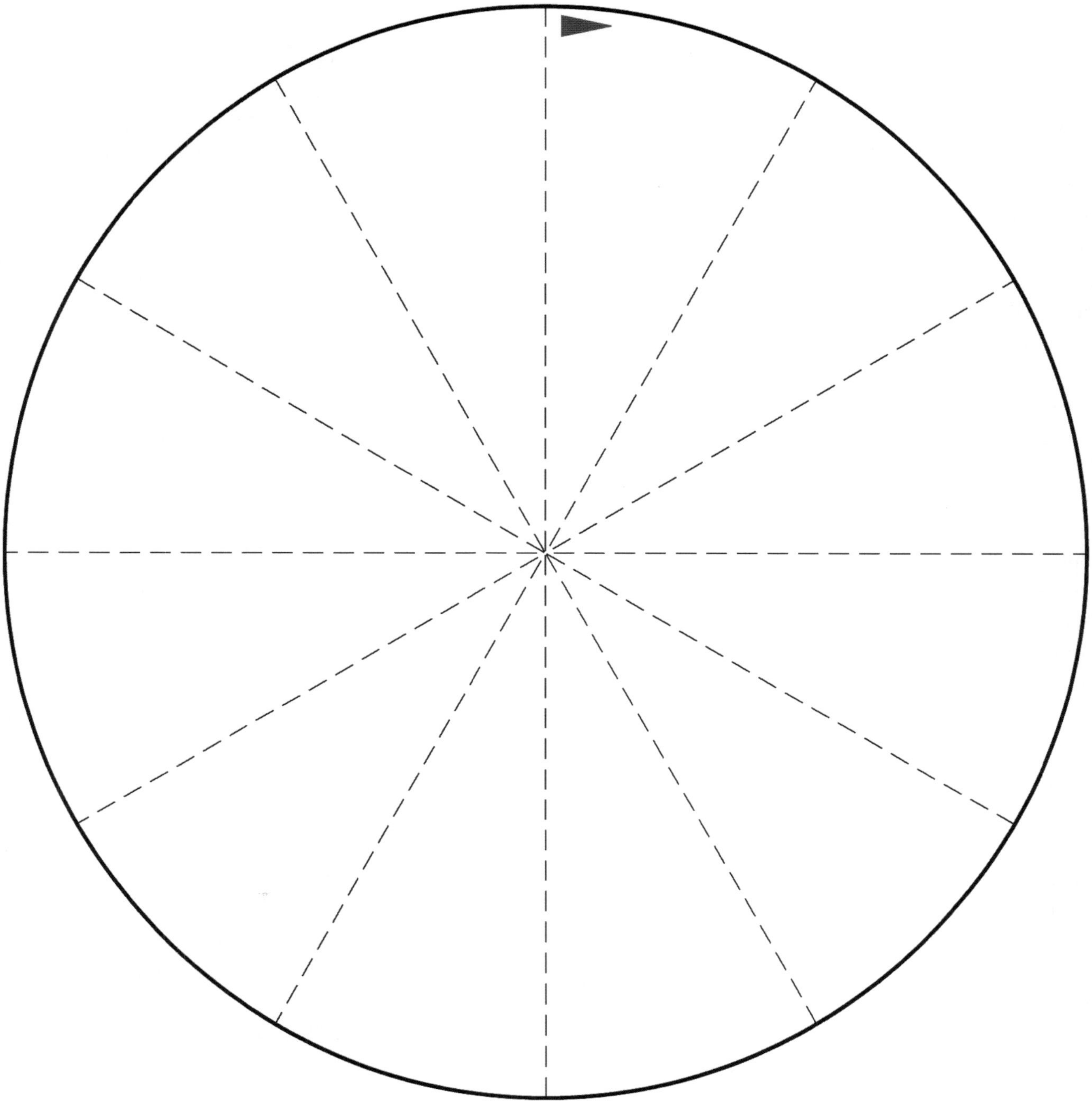

Weihnachtsbräuche international

Italien

In Italien wünscht man zu Weihnachten »Buon Natale«. Im Mittelpunkt der Feier steht nicht der Weihnachtsbaum, sondern die Krippe, die »Presepio«. Allerdings gibt es immer mehr Familien, für die mittlerweile der Weihnachtsbaum eine wichtige Rolle im Weihnachtszimmer spielt. Die große Bedeutung der Krippe ist auf Franz von Assisi zurückzuführen, der im 13. Jahrhundert, nach einem Besuch in Betlehem, beschloss, die Geburt Christi als Weihnachtsspiel aufzuführen. Er brachte einen Ochsen und einen Esel in eine Höhle und stellte eine hölzerne Krippe hinein. Die Dorfbewohner spielten Josef, Maria und die Hirten. Das Jesuskind wurde durch eine hölzerne Figur dargestellt. Andere Kirchen in Italien folgten diesem Beispiel und stellten ebenfalls Krippen auf. Bald hielt dieser Brauch auch bei den Familien Einzug.
Am 25. Dezember, nach der Mitternachtsmesse, wird »Il Bambinello Gesu« (das Jesuskind) mit einem großen Weihnachtsessen gefeiert. Es gibt aber oft nur kleine Geschenke, denn erst am 6. Januar (»Fest der Erscheinung des Herrn« bzw. »Heilige Drei Könige«) findet bei vielen Familien der große Austausch von Geschenken statt. Am Vorabend stellen die Kinder die Schuhe vor die Tür oder hängen ihre Strümpfe vor den Kamin. »La Befana«, die Dreikönigshexe, saust in der Nacht auf ihrem Besen durch die Schornsteine in die Häuser, um den artigen Kindern Geschenke zu bringen. Der Legende nach ist La Befana zu spät aufgebrochen, um den Weg zur Krippe zu finden, und irrt seitdem umher auf der Suche nach dem Christkind. Sie hinterlässt in jedem Haus ihre Geschenke, in der Hoffnung, dort das Christkind zu finden. Befana hat eine längere Tradition als der Weihnachtsmann, der jedoch auch in Italien als »Babbo Natale« an Bedeutung gewinnt. Der Name der guten Hexe entstand aus »Epiphania« (griechisch: Erscheinung, Ankunft) und verweist auf das Fest der Erscheinung des Herrn. Unartigen Kindern soll Befana auch Kohlestückchen bringen, die man zur Weihnachtszeit in den Geschäften als Lakritz kaufen kann.

Frankreich

Das Weihnachtsfest wird in Frankreich nicht still und besinnlich, sondern eher laut und fröhlich gefeiert, wobei das festliche Essen einen hohen Stellenwert hat. Der Weihnachtsbaum war anfangs nur im Elsass verbreitet, wo es den ersten historisch belegten Weihnachtsbaum gab (Straßburg 1605). Er gehört heute auch in Frankreich zum Fest, hat jedoch nicht den gleichen Stellenwert wie in Deutschland. Der Schmuck der Räume mit Mistelzweigen ist in Frankreich ebenso zu finden wie die Weihnachtskrippe.
Weihnachten beginnt in Frankreich mit einem großen Festessen am Abend des 24. Dezember (»Le Reveillon«). Der Speiseplan für dieses Essen ist unterschiedlich: Putenbraten mit Kastanienfüllung, Gänseleber oder auch Austern sind sehr beliebt. Das weihnachtliche Festessen kann im heimischen Familienkreis wie auch im guten Restaurant stattfinden.
Wer einen offenen Kamin hat, verbrennt einen »Buche de Noël«, einen Holzklotz aus fruchttragendem Holz (z. B. Kirschholz), der mit Wein besprenkelt und langsam während des Festes verbrannt wird. Ihren Ursprung hat diese Tradition im Julklotz aus vorchristlichen Zeiten und war in vielen Ländern Europas verbreitet. Es gibt auch einen gleichnamigen Kuchen mit Buttercreme in der Form eines abgesägten Baumstammes, der traditionell am ersten Weihnachtstag gegessen wird.
Die Mitternachtsmesse ist für viele Franzosen der Höhepunkt des Heiligen Abends. Während das Haus verlassen liegt, erfolgt die Bescherung durch »Père Noël«, den französischen Weihnachtsmann. Der kommt durch den Schornstein und legt seine Gaben in die bereitgestellten Schuhe. Früher wurden die Weihnachtsgeschenke schon am 6. Dezember durch »Saint Nicolas« (Sankt Nikolaus) gebracht, aber auch in Frankreich hat sich der Weihnachtsmann gegen Sankt Nikolaus weitgehend durchgesetzt.

Weihnachtschaos

- Das Bild scheint völlig durcheinander zu sein. Versucht euch darin zu orientieren und einzelne Gruppen zu unterscheiden.
- Sucht aus dem Bild alle Figuren heraus, die irgendetwas mit Weihnachten zu tun haben. Malt diese Figuren mit einem Buntstift derselben Farbe an.
- Sprecht mit eurem/r Nachbarn/in darüber, wie das Bild jetzt wirkt.
- In welchem Verhältnis stehen die bunten Teile zu den weißen?
- Malt nun mit einer anderen Farbe die Pakete an, die die Menschen tragen. Ändert sich etwas an der Aussage des Bildes?
- Diskutiert über die Frage, ob man in der eigenen Familie zu Weihnachten auf Geschenke verzichten sollte.

Janet Brooks-Gerloff, Unterwegs nach Emmaus

Zehn Ideen zur Feier des Sonntags

1 Den Sonntag schon am Vorabend beginnen.

2 Am Sonntag so ausruhen, als sei die ganze Arbeit getan.
Gottes Welt anschauen, in ihr wandern, verweilen, spielen.

3 Den Gottesdienst als Danksagung verstehen.
Was uns bewegt, sind Dank an Gott und gegenseitige Liebe.

4 Die Welt und den Nächsten als Geschenk annehmen.

5 Wenigstens einen einzigen Mitmenschen froher machen.

6 Wenn ich jemanden zu kritisieren habe,
verschiebe ich das auf den Werktag.

7 Mir Zeit für die Menschen nehmen,
die mir wichtig sind.

8 Auch Zeit für mich selbst finden.

9 Möglichst nicht an das denken,
was ich in der nächsten Woche noch alles zu erledigen habe.

10 Nicht meine Zeit vertreiben,
sondern mit etwas ausfüllen, was mich bereichert.

9 Keiner glaubt allein

Hintergrund

Die Lernlandschaft bezieht sich in ihrem Kern auf das im Kernlehrplan als verbindlich festgelegte Inhaltsfeld »Kirche als Nachfolgegemeinschaft« (NRW).

Die LL nimmt in ihrem didaktischen Arrangement den Ausgang in der Betrachtung der einzelnen Pfarrgemeinde vor Ort und folgt damit dem didaktischen Grundsatz »Vom Nahen zum Fernen«. Ausgehend von der Begegnung mit einer konkreten »Kirche«, d. h. mit einem konkreten Kirchenraum, lernen Sch die Grundfunktionen der »Kirche« als Gemeinschaft der Gläubigen kennen: koinonia, liturgia, diakonia und martyria. Diese Grundaufgaben, vorgestellt an zentralen Punkten des Kirchenraums, werden auf den folgenden Ausflugsseiten aufgenommen und vertieft behandelt. Dabei tauchen die einzelnen Orte des Kirchenraums wieder auf und konstituieren so die Einheit des ersten Teils der LL, aber auch die Unteilbarkeit des kirchlichen Tuns selbst.

Der zweite Teil der LL knüpft an die Raumerfahrungen, die Sch bisher gemacht haben können, an und weitet diese auf den Vergleich mit evangelischen Kirchenräumen: In diesem Vergleich werden erste Unterschiede und Gemeinsamkeiten bewusst. Eigene Recherchen können es den Sch ermöglichen, weitere Unterschiede, aber auch das Gemeinsame und Gemeinschaft Stiftende zu erfahren und erleben. Die Beschäftigung mit dem Thema bleibt im Wesentlichen auf der phänomenologischen Ebene, eine vertiefte theologische Auseinandersetzung mit der Reformation ist im Kernlehrplan für die Klassen 7 und 8 vorgesehen.

Die Souvenirseite weitet noch einmal den Raum-Begriff: Kirche existiert auch über die sinnlich erfahrbaren Räume hinaus als Gebets- und Glaubensgemeinschaft – und eben auch im »World Wide Web«. Mit dieser den Sch vertrauten Ausdruckswelt können noch einmal zentrale Aspekte der LL wiederholt und vertieft werden.

Literaturhinweise

Georg Hilger/Stephan Leimgruber/Hans-Georg Ziebertz, Religionsdidaktik. Ein Leitfaden für Studium, Ausbildung und Beruf – Neuausgabe, München [6]2010, 453-461

Hans Mendl, Religionsdidaktik kompakt. Für Studium, Prüfung und Beruf, München 2011, 87-93, 240-251

Keiner glaubt allein — REISEPROSPEKT 138 | 139

Ansetzen

Die Auseinandersetzung mit der Kirche als Gemeinschaft setzt in dieser LL da an, wo Kirche für Sch sinnlich so konkret erfahren wird, dass selbst die Worte synonym benutzt werden – in der Kirche, d. h. im Kirchenraum: »Wer Kirchen erschließt, inszeniert Lernprozesse ... Kirchenerschließung zielt auf Alphabetisierung im Hinblick auf sakrale Sprache, persönliche Spiritualität und religiöse Beheimatung« (Hartmut Rupp [Hg.], Handbuch der Kirchenpädagogik. Kirchenräume wahrnehmen, deuten und erschließen, Stuttgart 2006, 229).

Getragen wird dieser Ansatz von der Überzeugung der Kirchenraumpädagogik, dass die traditionelle textlich-hermeneutische Vermittlung von Glaubenszeugnissen zu ergänzen ist durch Zugangsweisen, die stärker die sinnlich wahrnehmbaren Erscheinungen in den Blick nehmen, um von dort aus auf abstraktere Inhalte zu schließen.

Didaktische Prinzipien der Kirchenraumpädagogik

»Während die Museumspädagogik ihren Gegenstand an einem fremden Ort aufsucht ..., geht es in der Kirchenpädagogik um eine ›originale Begegnung‹. Kirchenpädagogik ist keine Kirchenführung, sondern eine inszenierte persönliche Begegnung. Kirchenpädagogik hat deshalb eine spezifische Didaktik« (Rupp, a. a. O. 14).

1. »Das tun, was dorthin gehört«

Die didaktischen Handlungen müssen dem Ort und seiner ursprünglichen Bedeutung angemessen sein.

Auf einer Kanzel z. B. sollte das Wort gesprochen, am Altar gebetet und Mahl gefeiert werden.

2. »Von außen nach innen«
Wenn die Erschließung den Kirchenraum als Ganzes im Auge hat, beginnt sie bei der Außengestalt der Kirche und nähert sich langsam und respektvoll Schritt für Schritt dem Inneren, z. B. zum Altar hin. Dieses Prinzip kann auch für die Begegnung mit einzelnen Elementen des Kirchenraums fruchtbar gemacht werden.

3. »Ganzheitlichkeit«
Insbesondere kath. Kirchenräume sind als auf alle Sinne bezogene Räume konzipiert: Sie wollen sehend und hörend, aber auch tastend, riechend, schreitend wahrgenommen werden. Dies korrespondiert mit der Forderung nach einer Didaktik von Kopf (Vermessen und Interpretieren des Raums), Herz (körperliches und emotionales Empfinden des Raumes) und Hand (Gestalten der Raumerfahrungen).

4. »Von Empfindungen und Erlebnissen zu Erfahrungen«
Die inszenierten Erlebnisse in und mit dem Kirchenraum sowie die subjektiven Eindrücke bedürfen eines sprachlichen Ausdrucks, um verstanden und kommuniziert werden zu können. Dieser Austausch kann mit der Gruppe, aber auch mit den eigenen, z. B. früher gemachten Erfahrungen und Erlebnissen erfolgen oder mit überlieferten Traditionen und Deutungen verknüpft werden.

5. »Aneignung statt Vermittlung«
»Kirchenerschließung geht ... davon aus, dass das Verstehen eines Kirchenraums durch subjektive Aneignung geschieht.« Das hat zur Konsequenz, dass eher auf Methoden verwiesen wird, die die eigenen Wahrnehmungsprozesse anregen, subjektive Deutungsprozesse ermöglichen und persönliche Eindrücke zur Gestaltung bringen. Traditionelle Formen der Vermittlung von Wissen können als zusätzliche Angebote formuliert werden.

6. »Verlangsamung«
Kirchenräume sind Orte der Einkehr und Besinnung, auch deshalb gilt: Kirchenerschließung braucht Zeit – auch individuelle und individualisierte Lernzeit. Wenn wenig Zeit zur Verfügung steht, sollte sich die Erschließung auf Details konzentrieren.

7. »Wahrnehmen – Deuten – Darstellen«
Kirchenräume lassen sich als Texträume verstehen, die einer Auslegung wie andere Texte auch bedürfen. Kirchenerschließungen lassen sich deshalb im Dreiklang von eigenen, oft auch mehrdimensionalen Wahrnehmungsprozessen, dem Austausch über vielschichtige Deutungsmöglichkeiten und dem Umsetzen des Erfahrenen und Verstandenen in einem eigenen Handlungsprodukt entfalten (vgl. Rupp, a. a. O. 229f.).

Gemäß diesen Überlegungen beginnt die LL mit dem Bild eines konkreten Kirchenraums, nämlich der St. Theodor Kirche in Köln. Die Auseinandersetzung mit dem Raum bietet erste Gesprächsanlässe und Fragestellungen für die weitere Arbeit an dem Thema »Glauben in Gemeinschaft«.

St. Theodor, Köln-Vingst
Morgens um 3:20 Uhr, am 13. April 1992, erschütterte ein Erdbeben die Niederlande und Deutschland. Nur 60 km vom Epizentrum in Roermond entfernt, war das Beben auch in Köln-Vingst deutlich zu spüren. In der Pfarrkirche St. Theodor zeigten sich erhebliche Risse im Mauerwerk. Für die notwendig gewordene Sanierung wurden Gutachten in Auftrag gegeben, die zu einem verheerenden Ergebnis kamen, da beim Wiederaufbau, der im Zweiten Weltkrieg völlig abgebrannten Kirche, z. T. minderwertiges Material verwendet wurde. Die Gemeinde war letztlich gezwungen, die Kirche zu schließen. Aufgrund der unkalkulierbaren Kosten einer Sanierung entschloss man sich zu Abriss und Neubau der ganzen Kirche. Nur der Turm hatte dem Erdbeben unbeschadet standgehalten.
Die evangelische Schwestergemeinde in Höhenberg-Vingst bot der katholischen Kirchengemeinde St. Theodor Gastrecht in ihrer Erlöserkirche. So wurden die Sonntagsgottesdienste bis zur Weihe von St. Theodor dort gefeiert. 1996/97 fand ein viel beachteter Architektur-Wettbewerb statt. Unter zahlreichen Bewerbern konnte sich letztendlich der Architekt Paul Böhm mit einer Konzeption durchsetzen, die emotional bedeutsame alte Elemente in den Neubau integrierte. Er ließ den Turm der alten Kirche nicht nur stehen, sondern er ließ den Neubau auch den alten Turm »umarmen«.
Durch und durch überzeugend ist vor allem, dass an der Architektur die Grundvollzüge der Kirche abgelesen werden können. Ganz bewusst lassen sich mit und am Kirchenneubau St. Theodor die kirchlichen Grundfunktionen nachzeichnen, nachvollziehen. Wie das? Was haben etwa der Keller oder der Turm

von St. Theodor in Köln-Vingst mit der *Martyria*, der *Leiturgia* oder der *Diakonia* zu tun? Was bedeutet es, dass es direkt aus den Tiefen des Kellers hoch hinauf zum Turm geht? Wie führt die gelebte Solidarität, die praktizierte Nächstenliebe – *Diakonia* – über die gemeinsame Feier des Glaubens in der *Leiturgia* hin zum Bekenntnis des Glaubens, zur *Martyria*?

St. Theodor ist eine moderne Kirche, die die uralten kirchlichen Vollzüge erneut sinnenfällig macht. Im Mittelpunkt der Kirche ist Platz für die feiernde Gemeinde – Raum für die *Leiturgia*. Die Gestaltung des Altarraumes wie auch die Anordnung der Plätze für die Gemeinde möchte mit der Idee der *circumstantes*, dem im Konzil wieder gestärkten frühchristlichen Liturgieverständnis, sichtbar Ausdruck verleihen. Auf der kreisförmigen Altarinsel stehen mit dem Tisch des Mahles – dem Altar – und dem Tisch des Wortes – dem Ambo – die Herzstücke christlichen Glaubens, die nicht nur auf einer Stufe stehen, sondern die beide auch aus dem gleichen Stein geschnitten sind. Unmittelbar neben der Altarinsel ragt als Kontrapunkt der Turm auf und birgt als Sakramentskapelle den Tabernakel. Im mittleren Teil des Turmes befinden sich die beiden Orgelprospekte der alten Kirche mit ihren knapp 1700 Pfeifen. Gleich neben dem kreisförmigen Zentrum der Kirche ist in den beiden Armen der Kirche Platz für die unterschiedlichen Formen des Gemeindelebens. Es gibt eine Bücherei, eine Galeriewand und ein Café, in denen sich die Gemeinde nach den Gottesdiensten versammeln kann: Platz für *Koinonia*, für Gemeindeaufbau und Gemeinschaftsbildung.

Hinter dem lichten Gittertor führt aus dem Kirchenraum eine breite Treppe in großem Bogen hinab in das Basement. Fundament und Basis der Kirche ist die *Diakonia*. Und in St. Theodor ist der Keller nicht nur statisch betrachtet das Fundament. Bei der Kirchweihe formulierte der Kölner Kardinal Meisner: »Liturgie und Diakonie sind die beiden Standbeine einer Gemeinde. Hat sie nur eines davon, steht sie schief.« Im Keller der Kirche helfen sich die Gemeindemitglieder gegenseitig. Nicht nur einer bestimmten Gruppe wird hier etwas gegeben, sondern für alle ist etwas dabei – angefangen vom Kleinkind bis hin zum Rentner. Viele Menschen leben am Rande des Existenzminimums. Das Kleinkind hat vielleicht eine Mutter, die selbst noch ein Kind ist. Der Erwachsene gehört mit einer gewissen Wahrscheinlichkeit zu den vielen Arbeitslosen, die es im Einzugsbereich der Gemeinde St. Theodor gibt. Bei der alten Frau reicht die knappe Rente möglicherweise gerade für die Miete und die preiswertesten Lebensmittel. Daher befindet sich im Basement – das eine eigene LKW-Zufahrt besitzt – eine Halle mit Hochlager inklusive eines Gabelstaplers, um die Materialien bewegen zu können, ebenso die Kleiderkammer, die Lebensmittelausgabe, die Gemeindeküche, das Beratungszentrum und Gemeindewerkstätten.

Der Turm blieb nach wie vor das höchste Element von St. Theodor. Türme sind Signale des Glaubens, ein nach außen getragenes Glaubensbekenntnis – in Stein gefasste Verkündigung: *Martyria*. Um zum begehbaren Dach der Kirche und zur oberen Kapelle im Turm zu kommen, muss man in St. Theodor den Kreuzweg durchwandern, einen breiten Treppenaufgang, der den inneren Treppenaufgang aus dem Basement in den Kirchenraum aufnimmt und außen fortführt.

Die Architektur von St. Theodor bringt sinnenfällig zum Ausdruck, was die Gemeinde auch lebt: Sie stellt sich den Anforderungen der Gegenwart auf dem Fundament der uralten Grundvollzüge der Kirche.

Umsetzen

■ **Eine Kirche erkunden.** Der Impuls lädt Sch zu einem virtuellen Erkundungsspaziergang im Bild ein. Schon der erste Überblick wird es Sch ermöglichen, Bekanntes wie Altar, Ambo, Bänke, Leuchter, Kerzen und Blumenschmuck zu entdecken. Die Sicherung der Beobachtungsergebnisse kann durch einen TA oder Folieneintrag in Form des »Grundrisses der Kirche« (**M 9.1, S. 208**) erfolgen. In der anschließenden Gesprächsrunde oder Stillarbeitsphase formulieren Sch Fragen, die sich angesichts der Erkundungsphase ergeben haben und die einen »Fahrplan« für die weitere Beschäftigung in der LL darstellen könnten.

Weiterführen

■ **Exkursion.** Die Auseinandersetzung mit der Fotografie einer Kirche ist eine Behelfslösung, die den begrenzten Möglichkeiten des Mediums »Schulbuch« geschuldet ist. Möglich und sinnvoll ist an dieser Stelle natürlich auch der Besuch der eigenen Kirche bzw. der Kirche, der die Schulgemeinschaft räumlich oder durch Schulgottesdienste verbunden ist. Solche kirchenraumpädagogischen Lerngänge können verschiedene Schwerpunkte je nach Zeit und Zielsetzung aufweisen. So kann der Lerngang durchaus unter dem Impuls »Eine Kirche erkunden« auf dieser DS stehen und damit die Hauptintention des Reiseprospektes in die eigene Wirklichkeit übertragen. In den darauffolgenden Ausflügen finden sich weitere Impulse, die kirchenraumpädagogische Zielsetzungen aufnehmen. Die »Methodischen Elemente einer Kirchenerkundung in der Anordnung eines möglichen Ablaufs« (**M 9.2, S. 209f.**) bieten eine Übersicht über zusätzliche »Programm-Punkte« einer solchen Entdeckungstour. In jedem Fall empfiehlt sich eine sorgfältige Auseinandersetzung von L mit dem Bau und die Einplanung einer gewissen Zeit für die Aktion: Ein halber Schulvormittag ist angemessen.

Die Grundaufgaben der Kirche — AUSFLUG 140 | 141

Ansetzen

Der Ausflug setzt sich von verschiedenen Seiten her mit den vier Grunddimensionen kirchlichen Handelns auseinander: Die Kirche und die Menschen in ihr sollen Zeugnis geben über den eigenen Glauben (*martyria*), sie sind verpflichtet zum aktiv-solidarischen Umgang mit dem anderen (*diakonia*), sie leben in Gemeinschaft mit den anderen Christinnen und Christen (*koinonia*) und sie feiern mit diesen im Gottesdienst und im Sakrament die Erinnerung an das Heilshandeln Gottes (*liturgia*).
Diese Grundfunktionen der Kirche strukturieren auch die nächsten Ausflüge; auf der vorliegenden Basis-Seite kann sich die Lerngruppe ihnen von verschiedenen Zugängen, dargestellt in Bildern, in Sach- oder Bibeltexten, her nähern und so die weiteren Ausflüge vorbereiten.
Die Ergebnissicherung dieser Unterrichtssequenz könnte in tabellarischer Form erfolgen, in der den vier Aufgabenfeldern Bilder oder Zeichnungen der Orte und Gegenstände, ein Exzerpt aus dem jeweiligen Sachtext zur Bedeutung der Aufgabe und der Kern der dazugehörigen Bibelstelle zugeordnet werden.

Umsetzen

■ **Kirche vor Ort.** Sch entdecken gemäß dem kirchenraumpädagogischen Ansatz die Funktionen der Kirche auch in ihrer Gemeinde(-kirche). Dazu können die vier Abbildungen der DS als Orientierung dienen, die Lerngruppe kann aber auch die vier Sachtexte oder die biblischen Verweise aus dem Auftrag »Bibelstellen« (s. u.) als strukturierende Vorgabe der Erkundung aufnehmen. Die Ergebnisse können als Zeichnungen oder Fotos in »Die Grundaufgaben der Kirche« (**M 9.3, S. 211**) eingebunden werden.

■ **Innenausstattung.** Eine Annäherung erfolgt in der detaillierteren Betrachtung von vier Bildern aus der Kirche St. Theodor. Sie stellen vier Gegenstände bzw. Orte dar, die die Grundfunktionen der Kirche symbolisieren und in die Gegenwart der konkreten Gemeinde stellen – angefangen von links: der Altar für die sakramentale Feier (*liturgia*), der Ambo als Ort der Verkündigung des Wortes Gottes (*martyria*), das Taufbecken als Ort der Aufnahme in die Gemeinschaft (*koinonia*), ein breiter Weg hinunter zum Sozialzentrum der Gemeinde, mit Kleiderkammer, Lebensmittelausgabe, Gemeindeküche, Beratungsstelle und Gemeindewerkstatt (*diakonia*).

■ **Bibelstellen.** Die vorgeschlagenen Textstellen bieten eine biblische Fundierung der Grundfunktionen der Kirche. Mt 28,18-20 verweist mit dem Missionsauftrag auf die Aufgabe der »martyria«, die von Paulus überlieferten Einsetzungsworte 1 Kor 11,23b-25 führen in das Zentrum der »liturgia« ein, Apg 2,37-42 verweist auf die Bedeutung der Gemeinschaft und die Taufe als konstituierendes Element der »koinonia«, Mt 25,40 schließlich fundiert die Solidarität mit den Armen und Schwachen (»diakonia«) im Wort Jesu. Sch schlagen die Bibelstellen nach, sie wiederholen und vertiefen im Zuordnen der einzelnen Textauszüge zu den Bildern oder den Sachtexten der DS das bereits Gelernte.

■ **Ideenbörse.** An konkreten Beispielen sollen die Sch aufzeigen, an welchen Stellen der Aspekt der »diakonia« in ihrer Gemeinde deutlich wird. Eventuell entwickeln sich daraus auch konkrete Ideen für das Gemeindeleben vor Ort. In diesem Zusammenhang kann auch noch einmal der Verweis auf die Innenausstattung der Kirche St. Theodor (Weg hinunter zur Sozialstation) dienen.

Ansetzen

Dieser Ausflug thematisiert das Leben als Christen in einer Gemeinschaft und setzt bei dem Grundereignis der Aufnahme in die Kirche an, der Taufe. Die Taufe ist das Sakrament, das die Kirchen in der gegenseitigen Anerkennung verbindet. In ihm wird der Mensch Christ, er gehört einer kirchlichen Gemeinschaft an. Der Tatsache der Kindertaufe entsprechend wird dieses Ereignis als Beginn eines Weges mit weiteren Etappen gezeigt. Im Mittelpunkt der DS steht also nicht die Taufe als solche, sondern der Gedanke des Lebens(-weges) in Gemeinschaft. Ferner wird das Sakrament der Firmung auf dieser DS thematisiert. Mit dem Empfang der Firmung zeigen die Jugendlichen öffentlich, dass sie zur Gemeinschaft der Kirche dazugehören, im Glauben erwachsen werden und Verantwortung für sich und ihren Glauben übernehmen. Ein Problem kann die fehlende Einbindung von Sch in eine Pfarrgemeinde darstellen, jedoch kann dies auch als Chance zu einem Kennenlernen begriffen werden. Die Kirche ist ein lebendiger Organismus, dessen agierende Glieder Menschen sind. Der Ausflug nutzt zur Erschließung des Themas die Gemeinschaftserfahrungen der Sch, die diese sicher in unterschiedlicher Weise machen.

Umsetzen

■ **Die Gabe Gottes.** Durch UG und Erstellung einer Grafik zur Bedeutung der Firmung im Leben der Christinnen und Christen, werden wichtige Aspekte der Firmung herausgearbeitet und analysiert.

■ **Interview.** Der Interview-Auftrag regt Sch an, sich noch mit den weiteren Sakramenten der Katholischen Kirche auseinanderzusetzen.
Durch die Berichte aus den Familien bekommen sie einen Eindruck, wie die Sakramente früher gefeiert wurden und welchen Stellenwert sie damals hatten. Durch die tabellarische Aufarbeitung ergibt sich ein guter Überblick, zu welchem Zeitpunkt die einzelnen Sakramente gespendet bzw. gefeiert werden.

■ **Gottes Geistkraft.** Das Lied »Komm Heilger Geist« verdeutlicht die Begeisterungsfähigkeit, Kraft und Leidenschaft des Heiligen Geistes. Durch den Vergleich des Liedes mit dem Lied auf S. 106 wird ein umfassender Überblick über die Wirkung »der Geistkraft Gottes in der Welt« gegeben.

■ **Lebendige Steine.** Kirche lebt immer in und durch konkrete Personen, die Kirche gestalten oder eine Aufgabe übernehmen. Da Sch i. d. R. während der Grundschulzeit Kontakt zu ihrer Pfarrgemeinde im Rahmen der Erstkommunion hatten, ist ihnen eine Zahl an Gruppen und Menschen in der Pfarrgemeinde bekannt. Das »Wortsuchrätsel« (**M 9.4, S. 212f.**) kann hilfreich sein, um einzelne Gruppen einer Pfarrgemeinde zu benennen. Das Sammeln und Erstellen der Tabellen erfolgen im UG.

■ **Nachgefragt.** Der Interviewauftrag erweitert die methodische Kompetenz der Sch und ermöglicht den direkten Kontakt zu Menschen, die sich in der Kirche engagieren. Um verwertbare Ergebnisse zu erhalten, ist die Erarbeitung eines Interviewbogens im RU empfehlenswert.

■ **Ich-du-wir.** Nach einem UG, in dem die Bibelstelle gedeutet wird, schreiben Sch einen Text. Wichtig ist, dass schon im UG eine Hilfe zum Transfer in die heutige Zeit gegeben wird (s. auch »Weiterführen«).

Weiterführen

■ **Steckbrief einer Pfarrei (M 9.5, S. 214).** Sch gehören i. d. R. zu einer Pfarrei bzw. Seelsorgeeinheit. Diese zu erkunden, kann für Sch eine spannende Aufgabe werden: Wie heißt die Pfarrei? Wo steht die Kirche? An welchem Tag feiert die Pfarrei ihr Patrozinium? Wer leitet die Pfarrei? Wer arbeitet alles in der Pfarrei? Welche Berufe gibt es in der Pfarrei? Welche Gruppen gehören zu der Pfarrei? Wie viele Menschen gehören dazu? Was kann Sch selbst von der Pfarrei berichten?
Die Aufgabe lässt sich auch in PA oder GA erledigen. Die Steckbriefe werden vorgestellt, u. U. auch zu einem bzw. mehreren Plakaten zusammengefasst.

■ **Einladung oder Besuch einer Pfarrei.** Nicht alle Sch kennen Menschen, die sich in der Kirche engagieren. Im Rahmen des Themas bietet es sich daher an, den lebendigen Kontakt zu Menschen, die in der Kirche aktiv sind, herzustellen. Dieser Kontakt kann entweder über die Einladung entsprechender Personen in den RU oder durch den Besuch einer Pfarrei geschehen. Schwerpunkte des Gesprächs sind: »Was mache ich in der Pfarrei/Seelsorgeeinheit?« – »Warum engagiere ich mich in der Gemeinschaft der Kirche?« Sowohl die Einladung als auch der Besuch einer Pfarrei müssen im RU vorbereitet werden.

■ **Ich-du-wir.** Nach der Erarbeitung der Bibelstelle im UG kann auch eine GA-Phase folgen. Sch setzen sich in kleinen Gruppen zusammen und erhalten DIN-A6-Karten. Auf je eine Karte tragen sie eine Fähigkeit oder Eigenschaft ein, die Menschen in die Kirche einbringen können. Die Karten werden nach der Arbeitsphase auf ein Plakat geklebt, auf dem L schon zuvor eine Kirche gezeichnet hat: Die Karten symbolisieren die »lebendigen« Bausteine der Kirche. Dieser Schritt bietet sich dann an, wenn L in der Planung Bedenken hat, dass die Lerngruppe den Transfer von der Bibelstelle in die Jetztzeit leisten kann. Erst im Anschluss an diese Phase verfassen Sch ihren Text.

■ **Kirchenplakat.** Zur Sicherung der Arbeitsergebnisse wird von L ein Plakat hergestellt, dessen Mitte die Kirche bildet (vgl. MITTENDRIN 5/6, S. 143). Um diese Kirche herum werden die Arbeitsergebnisse gesammelt, die so sichtbar im Klassenzimmer aufgehängt werden. Nach Sichtung der Ergebnisse gestalten Sch in Gruppen Kirchenplakate, die eine Kirche zeigen, wie Sch sie sich wünschen. Sch präsentieren ihre Plakate und erläutern, welche Arbeitsergebnisse des gemeinsamen Plakats aufgenommen wurden.

Brot des Lebens — AUSFLUG — 144 | 145

Ansetzen

Die Eucharistie ist die Quelle und das Ziel der Gemeinschaft der Kirche. In ihr verdichtet sich der Glaube der Menschen zum Ereignis der Gegenwart Gottes in der feiernden Gemeinde. Eine Feier ist aber nicht allein möglich. Zu einer Feier gehören mindestens zwei Menschen oder mehr. Das Zentrum des Glaubens der Christen, das Herrenmahl als Vergegenwärtigung Jesu selbst, ist an mehr als einen Einzelnen gebunden, es bedarf der Gemeinschaft. So wie aus dem Herrenmahl die Gemeinschaft erwächst, so stärkt es umgekehrt die Gemeinschaft: Diejenigen, die gemeinsam das Herrenmahl feiern, sind die Herausgerufenen (»kyriake«), die Gemeinschaft des Herrn, die nun seinem Auftrag folgt. In der Feier vergewissert sich die Gemeinschaft, ob ihr Handeln im Ursprung des Handelns, in Jesus selbst, verwurzelt ist. So ist die Eucharistie nicht nebensächlich, sondern das zentrale liturgische Handeln, in dem sich auch das Selbstverständnis der Kirche als Gemeinschaft widerspiegelt.
Die DS nimmt diese Dimension der Eucharistie in den Blick, ohne dabei eine geschlossene Sakramententheologie bieten zu wollen. Im Mittelpunkt steht der Gedanke: In Jesu Zusage seiner bleibenden Gegenwart, die sich in der Eucharistie verdichtet, entsteht eine Gemeinschaft, die aus der Feier der Eucharistie die Kraft schöpft, die Botschaft Jesu weiterzutragen. Daneben bietet die DS eine symboldidaktische Erschließung des Brotes. Brot als Grundnahrungsmittel ist den Sch bekannt. Dass Brot aber mehr als das Nahrungsmittel Brot sein kann, dass es all das sein kann, was Menschen zum Leben brauchen, ist ein Gedanke, der den Sch erst erschlossen werden muss.

Umsetzen

■ **Eucharistie feiern.** Die ausführliche Lektüre im Gotteslob muss durch L vorstrukturiert werden. Teile wie die Zurüstung des Altars (Tischdecken), das Händewaschen, das (Tisch-) Gebet machen deutlich, wie sehr die Eucharistie im Mahlhalten verwurzelt ist. Sie ist aber auch mehr; dies wird im Hochgebet, dem großen Lob- und Dankgebet, deutlich: In der Präfation sagt die Kirche Dank und Lob für Schöpfung und Erlösung, in der Epiklese bittet sie Gott, den »Segen in Fülle« auf Brot und Wein zu senden, damit in ihnen Jesus Christus gegenwärtig wird (Einsetzungsbericht). In der Anamnese erinnert die Kirche an das heilvolle Handeln Gottes, und sie trägt ihm ihre Bitte vor. Die Kommunion selbst ist ein Mahl des Friedens (das »tiefe Atemholen des Friedens«, so H. Halbfas). Manche dieser Dimensionen kennen wir auch aus unseren Mahlzeiten zu Hause: Gerade an besonderen Tagen in der Familie wird der Tisch festlich gedeckt, die Gespräche am Tisch drehen sich oft um besondere Ereignisse in der Familie und Familiengeschichte, die dann auch wieder gegenwärtig werden. Die Zeit solch gemeinsamen Essens kann für die ganze Familie zu einem Mittelpunkt, einer Quelle der Kraft und einer Zeit des Friedens werden. Ein Vergleich wird sich also in der Erarbeitung an diesen Dimensionen orientieren (vgl. zu dieser Erarbeitung Bild, Texte und Arbeitsimpulse zu MITTENDRIN 5/6, S. 52f.).

■ **Brot des Lebens.** Der Arbeitsimpuls thematisiert die Mehrdeutigkeit des Symbols »Brot«. Brot ist nicht nur Grundnahrungsmittel, sondern auch Zuwendung, die wir oder andere durch Menschen erfahren. Für das Gedicht erschließend sind die ersten beiden Zeilen. Diese werden mit den Sch entweder im UG oder in einer GA mit der Gruppe gesondert besprochen. Das Mitbringen und gemeinsame Essen eines Brotes in der Unterrichtsstunde stellt einen motivierenden und vertiefenden Einstieg in diese Sequenz dar. Dabei sollten Sch auf den achtsamen Umgang mit dem »Lebensmittel« aufmerksam gemacht werden.

■ **Bildreise.** Die Bildreise wird in zwei Phasen gestaltet: Nach einer zunächst intensiven Betrachtung und Deutung des Bildes werden Sch zu einer »Fantasiereise ins Bild« (**M 9.6, S. 215**) eingeladen. Moderne, abstrakte oder auch figurative Bilder besitzen meist mehrere Ebenen. In ihrer Offenheit für eine Deutung legen sie Sch nicht fest und können Erfahrungsräume für Sch eröffnen. Wichtig ist die Gestaltung der Zeit und auch des Raumes. Es bietet sich an, um die Konzentration der Sch zu erhöhen und ablenkende Geräusche zu minimieren, meditative Musik einzuspielen. Im Anschluss an die Fantasiereise sollte eine kreative Phase, in der die Musik noch läuft, den Sch die Möglichkeit geben, ihre Eindrücke in Bild oder Sprache zu sammeln (Kopien des Bildes von M. Lamb und Materialien wie Stifte, Wachskreide und Papier bereitlegen). Auch das Weitermalen und Verändern des Bildes kann eine Form der Auseinandersetzung im Anschluss an die Fantasiereise sein.

Matt Lamb, o. T. (1996)
Matt Lamb (geb. 1932 in Chicago) lebt in Florida, Irland und Paris. Er gehört in Amerika zu den bekanntesten »outside-artists«, d. h. jener Gruppe von Künstlern, die keine Kunsthochschule besucht haben. Lamb war bis zu seinem 52. Lebensjahr Unternehmer. Aufgrund einer ärztlichen Fehldiagnose, die ihm nur noch wenige Monate zu leben gab, wandte er sich seinem heimlichen Lebenswunsch, der Malerei, zu. Seit 1991 arbeitet er als freischaffender Künstler. Seine Werke fanden bald über die USA hinaus Beachtung. Heute gilt sein besonderes Augenmerk dem von ihm ins Leben gerufenen Kinderkunstprojekt für den Frieden, dem »Matt-Lamb-Umbrellas-for-Peace-Project«, an dem sich mehr als 500.000 Kinder weltweit beteiligt haben.
Der Bildhintergrund ist blaugrün und zeigt eine deutlich wahrnehmbare Oberflächenstruktur. Diese entsteht durch die von Lamb angewandte Technik des »Dips«, bei der die Leinwand in eine spezielle, aus verschiedensten Materialien hergestellte Mixtur eingetaucht und zum Trocknen aufgehängt wird. Dieser Vorgang kann bis zu fünf Jahren dauern. Erst danach wird das Bild weiterbearbeitet. Im Vordergrund sind vier Elemente deutlich wahrzunehmen: In der oberen linken Ecke grün-goldene Strahlen und eine goldene Ellipse in der oberen Hälfte des Bildes, die einen Mittelpunkt zeigt. Das Bild wird gleichsam durch ein blaues T in der Mitte geteilt. Der Querstrich läuft in einem leichten Bogen vom linken zum rechten Bildrand, der Längsstrich steht nicht ganz mittig, sondern ist nach links verschoben und läuft im unteren Bildrand aus. Das vierte Element ist ein kleiner goldener Strich, der nach rechts verschoben ist und scheinbar über dem unteren Bildrand schwebt. Die beschriebenen Elemente zeigen deutlich mehr Struktur und erheben sich fast aus dem Bild.
Am auffälligsten ist sicherlich die goldene Ellipse. Erst beim zweiten Blick fällt das andere goldene Element auf, das mit der Ellipse zu korrespondieren scheint. Zwischen beide drängt sich das »blaue T«. Die goldene Ellipse und das blaue T bilden eine Gestalt, die sich dem goldenen Element am unteren Bildrand zuwendet.
Oft wird die goldene Ellipse mit einem riesigen Auge verglichen, häufiger jedoch interpretieren Sch dieses Element als »Hostie« oder »Brot«. Das blaue T wird als Kreuz oder auch als Körper zur Ellipse gedeutet. Das goldene Element am unteren Bildrand wird meist als eine weitere, kleinere Gestalt gesehen, die in Beziehung steht zu der beherrschenden Figur des blauen T und der Ellipse. Die grün-goldenen Strahlen werden als Fortsetzung dieser Beziehung in einen uns nicht greifbaren Raum verstanden.
Grün und Blau als die Farben der Erde im Hintergrund bilden den Grund für das Beziehungsgeschehen. Gold weist über das Irdische hinaus und bricht zugleich in den Raum der Kontingenz ein und scheint ihn in seiner Anwesenheit zu verändern und neu zu formen. Dieses Ereignis der Umgestaltung, des Neuen zeigt sich auch in der dynamischen Arbeit, mit der der Künstler dieses Element gestaltet hat. Es scheint nicht zu ruhen, sondern lebendig und in Bewegung zu sein, ebenso das blaue T. Werden beide Elemente zusammengesehen, so entsteht der Eindruck, als öffne die daraus entstandene Gestalt ihre Arme.
Deutet man das Bild im christl. Kontext, finden sich verschiedene Sichtweisen auf Christus wieder: Die Form des Kreuzes, des franziskanischen »T«, ruft uns in seinem ganz der Erde verhafteten Blau das Kreuz Jesu in Erinnerung, das aber nicht beziehungslos zu dem Himmlischen steht. Das Kreuz und die Ellipse werden zur Gestalt. Für die Person Jesu wird in ihrer »existentia pro nobis« das Kreuz zum Symbol ihres Willens, die Menschen zu retten. Diese Hinwendung zum Menschen bis in den Tod hinein überschreitet diesen Tod und schafft Neues, das in seiner Gestalt einen Lebensraum unter den bergenden Armen Jesu erstehen lässt. In der Abstraktion liegt die Aussagekraft, dass die Gestalt

der Erde verhaftet, dennoch nicht greifbar ist. Sie gehört dem himmlischen, nicht mehr greifbaren Raum an, was die Strahlen verdeutlichen, die den Weg zeigen, die die Auferstehungsgestalt nehmen wird, gleichsam die Himmelfahrt. Und doch bleibt sie in einer, die Verbindung zwischen Himmel und Erde erschließenden Weise gegenwärtig, die sich in der Gabe des »Himmelsbrotes« erweist. Insofern wird auch deutlich, was oder wer mit dem goldenen Element am unteren Bildrand gemeint ist: Der Mensch, der unter dem Kreuz steht, sich in den lebendigen, dynamischen Raum begibt, den dieses Ereignis schafft.
Ganz in diesen Raum hineinverwoben, ist er doch ein Fremder, denn er gehört zu dem, der für ihn sich hingegeben hat. Der Kreuzesbaum wird zum Lebensbaum, der in die Jetztzeit wirkt. Wie sehr das Irdische im Himmlischen nun eingefangen ist, zeigt sich auch in der Mitte der goldenen Ellipse, in der ein irdisches Grün erscheint, jedoch nun leuchtend. Himmel und Erde treten neu in Beziehung, wie auch die Farbgebung der Strahlen vermittelt. Alles entscheidet sich jedoch in der Beziehung des Menschen zu der Kreuzgestalt, die raumschaffend und -schenkend das Bild beherrscht.

Weiterführen

■ **Die Feier des Gottesdienstes.** Mithilfe von »Der Aufbau der Eucharistiefeier« (**M 9.7, S. 216f.**) wird die Struktur der Eucharistiefeier erarbeitet.

■ **Ein Mahl gestalten.** Als abschließendes und zusammenfassendes Moment kann ein Mahl durch die Lerngruppe gestaltet werden. Dabei geht es nicht um besondere Speisen, diese sollten möglichst einfach gehalten werden (Brot, Äpfel, Saft, evtl. Butter), sondern um die Beiträge der Sch. Wer bringt was mit? Wie soll der Tisch gedeckt werden und wer kümmert sich? Wer kann ein Gedicht, eine Geschichte, ein Gebet beitragen? Wie wollen sich Sch bei dem Mahl verhalten?

Gott bezeugen in Wort und Tat AUSFLUG 146 | 147

Ansetzen

Der Ausflug geht von dem Ineinander der verschiedenen Grundaufgaben der Kirche aus. Eine Verkündigung der Frohen Botschaft kann nicht nur in Worten geschehen, sie bedarf des glaubwürdigen Handelns der Zeugen der Botschaft. Ohne den Rückbezug auf das eigentliche Ereignis des Glaubens in Jesus Christus bleibt aber das Tun ohne Sinn. Dabei steht der Christ auch hier nicht als Einzelperson, sondern sein Zeugnis ist eingebunden in das Zeugnis der Gemeinschaft. Die DS entfaltet diese Aspekte in einer mehrfachen Weise (Bild, Lied und Konkretion in den Impulsen).

Umsetzen

■ **Vom Ambo aus.** In einem Brainstorming werden die Ideen und Beispiele der Sch an der Tafel oder auf einem Plakat gesammelt. Danach kann der Versuch unternommen werden, die Ideen und Beispiele nach Kategorien (»leben«, »sprechen«, »Verantwortung übernehmen«) einzuteilen. Schnell wird den Sch deutlich werden, dass eine Trennung nicht möglich ist. Alternativ können Sch auch zuerst auf Moderationskarten Beispiele und Ideen sammeln, die dann im UG in Clustern geordnet und auf Plakate geklebt werden.

■ **Ein Bild voller Symbole.** Der Impuls erschließt die Seite der bewussten Komposition des Bildes. Sch legen in ihrem Heft eine Tabelle an, in der links die entdeckten Gegenstände und rechts ihre Bedeutung eingetragen werden. Alternativ kann auch ein AB ausgeteilt werden, in dessen Mitte sich das Bild befindet. Sch benennen über Pfeile die Gegenstände und erläutern deren Bedeutung. Auch können das Gedicht von H. Halbfas und der Impuls »Brot des Lebens« (MITTENDRIN 5/6, S. 144/145) in die Deutung des Bildes aufgenommen werden (s. u. »Weiterführen«).

Sieger Köder, Gebt ihr ihnen zu essen
Das Bild lehnt sich an die Brotvermehrungserzählung Mt 14,15-21 an. Tatsächlich hat das Bild aber zwei Ebenen: Während die Gruppe der Menschen, die das Brot zentral am oberen Bildrand empfängt und es dann weitergibt, dem Betrachter zuerst auffällt, zeigen sich bei längerem Hinsehen einige Details. Nicht nur Brot, sondern auch Rosen und eine

beschriebene Seite werden weitergegeben. Das Licht nimmt seinen Ausgang bei dem gebrochenen Brot am oberen Bildrand und scheint dann den Weg durch die Gruppe hindurch nach unten zu den Händen am unteren Bildrand zu nehmen. Es scheint durch sie hindurch. Wem gehören die Hände? Es sind keine Gesichter zu sehen und gerade daraus entsteht die Möglichkeit, die Not in ihren vielfachen Gesichtern, auch die geistige Not, zu erfassen. Zu welcher Gruppe gehöre ich als Betrachter? Strecke ich meine Hände aus, um zu empfangen? Wie ist es, wenn ich um etwas bitte? Fehlen mir Brot, Kleidung, Nahrung, Geld, Gesundheit, Liebe, Sinn, Hoffnung, Geborgenheit und Nähe?
Oder gehöre ich zu denen, die das Brot, die Liebe und Hoffnung (Rose) und den Sinn (Schriftstück) weitergeben? Der Mensch lebt nicht nur vom Brot, sondern von Gottes Wort (Mt 4,4). Es ist das Wort, das Menschen bewegt, anderen zu helfen, aber auch aus einer scheinbar aussichtslosen Situation aufzubrechen.
Wohin gehöre ich? Wie fühle ich mich, wenn ich weitergebe, wie fühle ich mich, wenn ich empfange?
Neben dieser affektiven Ebene lässt sich auch die der bewussten Komposition erarbeiten: Fast pyramidal geht vom gebrochenen Brot das Handeln und Tun der Gruppe aus, die sich den Händen zuwendet. Das Brot erinnert in der vom Künstler angelegten Darstellung an die Eucharistie. Von ihr her erwächst der Liebesdienst (Caritas) in der Weitergabe des Brotes (Nahrung), der Liebe (Rose) und des Wortes (Schrift). Das eine bleibt ohne das andere hohl. Sehr leicht lassen sich die Elemente den Grundaufgaben der Kirche zuordnen.

■ **Schlusssätze.** Nach dem Schreiben der eigenen Geschichten werden diese in der Lerngruppe vorgestellt. I. S. d. methodischen Trainings kann die Geschichte auch als »Vortrag« gestaltet werden.

■ **Ideenbörse.** Sch erarbeiten in GA Möglichkeiten, der Partnergemeinde zu helfen. Die Möglichkeiten werden im UG gesammelt; gemeinsam überlegen Sch, was sich konkret umsetzen ließe.

■ **Opferstock.** Der Rechercheauftrag stellt den Kontakt zu einer konkreten Pfarrgemeinde her. Diskussionen über Hilfsmöglichkeiten wenden sich meist schnell der Situation in Ländern der Dritten Welt zu. Hier besteht die Möglichkeit, auch Hilfe, die »vor der eigenen Tür« geschieht, zu erkunden. Die Ergebnisse werden im UG vorgestellt und besprochen.

■ **Ein Vergleich.** Das Lied kann zur Sicherung des Ergebnisses der DS, aber auch schon bei der Erarbeitung des Bildes von S. Köder eingesetzt werden. Darüber hinaus ist der Impuls so gestaltet, dass Sch noch einmal zurückblättern und »ein Zwischenergebnis« formulieren, bevor mit der nächsten DS der zweite Themenschwerpunkt der LL beginnt. Das UG zu dem Impuls wird in einem zusammenfassenden Hefteintrag gesichert.

Weiterführen

■ **Ein Bild voller Symbole.** Sch werden zu einer intensiven Bildbetrachtung, die die existenzielle Betroffenheit, d. h. die affektive Ebene zum Mittelpunkt hat, angeleitet. Nach einer ersten Phase des Betrachtens und der zweiten Phase des Deutens, werden Sch bewusst dazu hingeführt, Haltungen des Bittens bzw. des Gebens nachzuempfinden. Die sich einstellenden Gefühle werden beschrieben. Danach werden Sch aufgefordert, einen Platz im Bild einzunehmen und dort zu verharren (oder von L bewusst an ausgewählte Plätze in dem Bild geführt: zu den Händen, zu den Menschen, die Brot/Rosen/das Wort weitergeben, zu dem Mann in der Mitte, der teilnahmslos den Rücken zuwendet): Welche Beziehung zu den anderen Menschen entdecken sie, welche Gefühle bewegen sie, was würden sie gerne machen bzw. verändern? Im Anschluss machen sich Sch Notizen zu ihren Gedanken, Gefühlen und Wünschen. Im anschließenden UG stellen Sch ihre Notizen vor und vergleichen ihre Erfahrungen: Unterschiede, Gemeinsamkeiten, deren Bedeutung.

■ **Sternsinger.** Konkrete Hilfeleistungen von Kindern und Jugendlichen für Kinder und Jugendliche kennenzulernen, bietet die Internetseite des »Päpstlichen Missionswerks der Kinder (PMK)« unter www.sternsinger.org, auf der die Projektarbeit des PMK kind- und jugendgerecht vorgestellt wird. Hilfreich für die Orientierung sind dabei die Grundfragen: Wem wird geholfen? Wie wird geholfen? Wer engagiert sich und wo? Von Vorteil ist die Tatsache, dass die Sternsinger den meisten Sch bekannt sind. Materialien können kostenlos beim PMK bestellt werden.

Ansetzen

Mit diesem Ausflug wird der zweite Themenschwerpunkt der LL eröffnet. Die Auseinandersetzung mit der Tatsache der Trennung der beiden großen Konfessionen wird von den Sch zunächst in ihrem eigenen Umfeld vor Ort (Schule, Kirchen in der eigenen Gemeinde) wahrgenommen und könnte sich an die Beschäftigung mit der eigenen Pfarrgemeinde und ihrem Tun anschließen. Verbindendes Element wäre in diesem Fall das zentral den Ausflug strukturierende Doppelbild einer »typisch katholischen« und einer »typisch evangelischen« Kirche und damit die Wiederanknüpfung an die Didaktik des Kirchenraums. Die Bildgrenze setzt sich grafisch im unteren Teil der DS mit dem Symbol der sich trennenden Wege fort und gibt somit den Hauptduktus der Seite an: Sowohl in den kirchlichen Orten als auch in deren Grundvollzügen wird erfahrbar, dass es nicht (mehr) die eine Kirche gibt, sondern dass eine Trennung stattgefunden hat, in der sich auch Unterschiede entwickelt haben. Diese Tatsache soll nicht unterschlagen, sondern benannt und besprochen werden – die Aspekte der Gemeinsamkeit und Gemeinschaft der Konfessionen werden im folgenden Ausflug thematisiert.

Katholische Kirche St. Dionysius und Johannes von Gott
Die Kirche wurde 1872 geweiht und steht an der Stelle einer eingerissenen Klosterkirche des Kapuzinerordens. Das Kloster war 1813 zu einer »Heil- und Irrenanstalt« umfunktioniert und ausgebaut worden, es gehört jetzt dem Landesverband Westfalen-Lippe. Die Kirche wird in der Klinik simultan genutzt. Die Fenster zeigen in den Kreisen oben den Auferstandenen (Mitte) und unterhalb Maria und Josef. Darunter sind v. l. n. r. zu sehen: Petrus, Johannes (mit Kelch, also der Apostel) und Paulus.

Evangelische Erlöser-Kirche
Die Kirche in Marsberg-Westheim wurde 1858 als Privathaus des Pfarrers Wilhelm Schwarz erbaut und 1863 der damaligen Kirchengemeinde Fürstenberg geschenkt – als Kirchen (im ausgehenden Kulturkampf) wieder errichtet werden durften. Die Fenster stellen Christus als den guten Hirten (Mitte) dar sowie zu beiden Seiten Engel, die das Abendmahl in Händen halten.

Umsetzen

■ **Typisch evangelisch – typisch katholisch.** Der Impuls nähert sich dem Unterschiedlich-Trennenden zunächst in seinen konkreten Erscheinungen und von verschiedenen Seiten her an. Die Lerngruppe kann, etwa nach einem stummen Tafelimpuls »Typisch evangelisch – typisch katholisch!?«, zum einen ganz spontan aus ihrer unmittelbaren Erfahrung und Kenntnis heraus Unterscheidendes zusammentragen. Zu erwarten ist zum Beispiel: Verheiratete Pfarrer und Pfarrerinnen – unverheiratete Priester; Konfirmation – Erstkommunion und Firmung; kein Kreuzzeichen – Kreuzzeichen; Abendmahl – Eucharistie ... Die Ergebnisse können in einer Tabelle gesichert werden.
Der zweite Impuls kann selbstständig einsetzen oder die Arbeit mit dem ersten ergänzen: keine Heiligenfiguren – Heiligenfiguren, insbesondere Maria; keine Kniebänke – Kniebänke; Altar in der Mitte – Altar in der Mitte und Hochaltar mit Tabernakel ... Gleichzeitig wird hier auch schon der Blick für Verbindendes geöffnet: Ambo/Lesepult, Osterkerze, Blumenschmuck ...
Die Ergebnisse dieser Annäherung können bereits zum Ausgangspunkt eines UG über die theologischen Hintergründe der Kirchentrennung werden. Ausgehend etwa von der Frage, welche Unterschiede Sch als bedeutsam für den Glauben einschätzen, könnten erste Ausblicke auf das unterschiedliche Amts- und Sakramentenverständnis, aber auch auf Heiligenverehrung und liturgische Vollzüge erfolgen. Auch zentral Verbindendes kommt in den Blick: Ambo und Osterkerze weisen auf den Kern der Botschaft vom auferstandenen Christus hin.

■ **Kirchliche Einrichtungen vor Ort.** Die Erfahrung zweier Kirchen vor Ort spiegelt sich nicht nur im Wahrnehmen verschiedener Kirchenräume wider, sondern auch in der Tatsache, dass die wesentlichen Funktionen der Kirche von verschiedenen Einrichtungen wahrgenommen werden: Evangelische und katholische Sozialstationen, Jugendorganisationen, Seniorenarbeit, Bildungswerke u. v. m. Eine erste Auflistung dieser Einrichtungen verdeutlicht die Pluralisierung, eine im Impuls vorgeschlagene Verortung dieser Institutionen vermag ggf. das Bewusstsein dafür zu schärfen, dass die Unterteilung in Konfessionen historisch gewachsen ist und dass es deshalb Orte oder Stadtgebiete geben kann, die eher katholisch oder eher evangelisch geprägt sind.

■ **Wer war eigentlich Martin Luther?** Auch wenn das Thema Reformation dem Standardzeitraum 7/8 vorbehalten ist – ganz kann eine Beschäftigung mit der evangelischen Kirche nicht auf die historischen Wurzeln und Entstehungsbedingungen verzichten. Entsprechend der kognitiven Möglichkeiten der gegebenen Altersstufe kann dies an der historischen Person Martin Luthers geschehen. Der Recherche-Impuls gibt der Lerngruppe die Möglichkeit, sich ihren Bedürfnissen entsprechend unterschiedlich intensiv mit der Person Luthers und damit auch mit den theologischen Positionen der Reformation und ihrer historischen Entwicklung auseinanderzusetzen.

Weiterführen

■ **Reformationopoly.** Der von Tiki Küstenmacher gezeichnete Bilderbogen »Reformationopoly 1« und »Reformationopoly 2« (**M 9.8a/b, S. 218f.**), kann den Rechercheprozess zu Martin Luther begleiten oder als Ergebnissicherung dienen. Unter Umständen kann L die Kopiervorlage so verändern, dass zentrale Begriffe oder Daten aus dem Bogen entfernt werden. Teil des Recherche-Auftrages könnte es dann sein, die entsprechenden Lücken zu füllen.

Einheit in Vielfalt

AUSFLUG 150 | 151

Ansetzen

Der Ausflug nimmt das die Konfessionen eher Verbindende in den Blick. Blickfang der DS sind die Plakate, die von solchen Aktionen und Aktivitäten berichten, die von beiden Kirchen bzw. Gruppierungen beider Kirchen gemeinsam verantwortet und durchgeführt werden. Das Schild mit den sich wieder vereinigenden Wegen nimmt die Symbolik von MITTENDRIN 5/6, S. 148f. wieder auf und gibt die Hauptintention des Ausflugs an. Das »Ökumene«-Symbol auf S. 150 weist in dieselbe Richtung, der Sachtext verschriftlicht die Thematik. Die Impulse ermuntern Sch dazu, selbst nach konkreten Beispielen für Verbindendes und Verbindungen zwischen den Kirchen zu suchen, mit Menschen aus den anderen Konfessionen in Kontakt zu treten und den Grundgedanken der Ökumene zu stärken – und dabei auch den Blick für das Eigene zu schärfen.

Umsetzen

■ **Ein Besuch bei den Evangelischen.** Das gemeinsame Gespräch, das den anderen in seiner Verschiedenheit zu verstehen sucht, ist der erste Schritt zur Verständigung. Deshalb ist der Kontakt der Lerngruppe zu der meist parallel unterrichteten evangelischen Lerngruppe ein guter Weg, solche Kommunikation in einem bekannten und geschützten Raum einzuüben. Eine gute Vorbereitung, gemeinsam mit der evangelischen L, und eventuell auch eine Formalisierung (Gesprächsleiter, »Tagesordnungspunkte« = Themenkomplexe, Expertenbefragung ...) dieses Gesprächs erleichtern die Begegnung und können verhindern, dass diese in Beliebigkeit verschwimmt. Wichtig erscheint dabei auch der Charakter des »Besuches«: Dass die katholische Lerngruppe Gast, die evangelische Gastgeber ist, sollte das Rollenverhalten und den Stil der Begegnung prägen. Deshalb sollte ein Rollenwechsel auch am besten in der Form des Gegenbesuches stattfinden. Die Ergebnissicherung erfolgt in einem Protokoll oder einem Bericht (für eine Schüler-/Kirchenzeitung) über die jeweiligen Besuche.

■ **Symbole der Einheit.** Sowohl das »Ökumene«-Symbol als auch das »Verkehrsschild« stellen Möglichkeiten dar, die »Einheit in Verschiedenheit« zum Ausdruck zu bringen, und können Sch ermuntern, selbst nach solchen Sinn-Bildern zu suchen bzw. eigene zu entwerfen. Eine »Ökumene-Ausstellung« mit einem Gang durch das Klassenzimmer und begleitet von den Erläuterungen der jeweiligen Künstler rundet den Impuls ab.

■ **Andere Konfessionen.** In Deutschland werden unter dem Stichwort »Konfessionen« v. a. die beiden Großkirchen wahrgenommen. Der Impuls weitet den Blick über Deutschland hinaus und auf die Vielfalt anderer Konfessionen und kirchlicher Gemeinschaften. Der nicht ganz übersichtliche und einfache, in seinem Informationsangebot aber faszinierende Internet-Auftritt des Ökumenischen Rates der Kirchen vermittelt interessierten Sch einen guten Einblick in die bunte Vielfalt, in der christlicher Glaube weltweit gelebt wird. Insbesondere gilt dies für die Seite mit den Links zu kirchlichen Gruppen auf der ganzen Welt (www.oikoumene.org/de/oerk-links/church-ecumenical-organizations/churches.html), wo eine Vielzahl der Links dann auf englischsprachige Seiten verweisen – eine Kooperation mit der Englisch-L bietet sich hier an. Das Bild »Viele Konfessionen« (**M 9.9, S. 220**) kann bei dieser Recherche zur Orientierung oder als Vorlage für ein UG dienen.

■ **Aktionen der Einheit.** Die Plakate dieser Seite bringen bundesweite und lokale Aktionen in den Blick, die von den beiden Kirchen gemeinsam verantwortet werden. Sie ermuntern Sch, selbst nach gemeinsamen Aktivitäten und Veranstaltungen zum Beispiel in ihrem Nahbereich zu suchen. Dazu können das Gespräch mit kirchlichen Mitarbeitern beider Konfessionen, das Auswerten der örtlichen Presse oder die Internet-Auftritte der jeweiligen Gemeinden (s. u.) hilfreich sein.

Die so gewonnenen Ergebnisse können Sch auch zum Gegenstand gemeinsamer konfessionell-kooperativer Unterrichtsstunden machen, Stunden, deren Inhalte sie u. U. gemeinsam festlegen und die sie selbst gestalten können.

Pfarrgemeinden stellen sich vor SOUVENIR 152 | 153

Ansetzen

Die DS nimmt mit Ausschnitten aus Internet-Auftritten von drei Pfarrgemeinden eine den Sch vertraute Form der Kommunikation auf. Dieses Medium mit seiner eigenen Ästhetik soll es der Lerngruppe erleichtern, in der Untersuchung noch einmal die zentralen Erfahrungen und Erkenntnisse der LL zu wiederholen und zur Anwendung zu bringen.

Umsetzen

■ **Vernetzt.** Der Impuls führt die Lerngruppe zunächst einmal dazu, sich intensiv und genau mit den jeweiligen Ausschnitten zu beschäftigen. Sch können die Angebote zunächst in arbeitsteiliger GA sichten, erfahren auf diese Weise noch einmal, wie vielfältig die Arbeit der Pfarrgemeinden angelegt ist, und können diese dann im Plenum unter den Kategorien »Gemeinsames« (Gottesdienste, Ministranten, Kindergärten, Peru-Partnerschaft ...) und »Typisches« (Taizégruppe in Pforzheim, Sterbebegleitung in Ettlingen, Senioren-Treffpunkt in Haltern am See ...) sortieren. Eine interessierte Lerngruppe kann in der Untersuchung noch einen Schritt weiter gehen und auf der Homepage der Gemeinde selbst mehr Informationen zu den einzelnen Themen suchen: Was steckt hinter den einzelnen Stichworten? Ergibt sich aus den Ergebnissen ein besonderes »Profil« der untersuchten Gemeinden?

Die Adressen der Gemeinden:
Haltern am See: www.st-sixtus.de
Ettingen: www.kath-ettingen-stadt.de
Pforzheim: www.pf-west.de

Der letzte Teil des Impulses motiviert die Lerngruppe noch einmal dazu, das Schema der Grundaufgaben der Kirche zu aktivieren und anzuwenden. In diesem Zusammenhang kann es für das UG interessant sein, dieses Schema mit dem Aufbau der Internetauftritte der einzelnen Gemeinden zu vergleichen.

■ **Die eigene Gemeinde im Netz.** Der AA fordert Sch zunächst dazu heraus, sich noch einmal mit der eigenen Gemeinde zu beschäftigen und diese mit den vorgestellten Gemeinden zu vergleichen. Sollte die eigene Gemeinde keinen Internet-Auftritt haben, kann der traditionelle Pfarrbrief diesen ersetzen. Die Umsetzung der Erfahrungen auf dieser DS im Entwurf einer eigenen Homepage macht Sch viel Freude, da sie hier die Gelegenheit haben, das Gelernte in die eigene Ästhetik umzusetzen. Darüber hinaus bietet eine solche Aktion Anlass, mit den eigenen Pfarrgemeinden ins Gespräch zu kommen. Schließlich kann über das Medium Internet der Blick noch einmal geweitet werden auf Verbindendes und Trennendes in den Konfessionen.

Weiterführen

■ **Mediale Präsenz.** Selbstverständlich kann in der rückblickenden Zusammenschau auch auf andere Medien zurückgegriffen werden. Insbesondere eignen sich von den Sch aus ihren Heimatpfarreien mitgebrachte Pfarrbriefe oder Ausschnitte aus der örtlichen Presse für die Untersuchung nach den in den Impulsen ausgeführten Gesichtspunkten.

Kompetenzerwartungen in der LL »Keiner glaubt allein«

Die Tabelle gibt an, welche der im Kernlehrplan konkretisierten Kompetenzerwartungen in dieser Lernlandschaft »Keiner glaubt allein« zentral bedient werden [X] bzw. welche teilweise oder wiederholend angesprochen werden können [(X)]:

INHALTSFELD 1: MENSCHSEIN IN FREIHEIT UND VERANTWORTUNG Die Schülerinnen und Schüler	
Sachkompetenz:	
– erläutern, inwiefern jeder Mensch eine einzigartige und unverwechselbare Persönlichkeit ist, die auf Gemeinschaft hin angelegt und auf sie angewiesen ist; – erläutern die Bedeutung der christlichen Überzeugung, dass der Mensch von Gott geschaffen, geliebt und zur verantwortlichen Mitgestaltung der Schöpfung berufen ist; – erläutern an Beispielen, wodurch das Gelingen menschlichen Lebens gefährdet oder gefördert wird; – zeigen exemplarisch die Schönheit der Schöpfung und ihre Gefährdung auf.	
Urteilskompetenz:	
– beurteilen menschliche Verhaltensweisen vor dem Hintergrund des Glaubens an Gott als den Freund des Lebens; – bewerten Möglichkeiten ökologischen Engagements als Ausdruck und Konsequenz von Schöpfungsverantwortung.	
INHALTSFELD 2: SPRECHEN VON UND MIT GOTT Die Schülerinnen und Schüler	
Sachkompetenz:	
– begründen, warum Religionen von Gott in Bildern und Symbolen sprechen; – deuten Namen und Bildworte von Gott; – erläutern an Beispielen Möglichkeiten und Schwierigkeiten, Gott darzustellen; – zeigen Situationen auf, in denen Menschen sich im Gebet an Gott wenden; – zeigen auf, wie Widerfahrnisse des Lebens aus dem Glauben gedeutet werden können; – deuten biblische Psalmen als Ausdruck menschlicher Erfahrungen im Glauben an Gott; – erläutern den Glauben katholischer Christen an einen Gott in drei Personen.	
Urteilskompetenz:	
– erörtern in Grundzügen Lebenswege glaubender Menschen im Hinblick auf deren Orientierungsangebot.	
INHALTSFELD 3: BIBEL ALS »UR-KUNDE« DES GLAUBENS AN GOTT Die Schülerinnen und Schüler	
Sachkompetenz:	
– erläutern den Aufbau der Bibel; – zeigen auf, dass die biblischen Erzählungen Erfahrungen ausdrücken, die Menschen mit Gott gemacht haben; – geben exemplarische Glaubensgeschichten des Alten und Neuen Testaments wieder; – stellen die Bedeutsamkeit ausgewählter biblischer Frauen- und Männergestalten für die Glaubenspraxis dar; – erläutern, dass das Volk Israel seine Glaubenserfahrungen als Familiengeschichte erzählt; – weisen an Beispielen die Bedeutung der Bibel im Leben der Kirche nach (u. a. Gottesdienst); – begründen, warum die Bibel für Christen als »Heilige Schrift« besondere Bedeutung hat.	(X)
Urteilskompetenz:	
– beurteilen ansatzweise die Relevanz biblischer Glaubenserzählungen für Menschen heute.	(X)

INHALTSFELD 4: JESUS DER CHRISTUS Die Schülerinnen und Schüler	
Sachkompetenz:	
– ordnen Jesus von Nazaret in seine Zeit und Umwelt ein; – benennen Merkmale, die die Zugehörigkeit Jesu zum Judentum verdeutlichen; – erläutern an neutestamentlichen Beispielen, wie Jesus von Gott spricht; – erläutern, dass die Zuwendung Jesu zu den benachteiligten und zu kurz gekommenen Menschen jeder ethischen Forderung vorausgeht; – deuten die bildhafte Rede Jesu an Beispielen; – erklären die Bezeichnung Jesu als Christus als Bekenntnis des Glaubens.	
Urteilskompetenz:	
– erörtern in Ansätzen Ursachen für Konflikte, die Worte und Taten Jesu bei den Menschen seiner Zeit auslösten; – beurteilen an Beispielen, inwiefern Jesus Christus für Menschen heute Bedeutung haben und Orientierung sein kann.	 X
INHALTSFELD 5: KIRCHE ALS NACHFOLGEGEMEINSCHAFT Die Schülerinnen und Schüler	
Sachkompetenz:	
– erläutern die Entstehung der Kirche aus dem Glauben an Jesus Christus und dem Wirken des Heiligen Geistes; – nennen beispielhaft Aufgaben der sich auf Jesus Christus gründenden Kirche; – erläutern die Bedeutung des Apostels Paulus für die frühe Kirche; – erklären Feste des Kirchenjahres in ihrer Bedeutung; – zeigen die Bedeutung von Sakramenten und ihre Verknüpfungen mit Stationen im Leben eines Christen auf; – erläutern, warum und wie katholische Christen Eucharistie feiern; – zeigen an Beispielen Gemeinsamkeiten und Unterschiede in der Glaubenspraxis der Konfessionen auf.	 X X X X
Urteilskompetenz:	
– erörtern, inwiefern der Einzelne am Leben der Kirchengemeinde teilnehmen und wie er seinen Auftrag als Christ im Alltag realisieren kann.	X
INHALTSFELD 6: WELTRELIGIONEN UND ANDERE WEGE DER SINN- UND HEILSSUCHE Die Schülerinnen und Schüler	
Sachkompetenz:	
– benennen Gemeinsamkeiten und Unterschiede in Glaube und Glaubenspraxis der abrahamitischen Religionen; – beschreiben wichtige Stationen im Leben großer Gestalten der abrahamitischen Religionen; – zeigen Spuren jüdischen und muslimischen Lebens in ihrer Umgebung auf; – erläutern anhand von Erzählungen aus der Abrahamgeschichte die gemeinsamen Wurzeln der abrahamitischen Religionen und deren Bedeutung für das Zusammenleben der Religionen; – zeigen das Bekenntnis zu Jesus als dem Christus als unterscheidend christlich auf.	
Urteilskompetenz:	
– nehmen zu verbreiteten Vorurteilen gegenüber Religionen Stellung.	

Grundriss der Kirche

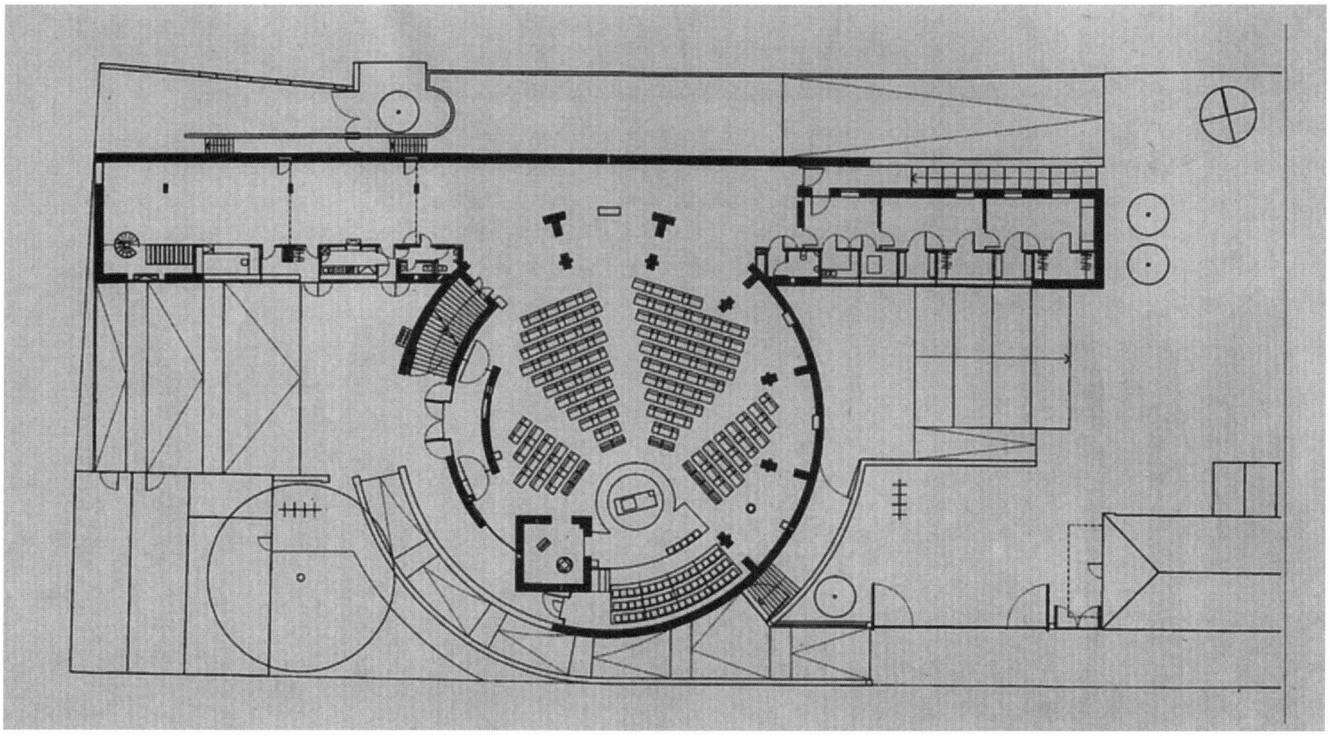

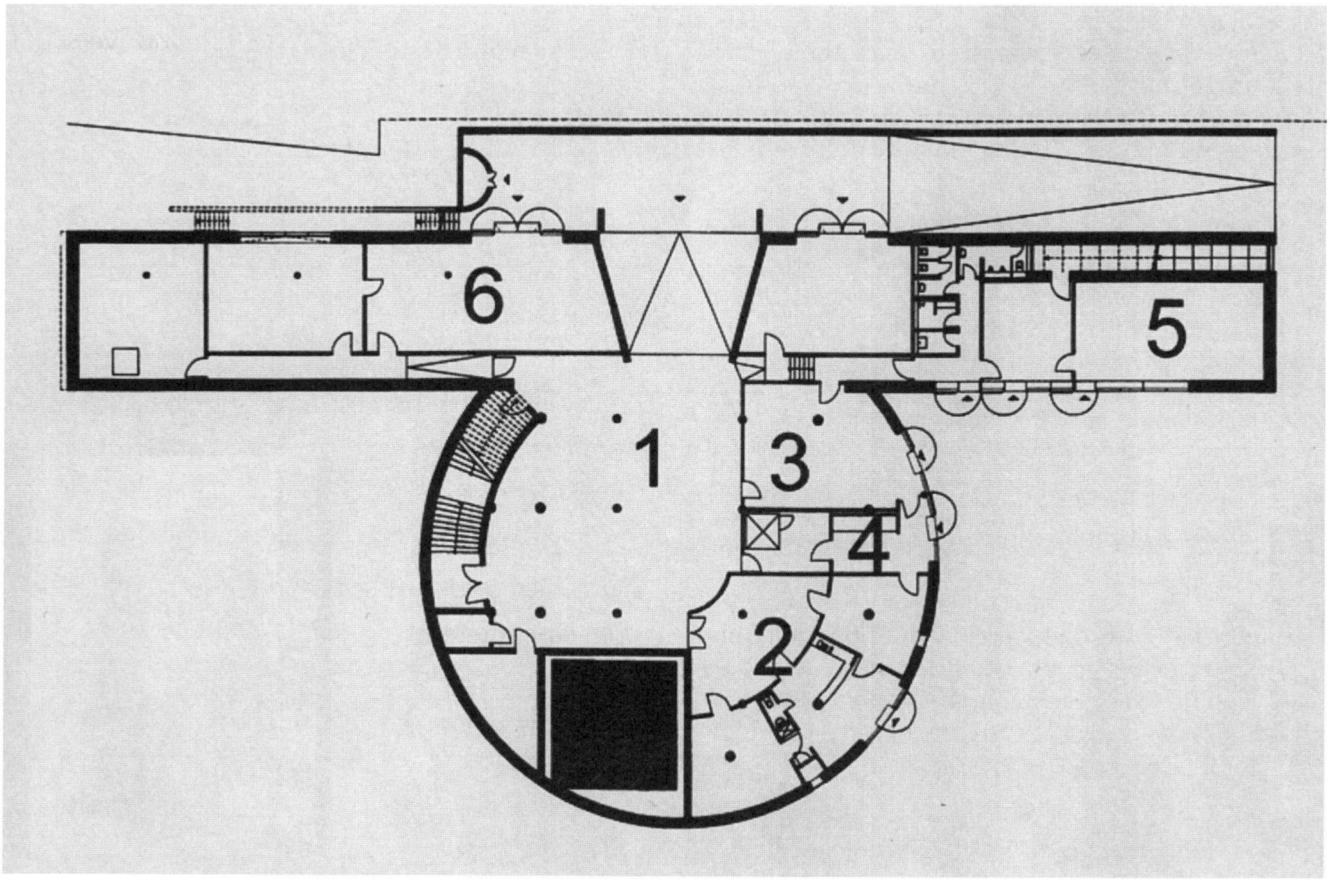

1 Halle mit Hochlager
2 Kleiderkammer
3 Lebensmittelausgabe
4 Gemeindeküche
5 Beratungszentrum
6 Gemeindewerkstatt

Methodische Elemente einer Kirchenerkundung in der Anordnung eines möglichen Ablaufs

	Inhalt – Thema	Hinweise
1	**Kirche von außen** a. Kirche von außen betrachten, nach Auffälligkeiten und Merkwürdigkeiten suchen. Was ist anders als bei anderen Kirchen? b. Beobachtungen einander mitteilen am Portal c. Quiz: Alter der Kirche/Baustil/Länge und Breite/Höhe des Kirchenschiffs und des Turms/Anzahl der Türen, Fenster und Glocken/ Besonderheit der Lage/Bauzeit/Kirchweihdatum/Türsprüche/ Himmelsrichtungen/Erster Pfarrer, berühmte Pfarrer/Eigenart des Kirchenbaus d. Wie sieht es innen aus? Wie viele Menschen passen in diese Kirche?	Blatt mit Hinweisen, Zeichnungen, Texten, Liedern
2	**Von außen nach innen** a. Türliturgie: Lesung 1 Kön 8,22-30; Offb 20,2-5a; Joh 10,9; Lied, z. B.: »laudate omnes gentes« b. Prozession mit Teelichtern und (Orgel-) Musik durch den Mittelgang in den Chorraum, dort die Teelichter abstellen	Liedblatt mit Texten und Bildern Teelichter evtl. mit Unterteller
3	**Innen-Aneignung** a. Lieblingsplatz im Kirchenraum suchen, dort Teelicht abstellen b. Schreitlied: Raum mit den Füßen ertasten c. Blind führen und Detail ertasten d. Orgel hören (Raum hören) e. Sitzen, Stehen, Knien in der Kirchenbank f. Stilleübung: Hören auf Geräusche, die von außerhalb nach innen dringen, auf Geräusche innerhalb des Kirchenraumes, Austausch g. Riechübung: Wie riecht es hier? (Weihrauch) h. Pilgerschritt (Pachelbel, Kanon) i. Lesen vom Ambo oder der Kanzel aus	Liedblatt CD-Player
4	**Innen-Vertiefung** U. a. können folgende Aufgaben zur arbeitsteiligen Bearbeitung angeboten werden: – Das Kreuz erzählt – Elfchen – Formulieren, was ich hier am liebsten ändern würde – Symbole im Kirchenraum suchen und deuten – Ein Stück Geschichte inszenieren – Gegenstände suchen, zu denen ich eine Frage habe – Sherlock-Holmes: Herausfinden, was für Menschen hier ein und aus gehen: Spuren (u. a. gelebter Frömmigkeit) entdecken – Vergleich Innenausstattung früher – heute: Was hat sich geändert?	Zeichenblöcke Stifte Klemmbretter Papier Metermaß Kompass Bibeltexte Kopien von Bildern usw. (je nach Angeboten)

	Inhalt – Thema	Hinweise
	– Festgedicht rezitieren – Ein Detail des Raumes malen – Die Orgel erkunden – Den Säulen Namen geben – Der Altar erzählt über sich – Ein Bauelement mit Ton formen – Das Lesepult erzählt/predigt – Den Türen Türsprüche zuordnen – Die Kopie eines Bildes übermalen (vgl. A. Rainer) – Bibeltexte dem Kirchenraum zuordnen und eine kleine biblische Führung inszenieren – Klärung eines Problems: Wie kann der Kirchenraum für einen Jugendgottesdienst ansprechend umgestaltet werden? – Ein Detail mit Gold- oder Metallfolie abbilden a. Vorstellen b. Erarbeiten c. Präsentieren d. U. U. bedenken, was den Raum zu einem katholischen Kirchenraum macht	
5	**(Tauferinnerung)** a. Sich um den Taufstein versammeln b. Perikope von der Taufe Jesu vorlesen (Mk 1,9-11) c. Eigene Taufgeschichte erzählen d. Tauferinnerungszeichen: Stirnkreuz mit Taufwasser, sich bekreuzigen e. »Taufkerzen« entzünden f. Lied, z. B.: »Kleines Senfkorn Hoffnung«	
6	**Von innen nach außen** Lied, z. B.: »Gott liebt diese Welt« (GL 297) oder Psalm 121 (GL 752) Irischer Segen Teelicht holen und damit den Kirchenraum bewusst verlassen	

Die Grundaufgaben der Kirche

Grundaufgabe	Der passende Ort oder Gegenstand in der Kirche	Bedeutung der Aufgabe	Dazupassende Bibelstelle
»Zeugnis geben«			
»In Gemeinschaft leben«			
»Gottesdienst feiern«			
»Dienst am Nächsten«			

ARBEITSBLATT M 9.3

Wortsuchrätsel

D	F	K	O	L	P	I	N	G	S	F	A	M	I	L	I	E	R	E	S	I	M	K
D	R	I	L	M	A	N	T	U	G	I	D	I	K	F	L	O	B	I	V	X	O	A
S	A	R	K	D	U	D	N	F	A	M	I	L	I	E	N	B	U	N	D	U	Z	T
O	K	C	E	R	S	T	K	O	M	M	U	N	I	K	A	N	T	E	N	L	L	H
R	R	H	A	B	Z	R	W	S	R	T	U	M	A	K	K	W	T	W	S	B	L	O
M	A	E	N	N	E	R	W	E	R	K	Q	U	A	R	A	N	A	E	T	E	I	L
I	P	N	O	R	G	P	M	L	W	Y	T	Z	E	O	L	E	I	L	E	S	T	I
N	P	C	A	R	I	T	A	S	K	O	N	F	E	R	E	N	Z	T	R	U	U	S
S	E	H	S	T	A	M	K	E	N	B	E	V	D	U	M	V	E	K	N	C	R	C
A	L	O	K	I	B	I	L	D	U	N	G	S	W	E	R	K	K	R	S	H	G	H
O	G	R	O	R	I	N	G	I	M	L	B	I	B	E	L	K	R	E	I	S	I	E
L	R	P	H	S	C	I	N	K	F	E	N	S	V	Y	S	S	E	I	N	D	E	J
D	U	R	X	J	A	S	E	N	I	O	R	E	N	K	R	E	I	S	G	I	A	U
S	P	A	P	I	S	T	O	R	R	M	H	C	U	G	W	I	S	T	E	E	U	N
U	P	P	F	A	R	R	G	E	M	E	I	N	D	E	R	A	T	O	R	N	S	G
L	E	F	A	M	I	A	L	L	A	R	E	H	C	A	M	S	S	A	P	S	S	E
N	I	E	D	R	U	N	K	K	N	S	Z	U	T	X	Y	R	R	A	H	T	C	G
D	O	T	F	N	W	T	I	O	T	N	K	I	N	D	E	R	K	I	R	C	H	E
L	U	E	I	I	R	E	S	S	E	R	T	S	U	A	L	O	C	K	I	N	U	M
D	A	H	N	H	M	N	A	A	N	S	D	N	I	K	T	S	I	R	H	C	S	E
C	H	O	D	G	Q	F	K	A	T	E	C	H	E	T	E	N	K	R	E	I	S	I
F	R	O	E	K	U	M	E	N	E	K	R	E	I	S	P	I	N	B	E	I	D	N
J	E	G	R	T	T	O	P	Y	R	R	A	H	J	U	G	E	N	D	B	A	N	D
B	U	N	D	K	A	T	H	O	L	I	S	C	H	E	R	F	R	A	U	E	N	E

– In dem Wortsuchrätsel verstecken sich 25 Gruppen oder Kreise, die es in Pfarrgemeinden geben kann. Sicher findest du sie. Außerdem hat sich noch eine wichtige Figur aus euren Kindertagen in den Buchstaben sehr gut verborgen!

Wortsuchrätsel – Lösung

		K	O	L	P	I	N	G	S	F	A	M	I	L	I	E		E				K
		I																I				A
		R						F	A	M	I	L	I	E	N	B	U	N	D			T
	K	C	E	R	S	T	K	O	M	M	U	N	I	K	A	N	T	E	N			H
	R	H															T	W	S	B	L	O
M	A	E	N	N	E	R	W	E	R	K							A	E	T	E	I	L
	B	N															I	L	E	S	T	I
	B	C	A	R	I	T	A	S	K	O	N	F	E	R	E	N	Z	T	R	U	U	S
	E	H				M											E	K	N	C	R	C
	L	O			B	I	L	D	U	N	G	S	W	E	R	K	K	R	S	H	G	H
	G	R				N					B	I	B	E	L	K	R	E	I	S	I	E
	R					I			F								E	I	N	D	E	J
	U					S	E	N	I	O	R	E	N	K	R	E	I	S	G	I	A	U
	P		P			T			R								S		E	E	U	N
	P	P	F	A	R	R	G	E	M	E	I	N	D	E	R	A	T		R	N	S	G
	E		A			A			A											S	S	E
			D			N			N											T	C	G
			F			T			T		K	I	N	D	E	R	K	I	R	C	H	E
			I			E			E												U	M
			N			N			N		D	N	I	K	T	S	I	R	H	C	S	E
			D				K	A	T	E	C	H	E	T	E	N	K	R	E	I	S	I
		O	E	K	U	M	E	N	E	K	R	E	I	S								N
			R										J	U	G	E	N	D	B	A	N	D
B	U	N	D	K	A	T	H	O	L	I	S	C	H	E	R	F	R	A	U	E	N	E

Steckbrief meiner Pfarr- bzw. Kirchengemeinde

Am Lückentext unten kannst du testen, wie gut du dich in deiner Pfarr- bzw. Kirchengemeinde auskennst. Viele Lücken wirst du alleine nicht ausfüllen können. Frage deine Eltern, Freunde und Bekannten, eventuell auch den Pfarrer oder seine Mitarbeiter. Viele Gemeinden haben auch sehr gute Homepages. Oder du schaust im Telefonbuch oder im Gemeindebrief nach ... Versuche, möglichst viel herauszubekommen!

Besorge dir ein Bild der Kirche deiner Heimatgemeinde und klebe es in dein Heft ein. Falls du kein Foto oder eine Ansichtskarte findest, ein Tipp: Im Briefkopf des Pfarrgemeindebriefes gibt es oft eine Zeichnung der Kirche. Schneide diese aus und klebe sie ein!

Zur Pfarrgemeinde (Name) ______________________ gehören (Anzahl) ______ Christen.

Geleitet wird die Pfarrei von: ______________________ .

Bei der Verkündigung und in der Seelsorge arbeiten mit: ______________________ .

Das Sekretariat leitet: ______________________ .

Vorsitzende/r des Pfarrgemeinderates ist: ______________________ .

Weitere Pfarrgemeinderatsmitglieder, die ich kenne, sind ______________________ .

Meine Pfarrgemeinde unterhält folgende soziale Einrichtungen: ______________________

____

Folgende kirchliche Vereine und Gruppen gibt es: ______________________

____

____

Meine Pfarrgemeinde gehört

zum Dekanat ______________________ .

zur Region ______________________ .

zur Diözese ______________________ .

Meine Pfarrei wurde im Jahr ______ gegründet.

Die Kirche wurde im Jahr ______ erbaut.

Die Sonntagsgottesdienste finden um ______ Uhr statt.

Die evangelischen bzw. katholischen Christen, die in unserer Gemeinde wohnen, gehören zur

Kirche ______________________ .

Fantasiereise ins Bild

Hinweis:
Die Tische der Sch sollten bis auf die Materialien, die nach der Fantasiereise benötigt werden, aufgeräumt sein. Der Einsatz meditativer Musik bietet sich an. Den Sch genügend Zeit zwischen den einzelnen Schritten geben.

Betrachte das Bild noch einmal ganz genau. Präge dir die Strahlen – den goldenen Punkt – das blaue Kreuz – und den Hintergrund ein. – Sieh dir die goldene Figur unter dem Kreuz genau an.
Verschränke deine Arme auf dem Tisch, lege deinen Kopf auf deine Arme und schließe die Augen.
In Gedanken stehst du vor dem Bild. – Es wird immer größer und wächst, bis die goldene Figur auf dem Bild so groß ist wie du. –
Du gehst nun in das Bild hinein, machst einen Schritt und bist selbst die goldene Figur. –
Sieh dich genau um. – Kannst du das blaue Kreuz erkennen? – Wie geht es dir? –
Langsam gehst du auf das Kreuz zu, immer weiter in das Bild hinein. –
Du bist ruhig und es geht dir gut. – Was kannst du nun entdecken? Siehst du den goldenen Punkt? –
Du gehst in den goldenen Punkt hinein, in seiner Mitte ist eine offene Stelle – du gehst weiter und weiter, bis du durch die offene Stelle getreten bist. –
Du stehst in einer neuen Umgebung, was kannst du alles entdecken? –
Was wünschst du dir? –
Bist du allein oder sind andere Menschen bei dir? –
Willst du mit jemandem sprechen? –
Wie geht es dir jetzt?
Sieh dich noch einmal genau um – verabschiede dich von deiner Umgebung – drehe dich um und gehe zurück. –
Du gehst durch die offene Stelle im goldenen Punkt und betrittst wieder das Bild. –
Du gehst am Kreuz vorbei und nimmst wieder die Stelle ein, an der die goldene Figur zuvor unter dem Kreuz stand. –
Du verlässt das Bild, trittst heraus und bist wieder auf deinem Stuhl angekommen. –
Du hältst die Augen noch geschlossen, denkst an das, was du erlebt hast. –
Du bleibst ruhig, öffnest die Augen und kannst deine Umgebung wahrnehmen.
Nimm nun das Blatt vor dir und beginne deine Erlebnisse, was dich bewegt hat, zu gestalten – in Wort oder Bild.

Der Aufbau der Eucharistiefeier

Schneide die Kärtchen aus und lege sie in der richtigen Reihenfolge auf das Kreuz. Bei dieser Aufgabe hilft dir das Gotteslob, Seite 366f., Nr. 352. Hast du die Reihenfolge richtig, ergeben die Buchstaben rechts unten auf den Kärtchen die Worte, die der Priester nach der Wandlung spricht.

	Wortgottesdienst	**Eucharistiefeier**	
Eröffnung			**Entlassung**

Der Priester sagt nach der Wandlung: ______________________________

Die Gemeinde antwortet: ______________________________

Begrüßung
Allgemeines
Schuldbekenntnis
Kyrie
Herr, erbarme dich
N

Segen
D

Präfation
Sanktus
Heilig, heilig, heilig
S

Evangelium
S

Lesung(en)
E

Hochgebet
G

Gabenbereitung
Gabengebet
I

Entlassungswunsch
L

Vaterunser
Friedensgebet
Friedensgruß
U

Predigt
A

Credo
Ich glaube an Gott,
den Vater,
den Allmächtigen ...
B

Besinnung und Dank
Schlussgebet
S

Agnus Dei
Lamm Gottes ...

Kommunion
E

Gloria
Ehre sei Gott in der Höhe ...

Tagesgebet
E

Fürbitten
Christus, erhöre uns
N

Zwischengesang
I

ARBEITSBLATT M 9.7b

Reformationopoly 1

Reformationopoly 2

Viele Konfessionen

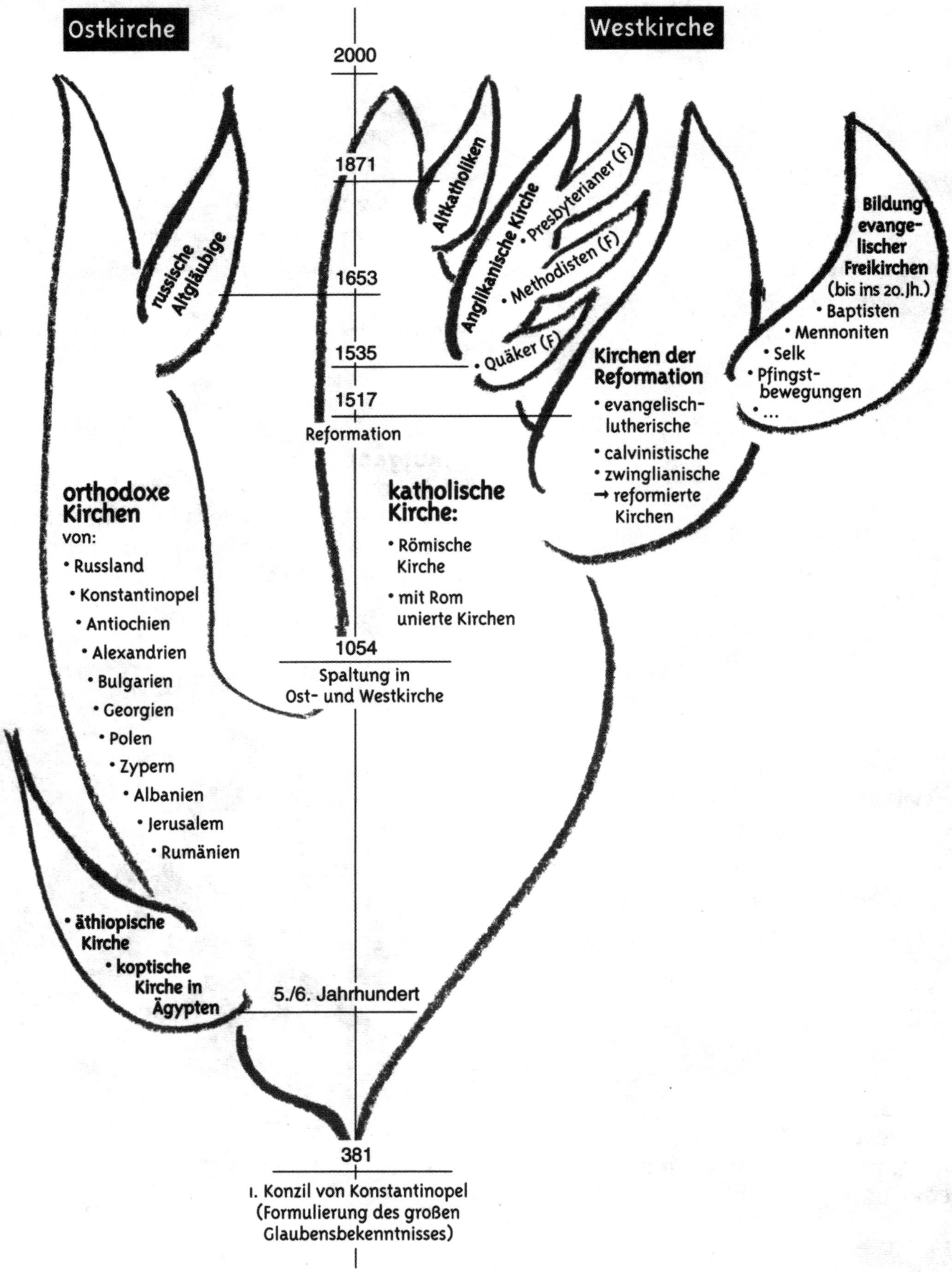

10 Erfahrungen mit Gott – die Bibel

Hintergrund

Die Struktur der Lernlandschaft ist im Wesentlichen bestimmt durch das Inhaltsfeld »Bibel als ›Ur-Kunde des Glaubens‹ an Gott« (NRW). In diesem Sinne sind die Ausflüge so konzipiert, dass sie einzelnen Ursprungssituationen in der Geschichte des alten und neuen Gottesvolkes bestimmte biblische Grundtexte zuordnen. Jeder Ausflug verknüpft somit eine spezifische biblische Geschichte mit ihrer historischen Entstehungssituation, sodass im Verlauf der Ausflüge ein Überblick über die Geschichte des Gottesvolkes entsteht.
Gleichzeitig steht jeder Ausflug unter einer bestimmten bibelhermeneutischen Grundaussage. Die Bibel wird vorgestellt als ein Buch, in dem Erfahrungen von Menschen mit Gott zu Texten und Geschichten geronnen sind. Gemeinsamer Nenner all dieser Erfahrungen ist, dass Gott sein Volk durch die Zeiten hindurch begleitet und geleitet. Dieses zentrale Bekenntnis differenziert sich in den biblischen Schriften in verschiedene »Grundbescheide« (vgl. H. K. Berg, Grundriss der Bibeldidaktik, München/Stuttgart ^{3}2003, 76ff. »Gott begleitet«, »Gott schafft Vertrauen«, »Gott befreit«, »Gott ist mächtiger als die Herrscher der Welt«, »Gott gibt Hoffnung«, »Gottes Wort kommt in die Welt« und »Gottes Wort geht um die Welt«).

Der Gedanke von der Begleitung der Menschen durch Gott wird in der konkreten methodischen Umsetzung durch das Wegsymbol zum Ausdruck gebracht, das sich als durchlaufender Pfad durch alle Ausflüge der Lernlandschaft zieht. Die einzelnen Grundbescheide werden durch sechs Symbole angedeutet (MITTENDRIN 5/6, S. 157), die sich in den nachfolgenden Ausflügen wiederfinden. Diese Konzeption ermöglicht sowohl das diachrone Abschreiten des Weges durch die gesamte Lerngruppe als auch eine synchrone Bearbeitung der einzelnen Ausflüge in arbeitsteiliger GA. An geeigneten Stellen sind zentrale bibelkundliche Standards (Entstehung und Gruppierung des Alten und des Neuen Testaments, Beispiele bildhafter Sprache, Nachschlagen in der Bibel, biblische Schreibmaterialien etc.) in die Ausflüge eingebettet. Darüber hinaus erhalten Sch einen Überblick über zentrale biblische Erzähltexte und Psalmen.

Literaturhinweise

Georg Hilger/Stephan Leimgruber/Hans-Georg Ziebertz, Religionsdidaktik. Ein Leitfaden für Studium, Ausbildung und Beruf – Neuausgabe, München ^{6}2010, 416-433
Hans Mendl, Religionsdidaktik kompakt. Für Studium, Prüfung und Beruf, München 2011, 77-86, 105-110

Erfahrungen mit Gott – die Bibel REISEPROSPEKT 154 | 155

Ansetzen

Die Bibel ist ein Buch, das den Sch aus ihrem Alltagserleben in der Regel nicht mehr präsent ist. Wenn Sch überhaupt noch der Bibel begegnen, dann meist nur im liturgischen Rahmen. Auch die Vorerfahrungen aus der Grundschule beschränken sich eher auf Auszüge oder Erzählgeschichten als auf die Bibel im Ganzen. Daher setzt die Auftaktdoppelseite bei der Leseerfahrung der Sch an. Sie sensibilisiert die Lerngruppe dafür, dass auch die Bibel ein Buch mit ganz eigener Genese ist, die ähnlich wie die Entstehungsgeschichten ihnen bekannter Jugendbücher untersucht und beschrieben werden kann.

Umsetzen

■ **Harry Potter.** Das auf der Auftaktseite abgebildete Jugendbuch von J. K. Rowling »Harry Potter und der Orden des Phönix« ist ein Vorschlag, der problemlos durch jedes andere den Sch bekannte Jugendbuch ersetzt werden kann.
In einem ersten Schritt äußern Sch sich zu den auf dem abgebildeten Plakat genannten Fragestellungen und bringen ihre Assoziationen und Gedanken ein. Es bietet sich an, diese bei einem Rundgespräch auf einem eigenen Plakat in der Klasse zu sammeln, um diese Gedanken und Fragestellungen auch im weiteren Verlauf des UG präsent zu haben. Die Fragekarten

für das gemeinsame Klassenplakat sind durch L vorbereitet. Zentrale Ergebnisse aus dem UG werden von Sch auf dem Plakat eigenständig gestaltet.

Harry Potter und der Orden des Phönix
Das Buch ist 2003 beim britischen Bloomsbury-Verlag mit einer Startauflage von 2,5 Mio. Exemplaren und beim amerikanischen Scholastic-Verlag mit 8,5 Mio. Exemplaren erschienen. Im deutschen Carlsen-Verlag wurden 2 Mio. Startexemplare gedruckt. Die Autorin Joanne K. Rowling (geb. 1965) lebte von Sozialhilfe, bevor sie mit dem ersten Band »Harry Potter und der Stein der Weisen« zu Weltruhm gelangte. Heute zählt sie zu den reichsten Frauen der Welt. Die Romane sind in 65 Sprachen übersetzt worden, weltweit wurden mehr als 350 Mio. Exemplare verkauft, davon ca. 25 Mio. in deutscher Sprache.

■ **Buchausstellung.** Zusätzlich oder alternativ zu der Arbeit mit dem Harry-Potter-Plakat können Sch eigene Bücher mitbringen und diese entsprechend der Fragekarten untersuchen und vorstellen. Hier bietet sich eine Absprache bzw. Zusammenarbeit mit dem Fach Deutsch an.

■ **Bibelplakat.** In einem weiteren Schritt werden im UG die Fragen zur Bibel erarbeitet. Auch hier werden die zentralen Ergebnisse auf einem Plakat gesammelt, L hat bereits die Fragekarten vorbereitet. Ein Vergleich der Ergebnisse zu den beiden Büchern bietet sich hierauf an. Als Abschluss des UG sammeln Sch auf der Karte »Fragezeichen« alle noch offenen Fragen zum Thema Bibel bzw. Buch sowie die Frage, wodurch sich die Bibel von einem anderen Buch unterscheidet. Das Fragezeichen soll Sch ermuntern, weitere Fragen zur Bibel zu formulieren und auf Fragekarten zu sichern. Diese Fragekarten können im Klassenraum veröffentlicht werden und dienen somit als strukturierendes Moment oder Hintergrund für den weiteren Verlauf der UE. Sie können aber ebenso am Ende der UE in einer Abschlussstunde als strukturierendes Element einer Zusammenfassung der LL dienen.

Weiterführen

■ **Bibelausstellung.** Die Lerngruppe wird aufgefordert, von zu Hause verschiedene Bibelausgaben in den Unterricht mitzubringen. Diese Bibeln werden im Klassenzimmer präsentiert und Sch untersuchen in einem Spaziergang durch die Ausstellung Bibelausgaben ihrer Wahl anhand folgender Fragestellungen: Wann ist die Ausgabe gedruckt worden? Wo ist sie gedruckt worden? Welche (wie viele) Bücher enthält sie? Welche Besonderheiten fallen auf? Durch diese Buchausstellung wird bereits die Verknüpfung zum Auftrag »Wertvolle Bibeln« auf der folgenden DS geleistet. Hier könnte auch L besondere Bibelausgaben mitbringen und vorstellen.

■ **»Bibelentdecker«.** Der weiteren Motivation dient das Einüben und Singen des Liedes »Ich bin ein Bibelentdecker« (**M 10.1, S. 235**).

Gottes Wort begleitet Menschen AUSFLUG 156 | 157

Ansetzen

Ebenso wie die Erfahrungen mit der Bibel als Buch im Leben der Sch recht unterschiedlich sein können, wird der Bibel eine höchst unterschiedliche Bedeutung zugemessen. Es ist zu vermuten, dass die Bibel im Leben der Sch als richtungweisendes und Leben begleitendes Wort Gottes eine eher untergeordnete Rolle spielt. Insofern ist es von Bedeutung, Sch positive Beispiele wie hier der konkreten Geschichte der Sita entdecken zu lassen. In dieser Geschichte wird verdeutlicht, dass Gottes Wort Menschen in ihrem Leben begleitet und stärkt. Dies kann die Bibel tun, weil in ihr immer wieder diese Grunderfahrungen von Menschen zur Sprache kommen: Abraham und Mose, die Könige und die Propheten, Jesus und Paulus.

Umsetzen

■ **Deine Meinung.** Der Impuls gibt den Sch die Möglichkeit, sich offen und durchaus auch kritisch zur Erfahrung Sitas zu äußern, um daran anknüpfend eine erste eigene Einstellung zu formulieren. Das Ausfüllen einer Sprechblase motiviert Sch zu einer eigenen Auseinandersetzung. Die Sprechblasen können auch auf ein DIN-A4-Blatt geschrieben, an der Tafel im UG sortiert und anschließend diskutiert werden.

■ **Wertvolle Bibel.** Dieser Handlungsimpuls kann zum einen die Wertschätzung gegenüber der Bibel generell zum Ausdruck bringen, zum anderen werden Sch zu einem sorgsamen Umgang mit der eigenen Bibelausgabe motiviert. Wie wenig sorgsam in Schulen oft mit Bibeln umgegangen wird, entdeckt die Lerngruppe durch eine Untersuchung des Zustandes der

Schulbibeln. Ebenso kann die Lerngruppe recherchieren, wie andere Religionen, z. B. das Judentum, mit ihren heiligen Schriften umgehen (s. LL »Judentum«).

■ **Stationen.** Den Sch werden zwei verschiedene Zugänge zu den folgenden DS ermöglicht. Die Lerngruppe geht entweder gemeinsam unter Anleitung von L den Weg Station um Station ab. Oder aber die einzelnen Stationen werden in einer mehrstündigen Unterrichtssequenz in arbeitsteiliger GA erarbeitet und anschließend präsentiert. Als Präsentationsformen wählen Sch zwischen Plakaten, kleinen Rollenspielen oder auch Erzähltexten.
Zusätzlich können Sch durch die Erstellung eines Geschichtsfrieses die in der UE gewonnenen Ergebnisse visualisieren und strukturieren.

■ **Bibelstellen finden.** Der AA dient nicht nur der Ausbildung instrumenteller Fertigkeiten (Nachschlagetechnik), sondern fokussiert darüber hinaus noch einmal durch die ausgewählten Bibelstellen wesentliche inhaltliche Aspekte der einzelnen Stationen.

Weiterführen

■ **Bibelkuchen (M 10.2, S. 236).** Sch erledigen die AA in EA oder PA und üben so die im Impuls »Bibelstellen finden« gewonnenen Fertigkeiten weiter ein.

■ **Bibelfußball (M 10.3, S. 237).** Das spielerische Auffinden von Bibelstellen als »Mannschaftssport« ist eine bei Sch sehr beliebte Form des Wiederholens und Einübens, die im Laufe des Schuljahres immer wieder eingesetzt werden kann. In der Erweiterung kann L nicht nur die Bibelstelle anschreiben, sondern diese mit einer bestimmten Frage verbinden (z. B.: »Gesucht werden berühmte biblische Personen, Orte, Gegenstände ...«). Das Stichwortverzeichnis, das die meisten Bibelausgaben aufweisen, hilft dem Spielleiter bei der Durchführung dieser Variante des Spiels. Um zu vermeiden, dass sich die Lerngruppe auf ein oder zwei »Ausnahmespieler« verlässt, kann der »Mannschaftscharakter« des Spiels betont werden: Nach erfolgreichem Auffinden der Bibelstelle durch den ersten »Spieler« bestimmt L einen zweiten »Spieler« derselben Mannschaft, der nähere Angaben zu dieser Bibelstelle machen muss (z. B.: »Ist der Text im AT oder NT zu finden?«).

■ **Übersicht.** Die Abbildung der Textseite aus der Bibel »Bibelstellen entschlüsseln« (**M 10.4, S. 238**) soll den Sch auf einen Blick die eindeutige Form der Notation biblischer Textstellen veranschaulichen. In den Kasten »Regel« notieren Sch: »Bibelstellen werden nach Büchern, Kapiteln und Versen nachgeschlagen, nicht nach Seitenzahlen!« Ausgeschnitten und ins Heft geklebt ist das AB ein wichtiger Baustein für die nachhaltige Sicherung des Standards. Eventuell kann es auch als besonders bedeutsam gekennzeichnet werden, etwa durch einen speziellen Rahmen. Zur einfacheren Bearbeitung im Unterricht ist es hilfreich, eine Folienkopie des AB einzusetzen.

Gottes Wort schafft Vertrauen AUSFLUG 158 | 159

Ansetzen

Der Ausflug konkretisiert die Erfahrung der Berufung des Menschen zum Glauben durch Gott am Beispiel Abrahams. Dass Gott vertrauenswürdig ist, gehört zu den Grundaussagen der Bibel. An Abraham als Grundfigur dieses Vertrau-Glaubens im AT orientiert sich neben dem Juden- und Christentum auch der Islam. Das Glaubensmodell »Abraham« stellt dabei das Hören auf Gottes Wort als zentralen Punkt der Entstehung des Glaubens vor. Glauben kommt vom Hören, was allerdings auch die Bereitschaft und Möglichkeit zum Hören voraussetzt. Daher greift der Ausflug beide Ebenen der Gestalt Abrahams auf. Einerseits vermittelt er eine Begegnung mit der Gestalt Abrahams, d. h. dem historischen und geografischen Hintergrund und seinem Hören auf Gottes Wort. Andererseits soll die Bedeutung des Hörens für den Menschen von heute, damit auch für Sch, deutlich werden. Das Hören auf Gottes Wort gehört auch zu den Grundvoraussetzungen für das Entstehen biblischer Texte. Nur wo auf das Wort Gottes gehört wurde, konnte es auch verschriftlicht werden.

Umsetzen

■ **Bleiben oder Gehen?** In einem offenen Diskurs erhalten Sch Gelegenheit, die existenzielle Herausforderung für Abraham nachzuvollziehen. Sch sammeln Argumente für das Bleiben oder Gehen in einer Tabelle. Das vorgeschlagene Streitgespräch kann anschließend in PA schriftlich ausformuliert und dann im Plenum vorgetragen werden. Auch der Handlungsimpuls »Umziehen« (s. »Weiterführen«) bietet sich im Anschluss an.

■ **Geschichten um Abraham.** Sch lernen die Gestalt des Abraham näher kennen. Gleichzeitig verdeutlichen die vorgeschlagenen Bibelstellen, dass Gott das in ihn gesetzte Vertrauen rechtfertigt. Der Handlungsimpuls kann in arbeitsteiliger GA erarbeitet werden. Die Gruppe wählt sich eines der vorgeschlagenen Kapitel und entscheidet, wie sie der Lerngruppe die Geschichte präsentiert.

■ **Fruchtbarer Halbmond.** Sch machen sich mit den geografischen Gegebenheiten der Abraham-Erzählung sowie des gesamten AT vertraut. Ebenso zeigt die Karte den von Abraham eingeschlagenen konkreten Weg. Sollte die Unterrichtseinheit in der 6. Klasse behandelt werden, können Sch eine Querverbindung zum Geschichtsunterricht und zu den Voraussetzungen der Entstehung früher Hochkulturen, z. B. im Zweistromland, ziehen.

■ **Zeichen des Bundes.** Sch schlagen Gen 17,7-14 nach und lesen den Text, der vom Zeichen des Bundes zwischen Gott und Abraham und seinen Nachkommen, der Beschneidung, erzählt. Seit ungezählten Generationen werden alle jüdischen Jungen bis heute am achten Tag beschnitten – zum Zeichen der Bündnistreue gegenüber Gott. Die Verpflichtung zur Beschneidung endet für Christen mit den Entscheidungen des Apostelkonzils (Apg 15, vgl. Gal 2,1-10).

■ **Gottes Wort wird nicht gehört.** Die Geschichte des Thomas stellt der Lerngruppe exemplarisch und altersgemäß vor, warum Menschen das Wort Gottes oft nicht hören oder hören können oder wollen, und ermöglicht ihnen, auch ihren eigenen Lebensalltag zu reflektieren. Wichtig ist, in diesem Zusammenhang darauf hinzuweisen, dass dem Hören immer auch ein Handeln folgt: »Auf jemanden hören.«

■ **»Ganz Ohr« sein.** In dieser Übung werden Sch eingeladen, selbst das intensive Hören zu erfahren.

■ **Der Hörende.** Der Handlungsimpuls kann Sch zum Hören als einer wesentlichen Haltung biblischen Glaubens hinführen.

Joseph Krautwald, Der Hörende
Der Bildhauer Joseph Krautwald (1914-2003) hat vor allem Kirchen, Kapellen, Kreuzwegdarstellungen und Grabsteine gestaltet. Die hier abgebildete Skulptur steht in der Eingangshalle des Herz-Jesu-Krankenhauses in Münster-Hiltrup. Eine große überdimensionale Hand, die wie ein Trichter das Hören verstärkt, springt hervor. Das Ohr steht ganz im Zentrum. Der Gesichtsausdruck und der leicht nach oben gewandte Kopf unterstreichen die konzentrierte Haltung. Wo aber ist die andere Figur, die dem Hörenden etwas sagt? Der Künstler hat sie nicht dargestellt, sondern nur den Hörenden. Damit steht er in guter biblischer Tradition. Oft werden hier Menschen in ihren Reaktionen beschrieben, wie sie eine Botschaft erhalten. Der Urheber aber bleibt unsichtbar, erscheint ihnen im Traum bzw. die Menschen hören nur eine Stimme.

Weiterführen

■ **Umziehen?** Die Lerngruppe kann aufgefordert werden, auf ihre eigene Situation hin zu überlegen, was für sie die Aufforderung zum Verlassen der Heimat bedeuten würde. Dazu kann folgende Situation, die in einer L-Erzählung vorgestellt werden kann, hinführen: »Peters Vater hat von seiner Firma eine neue Stelle angeboten bekommen. Das würde für ihn einen beruflichen Aufstieg bedeuten, den er sich schon lange wünscht. Die Sache hat nur einen Haken! Die Stelle ist nicht hier in Deutschland, sondern in den USA. Peter und seine Familie müssten hier alles aufgeben und umziehen. Seine Eltern wollen bei einer so wichtigen Frage natürlich nicht ganz alleine entscheiden und fragen Peter, was er davon hält.«
Die Lerngruppe überlegt, worauf es bei einer solchen Entscheidung ankommt. Sie tragen Argumente für oder gegen einen Umzug zusammen und entscheiden abschließend, wie sie sich verhalten würden.

■ **Hörübung »Fantasiereise«.** Fantasiereisen sprechen die emotional-affektive Lernebene der Sch an und ermöglichen intensive Wahrnehmungen. Die Fantasiereise »Waldspaziergang« (**M 10.5, S. 239**) dient der Vertiefung des »Lerngangs Hören« und sensibilisiert Sch für ihre persönlich notwendige Haltung beim Hören. An die Fantasiereise schließt eine kreative Unterrichtsphase an, in der Sch zunächst ihre persönlichen Erfahrungen sichern können. Daher sollen Sch schon vor der Fantasiereise die entsprechenden Materialien richten: Stifte und ein Blatt Papier. Ansonsten ist der Tisch leer. Wichtig ist die Einhaltung der Schritte einer Fantasiereise: Einstimmung/Hinführung, Erzählung, Rückkehr. Die Teilnahme der Sch an einer Fantasiereise ist freiwillig und kann nicht erzwungen werden. Sch werden aber darauf hingewiesen, dass sie sich bei Nichtteilnahme ruhig verhalten müssen und zuhören sollen.
Die Ergebnisse der kreativen Phase werden vorgestellt und im UG besprochen, denkbar ist auch eine Ausstellung der Ergebnisse. Fortgeführt werden kann die Fantasiereise durch ein UG über die richtige Haltung beim Hören.

Ansetzen

Der Ausflug setzt bei dem biblischen Grundbescheid der Freiheitserfahrung der Menschen durch Gottes heilvolles Eingreifen in der Geschichte an. Die Freiheit des Menschen, die Gott selbst im Schöpfungsakt angelegt und gewollt hat, ist immer wieder durch das Verhalten des Menschen seinem Mitmenschen gegenüber gefährdet. Wo Menschen versklavt, geknechtet, aus wirtschaftlichen oder anderen Gründen missbraucht werden, verkehrt sich die von Gott geschaffene gute Welt ins Gegenteil. Das Volk Israel macht hingegen in seiner Geschichte mit Gott die Erfahrung, dass er seiner Zusage treu bleibt und aus Knechtschaft und Unterdrückung rettet, sich als Jahwe erweist. Dabei ist die Befreiung aus dem Sklavenhaus Ägypten das zentrale Ereignis dieser Befreiungserfahrung im jüdischen Glauben, das in der christlichen Tradition in der Interpretation des Abendmahls Jesu mit seinen Jüngern aufgegriffen wird. Die Befreiung aus der Knechtschaft in Ägypten und der Bund Gottes mit Israel münden ein in die Befreiung aus der Verstrickung in die Sünde und den erneuerten Bund Gottes. So ist die Befreiungserfahrung Israels auch konstituierendes Element des christlichen Glaubens, an dem Gottes Freiheitshandeln paradigmatisch verstanden werden kann. Mit Mose wird eine Person benannt, die Sch schon kennen. Wichtiger als die Person sind jedoch das mit ihr verbundene Ereignis und dessen geschichtliche Bedeutsamkeit bis heute. In der Geschichte und auch heute noch wird Menschen die ihnen von Gott geschenkte Freiheit durch Menschen entzogen. Die Erinnerung und Vergegenwärtigung der Freiheitserfahrung Israels kann in diesen Situationen zum Anlass und Grund der Hoffnung werden. Der Ausflug verbindet daher die primäre Erfahrung Israels mit Deutungen in der Geschichte (Sklaven in Amerika) bis in die neuere Geschichte (DDR) hinein. Exemplarisch wird der Durchzug durch das Schilfmeer herausgegriffen und im Bild dargestellt, wobei durch die Bildarbeit personale Zugänge ermöglicht werden.

Umsetzen

■ **Das wichtigste Fest der Juden.** Der Handlungsimpuls öffnet eine historisierende Betrachtung hin zu der bleibenden Bedeutung der Befreiung im jüdischen Glauben. Gleichzeitig stellt er eine Verknüpfung her zur »LL Judentum« und den in ihr bedienten Standards. Der Impuls kann in unterschiedlicher Tiefe und Breite bearbeitet werden (s. u. »Weiterführen«). Sch recherchieren zunächst im Buch und erwerben Kenntnisse über das Pessachfest. Im UG werden diese Kenntnisse erweitert und vertieft.

■ **Das Buch Exodus.** Durch den Handlungsimpuls kann die biblische Geschichte des Auszugs aus Ägypten in Verbindung mit dem abgedruckten Gospel auf mehreren Lernebenen erarbeitet werden. Der Ansatz kann dabei vom Lied zum biblischen Text oder umgekehrt erfolgen. Das Ergebnis der Bibellektüre wird von den Sch als fortlaufender Erzähltext gesichert. Gleichzeitig lenkt das Lied, das zur Zeit der Sklaverei in den USA im 19. Jh. entstand, die Betrachtung des biblischen Textes weg von einer rein historischen Erfassung hin zur Erfahrung des Volkes Gottes, dass Gottes Solidarität zeitlos allen Unterdrückten bis heute gilt. Damit ist auch eine Verknüpfung mit dem Impuls »Unterdrückung heute« möglich, insofern auch die biblischen Textstellen und die Liedstrophen als Collage ausgestaltet werden können.

■ **Unterdrückung heute.** Unterdrückung, Unfreiheit und Gewalt sind auch heute noch konkrete Erfahrungen, die von Menschen gemacht werden. Sie spiegeln sich in den Nachrichten ebenso wider wie in Primär- und Sekundärerfahrungen, die Sch in ihrer tatsächlichen und medialen Lebenswelt machen. Biblische Geschichte und die Erfahrungen von Sch können durch die Collage in Beziehung gesetzt werden. Eine Vorstellung der Collagen und ein anschließendes UG vertiefen diese Dimension. Eine Ausstellung der Collagen ist möglich. Auch bietet sich die Zusammenarbeit mit dem Fach Bildende Kunst an.

■ **Durchzug durch das Schilfmeer.** Der Handlungsimpuls nimmt den biblischen Grundbescheid »Gott rettet, Gott befreit« auf und interpretiert ihn auf der affektiven Lernebene. Die Gestaltung des Bildes und hier besonders die Gestaltung des Meeres in der Form bedrohlich wirkender Tiergestalten öffnet den Raum für eine eigenständige Auseinandersetzung der Sch mit persönlichen Bedrohungsfantasien und -ängsten. (Das Bild ist auch in der MITTENDRIN-Folienmappe (ISBN 978-3-466-50761-0), Folie 10, zu finden, mit weiterführenden Beschreibungen und Einsatzmöglichkeiten.) Im Gespräch werden sowohl die existenziellen Bedrohungssituationen (Tiere) als auch die Befreiungserfahrungen (Mose-Schar) thematisiert. Hierbei bietet sich die Umrisszeichnung (**M 10.6, S. 240**) an. Sch gestalten entweder das Bild farblich neu (vgl. MITTENDRIN 5/6, S. 125) oder tragen in der Umrisszeichnung die Namen ein, die sie den Tieren geben würden. In einem Stuhlkreis stellen Sch ihre Bilder vor. Im Gespräch werden sowohl die existenziellen Bedrohungssituationen (Tiere) als auch die Befreiungserfahrungen (Mose-Schar) thematisiert.

Weiterführen

■ **Hannah.** Der Erzähltext »Hannah erinnert sich an Ägypten« (**M 10.7, S. 241**) richtet den Fokus der Sch auf das kleine Mädchen, das im Bild links neben Mose geht, und führt Sch auf diese Weise in die Vorgeschichte des Auszugs ein und führt weiter bis zum Schilfmeerereignis hin, das Sch dann mit den Augen des knapp jüngeren Kindes wahrnehmen können. In Briefen an Hannah oder in einem fiktiven Tagebucheintrag Hannahs kann der Leseeindruck kreativ verarbeitet werden.

■ **Der Sederabend.** »Warum unterscheidet sich diese Nacht von allen anderen Nächten?« (**M 10.8, S. 242**), ist eine Frage, die ins Zentrum des Sederabends führt. Er erinnert an den Exodus des Volkes Israel. Sch erarbeiten entsprechend der Aufgabenstellung den konkreten Ablauf eines Sederabends und erhalten so Antworten auf diese Frage.

Gottes Wort – mächtiger als Könige AUSFLUG 162 | 163

Ansetzen

Der Ausflug führt Sch in die Zeit der Könige und in die in jener Zeit entstehenden Schriften der Geschichtsbücher. Der Lehrtext »Könige in Israel« stellt den geschichtlichen Zusammenhang zur Königszeit her und verbindet diese mit der zunehmenden Verschriftlichung der biblischen Texte. Dieser Vorgang wird im zweiten Sachtext »Biblisches Schreiben« in den Blick genommen.
Ganz bewusst wird im gesamten Ausflug nicht die Heldenhaftigkeit des israelitischen Königtums ins Zentrum gestellt, sondern die ständige Mahnung der biblischen Texte, dass jede Macht, auch die der Könige, rückgebunden ist an Gott und sein Wort. Diese Grundeinsicht des Gottesvolkes kommt in der sperrigen Erzählung von David und Batseba und der Reaktion des Propheten Natan darauf in besonderer Weise zum Ausdruck.
Entsprechend bilden die beiden biblischen Texte das Zentrum der DS nicht in der Reihenfolge des biblischen Buches ab, sondern in der Perspektive, in der David das Wort Gottes wahrnimmt: zunächst im Gleichnis Natans 2 Sam 12,1-4 und dann in der »Übersetzung« auf seine Verfehlung hin.

Umsetzen

■ **Zu Gericht.** Der Impuls stellt einen Zugang zum Gleichnis des Natan her und ermöglicht es den Sch, auf spielerische Weise die Reaktionsmöglichkeiten Davids als Richter zu erproben. Die Aufgabe kann in arbeitsgleicher GA angegangen werden: Vier bis fünf Gruppenmitglieder erstellen gemeinsam ein Rollenspiel. Nach dem Vorspielen in der Lerngruppe können die einzelnen Fassungen auf Unterschiede und Gemeinsamkeiten hin überprüft werden. Der Abgleich mit dem biblischen Text (2 Sam 12,5-6) schließt diese Annäherung ab. Ist die Lerngruppe mit diesem Impuls in den Ausflug eingetreten, stellt 2 Sam 12,7 (»Du bist dieser Mann!«) ein Überraschungsmoment dar, das in die weitere Arbeit an 2 Sam 11 überleitet.

■ **Ein Gleichnis.** Der Arbeitsauftrag stellt die Verbindung des Gleichnisses mit den in 2 Sam 11 erzählten »Ereignissen« her. Er basiert auf einem sehr elementaren Zugang zum biblischen Gleichnis, doch bildet er gerade in dieser stark vereinfachten Form der »Übersetzung« einen guten ersten Einstieg in die Hermeneutik von Gleichnissen.

■ **Antworten.** Sch haben hier die Gelegenheit, in der Perspektive Davids »Antwortmuster« auf Fehlverhalten auszuloten. Sie entwickeln diese Perspektive etwa im offenen UG oder in einer Stillarbeit, in der sie mögliche Gedanken und Reaktionen Davids schriftlich fixieren. Unterstützt werden könnte diese EA durch eine Vorlage mit einer Denkblase, deren Inschrift beginnt mit den Worten: »Ich, David, König von Israel, habe ...«

■ **Psalm 51.** Der Psalm wurde zwar erst durch die Tradition in den Rahmen der Batseba-Erzählung eingeordnet, kann aber dennoch sowohl in seiner äußeren Form als individuelles Klage- und Bittlied als auch in seinem Inhalt als ein »am tiefsten in die menschliche Seele blickendes Bußlied« (A. Deißler) eine eindrucksvolle Vertiefung der Thematik der gestörten Beziehung zu Gott und seinem Wort darstellen. Der Zugang über die Vertonung des Psalms nimmt die ursprüngliche Psalmen-Tradition auf und ermuntert Sch, den Text in seinen einzelnen Abschnitten (Anrufung, Bekenntnis, Bitte um Vergebung und Reinigung, Dank) und deren unterschiedlicher emotionaler Färbung zu analysieren und ihre Ergebnisse kreativ umzusetzen. Kleinere Gruppen können hier verschiedene Lösungen erarbeiten und vortragen. Klanginstrumente werden diese Arbeit bereichern. Alternativ zur Vertonung können die verschiedenen Färbungen des Textes auch durch die grafische Gestaltung des Psalms im Heft der Sch herausgearbeitet werden.

Weiterführen

■ **Zwölf Stämme.** Wenn die Lerngruppe vertieft in die Geschichte des Volkes Israel in der Königszeit einsteigen will, bieten die nächsten Impulse einige Anregungen: Das Puzzle »Die zwölf Stämme Israels und ihre Nachbarn« (**M 10.9, S. 243**) ermöglicht es den Sch, sich einen ersten geografischen und politischen Überblick zu verschaffen.

■ **Israel will einen König.** Die Leseszene »Israel will einen König« (**M 10.10, S. 244**) führt in die Problematik des Königtums mit seinem Für und Wider ein. Sie sollte zuerst mit verteilten Rollen gelesen werden. Sch tragen die genannten Argumente für oder gegen einen König in eine Tabelle ein und ergänzen diese um weitere Argumente. Sie können das Streitgespräch auf dieser Grundlage dann nachspielen und für oder gegen die Einführung des Königtums abstimmen.

■ **Gesucht wird: Ein König für Israel.** Eine weitere Reflexion über das Königtum und seine Bedingungen bietet folgender Handlungsimpuls: Sch überlegen, nach welcher Person Samuel Ausschau halten sollte, wenn er schließlich doch nach einem König sucht: Welche Fähigkeiten, Eigenschaften sollte ein König in Israel haben? Wie sollte er aussehen? Mithilfe ihrer Ergebnisse entwerfen Sch einen Steckbrief mit der Überschrift: »Gesucht wird: Ein König für Israel ...«

■ **Eine Demo.** Auch ein direkter Einstieg in die Batseba-Geschichte ist denkbar. Eine Umsetzungsmöglichkeit besteht in der Organisation einer »Demonstration vor dem Königspalast«. Sch lesen dazu die Nacherzählung zu 2 Sam 11. Sie tauschen sich über ihre Reaktionen zu Davids Verhalten aus und entwerfen Plakate mit ihrer Meinung zum »Fall Batseba«. Andere Gruppen können (Protest-) Reden für die Kundgebung verfassen.

■ **Papyrus.** Zur Veranschaulichung der »Papyrusherstellung« (**M 10.11, S. 245**) trägt das Arbeitsblatt bei. Sch können mithilfe des Lehrtextes (MITTENDRIN 5/6, S. 163) die Zeichnungen beschriften und so im Heft sichern.

Gottes Wort gibt Hoffnung — AUSFLUG — 164 | 165

Ansetzen

Auf dieser DS werden die Zeit und die Botschaft der Propheten thematisiert. Auch wenn das Thema »Propheten« explizit in Klasse 7/8 verankert wird, ist es wichtig, erste Hinweise bereits jetzt zu geben, um den Aufbau der Bibel, in der die Bücher der Propheten als eigene literarische Gattung eine zentrale Rolle einnehmen, verständlich zu machen. Während prophetische Texte oft von Bestrafung oder Errettung handeln, wird auf dieser Ausflugsseite bewusst der Aspekt »Hoffnung« ins Zentrum gestellt, der ebenfalls Kern der prophetischen Reden ist. Gleichzeitig werden Propheten in ihrer mutigen, oft unbequemen mahnenden Rolle als Vorbild dargestellt. Die Lerngruppe wird auch erkunden, dass das Auftreten von Propheten nicht ein Ereignis längst vergangener Zeiten ist, sondern noch heute geschieht und von höchster Aktualität bleibt. Bis heute treten Menschen im Namen Gottes auf, die warnend oder ermutigend das aktuelle Zeitgeschehen treffend zu deuten vermögen. Hierbei ist allerdings auf sogenannte »falsche Propheten« hinzuweisen, vor denen bereits Jesus gewarnt hat (Mt 7,15-23).

Propheten-Bücher sind Sammelwerke
In ihnen sind Prophetenworte zusammengestellt, deren Verfasser nicht in allen Fällen sicher zu ermitteln sind. In der Regel bezieht sich der über jedem Buch stehende Prophetenname nur auf den Anfangsteil der Sammlung. Den sogenannten »echten« Sprüchen sind weitere hinzugefügt, die aus der gleichen Zeit stammten oder als Worte des betreffenden Propheten verstanden wurden. Die prophetischen Texte wurden vermutlich zunächst mündlich gesammelt und tradiert, ehe sie von den Propheten selbst oder von ihren Anhängern schriftlich aufgezeichnet wurden. Nach dem Umfang der Bücher unterscheidet man die »Großen Propheten« Jesaja, Jeremia und Ezechiel von den »Zwölf kleinen Propheten«. Die Klagelieder, das Buch Baruch und das Buch Daniel sind später hinzugefügt worden. Die Propheten verstehen sich als kritische Begleiter

des Gottesvolkes. Ihre Gotteserfahrung (= Legitimation), die mehrmals in Berufungsberichten beschrieben und reflektiert wird, verleiht ihnen ein besonderes Gespür sowohl für die Wirklichkeit Gottes als auch für den göttlichen Willen. Propheten sind Mahner, die mit der Gewissheit, dass Gott hinter ihnen steht, auch unbequeme Wahrheiten auszusprechen wagen. In ihren großen Bildern der Hoffnung sprechen sie von einer heilvollen Zukunft, die Gott herbeiführen wird.
Die häufigste literarische Form der prophetischen Bücher ist die wörtliche Rede, da der Kern des prophetischen Wirkens in der Verkündung des Wortes Gottes besteht, in der Ankündigung von Gericht und Heil. Damit ist immer auch die Mahnung zur Umkehr verbunden. Die meisten prophetischen Reden werden von der sogenannten »Botenspruchformel«, z. B. »So spricht der Herr«, begleitet, die die Worte als Offenbarung Jahwes kennzeichnen und die Propheten als Boten Gottes ausweisen. Die Prophezeiungen der Errettung stellen das bevorstehende Eingreifen Gottes zur Erlösung des Volkes Israel in Aussicht. Andere Reden sind Prophezeiungen gegen fremde Völker, Klagereden, in denen die Sünden der Menschheit gebrandmarkt werden, und Mahnungen oder Warnungen vor Assimilation und Aufgabe der eigenen Tradition und vor allem des überlieferten Glaubens.

Umsetzen

■ **Hoffnung auf eine heile Welt.** Zum Einstieg in den Handlungsimpuls wird mit den Sch ein Tafel-Brainstorming zu dem Begriff »Heil« durchgeführt. Die Umfrage der Sch dürfte ergeben, dass manche Menschen »Heil« mit materiellem Reichtum gleichsetzen, andere mit Glück wie z. B. einem Lottogewinn verbinden, dritte dürften Werte wie Frieden oder Gesundheit als Heilszustand ansehen. Auch Verbindungen zur Zeit des Nationalsozialismus könnten genannt werden. Und schließlich verbinden manche Menschen mit »Heil« vielleicht auch eine religiöse, transzendente Bedeutung, denken an Gott und die von ihm verheißene Hoffnung. Die Umfrage kann ergänzt werden durch eine Collage zum Thema »Hoffnungsbilder«, die Sch aus Zeitschriften zusammentragen und entsprechend ordnen.

■ **Bildbetrachtung.** Die Betrachtung der aus kargem Wüstenboden hervorsprießenden Blume, die an den Satz »Die Wüste lebt« erinnert, lässt sich insofern gut mit dem Hoffnungslied aus Jesaja vergleichen, da auch hier als Ausgangspunkt zunächst »Wüste« bzw. »trockenes Land« genannt werden, aus der dann Quellen hervorbrechen und Freude sich ausbreitet. Die Antwort, die Text und Bild geben, zeigt Hoffnung auch in scheinbar harten, aussichtslosen Situationen, zeigt Vertrauen darauf, dass das Lebendige stärker ist als das Tote, das Schöne stärker als das Graue. Sch vertiefen diese Erkenntnis durch die Vorstellung einer »Jericho«-Rose, einer Wüstenpflanze, die jahrelang ohne Wasser auskommt, jedoch in wenigen Minuten aufblüht, wenn man sie mit warmem Wasser übergießt.

■ **Man muss Gott mehr gehorchen als den Menschen.** Die unter den angegebenen Bibelstellen zu findenden Personen sind Elija, Daniel, Jona und Petrus. Die Essentials der Geschichten können durch eine Art »Steckbrief« (Name, Alter, Herkunft, Beruf, Auftreten, Gegner, zentrale Botschaft, Motto, Schicksal) konkretisiert werden.

■ **Unbequeme Mahner.** Die Biografie Dietrich Bonhoeffers, die der Lerngruppe im weiteren schulischen Leben sicher wiederholt begegnen wird, wird hier ganz bewusst unter dem Aspekt »Propheten« eingeführt. Biografische Informationen finden sich u. a. unter www.ekd.de/bonhoeffer. Mit seinem programmatischen Wort »Dem Rad in die Speichen fallen« drückt er aus, was die Aufgabe von Propheten ist: aufdecken, wenn und wo das Leben zur Lüge wird, wenn und wo das Zusammenleben nicht stimmt, wenn und wo Menschen unterdrückt und um ihre Rechte und ihre Personenwürde gebracht werden. Ähnliche Bildworte sind z. B.: »Kein Blatt vor den Mund nehmen«, »Sich in die Höhle des Löwen wagen«.

Weiterführen

■ **Chorisches Lesen.** Das »Hoffnungslied« aus dem Jesaja-Buch kann Sch in besonderer Weise nahegebracht werden, wenn L sie auffordert, sich den Text gut durchzulesen und sich in einem zweiten Lesedurchgang den Satz oder die Passage zu merken, die ihnen am besten gefallen hat. Daraufhin beginnt L, den Text langsam zu lesen, jede/r Sch stimmt an der Stelle in das Lesen mit ein, an der »sein/ihr« Satz an der Reihe ist. Dieser Vorgang kann durchaus wiederholt werden. Es entsteht ein textuelles Gewebe, das Ausgangspunkt für ein UG sein kann: Welche Sätze wurden besonders oft gewählt, welche nicht? Warum könnte dies so sein? In einer Sicherungsphase schreiben Sch ihre Sätze ins Heft.

■ **Kleines Senfkorn Hoffnung.** Zur Lektüre des Jesaja-Textes passt das Lied »Kleines Senfkorn Hoffnung«, das mit der Lerngruppe gesungen und dann mit dem Text verglichen werden kann. Zudem können Sch aus der Vorlage des Jesaja-Textes weitere Strophen dichten.

■ **Biblische Propheten gesucht.** Die im Handlungsimpuls »Man muss Gott mehr gehorchen als den Menschen« erwähnten Personen können um weitere prophetische Gestalten ergänzt werden, die analog den Fries erweitern.

■ **Propheten heute?** Was würden Propheten heute kritisieren? Die Lerngruppe wird aufgefordert, nach heutigen Menschen zu suchen, auf die prophetische Eigenschaften zutreffen, und diese kurz vorzustellen.

■ **»Falsche Propheten«.** Zu allen Zeiten gab es neben echten auch falsche Propheten, vor denen Jesus eindringlich warnt. Sein Kriterium ist auch heute noch hilfreich: »An ihren Früchten werdet ihr sie erkennen« (Mt 7,20). Sch suchen nach solchen falschen Propheten heute und begründen, inwiefern das Jesus-Wort als Erkennungsmerkmal hilfreich war. Deutlich sollte dabei werden, dass diejenigen, die in Gottes Namen zu sprechen oder zu handeln vorgeben, »Früchte«, die der Botschaft Gottes entstammen und entsprechen, aufweisen müssen.

Gottes Wort kommt in die Welt AUSFLUG 166 | 167

Ansetzen

In Jesus beginnt jenes neue Wirksamwerden Gottes unter den Menschen anzubrechen, das von den Propheten als heilvolles »Reich Gottes« erwartet wurde. Die Prophezeiungen des Jesaja werden Wirklichkeit: Blinde sehen, Taube hören, Lahme gehen und Stummen öffnet sich der Mund (Jes 3,5f. vgl. Lk 7,22 par.). Das gesamte Wirken Jesu besteht darin, dieses von Gott her kommende Wort von der aufkeimenden »malkut Jahwe«/Herrschaft Gottes seinen Mitmenschen weiterzugeben, Jesu Gleichnisse sind der »wortwörtliche« Ausdruck dieses Wirkens: Jesus intensiviert in ihnen seine Anrede und Ansage, worin er dem Volk Israel das Anbrechen des Gottesreiches zusagt. Deshalb fokussiert der vorliegende Ausflug die biblische Dimension des Auftretens Jesu in dessen Gleichnissen. Die Saat- und Wachstumsgleichnisse Jesu sind dabei in besonderer Weise geeignet, den Sch das keimhaft-anfängliche, aber nicht zu stoppende Anbrechen des Gottesreiches als Kern der Botschaft Jesu zu verdeutlichen. Von hierher wird der Bogen gespannt zur zweiten Gleichnisgruppe, für die das Gleichnis vom barmherzigen Vater steht und die das Bild Gottes als liebenden Vater als weiteren wesentlichen Aspekt der Botschaft Jesu verdeutlicht.

Das Wort Gottes kommt in die Welt, es wird in Jesus Christus Mensch, verleiblicht sich: Auf der methodischen Seite setzt der Ausflug deshalb einen Schwerpunkt auf körperbezogene Formen der Textaneignung.

Umsetzen

■ **Gleichnisse.** Sch erarbeiten sich die Bedeutungen der für den Ausflug zentralen Begrifflichkeiten »Gleichnis« und »Reich Gottes« und bekommen in der Beschäftigung mit dem Gleichniskapitel Mt 13 einen Überblick über diese Gattung und ihre Themen. Unter Umständen kann der Lerngruppe auch eine gekürzte Fassung des Gleichniskapitels vorgelegt werden, z. B. ohne die eher für die Gleichnistheorie fruchtbaren Verse Mt 13,10-23. Für die Auswertung bietet sich eine Mind-Map an, in dessen Mitte die Worte »Mit dem Himmelreich/Reich Gottes ist es wie mit ...« stehen, an den Armen jeweils die Bilder aus den verschiedenen Gleichnissen. Ein Überblick im UG über Gemeinsamkeiten der Bilder und der Grundzüge kann den Impuls abschließen.

■ **Verstanden!** Sch werden in eine vertiefte Auseinandersetzung mit einem Gleichnis eingeführt. Ein zentraler Aspekt der jesuanischen Gleichnisse ist das Ansetzen bei der Alltags- und Lebenswirklichkeit seiner Zuhörerinnen und Zuhörer. Ohne auf eine allzu eindimensionale Gegenüberstellung von Bildebene und Sachebene abzuzielen, versetzt der Auftrag Sch in die Lage, ein Gleichnis aus der Perspektive eines Angesprochenen zu verstehen und zentrale Elemente des Gleichnisses auf das eigene Leben und Handeln zu übertragen.

■ **Eine Körperreise.** Diese Übung nähert sich dem Gleichnis vom Weizenkorn auf ganzheitlich-leibliche Weise. Sie kann mit einer gemeinsamen, ruhigen Bildbetrachtung der Weizenbilder auf der DS beginnen und dann in die meditative Körperübung übergehen. Diese wird entweder als reine »Hör-Meditation«

im Sitzen präsentiert oder als echte Körperübung, bei der Sch die einzelnen Stationen durch Kauern, langsames Aufstehen und Wachsen ... am eigenen Leib realisieren. In jedem Fall sollten die räumlichen Gegebenheiten bereits vor Beginn der Übung hergestellt werden. Die Auswertung der eigenen Erfahrungen kann bei Lerngruppen mit vertrautem Umgang im Unterrichtsgespräch erfolgen oder in zeichnerischer Form. Eine Alternative zum Bild stellt das Verfassen eines kurzen Textes dar, in dem Sch ihre Eindrücke aus der Übung in Worte fassen.

■ **Familienszene.** Das zweite Gleichnis des Ausflugs kann über das Bild von Sieger Köder erschlossen werden. Eine erste Bildbetrachtung mit der Lerngruppe erhebt zentral Form- und Bildelemente: die strenge Gliederung des Bildes durch die vertikalen Linienführungen, die Aufteilung des Bildes in die größere linke und eine weitaus schmalere rechte Seite, der dunkle Hintergrund und die hervorstechend helle Gestalt im Zentrum, die Figur des linken Mannes, der sich in vertrauensvoll-zärtlicher Weise in die Hände der Zentralfigur schmiegt und sich an ihr festhält, die an den Rand gedrängte Person mit dem misstrauischen Blick und der geballten Faust ... Wird das Bild zunächst außerhalb des Schulbuchkontextes als Folie präsentiert, können Sch noch offener über den narrativen Hintergrund des Bildes spekulieren, ehe L den Gedanken der »Familienszene« einfügt. Dabei ist die Technik der »verzögerten Bildbetrachtung« möglich. Dazu wird zunächst die Szene mit der Zentralfigur abgedeckt und allein die Mauer mit der dahinterstehenden Person gezeigt. Nach einer Beschreibung der Person äußern Sch Vermutungen und Ideen, warum diese Figur hinter einer Mauer steht, welche Gefühle diese Figur bewegen, was die Gründe für das Verstecken sein könnten und was sich auf der anderen Seite der Mauer befinden könnte. Danach wird die rechte Szene abgedeckt und die Szene mit den beiden sich umarmenden Figuren gezeigt. Auch hier wird die Szene mit ähnlichen Impulsfragen erschlossen. Erst in einem dritten Schritt wird das Gesamtbild betrachtet und die Interpretation der Szenen in Beziehung gesetzt.
In einem weiteren Schritt können Sch die Darstellung in einem Standbild selbst nachstellen und sich damit in die Handelnden einfühlen (vgl. MITTENDRIN 5/6, S. 95 »Standbild bauen«). Dazu suchen sich Sch eine der auf dem Bild dargestellten Personen heraus und entwickeln in Dreiergruppen das Standbild. Schließt sich an die Bildarbeit die Lektüre von Lk 15,11-32 an, können nun die Verbindungslinien zum Bild dargestellt werden, das Bild wird in den Kontext des Gleichnisses eingeordnet.

■ **Familiengleichnis.** Der Impuls fasst das Gleichnis direkt in den Blick. Er führt über die Sequenzierung in einzelne Szenen zu einer ersten interpretativen Annäherung an den Text. Diese Erstbegegnung soll durch die Umsetzung der Einzelszenen in Standbilder kreativ vertieft und durch das Verfassen von Tagebucheinträgen erfahrungsbezogen verankert werden. Als Erzählvorlage eignet sich auch: Meine Schulbibel. Ein Buch für Sieben- bis Zwölfjährige, München u. a. 2003, S. 97f.; dort ist ein weiteres modernes Bild abgedruckt, verfügbar auch als Farbfolie in: Silke Rehberg, Die Bilder aus »Meine Schulbibel«. 30 Farbfolien, München u. a. 2003.

Weiterführen

■ **Das Gleichnis vom Senfkorn.** Unter Umständen kann es sinnvoll sein, den Ausflug zu einer kleinen Unterrichtseinheit zum Thema »Gleichnisse« zu erweitern. Das Gleichnis vom Senfkorn (Mk 4,30-32) bietet sich dabei in besonderer Weise an, da es in seiner Sinnspitze an das Gleichnis vom Weizenkorn anknüpft, darüber hinaus aber andere Akzentsetzungen ermöglicht. Die bekannte Geschichte »Ein ganz besonderer Laden« (**M 10.12, S. 245**) kann hierzu Überleitung bzw. Einstieg sein, indem sie Sch dafür sensibilisiert, dass das Reich Gottes in dieser Welt wachsen muss. Gleichzeitig werden Sch dazu angeregt, über die inhaltliche Füllung des Begriffs »Reich Gottes« nachzudenken. Dazu stellen sich Sch vor, sie selbst könnten in einem solchen Laden einkaufen: Wofür würde ich wohl Samen kaufen? Was müsste ich tun, damit der Samen wächst?

■ **Eigene Gleichnisse.** Sch können selbst ein Reich-Gottes-Gleichnis in der Sprache unserer Zeit verfassen. Sie erfinden dazu Bilder aus ihrem eigenen Alltag, in denen aus Kleinem etwas Großes wird, und erzählen dazu eine Geschichte, z. B.: »Mit dem Reich Gottes ist es wie mit einem kleinen Funken ...« Das Lied »Kleines Senfkorn Hoffnung« kann hierzu als Einstieg und gedankliche Vorbereitung dienen; es ist aber auch möglich, mithilfe der gefundenen Gleichnisse weitere Liedstrophen zu verfassen.

Ansetzen

Die DS setzt in ihrem Spannungsbogen zwei Akzente: Zum einen ist es Paulus, der als »Apostel der Heiden« das Wort Gottes über die Grenzen Kleinasiens hinaus nach Griechenland bringt, zum anderen ist es die Verbreitung des Wortes Gottes, der Bibel, bis in die Gegenwart.
Paulus wird auf dieser DS nicht in seiner persönlichen Auseinandersetzung mit dem Christentum und seiner Bekehrung zum Christentum gezeigt (s. LL »Wie alles begann«), sondern in seiner Rolle als Protagonist der schriftlichen Weitergabe des Glaubens. Von Paulus sind uns die ältesten schriftlichen Glaubenszeugnisse und Bekenntnisse überliefert. Dass die Weitergabe des Glaubens substanziell zum Christsein gehört, zeigt der Taufauftrag in Mt 28,16-20.
Wie das Wort Gottes als Schrift bis in die heutige Zeit überliefert wurde, kann nur an wenigen Beispielen und knapp gezeigt werden, die jedoch verdeutlichen, dass die Bibel in ihrem Tradierungsprozess ein besonderes Buch ist.

Umsetzen

■ **Paulus und die ersten Christen.** Der Impuls gibt die Möglichkeit, im Sinne der Nachhaltigkeit eine bereits bearbeitete LL nochmals zu thematisieren. Die Stichworte »Die ersten Christen«, »Pfingsten«, »Paulus« dienen als eine erste grobe Orientierung oder als »Überschriften« in einem Cluster. Sollte die Mind-Map als Arbeitsmethode bekannt sein, bearbeiten Sch den Auftrag in Gruppen, die jeweils eine Mind-Map erstellen. Die Mind-Maps werden ausgestellt, verglichen und ergänzt.

■ **Ein Auftrag.** Dem UG und der Sicherung der Sch-Aussagen über die anhaltende Gültigkeit des Missionsauftrags des Auferstandenen und seiner Zusage der bleibenden Gegenwart schließt sich die Frage nach der Bedeutung für Christen heute an. Eine Hilfe bieten die DS »Die Grundaufgaben der Kirche« (MITTENDRIN 5/6, S. 140f.) bzw. die DS »Gott bezeugen in Wort und Tat« (MITTENDRIN 5/6, S. 146f.).

■ **Bibeldetektive.** Sch informieren sich anhand der genannten Medien zu den Bildern der unterschiedlichen »Bibelausgaben«. Dies kann sowohl in EA als auch in GA geschehen. Sollten die im Auftrag genannten Medien nicht zur Verfügung stehen, kann die »Zeittafel« (**M 10.13, S. 246f.**) verwendet werden. Diese schriftliche Zeittafel kann dann in eine grafische Form (z. B. Zeitstrahl) umgesetzt werden.

■ **Gottes Wort – ganz wertvoll.** Eine Kooperation mit dem Fach Bildende Kunst bietet sich bei diesem Auftrag an. Sch gestalten selbst Bibeltexte, wie dies die mittelalterlichen Schreiber der Klöster getan haben. Dieser Impuls verdeutlicht den Sch den Wert des biblischen Textes, insofern sie den Inhalt in eine grafische Darstellung umsetzen. Sinnvoll ist es, eine Auswahl an biblischen Texten anzubieten.

■ **Neue Sprachen.** In der Regel sind Sch eine Reihe an Namen für die Bibel in anderen Sprachen bekannt. Sollten Sch keine Vorinformationen besitzen, kann der Auftrag auch als Rechercheauftrag genutzt werden: L, Eltern und andere Sch können gefragt werden. Erstaunlich ist für Sch die große Zahl der Sprachen, in die die Bibel übersetzt ist. Die Internetrecherche bei der Deutschen Bibelgesellschaft im Menüpunkt »Bibel weltweit« erschließt darüber hinaus einen Zugang zur weltweiten Verbreitung und Bedeutung der Bibel. Steht das Internet nicht zur Verfügung, erhalten Sch die »Nachrichten der Deutschen Bibelgesellschaft« (**M 10.14, S. 248**).

Weiterführen

■ **Paulus und die ersten Christen.** Sollte die LL »Wie alles begann« noch nicht bearbeitet worden sein, bietet es sich hier an, die Missionsreisen des Apostel Paulus zu thematisieren (MITTENDRIN 5/6, S. 112f.).

■ **Klassenbibel oder Klassenbibelrolle.** Der Auftrag, eigene Bibeltexte zu gestalten, kann zur Herstellung einer Klassenbibel oder einer Klassenbibelrolle erweitert werden. Sch schreiben dabei einen zentralen biblischen Text ab und verzieren ihn durch Initialen und Randgestaltung. Die Texte werden dann zu einer Rolle oder einem Buch zusammengefasst.
Wird die LL zu Beginn der 5. Klasse erarbeitet, könnte auch eine Bibel mit den im Laufe der ersten zwei Jahre gelesenen und bearbeiteten Bibeltexten entstehen, indem Sch der Reihe nach einen Text zum Schreiben und Gestalten erhalten. Am Ende der sechsten Klasse wäre eine »Klassenbibel« mit den im Unterricht behandelten biblischen Texten entstanden.

Ansetzen

Die letzte DS bündelt die bisherigen Ausflüge, veranschaulicht und thematisiert den Aufbau der Bibel. Anhand der biblischen Personen und Epochen, die Sch nun kennen, können sie die geschichtlichen Ereignisse dem AT oder NT zuordnen.
Der Aufbau der Bibel wird auch in den folgenden Schuljahren für Sch von Bedeutung sein, da sie sich aufgrund dieses Wissens schnell in der Bibel orientieren und zurechtfinden können. Eine intensive Beschäftigung mit dem Aufbau der Bibel ist somit angebracht. Ob Sch die Bücher der Bibel in ihrer Reihenfolge auswendig können müssen, ist der Entscheidung von L überlassen, zum Grundwissen gehört die Einteilung in die beiden großen Textsammlungen AT und NT sowie deren Einteilung in »Sachgebiete«. Ebenso können Sch einzelne Bücher richtig zuordnen. Im NT gehören zumindest die Evangelisten zum Mindestbestand des Sch-Wissens.

Umsetzen

■ **Tora.** Der Auftrag zeigt die Verankerung des AT im Glauben des jüdischen Volkes und weist darauf hin, dass Christen nicht die Einzigen sind, deren Glaubensgrundlage die biblischen Schriften darstellen. Nach der Partnerinformation wird die Information zur Bedeutung der Tora für das Judentum im UG thematisiert und gesichert.

■ **Bibelbibliothek.** In einer spielerischen Form setzen Sch die im Sachtext und in den Grafiken auf der DS dargebotene Information um. Die Streichholzschachteln sollten rechtzeitig bei den Sch eingesammelt werden, damit sie zu diesem Auftrag zur Verfügung stehen.

■ **Nicht vom Himmel gefallen.** Diesem Impuls kommt eine zentrale Stellung zu. Im Sinne der Sicherung und Nachhaltigkeit erarbeiten Sch einen »Weg der Bibel«, der noch einmal die wichtigsten Stationen zeigt. Sollte zu dem Auftrag »Stationen« (MITTENDRIN 5/6, S. 157) ein Lernplakat erstellt worden sein, kann dies nun als Anknüpfungspunkt dienen. Anstelle der EA im Heft wird der Weg in Gruppen auf Plakaten erstellt, die dann im Klassenzimmer ausgehängt werden.

Kompetenzerwartungen in der LL »Erfahrungen mit Gott«

Die Tabelle gibt an, welche der im Kernlehrplan konkretisierten Kompetenzerwartungen in dieser Lernlandschaft »Erfahrungen mit Gott« zentral bedient werden [X] bzw. welche teilweise oder wiederholend angesprochen werden können [(X)]:

INHALTSFELD 1: MENSCHSEIN IN FREIHEIT UND VERANTWORTUNG Die Schülerinnen und Schüler	
Sachkompetenz:	
– erläutern, inwiefern jeder Mensch eine einzigartige und unverwechselbare Persönlichkeit ist, die auf Gemeinschaft hin angelegt und auf sie angewiesen ist; – erläutern die Bedeutung der christlichen Überzeugung, dass der Mensch von Gott geschaffen, geliebt und zur verantwortlichen Mitgestaltung der Schöpfung berufen ist; – erläutern an Beispielen, wodurch das Gelingen menschlichen Lebens gefährdet oder gefördert wird; – zeigen exemplarisch die Schönheit der Schöpfung und ihre Gefährdung auf.	
Urteilskompetenz:	
– beurteilen menschliche Verhaltensweisen vor dem Hintergrund des Glaubens an Gott als den Freund des Lebens; – bewerten Möglichkeiten ökologischen Engagements als Ausdruck und Konsequenz von Schöpfungsverantwortung.	
INHALTSFELD 2: SPRECHEN VON UND MIT GOTT Die Schülerinnen und Schüler	
Sachkompetenz:	
– begründen, warum Religionen von Gott in Bildern und Symbolen sprechen;	
– deuten Namen und Bildworte von Gott;	
– erläutern an Beispielen Möglichkeiten und Schwierigkeiten, Gott darzustellen;	
– zeigen Situationen auf, in denen Menschen sich im Gebet an Gott wenden;	(X)
– zeigen auf, wie Widerfahrnisse des Lebens aus dem Glauben gedeutet werden können;	
– deuten biblische Psalmen als Ausdruck menschlicher Erfahrungen im Glauben an Gott;	(X)
– erläutern den Glauben katholischer Christen an einen Gott in drei Personen.	
Urteilskompetenz:	
– erörtern in Grundzügen Lebenswege glaubender Menschen im Hinblick auf deren Orientierungsangebot.	
INHALTSFELD 3: BIBEL ALS »UR-KUNDE« DES GLAUBENS AN GOTT Die Schülerinnen und Schüler	
Sachkompetenz:	
– erläutern den Aufbau der Bibel;	X
– zeigen auf, dass die biblischen Erzählungen Erfahrungen ausdrücken, die Menschen mit Gott gemacht haben;	X
– geben exemplarische Glaubensgeschichten des Alten und Neuen Testaments wieder;	X
– stellen die Bedeutsamkeit ausgewählter biblischer Frauen- und Männergestalten für die Glaubenspraxis dar;	X
– erläutern, dass das Volk Israel seine Glaubenserfahrungen als Familiengeschichte erzählt;	X
– weisen an Beispielen die Bedeutung der Bibel im Leben der Kirche nach (u. a. Gottesdienst);	
– begründen, warum die Bibel für Christen als »Heilige Schrift« besondere Bedeutung hat.	X
Urteilskompetenz:	
– beurteilen ansatzweise die Relevanz biblischer Glaubenserzählungen für Menschen heute.	X

INHALTSFELD 4: JESUS DER CHRISTUS Die Schülerinnen und Schüler	
Sachkompetenz:	
– ordnen Jesus von Nazaret in seine Zeit und Umwelt ein; – benennen Merkmale, die die Zugehörigkeit Jesu zum Judentum verdeutlichen; – erläutern an neutestamentlichen Beispielen, wie Jesus von Gott spricht; – erläutern, dass die Zuwendung Jesu zu den benachteiligten und zu kurz gekommenen Menschen jeder ethischen Forderung vorausgeht; – deuten die bildhafte Rede Jesu an Beispielen; – erklären die Bezeichnung Jesu als Christus als Bekenntnis des Glaubens.	
Urteilskompetenz:	
– erörtern in Ansätzen Ursachen für Konflikte, die Worte und Taten Jesu bei den Menschen seiner Zeit auslösten; – beurteilen an Beispielen, inwiefern Jesus Christus für Menschen heute Bedeutung haben und Orientierung sein kann.	
INHALTSFELD 5: KIRCHE ALS NACHFOLGEGEMEINSCHAFT Die Schülerinnen und Schüler	
Sachkompetenz:	
– erläutern die Entstehung der Kirche aus dem Glauben an Jesus Christus und dem Wirken des Heiligen Geistes; – nennen beispielhaft Aufgaben der sich auf Jesus Christus gründenden Kirche; – erläutern die Bedeutung des Apostels Paulus für die frühe Kirche; – erklären Feste des Kirchenjahres in ihrer Bedeutung; – zeigen die Bedeutung von Sakramenten und ihre Verknüpfungen mit Stationen im Leben eines Christen auf; – erläutern, warum und wie katholische Christen Eucharistie feiern; – zeigen an Beispielen Gemeinsamkeiten und Unterschiede in der Glaubenspraxis der Konfessionen auf.	(X)
Urteilskompetenz:	
– erörtern, inwiefern der Einzelne am Leben der Kirchengemeinde teilnehmen und wie er seinen Auftrag als Christ im Alltag realisieren kann.	
INHALTSFELD 6: WELTRELIGIONEN UND ANDERE WEGE DER SINN- UND HEILSSUCHE Die Schülerinnen und Schüler	
Sachkompetenz:	
– benennen Gemeinsamkeiten und Unterschiede in Glaube und Glaubenspraxis der abrahamitischen Religionen; – beschreiben wichtige Stationen im Leben großer Gestalten der abrahamitischen Religionen; – zeigen Spuren jüdischen und muslimischen Lebens in ihrer Umgebung auf; – erläutern anhand von Erzählungen aus der Abrahamgeschichte die gemeinsamen Wurzeln der abrahamitischen Religionen und deren Bedeutung für das Zusammenleben der Religionen; – zeigen das Bekenntnis zu Jesus als dem Christus als unterscheidend christlich auf.	(X) (X)
Urteilskompetenz:	
– nehmen zu verbreiteten Vorurteilen gegenüber Religionen Stellung.	

Ich bin ein Bibelentdecker

T/M: Daniel Kallauch

Bibelkuchen

Wenn ihr hinter das Geheimnis dieses Backwerkes gelangen wollt, müsst ihr zuerst die Zutaten herausfinden, die ihr für diese Köstlichkeit benötigt.

Man nehme:

Viereinhalb Tassen 1 Kön 5,2 ____________________

Eineinhalb Tassen Ps 55,22a ____________________

Zwei Tassen Ri 14,14 ____________________

Zwei Tassen 1 Sam 30,12 (2. Angabe) ____________________

Zwei Tassen Nah 3,12 ____________________

Eine Tasse Num 17,23 ____________________

Eine halbe Tasse 1 Kor 3,2 ____________________

Sechs Stück Ijob 39,14 ____________________

Eine Prise Mk 9,50 ____________________

Drei Teelöffel Backpulver (unbiblische Zutat!!)

Habt ihr alles zusammen? Dann kann es losgehen:

Behandle den ____________ (Röm 11,16) so, wie König Salomon rät, dass man seine Kinder erziehen soll: ____________ (Spr 23,14). Die ____________ (1 Sam 30,12) sollten kernlos sein, die ____________ (Nah 3,12) klein geschnitten, die ____________ (Num 17,23) geschält und gerieben.

Dies alles wird gut mit ____________ (1 Kön 5,2) bestäubt. Schiebe den ____________ (Röm 11,16) in einen ____________ (Hos 7,4) und lass ihn über die Zeit von ____________ (Mt 20,12) darin.

Guten Appetit!

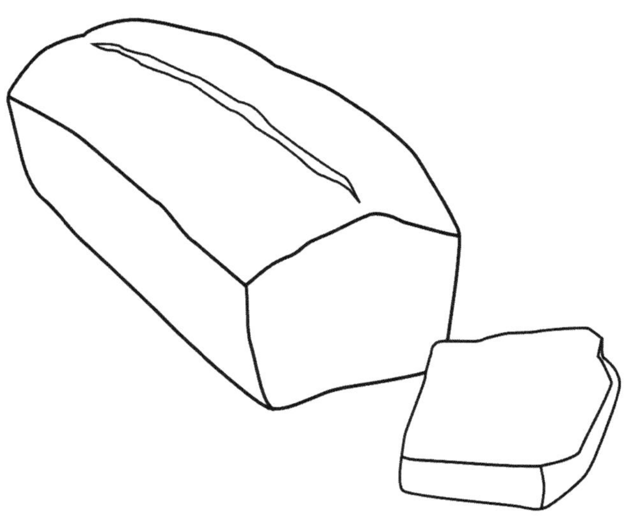

Bibelfußball

Fußball spielen mit der Bibel?
Klar, geht das! Ihr braucht dazu zunächst zwei Mannschaften, einen Schiedsrichter und ein Spielfeld mit den bekannten Linien: Torlinie, Fünfmeter-Raum, Strafraum, Mittellinie. Der Ball liegt beim Anstoß auf der Mittellinie – wie sich das gehört!

Jetzt geht's los: Der Schiedsrichter schreibt eine Bibelstelle an die Tafel – natürlich in unserer »Signatur«. Jeder Spieler hat eine Bibel vor sich liegen und versucht, möglichst schnell die entsprechende Stelle zu finden. Wer die Stelle gefunden hat, legt den Finger auf diese und meldet sich. Ist die Stelle richtig, treibt er damit den Ball um eine Linie weiter in Richtung gegnerisches Tor. Das Spiel wiederholt sich. Je nach Sieger wird der Ball über das Spielfeld getrieben. Hat eine Mannschaft das Leder über die Torlinie bugsiert, bekommt sie ein Tor gutgeschrieben; es erfolgt ein neuer Anstoß an der Mittellinie.

Viel Vergnügen!

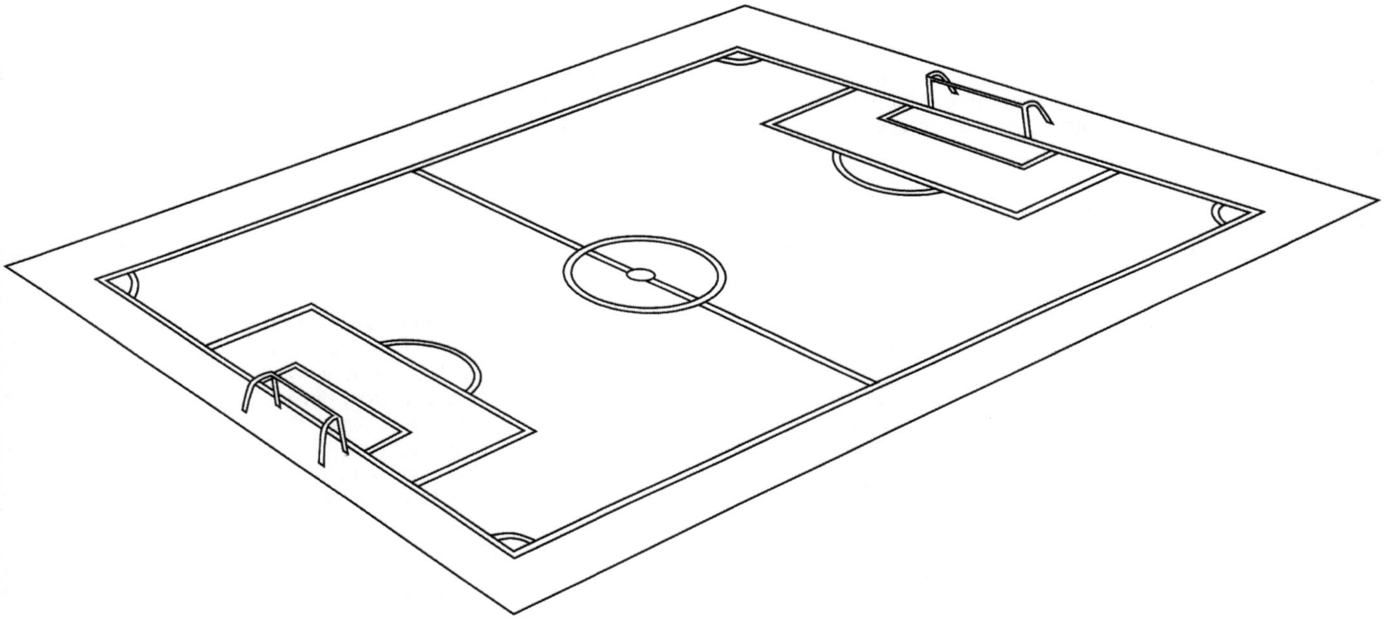

ARBEITSBLATT M 10.3

Bibelstellen entschlüsseln

DIE VORBEREITUNG DES WIRKENS JESU: 1,1–13

Johannes der Täufer: 1,1–8

1 Anfang des Evangeliums von Jesus
Christus, dem Sohn Gottes: 2 Es be-
gann, wie es bei dem Propheten Jesaja
steht:

Ich sende meinen Boten vor dir her; / er soll den Weg für dich *bahnen.*
3 *Eine Stimme ruft in der Wüste: / Bereitet dem Herrn den Weg! / Ebnet* ihm *die Straßen!*

4 So trat Johannes der Täufer in der
Wüste auf und verkündigte Umkehr und
Taufe zur Vergebung der Sünden. 5 Ganz
Judäa und alle Einwohner Jerusalems zo-
gen zu ihm hinaus; sie bekannten ihre
Sünden und ließen sich im Jordan von ihm
taufen. 6 Johannes trug ein Gewand aus
Kamelhaaren und einen ledernen Gürtel
um seine Hüften und er lebte von Heu-
schrecken und wildem Honig. 7 Er verkün-
dete: Nach mir kommt einer, der ist stär-
ker als ich; ich bin es nicht wert, mich zu
bücken, um ihm die Schuhe auf-
zuschnüren. 8 Ich habe euch nur mit Was-
ser getauft, er aber wird euch mit dem
Heiligen Geist taufen.

1–8 || Mt 3,1–6.11; Lk 3,3–6.15f / 1–8: Joh 1,19–28 / 1: 15,39; 2: Mal 3,1; Ex 23,20; Mt 11,10; Lk 1,76; 7,27 / 3: Jes 40,3 G / 4: Apg 13,24; 19,4

Die Taufe Jesu: 1,9–11

9 In jenen Tagen kam Jesus aus Nazaret in
Galiläa und ließ sich von Johannes im Jor-
dan taufen. 10 Und als er aus dem Wasser
stieg, sah er, dass der Himmel sich öffnete
und der Geist wie eine Taube auf ihn herab-
kam. 11 Und eine Stimme aus dem Himmel
sprach: *Du bist mein geliebter Sohn, an dir
habe ich Gefallen gefunden.*

9–11 || Mt 3,13–17; Lk 3,21f / Joh 1,29–34 / 11: Gen 22,2; Ps 2,7; Jes 42,1; Mt 3,17

Die Versuchung Jesu: 1,12–13

12 Danach trieb der Geist Jesus in die
Wüste. 13 Dort blieb Jesus vierzig Tage lang
und wurde vom Satan in Versuchung ge-
führt. Er lebte bei den wilden Tieren und
die Engel dienten ihm.

12–13 || Mt 4,1f.11; Lk 4,1f

DAS WIRKEN JESU IN GALILÄA: 1,14 – 8,26

Erstes Auftreten in Galiläa: 1,14–15

14 Nachdem man Johannes ins Gefängnis
geworfen hatte, ging Jesus wieder nach Ga-
liläa; er verkündete das Evangelium Gottes
15 und sprach: Die Zeit ist erfüllt, das Reich
Gottes ist nahe. Kehrt um, und glaubt an
das Evangelium!

14–15 || Mt 4,12.17; Lk 4,14f

Die Berufung der ersten Jünger: 1,16–20

16 Als Jesus am See von Galiläa entlang-
ging, sah er Simon und Andreas, den Bru-
der des Simon, die auf dem See ihr Netz
auswarfen; sie waren nämlich Fischer.
17 Da sagte er zu ihnen: Kommt her, folgt
mir nach! Ich werde euch zu Menschen-
fischern machen. 18 Sogleich ließen sie ihre
Netze liegen und folgten ihm. 19 Als er ein
Stück weiterging, sah er Jakobus, den Sohn
des Zebedäus, und seinen Bruder Johan-
nes; sie waren im Boot und richteten ihre
Netze her. 20 Sofort rief er sie und sie ließen
ihren Vater Zebedäus mit seinen Ta-
gelöhnern im Boot zurück und folgten Je-
sus nach.

16–20 || Mt 4,18–22 / 16–20: Lk 5,1–11; Joh 1,35–51

Jesus in der Synagoge von Kafarnaum: 1,21–28

21 Sie kamen nach Kafarnaum. Am folgen-
den Sabbat ging er in die Synagoge und
lehrte. 22 Und die Menschen waren sehr be-
troffen von seiner Lehre; denn er lehrte sie

1,1–8 Die ältesten Christengemeinden waren vor allem am öffentlichen Wirken Jesu interessiert (vgl. Apg 10,37–41). Darum bringt Markus, anders als Matthäus und Lukas, keine Vorgeschichte, sondern beginnt sein Evangelium sofort mit dem Auftreten des Täufers und der Taufe Jesu.
1,1 „dem Sohn Gottes" fehlt bei einigen alten Textzeugen.
1,4 Umkehr und Taufe, wörtlich: Taufe der Umkehr.
1,15 In diesem programmatischen Satz fasst Markus den Inhalt der Botschaft Jesu zusammen.
1,21–34 Mit der Beschreibung des ersten Tages des Wirkens Jesu in Kafarnaum zeigt der Evangelist beispielhaft Jesu Tätigkeit: Jesus beweist durch Wort und Tat seine Vollmacht.

Regel:

____

____

Fantasiereise: Waldspaziergang

Schafft auf eurem Tisch Platz, setzt euch bequem auf eurem Stuhl zurecht. Wenn ihr wollt, könnt ihr auf dem Tisch die Arme verschränken und euren Kopf auf die Arme legen ...

Du schließt die Augen und atmest ganz ruhig. Du wirst ruhig und hörst auf die Geräusche, die dich umgeben. Was kannst du hören?
Die Geräusche, die dich umgeben, werden leiser ... Du achtest jetzt nicht mehr auf sie.

In Gedanken reist du jetzt in einen Wald.

Du stehst nun in deinem Wald, schau dich genau um ... Was siehst du? Wie sehen die Bäume aus? Die Laubbäume? Die Nadelbäume? Die Sträucher?

Du atmest die Waldluft ein. Es riecht nach den Bäumen ..., nach Blättern ..., nach Tannennadeln ..., nach den Sträuchern ..., nach Waldblumen ... Nimm die Gerüche wahr.

Nun hörst du ganz genau auf die Geräusche des Waldes, die dich umgeben:
- Du hörst den Wind, der durch die Bäume streicht,
- du hörst das Rauschen der Blätter,
- wie sich die Zweige der Bäume bewegen,
- du hörst das Singen der Vögel,
- irgendwo klopft ein Specht an einen Baumstamm,
- du hörst kleine Tiere, die über den Waldboden huschen,
- das Surren und Summen der Insekten;
- irgendwo im Wald plätschert ein kleiner Bach.

Höre noch einmal auf die Geräusche, die dich umgeben.
Sieh dich noch einmal im Wald um, atme noch einmal ganz tief die Waldluft ein.

Du reist jetzt in Gedanken zurück ins Klassenzimmer.

Du sitzt wieder auf deinem Stuhl, es geht dir gut, du fühlst dich wohl, du hältst die Augen noch geschlossen.

Denk noch einmal an deinen Wald, an die Geräusche ...

Du öffnest jetzt die Augen, setzt dich wieder gerade auf, du kannst dich etwas bewegen und recken.

- Male oder schreibe nun auf dein Blatt, was du gesehen oder gehört hast.

Annegert Fuchshuber, Durchzug durch das Schilfmeer

Hannah erinnert sich an Ägypten

Ich heiße Hannah und vielleicht hast du mich vorhin auf dem Bild gesehen. Weißt du noch? Bestimmt hast du bemerkt, dass ich unterwegs mit meiner Familie und vielen Freunden und Bekannten bin, die zu uns gehören. Wir alle sind auf der Suche nach einem neuen Zuhause. Bisher haben wir in Ägypten gelebt. Von meinem Großvater weiß ich, dass unser Volk schon seit über 400 Jahren in Ägypten lebt, nachdem es wegen einer großen Hungersnot aus Kanaan aufgebrochen war. In Ägypten gab es für uns Menschen und auch für die Tiere immer genügend Wasser und auch zu essen, weil dort der Nil, ein großer Strom, fließt und das Land fruchtbar macht. Doch leider mochte uns der Herrscher der Ägypter, der Pharao, nicht besonders und behandelte uns immer schlechter. Jeden Tag mussten mein Vater und mein großer Bruder, mein Onkel und sogar mein alter Großvater zum Palast des Pharao gehen und schwere Arbeit leisten. Der Pharao wollte nämlich immer mehr Städte und auch Pyramiden bauen lassen und alle Männer aus unserem Stamm mussten Steine schleppen, Lehmziegel formen und dabei wurden sie oft von den Aufsehern des Pharao schlecht behandelt. Zu Hause war meine Mutter mit uns Kindern und all den Tieren alleine. Sie musste sich nicht nur um den Haushalt kümmern, sondern auch um die Landwirtschaft. Alle Männer mussten ja hart für den Pharao arbeiten und konnten sich nicht mehr um ihre Familien kümmern! Immer öfter kamen die Aufseher des Pharao auch in unser Dorf und befahlen uns, was wir tun sollten. Vor allem wir Kinder hatten große Angst vor ihnen! Zum Glück gab es Mose, der gemeinsam mit uns aus Ägypten aufbrechen und nach einem neuen Zuhause für uns suchen wollte, wo wir in Freiheit leben konnten. Er sagte, wir sollten keine Angst haben und auf Gott vertrauen, der uns sicher aus Ägypten herausführen würde.
Ein bisschen Angst habe ich aber trotzdem! Und wenn ich meinen großen Bruder, der neben mir geht, anschaue, sehe ich, dass auch er etwas mutlos dreinschaut. Er hat unser jüngstes Lamm auf seinen Armen, das schon ganz erschöpft von dem langen Fußmarsch ist. Vater ist weiter hinten und kümmert sich um die anderen Tiere, die wir mitgenommen haben. Direkt hinter mir geht meine Mutter. Sie trägt einen schweren Brotkorb auf ihrem Kopf. Deshalb habe ich die Aufgabe, meinen kleinen Bruder zu tragen, der erst vor ein paar Tagen auf die Welt gekommen ist! Hoffentlich geht das alles gut ...
Ich bin richtig froh, dass Mose vor mir geht. Er hat einen großen Stab in der Hand und wenn mir kalt wird, kann ich mich immer wieder an seinem langen Gewand wärmen. Ich will einfach versuchen, auf Mose zu hören, keine Angst zu haben und auf Gott zu vertrauen.

Marina Kienhöfer

Warum unterscheidet sich diese Nacht von allen anderen Nächten?

Schon lange hatte sich der kleine Simon auf diesen Tag mit seiner Mutter vorbereitet. Er wusste nicht so genau, ob er sich mehr freuen oder ob er eher aufgeregt sein sollte; wahrscheinlich war er beides zusammen. Weil an diesem Abend alles seine feste Ordnung hat, weiß er genau, wie dieses Mahl im Einzelnen gefeiert wird:

Der Tisch im Wohnzimmer ist feierlich gedeckt, Simons Mutter verwendet heute das beste Geschirr. Alle haben auch ihre schönsten Kleider angezogen. Viele Kerzen, auch die am großen Leuchter sind angezündet. Auf dem Tisch steht vor Vaters Platz die Sederschüssel, eine große Platte mit den besonderen Speisen. »Wir feiern unsere Geburt als freies Volk«, hatte Mutter ihm erklärt, »deshalb gibt es auch für jeden einen Becher Wein – für Männer, für Frauen und auch für Kinder.«

Der Vater, der als Familienoberhaupt einen Sessel fast wie einen Königsthron hat, beginnt nun endlich mit der Feier, indem er einen besonderen Segen über den ersten Becher Wein spricht. Simon passt gut auf, ob Vater den Segen, den Kiddusch, auch richtig kann, so wie er ihn selbst auch schon gelernt hat:

»Gepriesen seist du, Ewiger, unser Gott, Herr der Welt, der das Brot wachsen lässt aus der Erde. Gepriesen seist du, Ewiger, unser Gott, Herr der Welt, der die Frucht des Weinstocks erschaffen. Gepriesen seist du, Ewiger, unser Gott, Herr der Welt, der ernährt die Welt in seiner Güte.«

Alle trinken vom Wein, Simon nippt nur, denn beim nächsten feierlichen Trinken ist er an der Reihe. Zunächst werden aber auf einem besonderen Teller, dem Sederteller, etwas merkwürdige Speisen serviert: Sie bestehen aus Bitterkräutern, die in eine Schale mit Salzwasser getunkt werden, und Fruchtmus aus Äpfeln, Nüssen und Zimt. Die Bitterkräuter erinnern an das bittere Los der Sklaverei, das Salzwasser an die Tränen der Israeliten in Ägypten und das Fruchtmus an den mit Stroh gemischten Lehm, aus dem die Israeliten für die Pharaonen Bauten errichten mussten.

Dann bricht der Hausvater die Mazzen und teilt sie aus. Simon weiß, die Mazzen sind ungesäuerte Brote, die an den Auszug aus Ägypten erinnern. Damals hatten die Israeliten keine Zeit mehr, Brot mit Sauerteig zu backen. Es ist das Brot des Elends.

Nun beginnt Simons großer Auftritt, er ist der Jüngste der Familie und muss nun bestimmte Fragen stellen, und zwar auf Hebräisch. Er hat sie vorher gelernt. Die Mutter hatte ihn eingeweiht und alles erklärt. Als erwartungsvoll alle zu Simon schauen, beginnt er zaghaft:

»Was zeichnet denn diese Nacht vor allen Nächten aus? Jede Nacht sonst essen wir doch gesäuertes und ungesäuertes Brot – heute nur Mazzen? Sonst essen wir die verschiedensten Kräuter – heute nur Bitterkraut? Sonst brauchen wir nichts einzutunken – heute zweimal? Sonst sitzen wir beim Essen frei oder angelehnt – heute alle nur angelehnt?«

Auf diese Fragen schien sein Vater gewartet zu haben. Nun erzählt der Vater die Geschichte der Versklavung und Befreiung aus Ägypten. Zwischendurch schaut er in das Buch, in dem diese Erzählungen aufgeschrieben sind, in die Haggada, und vergewissert sich, ob er auch nichts vergessen hat. Er erklärt, wie Gott seinem Volk geholfen und es in das verheißene Land geführt hat. Simon hört gespannt zu; ihm kommt es vor, als erlebe er jede Einzelheit des Auszugs aus Ägypten selbst mit.

Seine Fragen hatte Simon richtig gestellt, deshalb trinkt er jetzt erleichtert aus dem zweiten Becher Wein.

Nun beginnt das Hauptmahl. Bevor Simons Vater die oberste Mazza aus dem Sederteller nimmt, spricht er den Segen: »Gepriesen seist du, Ewiger, unser Gott, Herr der Welt, der Brot wachsen lässt aus der Erde«, dann bricht er das Brot und reicht jedem ein Stück davon. Danach wird auch das gebratene Lamm, dessen Duft sich schon verbreitet hatte, hereingetragen und gegessen. Dabei geht es nicht mehr so streng zu, alle freuen sich und lassen sich das zarte Lammfleisch schmecken. Nach dem Mahl nimmt Simons Vater den neu gefüllten Becher und spricht ein Dankgebet, bevor er ihn trinkt.

Simon wird traurig, als er beobachtet, wie der vierte Becher Wein eingeschenkt wird; denn er weiß, dass damit die schöne Feier, in der er seinen großen Auftritt hatte, nun dem Ende entgegengeht. Als Simons Vater das große Lob- und Danklied (Halleluja) anstimmt, merkt Simon seine Müdigkeit, trotzdem singt er kräftig mit.

- Beschreibe den Ablauf eines Sederabends, indem du die wichtigsten Teile auflistest.

Die zwölf Stämme Israels und ihre Nachbarn

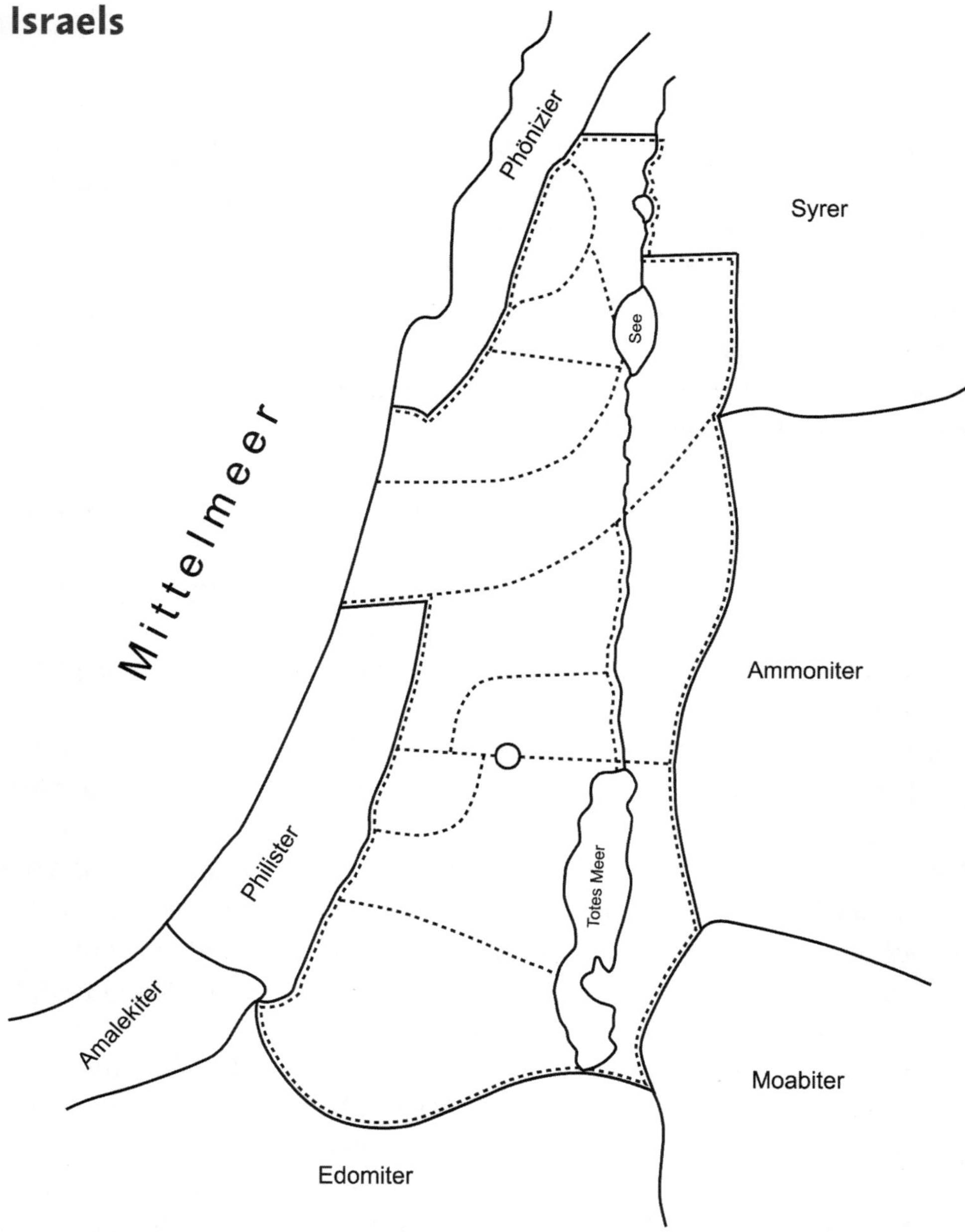

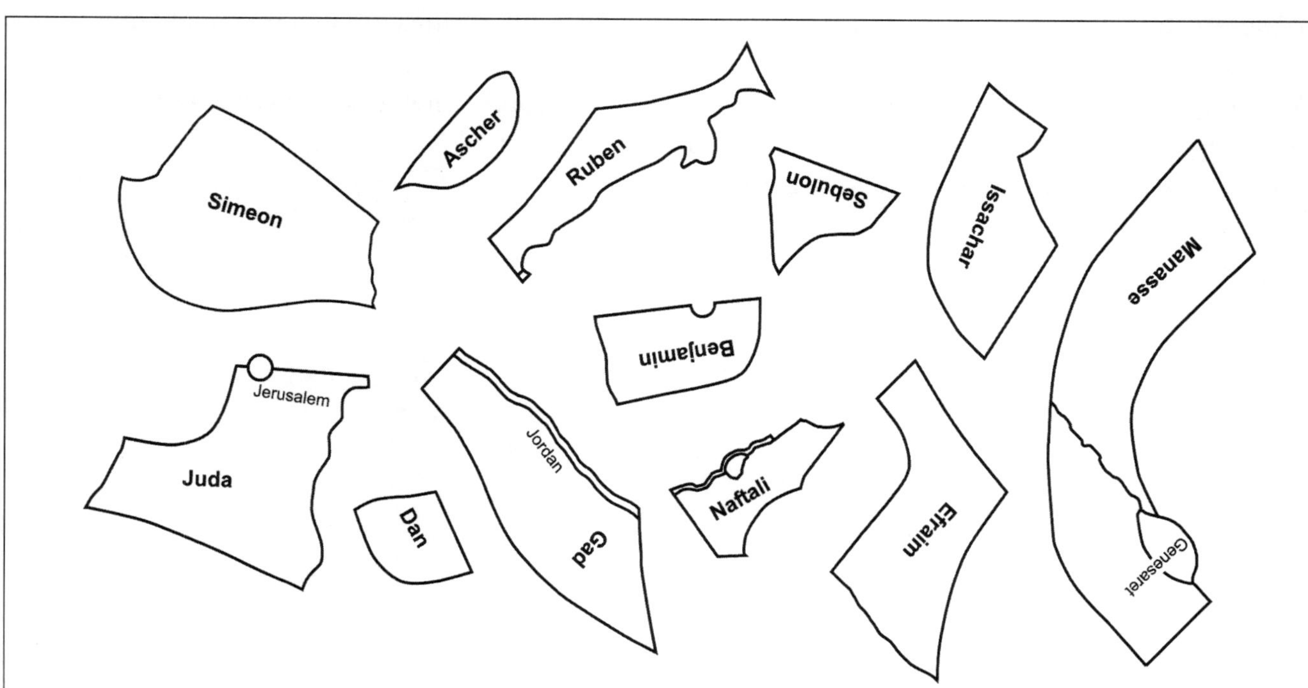

ARBEITSBLATT M 10.9

Israel will einen König

In der ersten Zeit nach der Landnahme lebte jeder Stamm für sich, es gab keinen König, dem sich alle unterwerfen mussten. Nur einige Propheten und kluge Männer berieten die Stämme, sie hielten Gerichtstage ab und wurden deshalb vom Volk »Richter« genannt.
Einer der letzten großen »Richter« in Israel war der Prophet Samuel. Zur Zeit Samuels drohte den Israeliten nach wie vor Gefahr durch die militärisch überlegenen Philister. In dieser Situation wandten sich die Israeliten an den »Richter« Samuel. Die Bibel berichtet in 1 Sam 8,1-22 von dem Streitgespräch der Israeliten mit Samuel. Hätten wir damals ein Tonband dabeigehabt, könnte sich das Gespräch etwa so angehört haben:

Jorkat aus Simeon: Vor zwei Wochen hat wieder eine dieser Philisterbanden meine Herde überfallen und alle Schafe abgeschlachtet. Demnächst zünden sie noch mein Haus an.

Mesuel aus Juda: Es vergeht keine Woche, in der sie nicht irgendwo auftauchen. Von mir wollen sie jetzt Schutzgeld haben. »Tribut« nennen sie das.

Abimelech (Dan): Das geht einfach zu weit. Wir müssen gemeinsam gegen diese Bande vorgehen – alle Stämme zusammen.

Kidresch vom Stamm Manasse: Einige von uns wären ja bereit, unseren Brüdern aus dem Süden zu helfen. Aber dazu brauchen wir einen starken Führer, so wie ihn die anderen Völker auch haben.

Samuel: Ihr wollt einen König? Gott allein ist der König über Israel und die Richter sind seine Gesandten. Das hat in der Vergangenheit genügt und wird auch in Zukunft genügen.

Mesuel: Samuel, wir wissen zu schätzen, was du für uns und die anderen Stämme getan hast. Aber du bist nicht mehr der Jüngste und es ist weit und breit kein Prophet wie du in Sicht.

Jorkat: Setze einen König bei uns ein, der uns führen soll.

Samuel: Wisst ihr überhaupt, was ihr euch da antun wollt? Wisst ihr, was es bedeutet, einem König dienen zu müssen? Ich sage euch, was das bedeutet: Eure Söhne wird er zum Kriegsdienst einziehen, eure Töchter werden an seinem Hof dienen müssen und euch selbst lässt er auf seinen Feldern arbeiten. Ihr werdet Steuern zahlen müssen, damit er in Saus und Braus leben kann. Jetzt seid ihr freie Männer, aber mit einem König werdet ihr Sklaven sein.

Abimelech: So schlimm wird es schon nicht kommen! Alle Völker rings um uns haben einen König, nur wir nicht.

Mesuel: Es muss einer da sein, der für Recht und Ordnung sorgt, einer, der uns voranzieht, wenn Krieg ist, und dem auch alle folgen, wenn er ruft.

Kidresch und Jorkat: Gib uns einen König, Samuel!

Papyrusherstellung

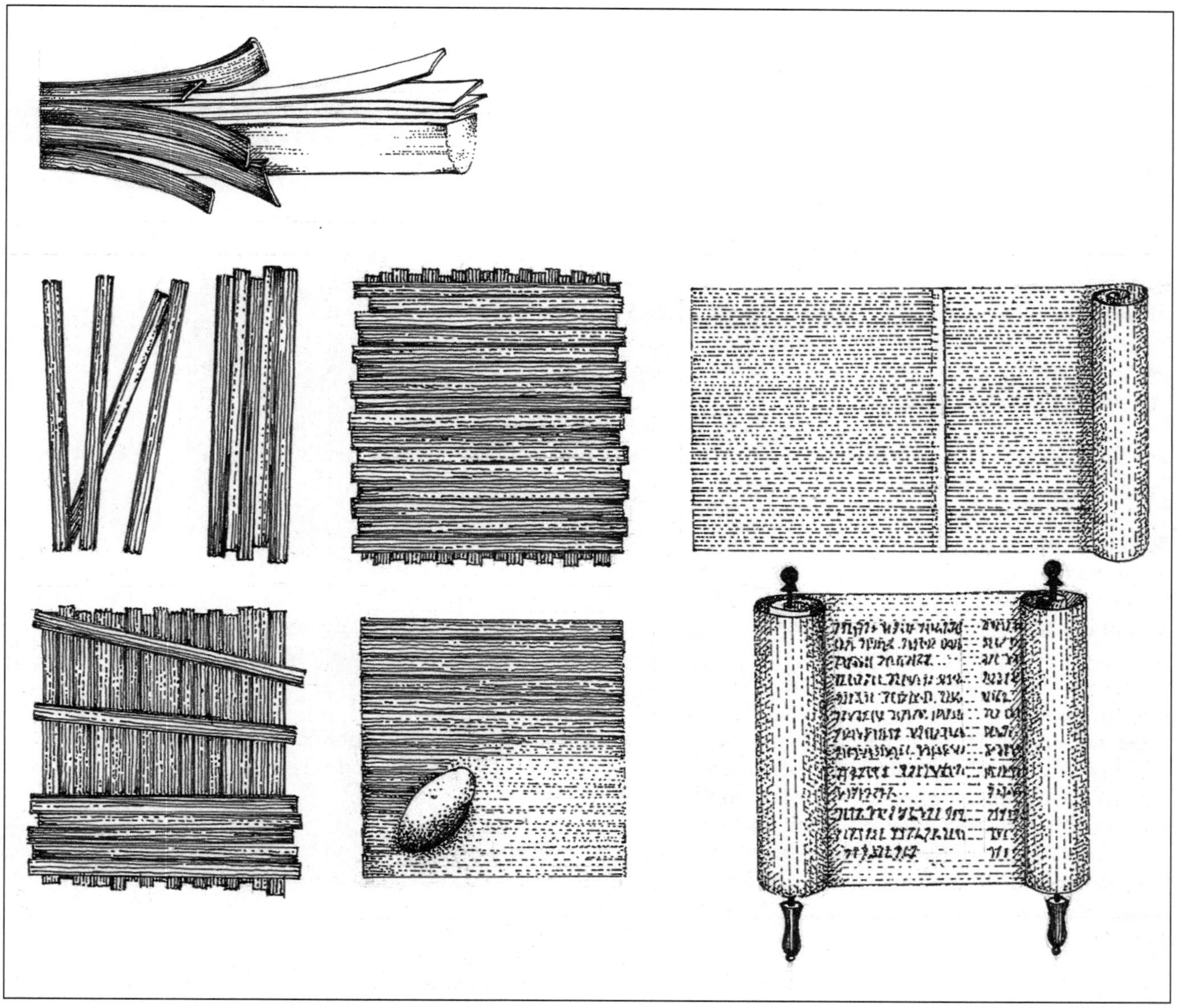

Ein ganz besonderer Laden

Ein junger Mann betrat im Traum einen Laden. Hinter der Theke stand ein Engel.
Hastig fragte er ihn: »Was verkaufen Sie, mein Herr?«
Der Engel antwortete freundlich: »Alles, was Sie wollen.«
Der junge Mann begann aufzuzählen: »Dann hätte ich gern das Ende aller Kriege auf der Welt, bessere Bedingungen für die Randgruppen der Gesellschaft, Beseitigung der Elendsviertel in Lateinamerika, Arbeit für die Arbeitslosen, mehr Gemeinschaft und Liebe in der Kirche und ... und ...«
Da fiel ihm der Engel ins Wort: »Entschuldigen Sie, junger Mann, Sie haben mich falsch verstanden. Wir verkaufen keine Früchte, wir verkaufen nur den Samen.«

Zeittafel zur Bibel

Zeit der handschriftlichen Vervielfältigung

10.–2. Jh. v. Chr.
Entstehung der Schriften des Alten Testaments.

um 300–130 v. Chr.
Die hebräische Bibel (AT) wird in Ägypten ins Griechische übersetzt (Septuaginta).

2.–1. Jh. v. Chr.
Älteste erhaltene hebräische Handschriften des Alten Testaments (u. a. Funde aus den Höhlen bei Qumran am Toten Meer). Älteste erhaltene Handschriften der griechischen Übersetzung.

um 27–30 n. Chr.
Jesu Wirken in Palästina.

50–64 n. Chr.
Abfassung der Briefe des Apostels Paulus.

2. Hälfte 1. Jh.
Niederschriften der vier Evangelien.

Ende 1. Jh.
Jüdische Schriftgelehrte in Palästina bestimmen den genauen Umfang der hebräischen Bibel. In den christlichen Gemeinden der griechisch-römischen Welt steht von der Zeit der Apostel her die Septuaginta in kanonischem Ansehen – einschließlich einer Anzahl später Schriften, die die jüdischen Schriftgelehrten in Palästina nicht akzeptierten (Deuterokanonische Schriften/ Apokryphen).

ab Ende 1. Jh.
Zahlreiche Abschriften der biblischen Schriften auf Papyrus. Statt der traditionellen Schriftrollen bevorzugen Christen die Form des Kodex, eines Vorläufers der heutigen Buchform.

um 125
Ältestes erhaltenes Bruchstück des Neuen Testaments (Papyrus P52).

um 144
Marcion in Rom stellt das Lukas-Evangelium und zehn Paulusbriefe in einer verkürzten Bearbeitung zusammen. Mit dieser sehr engen Auswahl gibt er der Kirche verstärkt Anlass, das zahlreich gewordene christliche Schrifttum zu prüfen und einen »Kanon« der als verbindlich anerkannten Schriften abzugrenzen (Neues Testament).

um 200
Der Kanon des Neuen Testaments steht im Wesentlichen fest. Frühe Übersetzungen des NT ins Lateinische.

3. Jh.
Wichtige Papyrushandschriften: Chester-Beatty-Papyri (große Teile des AT und NT), Bodmer-Papyri (u. a. Lukas und Johannes).

240–245
Origenes (185–254) stellt sechs verschiedene Textfassungen des AT nebeneinander (Hexapla).

Anfang 4. Jh.
Frühe Übersetzungen des NT ins Syrische.

350–380
Wulfila übersetzt im heutigen Bulgarien die Bibel ins Gotische.

382–420
Hieronymus bearbeitet die altlateinische Bibel. Er übersetzt das AT neu aus dem Hebräischen ins Lateinische und revidiert den altlateinischen Text des NT. So entsteht die später sogenannte »Vulgata«.

4.–5. Jh.
Die großen Pergament-Kodizes werden geschrieben (Codex Vaticanus, Codex Sinaiticus, Codex Alexandrinus).

um 500
Der Codex Argenteus von Wulfilas gotischer Bibel wird geschrieben.

8.–10. Jh.
Tätigkeit der Masoreten in Tiberias und Babylonien am hebräischen Text des AT (Ben Ascher).

um 800
Revision der lateinischen Bibel durch Alkuin auf Veranlassung Karls des Großen. Übersetzung des Matthäus-Evangeliums ins Deutsche (Althochdeutsch): Mondseer Matthäus.

8.–11. Jh.
Prunkvolle Bibelhandschriften mit Miniaturmalereien entstehen.

11. Jh.
Notker Labeo übersetzt die Psalmen, Williram das Hohelied ins Deutsche.

11.–15. Jh.
Zahlreiche Übersetzungen biblischer Schriften und der ganzen Bibel ins Deutsche und in andere Volkssprachen. Entstehung der Bilderbibeln. Übergang vom Pergament zum Papier. Druck der Armenbibel von geschnittenen Holztafeln als Vorstufe des Bibeldrucks.

Zeit des Bibeldrucks

um 1440
Erfindung des Buchdrucks mit beweglichen Lettern durch Johannes Gutenberg in Mainz.

1452-1455
Erster Druck der lateinischen Bibel durch Gutenberg (42-zeilige Bibel).

1466
Mentlin in Straßburg druckt die erste deutsche Bibel. Es folgen Drucke von Bibelübersetzungen in anderen deutschen Städten und in zahlreichen anderen Sprachen.

1477
Die Psalmen werden in Oberitalien zum ersten Mal hebräisch gedruckt (1488 das ganze AT).

1516
Das erste gedruckte griechische NT, bearbeitet von Erasmus von Rotterdam, erscheint in Basel.

1522, September
Luthers deutsches NT erscheint in Wittenberg.

1534
Luthers deutsche Bibel erscheint in Wittenberg.

1710
Freiherr Carl Hildebrand von Canstein gründet in Halle die erste Bibelgesellschaft der Welt.

1734
Ausgabe des griechischen NT durch Johannes Albrecht Bengel.

1804
Gründung der Britischen und Ausländischen Bibelgesellschaft in London.

1844 und 1859
Auffindung des Codex Sinaiticus durch Constantin von Tischendorf im Katharinen-Kloster am Sinai.

1892
Erste kirchenamtliche Revision der Lutherbibel abgeschlossen.

1898
Eberhard Nestles »Griechisches Neues Testament«, das später laufend dem Stand der Forschung angepasst wird, erscheint erstmals bei der Württembergischen Bibelanstalt.

Seit Ende 19. Jh.
Funde biblischer Papyri in Ägypten.

1906
Herausgabe der Biblica Hebraica durch Rudolf Kittel.

1912
Lutherbibel neu durchgesehen nach dem vom Deutschen Evangelischen Kirchenausschuss genehmigten Text.

1921
Beginn der dritten umfassenden Revision von Luthers Bibelübersetzung.

1937
Die Biblica Hebraica durch Kittel, Eißfeldt, Alt und Kahle neu bearbeitet auf der Grundlage des Ben-Ascher-Textes, d.h. des Leningrader Codex von 1008 n. Chr.

Ab 1947
Bei Qumran am Toten Meer werden Handschriften des hebräischen AT gefunden (u. a. zwei Jesaja Rollen, Habakuk).

1966
Gemeinsame Ausgabe des griechischen NT durch den Weltbund der Bibelgesellschaften (The Greek New Testament).

1968-1977
Neubearbeitung der Biblica Hebraica (Biblia Hebraica Stuttgartensia).

1979
Griechisches Neues Testament von Nestle in 26., völlig neu bearbeiteter Auflage (Nestle-Aland).

1980
»Einheitsübersetzung« für die deutschsprachigen katholischen Diözesen, NT und Psalmen als ökumenischer Text.

1982
»Die Bibel in heutigem Deutsch« (Die Gute Nachricht Bibel).

1984
Abschluss und Revision der Lutherbibel mit der erneuten Überarbeitung des NT.

1999
Bibeln erscheinen in neuer Rechtschreibung.

–

Nachrichten der Deutschen Bibelgesellschaft vom 25.01.07

Bibeltexte in 2426 Sprachen weltweit

Reading/Stuttgart – Die vollständige Bibel ist in 429 Sprachen übersetzt. Neue Testamente gibt es in 1145 Sprachen. Einzelne Schriften der Bibel können jetzt in 2426 Sprachen gelesen werden. Die Zahlen beruhen auf dem jährlichen »Scripture Language Report« des Weltbundes der Bibelgesellschaften (United Bible Societies; UBS).
Im vergangenen Jahr sind 23 Sprachen neu hinzugekommen. Die Anzahl der gesprochenen Sprachen weltweit schätzen Experten auf 6500. Die Bibel bleibt damit das am häufigsten übersetzte Buch der Welt.
Spitzenreiter ist Afrika mit 693 Übersetzungen. In Europa gibt es Übersetzungen in 212 Sprachen. Nach Angaben der UBS können 95 Prozent der Weltbevölkerung eine biblische Schrift in einer ihnen verständlichen Sprache lesen. Dies ist aber oft nicht die Muttersprache. Für rund 300 Millionen Menschen gibt es noch keine verständliche Bibelübersetzung. Die Bibelgesellschaften haben daher in einer Weltversammlung 2004 erklärt, dass die Übersetzung der Bibel ein zentrales Anliegen bleibt.
Zu den neuen Übersetzungen 2006 zählt die komplette Bibel in Chisena, einer Sprache, die im Süden Malawis von 300.000 Menschen genutzt wird. Vor sechs Jahren ist bereits das Neue Testament in Chisena erschienen. Die ganze Bibel erschien außerdem erstmals in Taroka, einer Sprache in Taiwan, und Náhuatl, das von 410.000 Indianern im Osten Mexikos gesprochen wird.
Im Weltbund der Bibelgesellschaften arbeiten 145 nationale Bibelgesellschaften zusammen. Der Sitz ist in Reading (England). Zurzeit sind Übersetzerinnen und Übersetzer im Auftrag des Weltbundes oder nationaler Bibelgesellschaften in mehr als 600 Übersetzungsprojekten in 495 Sprachen tätig. Stichtag für die vorliegende Übersetzungsstatistik war der 31. Dezember 2006. Grundlage der Statistik sind die bei den Bibliotheken der Amerikanischen und der Britischen Bibelgesellschaft eingegangenen Übersetzungen. Die Übersetzungsarbeit der UBS wird in Deutschland durch die Aktion Weltbibelhilfe der Deutschen Bibelgesellschaft gefördert.

- Nenne das Ziel der Bibelgesellschaften.
- Erkläre, warum die Bibelgesellschaften dieses Ziel haben.

11 Muslimen begegnen

Hintergrund

Lernen durch Begegnen: Dieser Grundsatz durchzieht die gesamte LL. Die Begegnung mit konkreten Menschen muslimischen Glaubens ist nachhaltiger als die rein theoretische Auseinandersetzung mit den Lehren des Islams. Die Verbindung von Theorie und Praxis ist ein großer Vorteil, da Sch für die Begegnungen solide Kenntnisse über Lehre und Glaubenspraxis von Muslimen benötigen, gleichzeitig dieses theoretische Wissen in der »Praxis« überprüft bzw. modifiziert werden muss. Auf diese Weise wird deutlich, dass es nicht »den« Islam gibt, sondern diese Religion so viele verschiedene Gesichter hat, wie es Menschen dieses Glaubens gibt.
Damit entspricht der Grundsatz der LL der religionspädagogischen Tendenz von einem »objektiven« zu einem »subjektiven« Zugang, bei dem nicht mehr religiöse Systeme, sondern religiöse Personen und deren Religionspraxis im Mittelpunkt stehen. Folgt man dem Grundsatz »Lernen durch Begegnen«, so folgt man auch den aktuellen Ansätzen in der wissenschaftlichen Religionspädagogik, in denen in der Regel weniger die Auseinandersetzung mit theoretischen Glaubenslehren als vielmehr »die bewusste Wahrnehmung, die angemessene Begegnung und die differenzierte Auseinandersetzung mit Zeugen und Zeugnissen fremder Religionen« im Mittelpunkt der Lernprozesse steht (vgl. Sajak, Das Fremde als Gabe begreifen, 264).
Das interreligiöse Gespräch bietet in der Form des kontrastiven Lernens die Möglichkeit, sich nicht nur mit den religiösen, moralischen und ggf. politischen Überzeugungen der anderen Religion auseinanderzusetzen, sondern auch kritisch nach den eigenen Wurzeln zu fragen. Da die fortschreitende Beschleunigung der körperlichen Reifungsprozesse bereits in den Jahrgangsstufen 5 und 6 pubertäre Ablösungsprozesse von übernommenen Denk- und Verhaltensmustern mit sich bringt, kann die Auseinandersetzung mit einer fremden Religion auch der eigenen (religiösen) Identitätsfindung in dieser Altersphase dienen.
Die religionsdidaktische Auseinandersetzung mit dem Islam steht immer auch im Kontext des schmerzvollen, aber höchstnotwendigen Lernprozesses zwischen Juden und Christen. So betont sowohl das II. Vatikanische Konzil die besonders enge Beziehung der drei monotheistischen Religionen, »die sich zum Glauben Abrahams bekennen« (Lumen Gentium 16), untereinander wie auch die Religionsdidaktik die zunehmende Dringlichkeit eines trialogischen Lernens. Entsprechend finden sich in vielen jüngeren Veröffentlichungen Konzepte und Ansätze, die Christen mit Juden und Muslimen ins Gespräch bringen wollen.

Literaturhinweise

Georg Hilger/Stephan Leimgruber/Hans-Georg Ziebertz, Religionsdidaktik. Ein Leitfaden für Studium, Ausbildung und Beruf – Neuausgabe, München [6]2010, 462-471
Stephan Leimgruber, Interreligiöses Lernen, München 2007
Stephan Leimgruber/Andreas Renz, Christen und Muslime. Was sie verbindet, was sie unterscheidet, München 2004
Hans Mendl, Religionsdidaktik kompakt. Für Studium, Prüfung und Beruf, München 2011, 130-138
Andreas Renz, Beten wir alle zum gleichen Gott? München 2011
Clauß Peter Sajak, Das Fremde als Gabe begreifen. Auf dem Weg zu einer Didaktik der Religionen aus katholischer Perspektive, Münster 2005
Clauß Peter Sajak, Kippa, Kelch, Koran. Interreligiöses Lernen mit Zeugnissen der Weltreligionen. Ein Praxisbuch, München 2010
Clauß Peter Sajak/Ann-Kathrin Muth, Kippa, Kelch, Koran. Interreligiöses Lernen mit Zeugnissen der Weltreligionen. 36 Farbfolien, München 2010
Clauß Peter Sajak (Hg.), Trialogisch lernen. Bausteine für interreligiöse und interkulturelle Projektarbeit, Seelze 2010

Muslimen begegnen — REISEPROSPEKT 172 | 173

Ansetzen

Drei Fotos von Muslimen und die Silhouette einer Moschee laden Sch ein, sich mit dem Thema Islam/ Muslime zu beschäftigen. Klischeehafte, aber auch gängige Vorstellungen von Muslimen durchbrechende Aufnahmen (Pilotin mit Kopftuch) zeigen die Vielfalt muslimischer Lebensweisen. Die Stichworte in und an der Moscheesilhouette weisen auf die Themenfelder der LL hin.

Umsetzen

■ **Bilder betrachten.** Sch beschreiben die abgebildeten Personen und überlegen, ob und an welchen äußeren Merkmalen (Kleidung, Bart- bzw. Haartracht, Kopfbedeckung usw.) Menschen als Anhänger des Islams zu erkennen sind. Dabei dürften auch erste Klischees zur Sprache kommen, die als solche deutlich markiert werden müssen.

■ **Interesse und Vorwissen ermitteln.** Sch lesen in EA die in der Moscheesilhouette abgedruckten Stichworte. Zwei Vorgehensweisen sind nun möglich: Sch benennen die Themenfelder, die sie spontan am meisten interessieren, und bilden Interessensgruppen. Sie erarbeiten selbstständig die entsprechenden DS und präsentieren ihre Ergebnisse (Plakat/Folie) der Gesamtgruppe.
L benennt die einzelnen Stichworte und Sch tragen ihr Vorwissen zusammen. Dies kann an der Tafel/auf Folie von Sch oder L protokolliert werden. Im Anschluss legt die Klasse die Reihenfolge der zu erarbeitenden Themenfelder fest.

Muslime in Deutschland AUSFLUG 174 | 175

Ansetzen

Die DS verfolgt zwei Ziele. Sie will erstens die in unserer Gesellschaft gängigen Vorurteile über Muslime abrufen und hinterfragen. Im zweiten Schritt werden Sch dazu motiviert, sich mit Biografien von Muslimen und ihrer Situation in Deutschland heute auseinanderzusetzen.

Umsetzen

■ **Vorurteile.** In EA/als HA informieren sich Sch: Über die Bedeutung und die verschiedenen Dimensionen des Begriffs »Vorurteil« (negatives, nicht auf eigenen Erfahrungen beruhendes Urteil, aber auch Vor-Urteil im Sinne von notwendiger und unvermeidbarer erster Phase in einem Verstehensprozess). In einem UG tauschen sich Sch aufbauend auf ihren Recherchen über typische Vorurteile im täglichen Miteinander von Christen und Muslimen aus.

■ **Eindrücke.** Sch lesen die auf S. 174 oben abgedruckten Stereotypen laut vor und überlegen, inwieweit diese Aussagen zutreffend sind. Dabei begründen sie, warum sie den entsprechenden Aussagen zustimmen oder diese ablehnen. Bei der Beantwortung des AA ist es hilfreich, wenn sich Sch auf konkrete eigene Erfahrungen stützen können.

■ **Erfahrungen.** Sch erzählen von ihren Erfahrungen, die sie mit Muslimen bisher gemacht haben, und überlegen im Anschluss gemeinsam, wo es muslimisches Leben vor Ort in ihrer Umgebung gibt. Sollte es eine muslimische Gemeinde vor Ort oder in der näheren Umgebung geben, können Sch und L gemeinsam überlegen Kontakt aufzunehmen und einen muslimischen Vertreter einzuladen.

■ **Kurzporträts.** Sch können alternativ zu EA in arbeitsteiligen GA den Impuls bearbeiten. Eine Gruppe von Sch nimmt sich die beiden Aussagen von Familie Bayram, die andere die beiden Aussagen von Familie Aydin vor. Beide Gruppen schreiben die jeweils positiven wie negativen Aspekte des Lebens zwischen zwei Kulturen auf verschiedene Karten. Der Vergleich mit der eigenen Lebenssituation kann im Anschluss sowohl in der KG als auch nach einer kurzen Vorstellung der Porträts in der GG erfolgen.

Weiterführen

■ **Medienrecherche.** Sch untersuchen eine Woche lang, ob und wie Muslime in den Medien dargestellt werden. Besonders aussagekräftige Beispiele werden im RU gezeigt und analysiert.

Allah und sein Gesandter Muhammad AUSFLUG 176 | 177

Ansetzen

Spätestens mit dem Karikaturenstreit im Jahr 2006 war das Thema »Bilder und Bilderverbot im Islam« in aller Munde. Die zwölf in der dänischen Zeitschrift Jyllands Posten veröffentlichten Muhammad-Karikaturen erregten in der islamischen Welt heftigen Zorn: Antiwestliche Demonstrationen und der Sturm auf dänische (und andere westliche) Botschaften waren die Folge. Wie Silvia Naef zeigt, war es jedoch nicht die strenge Auslegung des islamischen Bilderverbots, die den Zorn vieler Muslime erregte, sondern der beleidigende Charakter der Bilder. Auch wenn seit dem 13. Jh. Darstellungen des Propheten bekannt seien, so gäbe es bis heute keine Karikaturen Muhammads, die von Muslimen gezeichnet worden wären. Das Christentum sei die einzige monotheistische Religion, die eine ironische Darstellung Gottes und der Heiligen kenne (vgl. Silvia Naef, Bilder und Bilderverbot im Islam, München 2007, 131-137).

Das Bilderverbot wird heute im Islam auf zwei unterschiedliche Weisen ausgelegt: 1. Geistliche der wahhabitischen Glaubensrichtung lehnen jegliche Art von Bildern, sogar Fotografien, ab. 2. Realistischer eingestellte Gelehrte lassen eine bestimmte Art von Bildern zu, solange bei ihr »keine schöpferische Erfindung des Menschen« beteiligt ist.

Die DS weist auf den Grundunterschied in den Darstellungsmöglichkeiten Gottes hin, der, wie der Karikaturenstreit gezeigt hat, internationale Konflikte hervorrufen kann. Gleichzeitig werden Gemeinsamkeiten und Unterschiede im christlichen und muslimischen Gottesbild präsentiert.

Einig sind sich Islam und Christentum darin, dass Gott immer größer ist als Verstand und Fantasie der Menschen. Gott übersteigt alle (durchaus legitimen) menschlichen Versuche, ihn zu beschreiben. In der islamischen Kunst findet man häufig die sog. 99 schönsten Namen Allahs, die um den Schriftzug Allah (in der Mitte) angeordnet sind. Mit diesen Namen werden Eigenschaften und Wesenszüge Gottes beschrieben. Der 100. Name Allahs bleibt unaussprechbar, da der Mensch mit seinen begrenzten Mitteln Gott nicht vollständig erfassen oder beschreiben kann. Dass dennoch 100 Namenskästen auf der Kalligrafie zu zählen sind, obwohl doch nur 99 Namen bekannt sind, liegt daran, dass der 85. Name »Herr der Majestät und des Edelmutes« zwei Kästchen in Anspruch nimmt.

Sch vertiefen mithilfe der anderen Seite der DS ihr bereits erworbenes Wissen über Muhammad, den Gesandten. Gängige Vorurteile bzw. stark verbreitetes Halbwissen über die theologische Bedeutung Muhammads (im Vergleich zu Jesus) wird durch fundiertes Sachwissen ersetzt. Bewusst wurde hier auf die christliche Sicht auf Muhammad verzichtet, da zunächst die »fremde« Religion in ihrem eigenen Selbstverständnis dargestellt werden soll. Dies schließt natürlich nicht aus, dass die christlichen Anfragen an den Anspruch Muhammads, das »Siegel« der Propheten zu sein, in einem weiterführenden Schritt thematisiert werden (siehe unten »Weiterführen«).

MUHAMMAD	
Biografie	570 Geburt in Mekka 595 Hochzeit 610 Offenbarung Gottes (Berufungserlebnis) am Berg Hira 622 Auswanderung nach Medina (Hedschra), Beginn der islamischen Zeitrechnung 630 Eroberung Mekkas 632 Tod in Medina
Botschaft	Es gibt nur einen einzigen Gott. Menschen sollen Notleidenden/Außenseitern gegenüber barmherzig sein.
Titel	Gesandter Prophet
Funktion(en)	Heerführer, religiöses Oberhaupt, Staatsmann, Gesetzgeber

Umsetzen

■ **Gottesbild.** Sch diskutieren im Anschluss an die Lektüre des Textes, warum es im Islam so viele verschiedene Namen für Gott gibt. Hier kann schon ein erster Vergleich mit dem christlichen Gottesbild und den im Christentum verwendeten Gottesnamen angestellt werden. Anschließend recherchieren Sch in EA/HA die 99 Namen Gottes. Dabei besteht die Möglichkeit, mit Sch zu überlegen, warum Muslime glauben, dass der 100. Name Gottes den Menschen nicht bekannt ist. In der vergleichenden Erschließung des christlichen und islamischen Gottesbildes entsteht nicht nur ein Wissenszuwachs über die »fremde« Religion, sondern es werden auch Fragen hinsichtlich der eigenen Religion gestellt: Wie ist es mit der »dunklen« Seite (»der Rächer«, der »Gewaltandrohende«) des christlichen Gottes? Auf diese Fragen sollte in einem UG unbedingt eingegangen werden.

■ **Gottes schönster Name.** Sch setzen die Verehrung für den Gottesnamen in Bezug mit dem eigenen christlichen Glauben und wählen einen Namen für Gott aus der christlichen Tradition aus (z. B. Herrscher, König, Hirte, Vater, Fels, Hebamme ...). Dieser soll in Anlehnung an die muslimischen Kalligrafien auf einem DIN A4-Blatt kunstvoll gestaltet und ausgeschmückt werden. Die Ergebnisse der Sch werden als Ausstellung im Klassenzimmer präsentiert.

■ **Das Leben Muhammads.** Sch lesen den Text und erstellen die Zeitleiste (s. Tabelle oben). L teilt die Klasse in KG ein, die jeweils zu »ihrem« Zeitabschnitt des Lebens Muhammads Bild- und Kartenmaterial (als HA) für den Wandfries sammeln/ausdrucken. In GA werden die einzelnen Zeitabschnitte gestaltet und anschließend zusammengesetzt und präsentiert.

■ **Bilderklärung.** Sch betrachten die Miniatur und ergänzen in EA schriftlich folgende Satzanfänge: Ich sehe ... Mir fällt auf ... Ich vermute ... Ich frage mich ... Als Einstieg ins UG lesen Sch die Satzanfänge vor. Die Zusatzinformationen zum Bilderverbot werden nachgelesen oder wiederholt.

Weiterführen

■ **Kalligrafie.** An der Kalligrafie interessierte Lerngruppen könnten besonders schöne Kalligrafien zusammenstellen und ein Referat über die Entstehung und die Besonderheiten der arabischen Schrift verfassen (vgl. Andreas Ismail Mohr, Kalligrafie im Islam – Die Kunst des schönen Schreibens, in: KatBl 129 (2004) 345-348). Denkbar ist auch, einen Einführungskurs in die arabische Schrift bzw. Kalligrafie (in Zusammenarbeit mit der örtlichen muslimischen Gemeinde oder Volkshochschule) zu organisieren.

■ **Muhammad – ein Prophet?** Sch lesen den Text (**M 11.1, S. 260**) und vergleichen ihn mit ihren Ergebnissen (der HA) und ergänzen diese.

■ **Filmtipps zum Thema.** 1. Himmel, Hölle und Nirwana (3) – die großen Erlöser, Teil 3: Mohammed – die Stimme Gottes, 44 Min., D 1999. Dokumentation, die sich an den Daten, Phasen und Höhepunkten des Lebens Muhammads orientiert. In die Biografie sind Informationen über das religiöse Umfeld des Propheten und die sozialen und ökonomischen Gegebenheiten der vorislamischen Gesellschaft eingefügt. Um einen möglichst authentischen Eindruck des orientalischen Milieus zu geben, wurde der Film an Originalschauplätzen gedreht und mit Szenen aus der Gegenwart illustriert.
2. Der Prophet Mohammed, 10 Min., D 1996. Der Film zeigt die wichtigsten Stationen der Biografie Muhammads. Interessant ist das sozio-kulturelle Umfeld seiner Herkunft: Als Mitglied eines arabischen Beduinenstammes fasziniert ihn die multikulturell geprägte Handelsstadt Mekka. Nach islamischer Überlieferung ereignete sich in der Nähe auf einem Hügel 611 n. Chr. die Offenbarung durch den Erzengel Gabriel. Eine erste Gemeinde aus sozial Unterprivilegierten sammelt sich um Muhammad, der erst nach Jerusalem und von dort in den Himmel entrückt wird.
3. Der Islam (Teil 1). Der Prophet, 30 Min., D 1996. In einer Moschee einer deutschen Großstadt wird der Geburtstag des Propheten Muhammad gefeiert. Zwei Jungen berichten über das Fest und seine Bedeutung. Eingebettet in die Aussagen der Jugendlichen ist die Darstellung der Lebensgeschichte Muhammads: Seine Herkunft, wichtige Lebensstationen sowie das religiöse und politische Wirken. Unterlegt werden die Kommentare mit Miniaturen, welche die Lebensgeschichte Muhammads darstellen. Daneben werden Bildsequenzen zentraler Stätten (Mekka, Medina), Moscheen und Landschaften gezeigt.

Der Koran — AUSFLUG 178 | 179

Ansetzen

Der Koran ist die Grundlage und das »Herz« des muslimischen Glaubens. Deshalb sind die Fragen nach der Entstehungsgeschichte und der Form der Koranexegese von zentraler Bedeutung. Während die traditionelle Position die wortwörtliche und absolute Geltung des Korans betont, hebt die liberale Position die Interpretationsbedürftigkeit des heiligen Buches hervor. Die innerislamische Auseinandersetzung (so ist z. B. das Leben des Kairoer Linguistikprofessors Nasr Hamid Abu Said bedroht, seit er gefordert hat, den Koran wissenschaftlich zu untersuchen) zeugt ebenso von einem lebendigen und lebhaften Prozess wie gewisse Einmischungen »von außen«.

Neuere Forschungsergebnisse
Karl-Heinz Ohlig, Professor für Religionswissenschaften an der Universität Saarbrücken, hat zusammen mit Gerd-Rüdiger Puin den Sammelband »Die dunklen Anfänge. Neue Forschungen zur Entstehung und frühen Geschichte des Islam« (Berlin [3]2006) herausgegeben. Darin wird die These vertreten, dass der Koran auf einer frühen christlich-syrischen Theologie gründet. Christianisierten arabischen Stämmen habe eine Art Urkoran mit Hymnen aus einem durch Arius geprägten Milieu vorgelegen. Dieser sei später von Muhammad und frühen muslimischen Gemeinden bearbeitet und vom Syrischen ins Arabische übertragen worden (vgl. Karl-Heinz Ohlig, Wie der Koran wirklich entstand, in: Publik-Forum Nr. 21/2005, 30f.).

Möglicher TA:

DER KORAN – DAS HEILIGE BUCH	
Umfang	114 Suren
Ordnungsprinzip	Länge der Suren
Entstehung	Urkoran im Himmel Offenbarung an Muhammad durch den Engel Gabriel Verkündigung durch Muhammad Sammlung der mündlichen Überlieferungen Verschriftlichung nach Muhammads Tod
Sprache	Arabisch
Wahrheitsanspruch	Koran ist frei von Irrtum und Widerspruch
Bedeutung	Lebensbegleiter Orientierungshilfe bei der Suche nach Gott Wegweiser Letzte Norm in allen Lebensbereichen

DIE BIBEL	
Umfang	73 Bücher (46 AT, 27 NT)
Ordnungsprinzip	Zwei große Teile: AT und NT, Bücher in Gruppen sortiert, z. B. in Geschichtsbücher, prophetische oder poetische Bücher
Entstehung	Über 1000-jährige Entstehungsgeschichte mit vielen Etappen: Außergewöhnliche Erfahrung mit Gott Mündliche Tradierung Sammlung der mündlichen Überlieferungen Verschriftlichung Redaktionelle Zusammenstellung und Überarbeitung Kanonisierung (AT: 100 n. Chr.; NT: spät. 400 n. Chr.)
Sprache	Hebräisch und Griechisch
Wahrheitsanspruch	Gotteswort in Menschenwort
Bedeutung	Offenbarung Gottes Grundlage des Glaubens und Handelns jedes Christen und der Kirche

Der Umgang mit Fragen nach dem Ursprung und der Autorenschaft des Korans trifft auch den Nerv des Verhältnisses zwischen Christentum und Islam, weshalb dies unbedingt thematisiert werden sollte. Eine detaillierte Kenntnis des Konflikts stellt jedoch für Sch der Jahrgangsstufen 5/6 eine Überforderung dar. Zusatzinformationen vonseiten des L über den Koran und die Geschichte der historisch-kritischen Bibelauslegung sind notwendig (vgl. Hans Zirker, Der Koran. Zugänge und Lesarten, Darmstadt 1999; Barbara Huber-Rudolf, Basiswissen über den Koran – aus christlicher Sicht, in: KatBl 129 (2004) 325-332). Wer muslimische Stimmen zum Thema Koranexegese sucht, findet sie in Form von aufbereiteten Unterrichtsmaterialien z. B. in: Bundeszentrale für politische Bildung, Islam – Politische Bildung und interreligiöses Lernen. Modul 2: Religion und Politik (2005) 86-94.

Literaturhinweise

Luise Becker (Hg.), Der Koran. Mit Erläuterungen für den Unterricht, München 2011

Der Koran für Kinder und Erwachsene. Übersetzt und erläutert von Lamya Kaddor und Rabeya Müller, München [2]2008

Saphir 5/6, Religionsbuch für junge Musliminnen und Muslime, hg. v. Lamya Kaddor/Rabeya Müller/Harry Harun Behr, München 2009 Weitere Jahrgangsstufen und Lehrerkommentare in Vorbereitung.

Umsetzen

■ **Koran in Stichworten.** Sch arbeiten die wichtigsten Informationen zu den Stichworten »Umfang«, »Ordnungsprinzip« usw. aus dem Text und aus den Erklärungen zu der indischen Koranausgabe heraus und übertragen sie in Form einer Tabelle in ihr Heft.

■ **Die Fatiha.** Die erste Sure wird von Musliminnen und Muslimen bei jedem der fünf täglichen Gebete gesprochen. Sie eröffnet den Koran und ist so etwas wie ein Schlüssel zum Verständnis des Korans. Der Vergleich von Fatiha und dem zentralen Gebet der Christen, dem Vaterunser, kann als HA gegeben werden. Hinzuweisen ist auf Gemeinsamkeiten (der eine Gott, Lobpreis, Bitte, Führung) und auf Unterschiede (Vater – Allbarmherziger, Vergebung – Weg der Gerechtigkeit).

■ **Heilige Bücher.** Sch ergänzen die oben erwähnte Tabelle um die Angaben zur Bibel. Die Ergebnissicherung erfolgt über Folie. Eine Diskussion über die Authentizität heiliger Bücher schließt sich erfahrungsgemäß an.

Weiterführen

■ **Film.** 1. Das Heilige Buch des Islam: Der Koran, 15 Min., 1993. Der Film beschreibt die Entstehung des Korans im 7. Jh., die eng mit der Person des Propheten Muhammad verbunden ist. Zugleich wird die Bedeutung dieses heiligen Buches für den Glauben und das Leben aller Muslime geschildert.
2. Koran im Klassenzimmer, 20 Min., 2000. Was halten junge Muslime von einem islamischen RU? Was können junge Nichtmuslime über den Islam lernen? Zur Erörterung der aktuellen Debatte kommen Sch, L sowie Verbandsvertreter zu Wort. Szenen aus Korankursen und aus der islamischen Unterweisung im muttersprachlichen Ergänzungsunterricht veranschaulichen auch die pädagogische Problematik und die daran anknüpfenden Fragen nach der Integration junger Muslime in die deutsche Gesellschaft.
3. Der Islam (Teil 2): Das Wort und das Gesetz, 30 Min., 1996. Der Koran und die Sunna sind die entscheidenden Quellen muslimischer Religiosität. Der Film begleitet ein junges muslimisches Mädchen aus Deutschland in die Koranschule, das über die Bedeutung des Korans für ihr Leben berichtet. Ebenso erläutert der Film die wichtigsten Inhalte des Korans und stellt die Azbar-Universität als wichtigste Ausbildungsstätte des sunnitischen Islams vor.

■ **Koran- und Bibelausgaben.** Zur Veranschaulichung des Respekts und der Hochachtung, die den heiligen Büchern entgegengebracht werden, bietet es sich an, besonders prunkvoll und schön ausgestaltete Koran- und Bibelausgaben mitzubringen. Bei der Präsentation der heiligen Bücher sollte unbedingt darauf geachtet werden, dass sie mit Sorgfalt und Respekt behandelt werden (so ist z. B. darauf zu verzichten, die Bücher auf den Boden zu legen). Weitere authentische Materialien zum Koran wie z. B. Koranständer, Koranamulett, Miniaturkoran usw., die häufig zum Grundbestand eines Medienkoffers zum Thema Islam gehören, können gezeigt werden.

Islamische Glaubenspraxis AUSFLUG 180 | 181

Ansetzen

Sch stoßen in ihrem Alltag auf Elemente der islamischen Glaubenspraxis, z. B. auf die sog. fünf Säulen des Islams. Sie erfahren von muslimischen Jugendlichen, dass diese fasten oder beten. Selten kennen sie Details bzw. sind in Gefahr, durch vorschnelle Vergleiche mit dem christlichen Glauben falsche Vorstellungen zu verinnerlichen. Die DS regt dazu an, einen sachlich fundierten Vergleich zwischen den Frömmigkeitsformen der beiden Religionen anzustellen.

Umsetzen

■ **Im Christentum?** Dieser Impuls kann zunächst auch nur den KG (Stammgruppen) zur Bearbeitung vorgelegt werden oder gleich mit der ganzen Klasse besprochen werden. Erfahrungsgemäß ist das Wissen über christliche/katholische Glaubenspraktiken sehr oberflächlicher Natur und muss mithilfe von L oder durch Konsultation eines Lexikons ergänzt werden.

■ **Gruppenpuzzle.** Nach der Durchführung des Gruppenpuzzles ist eine im UG durchgeführte Ergebnissicherung empfehlenswert. Dies kann z. B. durch einen Multiple-choice-Bogen (siehe **M 11.2, S. 261**) geschehen. Es ist auch denkbar, nach der ersten GA (in den Expertengruppen) eine Musterlösung für jede Expertengruppe auszuteilen, sodass die Gruppen ihre Ergebnisse gegebenenfalls korrigieren oder ergänzen können, bevor sie sie in der zweiten GA weitergeben. Bei dieser zweiten GA-Phase ist darauf zu achten, dass Sch nicht nur die Ergebnisse abschreiben, sondern sich in einem Gespräch gegenseitig informieren.

Weiterführen

■ **Pilgerfahrt(en).** Angeregt durch das Foto von der großen Moschee mit Kaaba in Mekka werden Auszüge aus Reiseberichten/Bloggs gelesen, die Muslime bei/nach ihrer Pilgerfahrt verfasst haben, z. B.: Abdellah Hammoudi, Saison in Mekka. Geschichte einer Pilgerfahrt, München 2007; Hagar Spohr, Die Reise nach Mekka, Dali/Nikosia 1998.

■ **Glückwünsche.** Am Ende des Monats Ramadan freuen sich Muslime über selbstverfasste Glückwünsche, die im RU hergestellt werden können. Arabisch sprechenden Muslimen wünscht man »Ramadan Mubarak«, türkisch sprechenden Muslimen »Bayram mubarek olsun«. Unter www.123greetings.com/events/ramadan sind englischsprachige Grußkarten als Inspiration zu finden.

Ansetzen

Nur wenige Sch haben in dieser Altersstufe bereits eine Moschee von innen gesehen. Einige erleben jedoch, dass es an ihrem Wohnort Streit um den (Neu-) Bau einer Moschee gibt. Am Beispiel des in den Medien ausführlich berichteten Streits um den Bau einer Moschee in Köln Ehrenfeld (im Jahr 2007) zeigte sich, wie sich Ängste vor »zunehmender Islamisierung des Erscheinungsbildes der Innenstädte durch Minarette und Kopftücher« (Ralph Giordano) mit Ängsten vor »Keimzellen einer Gegengesellschaft« (türkische Islam-Kritikerin Necla Kelek) verbinden. Dabei ist gerade der Bau von repräsentativen Moscheen ein Zeichen dafür, dass Muslime die Hinterhöfe verlassen und in der Mitte der deutschen Gesellschaft angekommen sind.
Für Muslime sind Moscheen der Mittelpunkt ihres religiösen und gesellschaftlichen Lebens. Immer mehr Moscheen öffnen sich bewusst für Nichtmuslime, laden zu Führungen durch die Moschee ein. Immer stärker wird der interreligiöse Dialog mit den Kirchen gepflegt. Diese Angebote gilt es anzunehmen und auszubauen. Die Zielvorgabe lautet auch hier: Nicht über die Muslime oder den Bau einer Moschee zu reden, sondern mit Muslimen zu sprechen oder eine Moschee zu besuchen.

Umsetzen

■ **Weltberühmte Moscheen.** Mithilfe von Reiseführern und Bildbänden oder in Zusammenarbeit mit dem Fach Geschichte informieren sich Sch in KG über das Schicksal weltberühmter Moscheen.

■ **Vergleich.** Haben Sch Schwierigkeiten, den Grundriss ihrer Kirche aus dem Gedächtnis zu zeichnen, so bietet sich ein Lerngang dorthin an. Das in der LL »Keiner glaubt allein« Erlernte zur Bauweise und Ausstattung einer katholischen Kirche (MITTENDRIN 5/6, S. 138ff.) wird dabei wiederholt. Anhand der Besonderheiten einer Kirche kann u. a. auf das grundsätzlich andere Verständnis des Versammlungsortes aufmerksam gemacht werden: Die Moschee ist im Gegensatz zur Kirche kein Sakralraum, an dem »heilige Handlungen« in gottesdienstlichen Feiern vollzogen werden, sondern ein Gebets- und Versammlungsort.

■ **Gebetsruf.** Die Diskussion um den Gebetsruf kann mit einem Rollenspiel durchgeführt werden (**M 11.3, S. 262f.**).

■ **Moscheebesuch.** Hilfreich bei der Organisation eines Moscheebesuches sind oft muslimische Sch der eigenen Schule oder Vertreter des interreligiösen Dialogs. Wichtig ist es zu klären, ob der Vertreter der islamischen Gemeinde über ausreichende Deutschkenntnisse verfügt; ggf. ist für einen Dolmetscher zu sorgen. Vor dem Besuch wird in der Klasse über die Kleiderordnung (keine Miniröcke, keine tief ausgeschnittenen T-Shirts, evtl. Kopfbedeckung) und über das angemessene Verhalten in einer Moschee gesprochen.

■ **Koranunterricht.** Falls kein persönlicher Bericht von muslimischen Sch möglich ist, kann der Film »Koran im Klassenzimmer« (s. o. »Weiterführen«, S. 254) gezeigt werden.

Weiterführen

■ **Video-Projekt.** Eine Sch-Gruppe porträtiert in einem ca. 10-minütigen Film eine/n gleichaltrige/n muslimische/n Sch. Sie begleiten sie/ihn in die Moschee, lassen sich von ihr/ihm die Gebetsrituale erklären und interviewen den dortigen Gemeindeleiter. Natürlich müssen im Vorfeld die Einverständniserklärungen der Eltern und des Imams eingeholt werden.

■ **Islamischer RU.** Seit Jahren wird in Deutschland um die Einführung eines von staatlichen Behörden beaufsichtigten islamischen RU gerungen, der parallel zum konfessionellen RU erteilt werden soll. Einen Überblick zur Diskussion bietet das Buch von: Urs Baumann (Hg.), Islamischer Religionsunterricht. Grundlagen, Begründungen, Berichte, Projekte und Dokumentationen, Frankfurt a. M. 2001.

■ **Film.** 1. Die Moschee. Das Gotteshaus der Muslime, 20 Min., 1999. Mehr als eine Milliarde Muslime gibt es auf der Erde, ca. 3 Millionen leben in Deutschland. Ihre Moscheen sind in vielen deutschen Stadtsilhouetten zu finden. Sie bilden den Mittelpunkt des religiösen Lebens der Muslime. Der Film erklärt am Beispiel einer kleinen türkischen Moschee in Berlin die Bauelemente einer Moschee: Minarett (Turm), Minbar (Kanzel), Mihrab (Gebetsnische), Teppiche, Ornamente, Waschvorrichtungen usw.
2. Ein Tag in der Moschee von Isfahan, 17 Min., 1999. Am Beispiel des Tagesablaufs in einer großen Moschee in Isfahan im heutigen Iran vertieft der Film Grundkenntnisse über den Islam. Ausführlich geht er auf die einzelnen Bauteile einer Moschee ein und informiert über die Entstehung dieser Religion sowie über die religiösen Pflichten des einzelnen Gläubigen.

Ansetzen

Aktuelle Konzepte des interreligiösen und interkulturellen Lernens nehmen nicht nur das Verhältnis von Christen und Muslimen in den Blick, sondern versuchen Judentum, Christentum und Islam in ein konstruktives Gespräch zu bringen. Dies liegt auch nahe, wenn man an die religionsgeschichtliche Verwandtschaft der drei Offenbarungsreligionen in der Vatergestalt des Patriarchen Abraham und die religionstheologische Kongruenz im monotheistischen Glauben an den einen Gott denkt. Ein solches Bemühen, inzwischen auch »trialogisches« Lernen genannt, kann zu einem Prozess der Verständigung mit dem Ziel des Respekts und der Wertschätzung führen.
Die DS ist deshalb so angelegt, dass neben einer kurzen Einführung in die »Familiengeschichte« von Judentum, Christentum und Islam Gen 12,1-7 als ein für alle drei monotheistischen Religionen bedeutsamer Text von Sch erschlossen werden soll, wobei das Motiv des Segens im Vordergrund steht. Die Nachkommenverheißung an Abraham wird nämlich sowohl von Juden und Christen wie auch von Muslimen bis heute als Voraussage und Versprechen der eigenen Verbreitung und der eigenen Größe verstanden. Entsprechend dem Anliegen eines konkreten »Trialogs« von Juden, Christen und Muslimen heute werden auf S. 185 Sch aufgefordert, nach zeitgemäßen Formen und Modellen des friedlichen und förderlichen Zusammenlebens zu suchen.

Umsetzen

■ **Abraham.** Sch betrachten das auf Folie kopierte Bild von S. 184 und ergänzen in EA schriftlich folgende Satzanfänge: Ich sehe ... Mir fällt auf ... Ich vermute ... Ich frage mich ... Als Einstieg ins UG lesen Sch die Satzanfänge vor. Das Bild trägt den Titel »Abraham. Die Nacht von Hebron (Gen 15)« und stammt von dem schwäbischen Künstler Sieger Köder. Es zeigt Abraham unter dem Sternenhimmel im Angesicht des Unendlichen und unter der Zusage der Verheißung: »Sieh doch zum Himmel hinauf und zähl die Sterne, wenn du sie zählen kannst. Und er sprach zu ihm: So zahlreich werden deine Nachkommen sein« (Gen 15,5).

■ **Der Weg.** Sch erschließen sich durch eigene Recherche den eindrucksvollen Weg Abrahams von Ur im heutigen Irak über die Türkei und den Libanon bis ins Westjordanland. Durch das Anlegen der »Wanderroute« Abrahams wird für Sch zum einen transparent, welch lange und beschwerliche Wanderung Abraham mit seiner Familie und seinem Gefolge allein im Vertrauen auf die Verheißung Gottes hin unternommen hat, zum anderen kann ein Stück biblische Geografie und Topografie am Beispiel des Patriarchen erschlossen werden. Als Hilfestellung kann durchaus auch der abgedruckte Text aus Gen 12,1-7 herangezogen werden.

■ **Tora und Bibel.** Durch den Verweis auf LL »Erfahrungen mit Gott – Die Bibel« (MITTENDRIN 5/6, S. 154ff.) können Sch eigenständig den Zusammenhang von AT und Tora erschließen und dadurch diese »Denksportaufgabe« (ggf. auch als Wiederholung des Stoffes) lösen.

■ **Koran.** Um den »Trialog« von Juden, Christen und Muslimen zu vervollständigen ist es wichtig, auch die muslimische Perspektive auf Abraham (arab. *Ibrahim*) Sch zu eröffnen und diese anzuleiten, die unterschiedlichen Darstellungen miteinander zu vergleichen. Im Koran finden sich z. B. in den Suren 2,6, 21 und 37 wichtige Informationen über Abraham. Hier bietet sich ein direkter Textvergleich der Darstellung von Abrahams Aufbruch (Gen 12,1-5 und Sure 19,41-48) sowie von Gottes Besuch bei Abraham (Gen 18, 1-19 und Sure 11,69-73 / Sure 15,51-56) an. So ergibt sich die Gelegenheit, einen Koran einmal wirklich in die Hand zu nehmen und sich mit seiner ganz anderen Struktur und Sprache ansatzweise vertraut zu machen. In der Jahrgangsstufe 5 und 6 empfiehlt sich vor allem: Der Koran für Kinder und Erwachsene. Übersetzt und erläutert von Lamya Kaddor und Rabeya Müller, München ²2008 als Lernmittel.

■ **Segen.** Im hebräischen Originaltext wird für Segen das Wort *barach* verwendet: Dieser Begriff steht für die Zuwendung göttlichen Heils an alle Geschöpfe. Segen kann Pflanzen, Tieren und auch dem Menschen zukommen. Segen kommt von Gott und wird durch einen Bevollmächtigten oder Gesandten Gottes meist durch Handauflegung weitergegeben. Gottes Segen ist so wirkmächtig, dass er sich auch auf die Kinder und Kindeskinder wie auch auf den Besitz des Gesegneten erstrecken kann.
Sch stellen ausgehend von ihren eigenen Erfahrungen Überlegungen zu dem Stichwort »ein Segen sein« an und übertragen diese auf ihr eigenes Leben und Situationen, in denen jemand für sie schon einmal ein Segen war.

Im Gespräch mit Juden und Muslimen. Papst Johannes Paul II. besuchte im Jahr 2000 als erster Papst in der Geschichte der Kirche Israel, Papst Benedikt XVI. war 2006 in der Türkei zu Gast. Neben diesen prominenten Versuchen der Religionsführer von Christen, Juden und Muslimen, ein gemeinsames Gespräch zu suchen, dürfen die vielen internationalen, nationalen und regionalen Aktionen und Initiativen nicht vergessen werden, in denen sich Menschen aller drei abrahamitischen Religionen tagtäglich vor Ort um Verständigung und Zusammenarbeit bemühen. In GA suchen sich Sch ein Projekt aus, stellen dieses im RU vor und nehmen kritisch dazu Stellung. Wenn es lokale Initiativen des interreligiösen Gesprächs gibt, können diese zu einem Gespräch oder einer Präsentation ihrer Projekte auch in die Schule eingeladen werden.

Feste feiern. Sch werden in drei Expertengruppen aufgeteilt und informieren sich über die Feste und Feiertage in Judentum, Christentum und Islam. Ausgehend vom gemeinsam erstellten »Kalender der abrahamitischen Religionen« können Sch Überlegungen zu gemeinsamen Feiern und Festen der drei Religionen anstellen: Dies kann in unterschiedlicher Gestalt erfolgen, z. B. in Form eines Schul- oder Klassenfestes oder auch im Kontext einer gottesdienstlichen Feier. Hilfreiche Hinweise finden sich in: Stephan Leimgruber/Maria Holzapfel-Knoll, Gebete von Juden, Christen und Muslimen. Modelle für religiöse Feiern in der Schule, München 2009.

Weiterführen

Lektüre. Eine für die 5. und 6. Klasse geeignete Alternative zur Ringparabel aus Lessings »Nathan der Weise» ist ein Ausschnitt aus Catherine Clements Kinder- und Jugendbuch »Theos Reise«: Hier wird im Kapitel »Theos Baum« das Gemeinsame und Verbindende der Weltreligionen am Bild eines Baumes und seiner vielen Zweigen anschaulich gemacht. – Catherine Clement, Theos Reise, München 2009.

Ein Kulturprogramm. Wenn es jüdische, christliche und muslimische Gemeinden vor Ort gibt, können Sch Informationen über die kulturellen, sozialen und religiösen Angebote dieser Gemeinden sammeln und diese zu einem Programmheft zusammenstellen. Ggf. kann in einer Zusammenarbeit mit dem Kunstunterricht ein ansehnliches und schön gestaltetes Booklet entstehen, das auch über die Schulgemeinde hinaus in der Kommune als Orientierung verteilt werden sollte.

Souvenirs

SOUVENIR

186 | 187

Ansetzen

In dem Multiple-choice-Bogen werden alle zentralen Themenfelder der LL aufgenommen und wichtige Lerninhalte überprüft. Gleichzeitig wird der Horizont für größere Projekte, bei denen eine Begegnung von Muslimen und Christen stattfinden kann, geöffnet.

Umsetzen

Buchstabensalat. Die Buchstaben in der richtigen Reihenfolge ergeben das Lösungswort »Fastenzeit«.

Interreligiöses Fest. Gemeinsam zu feiern, verbindet mehr als alle noch so intellektuellen Diskussionen. Das interreligiöse Fest kann als Klassen- oder Schulfest (z. B. nach vorausgegangenen Projekttagen zu den Weltreligionen) gestaltet werden.

Alles koscher? In diesem AA geht es um die Eröffnung einer Perspektive auf die alltagsprägende Kraft der Religionen, hier am Beispiel der Speiseregeln und ihrer Auswirkung auf die Esskultur von Juden, Christen und Muslimen. Aus der Erarbeitung der Speisevorschriften ergibt sich die Chance, die Unterschiede, aber auch die Gemeinsamkeiten der drei Religionen nicht nur historisch oder theologisch-intellektuell, sondern ganz praktisch, alltagsrelevant und sinnlich erfahrbar zu erarbeiten.

Kompetenzerwartungen in der LL »Muslimen begegnen«

Die Tabelle gibt an, welche der im Kernlehrplan konkretisierten Kompetenzerwartungen in dieser Lernlandschaft »Muslimen begegnen« zentral bedient werden [X] bzw. welche teilweise oder wiederholend angesprochen werden können [(X)]:

INHALTSFELD 1: MENSCHSEIN IN FREIHEIT UND VERANTWORTUNG Die Schülerinnen und Schüler	
Sachkompetenz:	
– erläutern, inwiefern jeder Mensch eine einzigartige und unverwechselbare Persönlichkeit ist, die auf Gemeinschaft hin angelegt und auf sie angewiesen ist; – erläutern die Bedeutung der christlichen Überzeugung, dass der Mensch von Gott geschaffen, geliebt und zur verantwortlichen Mitgestaltung der Schöpfung berufen ist; – erläutern an Beispielen, wodurch das Gelingen menschlichen Lebens gefährdet oder gefördert wird; – zeigen exemplarisch die Schönheit der Schöpfung und ihre Gefährdung auf.	
Urteilskompetenz:	
– beurteilen menschliche Verhaltensweisen vor dem Hintergrund des Glaubens an Gott als den Freund des Lebens; – bewerten Möglichkeiten ökologischen Engagements als Ausdruck und Konsequenz von Schöpfungsverantwortung.	
INHALTSFELD 2: SPRECHEN VON UND MIT GOTT Die Schülerinnen und Schüler	
Sachkompetenz:	
– begründen, warum Religionen von Gott in Bildern und Symbolen sprechen; – deuten Namen und Bildworte von Gott; – erläutern an Beispielen Möglichkeiten und Schwierigkeiten, Gott darzustellen; – zeigen Situationen auf, in denen Menschen sich im Gebet an Gott wenden; – zeigen auf, wie Widerfahrnisse des Lebens aus dem Glauben gedeutet werden können; – deuten biblische Psalmen als Ausdruck menschlicher Erfahrungen im Glauben an Gott; – erläutern den Glauben katholischer Christen an einen Gott in drei Personen.	 (X) (X) (X)
Urteilskompetenz:	
– erörtern in Grundzügen Lebenswege glaubender Menschen im Hinblick auf deren Orientierungsangebot.	
INHALTSFELD 3: BIBEL ALS »UR-KUNDE« DES GLAUBENS AN GOTT Die Schülerinnen und Schüler	
Sachkompetenz:	
– erläutern den Aufbau der Bibel; – zeigen auf, dass die biblischen Erzählungen Erfahrungen ausdrücken, die Menschen mit Gott gemacht haben; – geben exemplarische Glaubensgeschichten des Alten und Neuen Testaments wieder; – stellen die Bedeutsamkeit ausgewählter biblischer Frauen- und Männergestalten für die Glaubenspraxis dar; – erläutern, dass das Volk Israel seine Glaubenserfahrungen als Familiengeschichte erzählt; – weisen an Beispielen die Bedeutung der Bibel im Leben der Kirche nach (u. a. Gottesdienst); – begründen, warum die Bibel für Christen als »Heilige Schrift« besondere Bedeutung hat.	
Urteilskompetenz:	
– beurteilen ansatzweise die Relevanz biblischer Glaubenserzählungen für Menschen heute.	

INHALTSFELD 4: JESUS DER CHRISTUS Die Schülerinnen und Schüler	
Sachkompetenz:	
– ordnen Jesus von Nazaret in seine Zeit und Umwelt ein; – benennen Merkmale, die die Zugehörigkeit Jesu zum Judentum verdeutlichen; – erläutern an neutestamentlichen Beispielen, wie Jesus von Gott spricht; – erläutern, dass die Zuwendung Jesu zu den benachteiligten und zu kurz gekommenen Menschen jeder ethischen Forderung vorausgeht; – deuten die bildhafte Rede Jesu an Beispielen; – erklären die Bezeichnung Jesu als Christus als Bekenntnis des Glaubens.	 (X)
Urteilskompetenz:	
– erörtern in Ansätzen Ursachen für Konflikte, die Worte und Taten Jesu bei den Menschen seiner Zeit auslösten; – beurteilen an Beispielen, inwiefern Jesus Christus für Menschen heute Bedeutung haben und Orientierung sein kann.	
INHALTSFELD 5: KIRCHE ALS NACHFOLGEGEMEINSCHAFT Die Schülerinnen und Schüler	
Sachkompetenz:	
– erläutern die Entstehung der Kirche aus dem Glauben an Jesus Christus und dem Wirken des Heiligen Geistes; – nennen beispielhaft Aufgaben der sich auf Jesus Christus gründenden Kirche; – erläutern die Bedeutung des Apostels Paulus für die frühe Kirche; – erklären Feste des Kirchenjahres in ihrer Bedeutung; – zeigen die Bedeutung von Sakramenten und ihre Verknüpfungen mit Stationen im Leben eines Christen auf; – erläutern, warum und wie katholische Christen Eucharistie feiern; – zeigen an Beispielen Gemeinsamkeiten und Unterschiede in der Glaubenspraxis der Konfessionen auf.	
Urteilskompetenz:	
– erörtern, inwiefern der Einzelne am Leben der Kirchengemeinde teilnehmen und wie er seinen Auftrag als Christ im Alltag realisieren kann.	
INHALTSFELD 6: WELTRELIGIONEN UND ANDERE WEGE DER SINN- UND HEILSSUCHE Die Schülerinnen und Schüler	
Sachkompetenz:	
– benennen Gemeinsamkeiten und Unterschiede in Glaube und Glaubenspraxis der abrahamitischen Religionen; – beschreiben wichtige Stationen im Leben großer Gestalten der abrahamitischen Religionen; – zeigen Spuren jüdischen und muslimischen Lebens in ihrer Umgebung auf; – erläutern anhand von Erzählungen aus der Abrahamgeschichte die gemeinsamen Wurzeln der abrahamitischen Religionen und deren Bedeutung für das Zusammenleben der Religionen; – zeigen das Bekenntnis zu Jesus als dem Christus als unterscheidend christlich auf.	X X X X X
Urteilskompetenz:	
– nehmen zu verbreiteten Vorurteilen gegenüber Religionen Stellung.	X

Muhammad – ein Prophet?

Bekanntlich gibt es viele Religionen, die keine Propheten im strengen Sinn kennen: Die Hindus haben ihre Gurus und Sadhus, die Chinesen ihre Weisen, die Buddhisten ihre Meister; sie alle haben nicht wie Juden, Christen und eben auch die Muslime ihre Propheten. Kein Zweifel indessen, wenn einer in der Religionsgeschichte schlechthin »der Prophet« genannt wird, weil er behauptet, dies zu sein, aber auf keinen Fall mehr – dann war es Muhammad. Und war er es? Wir hörten es, und ich kann mich kurz fassen. Auch der rechtgläubige Christ (oder Jude) kann ... bestimmte Parallelen nicht bestreiten:

- Wie die Propheten Israels wirkte auch Muhammad nicht kraft eines von der Gemeinschaft (oder ihren Autoritäten) verliehenen Amtes, sondern aufgrund einer besonderen persönlichen Beziehung zu Gott.

- Wie die Propheten Israels war Muhammad eine willensstarke Persönlichkeit, die sich von ihrer göttlichen Berufung völlig durchdrungen, total beansprucht, exklusiv beauftragt sah.

- Wie die Propheten Israels, so hat auch Muhammad in eine religiösgesellschaftliche Krise hineingesprochen, stand er mit seiner leidenschaftlichen Frömmigkeit und seiner umstürzenden Verkündigung in Opposition zur vermögenden herrschenden Kaste und zu der von ihr gehüteten Tradition.

- Wie die Propheten Israels verkündet Muhammad unermüdlich den einen Gott, der keine anderen Götter neben sich duldet und der zugleich der gütige Schöpfer und barmherzige Richter ist.

- Wie die Propheten Israels, so fordert auch Muhammad gegenüber diesem einen Gott unbedingten Gehorsam, Unterwerfung, »Hingabe« (»Islam«).

- Wie die Propheten Israels verbindet auch Muhammad seinen Monotheismus mit einem Humanismus, den Glauben an den einen Gott und sein Gericht mit der Forderung nach sozialer Gerechtigkeit: Gericht und Erlösung, Drohungen den Ungerechten, die in die Hölle gehen, und Verheißungen den Gerechten, die zu Gottes Paradies versammelt sind.

Fragen zu den »fünf Säulen«

Lies folgende Aussagen zu den fünf Säulen des Islams und kreuze an, ob sie richtig oder falsch sind. Trifft Letzteres zu, so erkläre den richtigen Sachverhalt!

	richtig	falsch
1. Das Glaubensbekenntnis betont die Einzigkeit und Einheit Gottes.	☐	☐
2. Das Glaubensbekenntnis wird während des Freitagsgebets in der Moschee gesprochen.	☐	☐
3. Muslime beten, wann und wie sie wollen.	☐	☐
4. Das Gebet wird immer auf Arabisch gesprochen.	☐	☐
5. Das Fasten wird im Islam umfassender verstanden als im Christentum.	☐	☐
6. Der Höhepunkt des Fastenmonats Ramadan ist die »Nacht der Bestimmungen«. Muslime erinnern sich dabei an die Himmelfahrt Muhammads.	☐	☐
7. Muslime geben 5-10% ihres Einkommens als Almosensteuer.	☐	☐
8. Die Almosensteuer wird überall vom Staat eingezogen.	☐	☐
9. Jeder Muslim muss einmal in seinem Leben nach Mekka pilgern.	☐	☐
10. Es gibt keine Kleidervorschriften während der Wallfahrt.	☐	☐
11. Zur Pilgerfahrt gehören mehrere rituelle Handlungen.	☐	☐

Rollenspiel: Bau einer Moschee in einer deutschen Stadt

Verlauf des Rollenspiels

1. Vorbereitung

Schüler und Schülerinnen oder Schülergruppe ordnen sich einzelnen Rollen zu.
Rollenkarten lesen und sich Argumente aneignen bzw. weitere Argumente finden.
Die Tische/Stühle in ein Hufeisen stellen, evtl. Namenskärtchen schreiben und aufstellen.

2. Durchführung

Der Bürgermeister leitet die Sitzung. Nach der Eröffnung bittet er zunächst die Muslime, ihr Anliegen vorzutragen. Anschließend bittet er die verschiedenen Bürger und Bürgerinnen um die Darstellung ihrer Positionen/Argumente. Er beendet die Sitzung mit einer persönlichen Stellungnahme.
Während des Spiels beobachten eigens dafür beauftragte Schüler und Schülerinnen den Verlauf der Sitzung und notieren sich Stichworte.

3. Auswertung

Die Schüler und Schülerinnen verlassen bewusst ihre Rollen (setzen sich woanders hin, schütteln die Rolle von sich ab).
Der Lehrer/die Lehrerin bittet zunächst die am Spiel Beteiligten um ein Statement, wie es ihnen im Spiel ergangen ist.
Anschließend werden die Beobachter und Beobachterinnen befragt und danach erst die gesamte Klasse.

Rollenkarten

Rollenkarte »Bürgermeister«

Du bist der Bürgermeister der Stadt. Es findet heute eine außergewöhnliche Gemeinderatssitzung statt. Die muslimischen Mitbürger und Mitbürgerinnen sind an dich herangetreten, weil sie eine (repräsentative) Moschee bauen wollen. Die muslimische Gemeinde ist zahlenmäßig so stark gewachsen, dass der bisher genutzte Gebetsraum in der ehemaligen Fabrikhalle im Industriegelände nicht mehr ausreicht. Um über diesen Antrag zu beraten, hast du sowohl die muslimischen Antragsteller als auch Bürger und Bürgerinnen deiner Stadt eingeladen, Gegner und Befürworter des Moscheebaus.

Du leitest die Sitzung, indem du
- die anwesenden Personen (-gruppen) begrüßt und zu Beginn der Sitzung kurz vorstellst;
- die muslimischen Antragsteller bittest, ihr Anliegen vorzustellen;
- um die Stellungnahme der Bürger und Bürgerinnen deiner Stadt bittest;
- dafür sorgst, dass die Sitzung »gesittet« verläuft, d. h. dass jede und jeder ausreden darf, niemand beleidigt wird.

Wenn du den Eindruck hast, dass alle wichtigen Argumente genannt und ausreichend diskutiert worden sind, bittest du die Gemeinderatsmitglieder um eine Stellungnahme.
Du bedankst dich bei allen beteiligten Gruppierungen und beendest die Sitzung mit einem abschließenden Statement. Du gibst bekannt, welche weiteren Schritte nun notwendig sein werden, um zu einem endgültigen Beschluss im Gemeinderat zu kommen.

Rollenkarte »Gemeinderatsmitglieder«

Ihr gehört dem Gemeinderat der Stadt an. Die Zusammenarbeit untereinander und mit dem Bürgermeister verlief in der Vergangenheit gut und konstruktiv. Bis zu dem Zeitpunkt, an dem der Antrag von muslimischen Bürgern und Bürgerinnen auf den Neubau einer Moschee gestellt wurde. Seitdem ist der Gemeinderat zerstritten. Es gibt Befürworter und Gegner der geplanten Moschee. Um eine sachlich fundierte Entscheidung fällen zu können, habt ihr dem Bürgermeister vorgeschlagen, eine außerordentliche Sitzung einzuberufen, an der alle am Thema »Moscheebau« interessierten Bürger und Bürgerinnen teilnehmen und ihren Standpunkt darlegen sollen. Ihr hört bei der Sitzung den Bürgern und Bürgerinnen vor allem zu, Rückfragen sind erlaubt. Ihr bildet euch so eine eigene Meinung und teilt diese dem Bürgermeister gegen Ende der Sitzung mit.

Rollenkarte »Muslimische Bürger und Bürgerinnen«

Ihr wohnt seit Jahrzehnten in der Stadt und fühlt euch dort zu Hause. Manche Familien leben bereits in der dritten Generation in Deutschland und sind praktizierende Muslime. Bis jetzt habt ihr ein ehemaliges Fabrikgebäude im Industriegebiet als Versammlungs- und Gebetsort (v. a. für das Mittagsgebet am Freitag) genutzt. Die Räumlichkeiten sind nicht besonders schön und werden für die wachsende Zahl der Muslime zu klein. Deshalb seid ihr auf die Idee gekommen, eine richtige Moschee zu bauen. Die Kosten für den Moscheebau übernimmt die muslimische Gemeinde selbstverständlich selbst. Um die Kosten so gering wie möglich zu halten, wird viel Eigenarbeit geleistet werden. Neben den bereits erwähnten praktischen Gründen haltet ihr den Bau einer richtigen Moschee für sinnvoll, da ihr für Gott/Allah einen repräsentativen Bau wünscht. Eurer Meinung nach ist der Bau einer Moschee auch ein Zeichen der Integration muslimischer Mitbürger und Mitbürgerinnen sowie der Toleranz Andersgläubigen gegenüber. Euer Ziel ist es, die Moschee auch zu einem Ort der Begegnung von muslimischen und nichtmuslimischen Bürgern und Bürgerinnen der Stadt zu machen.
Ihr habt euer Anliegen dem Bürgermeister vorgetragen. Er hat daraufhin eine außerordentliche Gemeinderatssitzung einberufen, bei der ihr euer Vorhaben dem Gemeinderat und einigen Bürgern und Bürgerinnen der Stadt vortragen könnt. Bereitet euch gut auf diese Sitzung vor, indem ihr überlegt, in welcher Reihenfolge ihr eure Argumente vortragen werdet.

Rollenkarte »Bürger und Bürgerinnen der Stadt: Gegner des Moscheebaus«
Ihr seid alteingesessene Bürger der Stadt. In den letzten Jahrzehnten habt ihr den Zuzug von ausländischen Mitbürgern und Mitbürgerinnen beobachtet. Viele stammen aus der Türkei und sind praktizierende Muslime. Nun erfahrt ihr, dass die muslimische Gemeinde eine richtige Moschee errichten möchte. Dieses Anliegen könnt ihr nicht nachvollziehen, deshalb habt ihr eine Initiative gegen den Moscheebau gegründet. Als Vertreter dieser Initiative seid ihr vom Bürgermeister zu einer außerordentlichen Gemeinderatssitzung eingeladen worden. Bei der Sitzung legt ihr eure Argumente dar:

1. Mit dem Bau einer neuen Moschee geht höchstwahrscheinlich eine neue Welle der Islamisierung der Stadt einher. Ihr befürchtet, dass der Einfluss der muslimischen Bürger und Bürgerinnen der Stadt noch stärker werden könnte, z. B. dass mehr Frauen mit Kopftüchern zu sehen oder mehr islamische Geschäfte eröffnet werden könnten. Der zu befürchtende letzte Schritt wäre dann die Einführung der Scharia (= islamisches Recht) in Deutschland. Dieser Eroberung des christlichen Abendlandes durch den Islam muss frühzeitig Einhalt geboten werden.
2. Eure Befürchtung, dass durch die neue Moschee auch fundamentalistische Muslime angezogen werden, ist groß. Moscheen sind ja oft »Brutstätten des islamistischen Terrorismus«. Wegen des gesellschaftlichen Friedens in der Stadt haltet ihr es deswegen für unverantwortbar, sich eine solche Brutstätte vor der eigenen Haustüre zu schaffen.
3. Das Grundgesetz garantiert Religionsfreiheit; auch Muslime dürfen ihre Religion ausüben. Euch stört jedoch, dass diese Religionsfreiheit Christen in manchen muslimischen Ländern nicht gewährt wird. Deshalb haltet ihr es für nicht verhältnismäßig, dass protzige Moscheen in Deutschland gebaut werden, wenn zugleich in manchen arabischen Ländern Christen nur unter Lebensgefahr ihren Glauben leben können.

Rollenkarte »Bürger und Bürgerinnen der Stadt: Befürworter des Moscheebaus«
Ihr seid alteingesessene Bürger der Stadt. In den letzten Jahrzehnten habt ihr den Zuzug von ausländischen Mitbürgern und Mitbürgerinnen beobachtet. Viele stammen aus der Türkei und sind praktizierende Muslime. Nun erfahrt ihr, dass die muslimische Gemeinde eine richtige Moschee errichten möchte. Diesem Anliegen begegnet ihr verständnisvoll. Vom Bürgermeister seid ihr zu einer außerordentlichen Gemeinderatssitzung eingeladen worden, bei der ihr eure Argumente vorbringt:

1. Das Grundgesetz garantiert allen Menschen, jedweden Glaubens, die freie Ausübung ihrer Religion und somit auch Muslimen in eurer Stadt.
2. Christen in islamischen Ländern wird es ebenfalls gestattet, Kirchen zu bauen und ihre Religion auszuüben. Deshalb befürwortet ihr den Moscheebau.
3. Den Wunsch der muslimischen Gemeinde, aus der Hinterhofmoschee herauszukommen und einen repräsentativen Versammlungs- und Gebetsort zu haben, könnt ihr gut verstehen. Für das Bild des Islams in Deutschland ist es wichtig, die Schönheit und die architektonischen Besonderheiten einer Moschee präsentieren zu können.
4. Der Bau einer Moschee, die auch ein Ort der Begegnung zwischen Muslimen und Nichtmuslimen werden soll, ist eine einmalige Chance für die gesamte Bevölkerung. Die Moschee kann ein Zeichen der Integration und der Toleranz werden.

12 Gott geht mit – das Buch Tobit

Hintergrund

Die letzte Lernlandschaft (LL) versteht sich als Möglichkeit der Gesamtsicherung einiger in den vorherigen LL erarbeiteten Teilaspekte. In ihr sind daher zahlreiche Querverweise enthalten. Sie stellt bewusst eine Alternative dar zu einer Unterrichtsplanung, die ihren Ausgang in der Regel von einem der verbindlichen Inhaltsfelder nimmt. Hier wird vielmehr der Ausgangspunkt an einer biblischen Ganzschrift genommen, wobei ganz gezielt an Inhalte und Standards der in den anderen LL thematisierten verbindlichen Inhaltsfelder angeknüpft wird. Darüber hinaus bietet die LL Impulse zum Erwerb zentraler Kompetenzen wie die Festigung religiöser Kompetenz als auch personaler Kompetenz.
Methodisch strebt die LL in ihrer Grundkonzeption ein projektorientiertes Arbeiten an, bei dem die Ergebnisse als Ausstellung z. B. an einem »Tag der offenen Tür« oder auch bei einem Schulfest präsentiert werden können – in der LL als »Plakataktion« bezeichnet. Nach einem gemeinsam entwickelten Plan erfolgt die Bearbeitung der Ausflugsseiten gruppenteilig und weitgehend selbstständig mithilfe der Impulse in MITTENDRIN, die verschiedenen Aspekte des Buches Tobit erschließen und helfen, sie altersgemäß zu präsentieren. Gezielt wird in dieser LL eine Erhöhung der Selbstständigkeit der Sch angestrebt sowie das Erlernen zentraler Aspekte von GA, somit auch eine Stärkung der sozialen und methodischen Kompetenz. Die Durchführung als Projekt ist jedoch kein »Muss«, sondern die Bearbeitung der jeweiligen DS kann auch im Einzelunterricht erfolgen.
Weil das Buch Tobit vergleichsweise kurz und gut lesbar ist, kann man es gut als biblische Ganzschrift lesen und besprechen. Zudem bietet es durch seine Hauptpersonen, v. a. durch den jungen Tobias, Identifikationsfiguren für die in der Regel 10- bis 12-jährigen Sch, die sowohl die Orientierung als auch die Absetzung vom Verhalten der Personen ermöglichen. Ferner werden altersgemäße Themen wie der Aufbruch in eine neue Lebenswelt, Angst und ihre Überwindung, die Suche nach Freunden und Weggefährten, die Auseinandersetzung mit den Sorgen und Problemen der Erwachsenenwelt sowie v. a. die Suche nach ethischen, aber auch spirituellen Wegweisern angesprochen. Dabei werden Modelle einer Glaubenshaltung vorgestellt, die sich immer wieder im vertrauensvollen Gebet an Gott sowie in der Antwort Gottes, der sich als solidarischer Begleiter zeigt, manifestieren.

Literaturhinweise

Georg Hilger/Stephan Leimgruber/Hans-Georg Ziebertz, Religionsdidaktik Ein Leitfaden für Studium, Ausbildung und Beruf – Neuausgabe, München [6]2010, 374-386, 416-433
Hans Mendl, Religionsdidaktik kompakt. Für Studium, Prüfung und Beruf, München 2011, 121-138, 151-154

Gott geht mit – das Buch Tobit REISEPROSPEKT 188 | 189

Ansetzen

Bereits die Überschrift des Buches Tobit zeigt das theologische Programm der LL. Es geht um das Kennenlernen der Geschichte Tobits, dessen Name mit »Gut ist der lebendige Gott« übersetzt werden kann. Dieser Tobit wird durch eine Genealogie in das Geschlecht Asiëls und in den Stamm Naftali eingeordnet, als dessen Mitglied er, wie der Text nahelegt, beim Fall des Nordreiches 722 v. Chr. von den Assyrern verschleppt wird. Damit ist die Erzählung zwar ganz konkret in die Geschichte Israels eingeordnet, es bleiben jedoch zahlreiche historische und geografische Ungereimtheiten. Entscheidender aber ist, dass die Erzählung Heilsgeschichte sein will. Das Schicksal Tobits als Schicksal eines ganz im Vertrauen auf Gott und entsprechend seiner Weisung lebenden Juden wird zum Sinnbild für das verborgene, rettende Handeln des Gottes Israels. Wesentliches Merkmal des Buches Tobit ist die Vorstellung, dass Gott den Weg des Menschen begleitet und ihm als Helfer seine Boten, Engel, schickt. Wenn der Lebensweg des Menschen dabei nicht immer problemlos und gerade verläuft, dürfte dies der Erfahrungswirk-

lichkeit der Lerngruppe genauso entsprechen, wie es im Buch Tobit thematisiert wird.
Der Reiseprospekt soll Sch in die Erzählwelt des Tobit-Buches einführen, die bestimmt ist von den beiden Aspekten »unterwegs sein« und »beschützt werden«. Dazu dient als visueller Impuls der Gemäldeausschnitt von Ingritt Neuhaus, der den jungen Tobias in Begleitung des mächtigen Engels Rafael zeigt. Das Bild ist eingebettet in ein Naturfoto, das einen Weg zeigt. Die Bibelzitate nennen die wesentlichen Themen des Tobit-Buches, die auch in den Ausflügen zur LL nochmals zur Sprache kommen. Der kurze Sachtext soll zugleich von Anfang an verhindern, dass das biblische Buch als Geschichtsbuch missverstanden wird. Obwohl es ja in eine konkrete historische Situation hineingeschrieben ist – Ninive nach dem Untergang des Nordreiches –, dient das biblische Buch nicht der Mitteilung wirklich historischer Ereignisse, sondern der religiösen und ethischen Unterweisung. Es ist ein Lehrbuch, hebräisch »Midrasch« genannt, das eine Glaubensaussage – Gott geht mit – anschaulich darstellen und vermitteln will.

Umsetzen

■ **Bibelzitate.** Das Nachschlagen der Bibelzitate dient dazu, zentrale Texte des Buches Tobit kennenzulernen und mit ihrer Hilfe die jeweiligen GA auf der folgenden DS zusammenzufassen. Bereits hier kann gruppenteilig verfahren werden. Dazu muss eine Einteilung in insgesamt sechs KG erfolgen.

Weiterführen

■ **Das Bild fortschreiben.** Einen ersten Zugang zum Thema kann die Auseinandersetzung mit der Bild-Collage dieses Reiseprospektes darstellen. Sch betrachten in Ruhe das Bild und beschreiben Details. Die vertrauensvolle Beziehung der beiden Gestalten im Bildzentrum ist Anlass für eine Reflexion über Führung, Schutz und Vertrauen und kann eventuell in eine Vertrauensübung wie z. B. einer gegenseitigen »Blindenführung« der Sch durch das Schulhaus münden. Im Anschluss daran schreiben Sch dann eine Geschichte, die von der dargestellten Anfangsszene ihren Ausgang nimmt. Am Ende der Beschäftigung mit der LL werden diese Geschichten dann noch einmal mit der Tobit/Tobias-Erzählung verglichen.

Geschichtlicher Hintergrund
Die Ereignisse des Buches Tobit sind in Assyrien und Medien des 8. bzw. 7. Jh. v. Chr. (neo-assyrische Epoche) angesiedelt. Der Text erinnert an die Eroberung Nordisraels durch Tiglatpileser III. (744-727) und die anschließenden Deportationen, bei denen mit dem Stamm Naftali auch Tobit samt seiner Familie nach Ninive verschleppt wurde. Weitere geschichtliche Gestalten, die im Tobit-Buch begegnen, sind die assyrischen Herrscher Sanherib (705-681) und Asarhaddon (681-669). Die chronologischen Details enthalten aber viele Ungereimtheiten. So nennt das Buch Tobit als Nachfolger Salmanassars (727-722) dessen Sohn Sanherib (705-681). Tatsächlich regierte zwischen den beiden jedoch noch Sargon II. (722-705), den das Tobit-Buch offensichtlich nicht kennt. Äußerst unwahrscheinlich sind auch die Angaben über das Leben des Tobias: Dieser sei noch vor der Deportation geboren worden, als Kind, also um 732 v. Chr., nach Ninive gelangt, er habe 117 Jahre gelebt und dennoch den Fall Ninives (612 v. Chr.) erlebt. Auch die geografischen Angaben über die Entfernung von Ekbatana nach Rages, die mit zwei Tagesreisen angegeben wird, aber über 300 km beträgt, entsprechen nicht der Realität. Dadurch wird klar, dass das Buch Tobit kein Geschichtsbericht sein will und deshalb nicht mit dem Maßstab der Historizität bewertet werden kann.
Das Buch Tobit stammt vermutlich aus der 1. Hälfte des 2. Jh. v. Chr. Es ist in griechischer Sprache verfasst worden. Als sogenanntes deuterokanonisches Buch ist es für die katholische Kirche integraler Bestandteil der Bibel, also kanonisch, wird aber von Protestanten für apokryph gehalten und findet sich daher in evangelischen Bibelausgaben nicht.

■ **Namen.** Die Bedeutung des Namens Tobit, was mit »Gut ist der lebendige Gott« wiedergegeben werden kann, wird aufgegriffen und vertieft. Außerdem kann die Bedeutung aller in der Tobit-Legende vorkommenden Namen (Tobit, Tobias, Hanna, Sara, Raguël, Gabaël, Edna, Aschmodai, Rafael) ermittelt und auf einem Plakat festgehalten werden. Dies dürfte am besten jedoch erst nach dem Kennenlernen der gesamten Geschichte erfolgen.

Ansetzen

Die DS »Plakataktion« führt in die eigentliche Projektarbeit ein. Sie will einerseits die zentralen Stationen der Tobit-Geschichte strukturieren. Zum anderen expliziert sie nun die sechs wesentlichen Themen des Tobit-Buchs und vernetzt diese mit wesentlichen Elementen der vorherigen LL, lädt somit zum Vertiefen und Wiederholen ein. So lässt sich Plakatwand I »Eine Geschichte von und mit Gott« mit der LL »Menschen suchen Gott« verbinden, Plakatwand II »Tobit lebt seinen Glauben« mit den LL »Judentum« sowie »Feste feiern«. Plakatwand III »Tobits Ratschläge« nimmt Bezug zu den wesentlichen Weisungen des Judentums und Christentums, wie sie in der LL »Keiner lebt allein« thematisiert werden. Plakatwand IV »Die Bibel spricht in Bildern« knüpft an Aspekte aus den LL »Erfahrungen mit Gott – die Bibel« an. Plakatwand V »Unterwegs mit Gott« findet vor allem erneut Anklang in der LL »Erfahrungen mit Gott – die Bibel«, aber auch in zahlreichen anderen LL. Und schließlich gibt es zwischen Plakatwand VI »Zu Gott beten« und wiederum der LL »Menschen suchen Gott« direkte Bezüge. In zahlreichen anderen LL lassen sich natürlich auch Gemeinsamkeiten, Wiederholungen oder Vertiefungen finden.

Umsetzen

■ **Eine Plakataktion planen.** Sch erkennen, welche Aspekte bei einer solchen Aktion beachtet werden müssen. Neben der genauen Klärung des vorgegebenen zeitlichen Rahmens (wie viele Stunden stehen zur Verfügung?) ist eine Absprache darüber, für wen die Plakataktion gedacht ist, zentral. Die Anlage einer solchen Aktion kann durchaus unterschiedlich verlaufen. Sie kann z. B. als Klassenzimmeraktion geplant werden, sie kann aber auch als Ausstellung mit Außenwirkung in der Schule, beim »Tag der offenen Tür« oder anderen besonderen Gelegenheiten vorbereitet werden. Und letztendlich lassen sich die einzelnen Aspekte der Plakatwände auch im Einzelstundenunterricht besprechen; die Überschriften können hierbei als Untergliederung verwendet werden. Für die Planung und Durchführung einer Ausstellung mit Plakaten ist wesentlich, vorab zu klären, welche Möglichkeiten realisierbar sind. In manchen Schulen sind ausreichend Stellflächen oder -wände vorhanden; andere müssen sich vielleicht mit Wandplakaten o. Ä. begnügen. Auch ist vorab zu klären, ob und inwieweit Schulleitung und Hausmeister zu informieren sind, z. B. wenn größere Umbaumaßnahmen nötig sein sollten etc.
Bei der Aufteilung der Lerngruppe bietet es sich an, die Gruppenanzahl entsprechend der Anzahl der Plakatwände (6) zu wählen, sodass jede Gruppe einen Teilaspekt auf ihrer eigenen Plakatwand vorbereiten und präsentieren kann.

■ **Gestaltung.** Der Impuls führt altersgemäß in Grundregeln der Präsentationstechnik ein und vermittelt insofern methodische Fähigkeiten. Die Lerngruppe ist darauf hinzuweisen, dass die angesprochenen Punkte genau beachtet werden müssen. Auf die Vorteile eines gründlichen Vorüberlegens anstelle eines unüberlegten »Drauflosliegens« sollte hingewiesen werden. Ganz zentral ist dabei das Benennen von Verantwortlichen sowie das Erstellen eines Zeitplans, wobei sich L zuvor klar sein muss, wie viele Unterrichtsstunden für die Erarbeitung und Gestaltung der Plakate verwendet werden. Dies ist sicher auch abhängig davon, für wen die Plakate gestaltet werden – für die Klasse, die Eltern, die Schulgemeinschaft ...

Weiterführen

■ **Vernetzt.** Wenn die auf den jeweiligen Plakaten genannten Aspekte nicht allein mithilfe der auf der nächsten DS vorgestellten Handlungsimpulse näher erschlossen werden sollen, laden sie generell zu einem Rückblick auf in vorherigen LL Angesprochenes ein. Voraussetzung hierfür ist, dass diese LL bereits behandelt wurden. Sch werden aufgefordert, entsprechend der Plakatwandüberschriften I-VI im Buch nach bekannten Themen zu suchen. Dieser Zusammenhang ermöglicht es den Sch, das Schulbuch als wesentliches Recherche-Medium zu benutzen und dabei zu erfahren, dass und wie die einzelnen inhaltlichen Aspekte vernetzt sind.

Ansetzen

Die DS beabsichtigt, die gesamte Geschichte des Buches Tobit vorzustellen, um daran anknüpfend in den nachfolgenden Stunden gruppenteilig in die Projektarbeit einsteigen zu können, wobei die erste Gruppe sich nochmals mit der Erzählung auseinandersetzen wird. Dazu bieten sich verschiedene Möglichkeiten an. Entweder kann als vorbereitende HA die Lektüre des Buches den Sch aufgegeben werden. Biblische Bücher zählen vor allem wegen ihrer mitunter sperrigen und altertümlichen Sprache, die auch die Einheitsübersetzung oder andere Übersetzungen nicht zu glätten vermögen, nicht unbedingt zu den Klassikern der Kinder- und Jugendliteratur. Es empfiehlt sich daher, mithilfe der Zusammenfassung »Die Geschichte von Tobit und Tobias« die Erzählung kennenzulernen. Dies kann entweder durch freies Erzählen von L erfolgen (Erzähldauer ca. 15 Minuten), was bei 10- bis 12-Jährigen oft einen besondere Aufmerksamkeit versprechenden Überraschungseffekt hervorruft, da das Erzählen längerer Geschichten eher die Ausnahme im Schulalltag ist. Alternativ liest die Lerngruppe die abgedruckte Kurzfassung gemeinsam, was durchaus aber auch als wiederholende HA erfolgen kann. In einer anschließenden Sicherungsphase wird den Sch Gelegenheit gegeben, das Gehörte bzw. Gelesene zu rekapitulieren. Dazu können erneut die im Reiseprospekt (MITTENDRIN 5/6, S. 188f.) angegebenen Bibelstellen herangezogen werden, die auch die Geschichte strukturieren helfen.

Umsetzen

■ **Plakatwand I.** Die erste Plakatwand – und damit auch die erste Gruppe – hat bei der geplanten Ausstellung die Aufgabe, die gesamte Geschichte und ihre zentralen Inhalte darzustellen. Anregung 1 sollte als Ergebnis zum einen die Einteilung der Gesamtgeschichte in ca. sechs bis zehn Einzelszenen (vgl. **M 12.1a-c, S. 276f.**) ergeben, zu denen jeweils mithilfe der nochmaligen Bibellektüre dann ein entsprechendes Bild gemalt wird. In die richtige Reihenfolge gebracht, ergibt sich so ein Bildfries. Anregung 2 sollte als Ergebnis Steckbriefe über die Personen der Geschichte (Tobit, Tobias, Hanna, Sara, Raguël, Gabaël, Edna) bieten. Spannend dabei ist, ob auch der Engel Rafael und der Dämon Aschmodai berücksichtigt werden. Die Gründe dafür oder dagegen könnten in einer Diskussion ausgetauscht werden. Anregung 3 schließlich sollte auf einem großen Plakat das für das Verständnis vieler biblischer Geschichten wichtige Zweistromland mit den Orten Ninive und Ekbatana sowie eine Station am Tigris dokumentieren. Beachtet werden muss hierbei, dass Rages in Medien laut Geschichte nur von Rafael aufgesucht wurde, also nicht zur Route des Tobias gehört. Rages liegt tatsächlich mehr als 300 km entfernt und war unmöglich in zwei Tagesmärschen zu erreichen, weswegen die Karte im Schulbuch den Ort nicht aufweist. In diesem Kontext könnte auch auf den Begriff »Alter Orient« im Lexikon und die dort abgebildete Karte hingewiesen werden.

Wenn die Tobit-Geschichte nicht als projektorientiertes Arbeiten im Sinne der »Plakataktion« behandelt wird, bearbeitet die Lerngruppe die Anregungen 1-3 gemeinsam. Bei der Einteilung der Geschichte in einzelne Szenen kann als Hilfe »Ein Weg mit Gott« (**M 12.1a-c, S. 276f.**) eingesetzt werden. In selbstständiger Stillarbeit (oder als PA) soll die Lerngruppe zunächst nochmals acht wichtige Stationen der Tobit-Geschichte (»Wegschilder«, **M 12.1b, S. 277**) in die richtige Reihenfolge ordnen (»Ein Weg mit Gott«, **M 12.1a, S. 276**). Dabei ist zu beachten, dass es Wege von zwei Menschen mit Gott sind – Tobias und Sara –, die sich treffen und gemeinsam einem guten Ende entgegengehen. In einer zweiten Arbeitsphase ordnet die Lerngruppe den Stationen zentrale Bibelstellen zu (»Gebete«, **M 12.1c, S. 277**), die zuvor in der Bibel nachgelesen wurden. Sch erfahren, dass sich an entscheidenden Stationen des Lebensweges Tobias und auch Sara immer wieder mit vertrauensvollen Gebeten an Gott gewendet haben. Ein Bezug auf die DS »Gott ist ansprechbar« (MITTENDRIN 5/6, S. 42f.) bietet sich an.

Eine andere Möglichkeit, die Geschichte zu wiederholen, bietet das Erstellen eines Bilderfrieses. Dabei dürfen sich Sch eine Szene, die besonders im Gedächtnis geblieben ist, zum Malen aussuchen. Um zu viele Wiederholungen zu vermeiden und sicherzustellen, dass die gesamte Geschichte rekapituliert wird, muss L einzelne Stationen vorgeben.

■ **Briefwechsel.** Der Auftrag dient der Sicherung wesentlicher Stationen der Tobit-Geschichte, wobei die Briefform altersgemäß eine Identifikation mit Tobias anbietet. Um den Anfang zu erleichtern, kann ein Eingangssatz vorgegeben werden, z. B.: »Liebe Hanna, lieber Tobit! Stellt euch vor, was mir passiert ist!«

Weiterführen

■ **In Szene setzen.** Die Wiederholung wesentlicher Stationen der Tobit-Geschichte kann auch durch das Erstellen zentraler Rollendialoge oder szenischer Spielformen geschehen, die in arbeitsteiliger GA erarbeitet und später vorgeführt werden. Das Erstellen der Steckbriefe kann ergänzt werden durch das Buchstabenrätsel »Gesucht: Zehn Hauptpersonen der Tobit-Geschichte. Wer ist wo?« (**M 12.2, S. 278**), das die Namen der Erzählung enthält. Hier bietet es sich zudem an, auf die Bedeutung der Namen einzugehen.

Tobit lebt seinen Glauben AUSFLUG 194 | 195

Ansetzen

Diese DS steht ganz im Zeichen der Wiederholung und Vertiefung des jüdischen Alltagsglaubens und dient damit auch dem nachhaltigen Lernen.
Die Zeichnung im Zentrum greift aus der LL »Judentum« bekannte Elemente wie die »Kopfbedeckung«, die Bedeutung der Tora, den Gebetsmantel (Tallit), die Gebetsriemen (Tefillin) mit dem kleinen Kästchen auf der Stirn, in dem das Sch'ma Israel aufbewahrt wird, auf.
Die Pinnwand-Kärtchen machen deutlich, welche zentralen Vorschriften ein gläubiger Jude beachtet. Auch die Plakataktion setzt sich mit dem jüdischen Glauben im Alltag auseinander, bindet ihn aber konkret an das Buch Tobit an. Denn in Tob 1,3-22 stellt Tobit sich selbst als frommen und gerechten Juden vor, der sich immer an den Weg der Wahrheit und Barmherzigkeit gehalten hat. Die wesentlichen rituellen und ethischen Normen des Judentums beachtet er selbstverständlich, hält die Wallfahrten nach Jerusalem ein (wohl vor dem Exil), beachtet die Tempel- und Armenabgabe, hält sich an die Reinheits- und Speisevorschriften, begräbt die Toten u. v. m. Sein Sohn Tobias wird später dem Beispiel des Vaters folgend auch genau die jüdischen Hochzeitsrituale befolgen. Gerade weitab vom Tempel in Jerusalem und umgeben von Nichtjuden gibt die Religion Tobit und seiner Familie Orientierung und Halt in einem nicht immer ganz einfachen Leben als »Ausländer«.
Sch lernen in diesem Ausflug Tobit als Menschen kennen, der seiner Religion, dem Judentum, auch in der Fremde und unter schwierigen Umständen treu bleibt. Hierin liegt die Vorbildfunktion des Tobit für Sch, die erkennen, wie sehr Riten und Normen Rückhalt und Orientierung bieten können. Ebenso besteht die Chance zu einem Gespräch über die Lebenssituation von Sch anderer Religionen und der Bedeutung ihrer Religion für sie in der »Fremde«.

Umsetzen

■ **Plakatwand II.** Durch das Übertragen der Zeichnung wird der Wiederholungseffekt verstärkt. Zudem ist das Bild für eine Ausstellung auf einer Plakatwand gutes Anschauungsmaterial. Als Hilfestellung bei der Übertragung gibt es die Möglichkeit, das Bild als Folie zu kopieren und mittels eines Overheadprojektors auf ein Plakat zu projizieren und die Umrisse abzuzeichnen. Evtl. können zeichnerisch geübte Sch noch weitere zentrale Elemente wie die vier Schaufäden an den Ecken des Gebetsmantels oder die Tora als Rolle ergänzen. Vorlagen bietet MITTENDRIN 5/6, S. 72-80.
Die Formulierung der Bräuche als Sprechblasen und in der »Ich-habe-immer«-Redeweise soll eine besondere Identifikation mit Tobit als einem frommen Juden bewirken und zugleich durch ihre ständige, fast litaneiartige Wiederholung die Selbstverständlichkeit der Einhaltung dieser Bräuche unterstreichen.
Die Recherche zu den genannten religiösen Pflichten und Bräuchen sollte im Wesentlichen mithilfe der LL »Judentum« bzw. den Informationen zu »Bestattungsbräuchen« (**M 12.3, S. 279**) erfolgen.
Bei der Gestaltung der Info-Blätter für die Ausstellung ist es wichtig, den Sch Hilfen zur Präsentation anzubieten. Generell gilt, dass die Infos kurz und knapp formuliert werden sollen, die Buchstaben leserlich und groß gestaltet werden müssen, die Texte zur besseren Übersicht in Blöcke gegliedert und zur Verdeutlichung noch Bilder oder Zeichnungen hinzugefügt werden können.

■ **Tun-Ergehen-Zusammenhang.** Zunächst gilt es, den für Sch nicht unbedingt von sich aus verständlichen Begriff »Tun-Ergehen-Zusammenhang« zu erklären. Darunter versteht man die Vorstellung, dass der Mensch hier auf Erden den Lohn oder die Strafe für seine Taten bereits empfängt. Leid und Unglück sind somit eine Strafe Gottes. Diese problematische, oft kindlich geprägte Gottesvorstellung ist kritisch zu hinterfragen. In der angeregten Diskussion wird sicherlich zur Sprache kommen, dass »anständigen« Menschen ebenso Leid widerfährt wie Verbrechern, Reichen genauso wie Armen. Wichtig ist, deutlich zu machen, dass es bei Gott keinen direkten Tun-Ergehen-Zusammenhang gibt. Gottes Liebe ist kein Verdienst, sondern ein Geschenk, auf das man manchmal auch warten muss. Ebenso kann hier bereits kindgerecht über die Frage, wieso auch gerechte Menschen Schlimmes erleiden, gesprochen werden.

■ **Jüdische Bräuche.** Neben den schon als Notizzettel vorgegebenen Bräuchen werden in Tob 1,3-22 z. B. das Altaropfer der Erstlinge, der Zehnte der Feldfrüchte und die Wolle von der ersten Schafsschur (Tob 1,6) genannt, ebenso die jährliche Wallfahrt nach Jerusalem (Tob 1,7), die Heirat einer Jüdin (Tob 1, 9) und die milde Gabe an Hungernde und Bedürftige (Tob 1,16f.). Grundsätzlich sollte deutlich werden, dass Tobit sich immer an den »Weg der Wahrheit und Gerechtigkeit« (Tob 1,3) gehalten hat. Weitere jüdische Bräuche finden sich in der LL »Judentum«, z. B. das Glaubensbekenntnis zu Gott (Sch'ma Israel), die Sabbatfeier oder die verschiedenen Jahresfeste.

Literaturhinweise

Chr. Kayalles/A. Fiehland-van der Vegt, Was jeder vom Judentum wissen muss, Gütersloh 92005, www.zentralratdjuden.de/de/topic/6.html, www.hagalil.com/judentum/index.htm, www.talmud.de/aktuell, www.payer.de/judentum/jud50.htm.

Weiterführen

■ **Gespräch mit Tobit.** In einem UG erfolgt eine eigene Stellungnahme der Lerngruppe zum Verhalten frommer Juden, explizit natürlich Tobits. Als Gesprächsimpuls dienen die einleitenden Fragen: »Was würde ich Tobit gerne sagen, wenn er jetzt hier bei uns wäre?« und »Was würde Tobit wohl antworten?«. Dazu wird ein leerer Stuhl vor der Tafel aufgestellt, auf den sich Sch abwechselnd setzen, wenn sie die Rolle des Tobit einnehmen. Anschließend ist nach ähnlichen Bräuchen und Pflichten im Christentum zu suchen.

Tobits Ratschläge

AUSFLUG

196 | 197

Ansetzen

In der Lebenswirklichkeit von 10- bis 12-Jährigen spielen Regeln und Ratschläge eine große Rolle. Viele Schulen haben besondere Vereinbarungen mit den neuen 5. Klassen getroffen, das Erstellen von Klassenregeln durch die Klassenlehrerin bzw. den Klassenlehrer oder im RU gehört ebenso zu oft praktizierten Gepflogenheiten zu Beginn der Gymnasialzeit. Hieran kann die DS anknüpfen. Ausgangspunkt sind die Ratschläge, die Tobit seinem Sohn mit auf den Weg gibt (Tob 4,1-21). Sch lernen diese Ratschläge als zentrale Weisungen der jüdischen Religion kennen und überprüfen sie auf ihre Bedeutung für ihr eigenes Leben. Dabei soll deutlich werden, dass das Befolgen von Ratschlägen Konsequenzen für die eigene Lebenspraxis hat.

Umsetzen

■ **Plakatwand III.** Angesichts der Vielzahl der Ratschläge aus Tob 4,1ff. erscheint eine Auswahl hilfreich, zumal sie die Identifikation mit der ausgewählten Regel verstärkt. Die Gestaltung als Plakat ist für die Ausstellung wichtig. Da dieser Auftrag möglicherweise weniger zeitintensiv als die anderen »Plakatwände« erscheint, sollte auf die besondere Sorgfalt beim Gestalten hingewiesen werden. Die jeweiligen Plakate mit den Ratschlägen können darüber hinaus im Klassenzimmer das gesamte Schuljahr ausgehängt werden. Ebenso kann die Gruppe, die diese Plakatwand gestaltet, aufgefordert werden, nach weiteren, hier nicht abgedruckten Ratschlägen in Tob 4,1-21 zu suchen und ihre Plakate durch diese zu ergänzen (vgl. »Die Ratschläge des Tobit«, **M 12.4, S. 280**).

■ **Eine Rede halten.** Der Handlungsimpuls führt in Präsentationstechniken ein, wie sie in den folgenden Schuljahren mehr und mehr verlangt werden. Dabei ist ein strukturiertes Vorgehen sehr hilfreich, bietet es doch immer wieder Haltepunkte und bewahrt vor vorschnellem Ende. Daher muss auf die genaue Einhaltung der Vorgehensweise geachtet werden. Die Auswahl der Ratschläge kann um »Die Ratschläge des Tobit« (**M 12.4, S. 280**) erweitert werden. Diese Ratschläge werden mehrfach kopiert, damit keine Rangelei um die »besten« Ratschläge entsteht, und als Kärtchen auf einer Art Lerntheke ausgelegt, von der sich Sch bedienen. Sehr eindrucksvoll wirkt es, wenn nach der Vorbereitungszeit Sch von ihrem Platz aus im Stehen ihre Rede vortragen – danach erfolgt natürlich Applaus und die oder der Nächste ist dran.

■ **Wichtige Regeln.** Die Zuordnung der Ratschläge des Tobit zu den Zehn Geboten wird verdeutlichen, dass es sich bei den Ratschlägen um die Kerninhalte der für das Judentum zentralen Weisungen handelt. Das Gleiche gilt für den Vergleich mit der Goldenen Regel. Zur Veranschaulichung dieses Auftrags können von L auf je einem Plakat die Zehn Gebote und die Goldene Regel notiert werden. Die Lerngruppe wird in KG eingeteilt. Jede Gruppe erhält etwa gleich viele Kärtchen mit Ratschlägen und überlegt, welchem Plakat der Ratschlag zugeordnet werden kann. Evtl. ergeben sich dabei Doppelungen bzw. manche Ratschläge lassen sich gar nicht oder nur schwer zuordnen. Abschließend stellen die Gruppen ihre Zuordnung vor und erläutern sie.

Weiterführen

■ **Das eigene Handeln.** Nach der Behandlung der Handlungsimpulse ist über die praktischen Konsequenzen der Ratschläge und Regeln für das eigene Handeln nachzudenken. Dazu schreiben Sch eine fiktive oder auch erlebte Geschichte auf, in der einer der ausgewählten Ratschläge hilfreich für das eigene Leben geworden ist. Des Weiteren wird die Lerngruppe aufgefordert, selbst einmal eigene Ratschläge zu formulieren, die sie ihren Kindern auf dem späteren Lebensweg mitgeben möchten. Diese werden auf andersfarbigen Kärtchen notiert und können ebenfalls den zwei Plakaten mit der Goldenen Regel und den Zehn Geboten (s. o.) zugeordnet werden.

Die Bibel spricht in Bildern AUSFLUG 198 | 199

Ansetzen

»Alle Religionen der Welt sprechen eine symbolische und metaphorische Sprache« (H. Halbfas). Auch für das Verständnis der Bibel ist eine Einführung in theologische Sprachlehre unbedingt notwendig. Für den RU ist daher von Anfang an wichtig, die sprachlichen Verstehensvoraussetzungen zu entfalten, um fundamentalistischen Missdeutungen vorzubeugen bzw. diese aufarbeiten zu können. Grundsätzlich ist allerdings zu bedenken, dass religiöse Sprachbilder wie übrigens auch Metaphern generell nicht übersetzbar sind. Das heißt wiederum aber nicht, dass man sie nicht umschreiben kann. Das Buch Tobit bietet für einen RU, der auch Sprachunterricht sein will, gute Ansatzmöglichkeiten. Solange eine Legende wie das Buch Tobit entweder als historische Wahrheit missverstanden oder gegen diese aufgerechnet wird, wird sie immer unverständlich bleiben und der Zugang zum Gehalt der Erzählung bleibt verstellt. Erst wenn sie in ihrer eigenen Gattung und mit ihrer spezifischen Sprache erkannt wird, kann ein durchaus kritisches, differenziertes Verstehen erfolgen.
Sch setzen sich auf dieser DS mit den Sprachbildern der Bibel, konkret mit den Bildern »Engel« und »Dämon« auseinander. Durch den Text »Die Bibel als Glaubensbuch« und im Lerngang »Bild und Vergleich« erfahren sie, dass biblische Geschichten eine eigene bildhafte bzw. symbolische Sprache haben, die in unsere heutige Welt »übersetzt« werden muss. Sie spüren dabei, dass biblische Geschichten nicht versuchen, ein Geschehen rein historisch darzustellen, sondern dass das Geschehen in seiner Bedeutung für das konkrete Leben geschildert wird. Dies gilt insbesondere für das Buch Tobit als »Midrasch« (= Lehrerzählung), das das Vertrauen der Menschen in Gott angesichts von Not und Verfolgung aufzeigt.

Die bildliche Wiederanknüpfung an den Reiseprospekt ermöglicht es der Lerngruppe, sich mit der besonderen Bedeutung und Rolle des Engels Rafael auseinanderzusetzen. Sie lernt an diesem Beispiel Aufgabe und Funktion von Engeln im jüdisch-christlichen Glauben kennen und begreift die Mittlerrolle der Engel zwischen Gott und den Menschen sowie ihre schützende Begleitung von Menschen in Notlagen.

Umsetzen

■ **Plakatwand IV.** Die Gestaltung dieser Plakatwand hat eine zweifache Zielsetzung. Zum einen soll sie allgemein verdeutlichen, was Sprachbilder sind. Dazu dient die Suche nach sprichwörtlichen Redensarten. Zum anderen sollen die beiden Sprachbilder des Buches Tobit »Engel« und »Dämon« vorgestellt werden. Für das Sprachbild »Engel« (vgl. Tob 12,1-22) steht das Vorbringen der Gebete zu Gott, das Beschützen in Not, das Nahesein in schwierigen Situationen wie beim Begraben der Toten, das Bemerken guter Taten und natürlich das Heilen bei Erkrankungen. Ähnliches verdeutlicht auch das Gedicht von R. O. Wiemer (1905-1998). Wichtig wäre, dass dabei auch die Selbstaussage Rafaels herausgearbeitet wird, dass nämlich der Engel alles dies nicht aus sich heraus tat, sondern weil Gott es wollte (Tob 12,18) – er ist und bleibt ein Bote Gottes. Hier kann L auf die Ableitung des Wortes »Engel« aus der griechischen Sprache (»ángelos« = der Bote, der Gesandte) aufmerksam machen. Und in dem Gedicht wird ausgedrückt, dass Engel nicht nur als »Wunderwesen« einer jenseitigen Welt verstanden werden müssen, sondern ganz konkret in unserem Leben wirken. Es wäre allerdings verkürzt, das Gedicht auf die Aussage zu reduzieren »Jeder kann ein Engel sein – auch du«.

Dies würde der religiösen Dimension von Engeln sicher nicht genügen. Das Sprachbild »Dämon«, das für Sch unbedingt erklärt werden muss, könnte wiederum auf dem Plakat als Umschreibung für das Böse, das Bedrohende, aber auch das Zerstörende, vielleicht auch das Unerklärliche oder Unverständliche stehen.

Dämonen
Als Dämon bezeichneten die Menschen ein unsichtbares Wesen, von dem sie glaubten, es habe übernatürliche Kräfte, die es meist zum Schaden der Menschen einsetzte. Ein Dämon ist also so etwas wie ein »Schadensgeist«, der für Ängste, Wahnvorstellungen, Krankheiten und Unglück verantwortlich ist. Dämonen dringen durch Körperöffnungen in den Menschen ein und ergreifen von ihm Besitz. Der Dämon Aschmodai, dessen persischer Name übersetzt mit »Verderber« oder »Zerstörer« wiedergegeben werden kann, gilt als Feind der Ehe, die er zu verhindern und zu zerstören versucht. Um Dämonen zu besänftigen und zu besiegen, gab es verschiedenste Zaubermittel. Ein Schutzmittel gegen Dämonen war seit alters her die Leber. Engel stehen oft als gute himmlische Wesen den als böse gekennzeichneten »Dämonen« gegenüber und helfen, diese zu besiegen. Neutestamentlich von höchster Bedeutung ist die Überzeugung Jesu: »Wenn ich aber durch den Finger Gottes die Dämonen austreibe, dann ist das Reich Gottes schon zu euch gekommen« (Lk 11,20). Dahinter steckt die Vorstellung, dass Dämonen die Lebensordnung, wie sie die Tora vorgibt und ermöglicht, empfindlich stören. Werden die Dämonen jedoch vertrieben, kann sich in diesem Bereich die Herrschaft Gottes vollends durchsetzen.

■ **Was mich beschützt.** Der Handlungsimpuls dient dem Nachspüren metaphorischer Begriffe. Ist der Engel zugeklappt, so deckt seine Figur alles ab, was uns Menschen beschützt. Wird er aufgeklappt, so wird sprachlich die Wirklichkeit, für die der Engel symbolisch steht, deutlich. Zur Erleichterung bietet sich anstelle des Abmalens die Umrisszeichnung »Was mich beschützt« (**M 12.5, S. 281**) als Kopiervorlage an. Die Lerngruppe wird aufgefordert, aus dem AB die Figur des Tobias herauszuschneiden und so in das Heft einzukleben, dass später nach dem Notieren, wer und was beschützt, auch wieder die Figur des Engels Rafael noch Platz findet.

Weiterführen

■ **Engel in der Bibel.** Die Lerngruppe sucht nach anderen biblischen Engelerscheinungen und notiert, wie sich die Engel dort verhalten. In Lk 1 bringt Gabriel Maria die Botschaft, dass sie den Sohn Gottes zur Welt bringen würde, in Lk 2 sprechen Engel zu den Hirten und verkünden die Geburt Jesu, in Mt 2 gebieten sie Josef die Rückkehr aus Ägypten, in Mt 4 begleiten sie Jesus in der Wüste, in Gen 19 schützen sie Lot und seine Familie, in Ex 14 und 23 führen sie Mose und das Volk Israel. Die Bibel sagt dabei nie etwas über das Aussehen der Engel, wohl aber über ihre grundsätzliche Aufgabe: Sie übermitteln Gottes Botschaft und verweisen auf sein Reich.

■ **Engel in der Kunst.** Eine Weiterführung bietet die Betrachtung von Engelbildern aus verschiedenen Epochen der Kunst, in denen Engel seit jeher eine große Rolle spielten und spielen. Während Engel in der Vergangenheit und geprägt durch den Barock oft als strahlende und liebreizende Lichtgestalten dargestellt wurden, sucht die moderne Kunst eine eher schlichte Darstellungsform. Fast immer werden Engel mit Flügeln gezeigt, was deutlich machen soll, dass sie Wesen aus einer transzendenten Welt sind, Botschafter der Welt Gottes. Und oft tragen sie weiße Gewänder als Symbol für das Gute, das Vollkommene. Diese typischen Attribute lassen sich mit dem Gedicht von R. O. Wiemer vergleichen.
Auf zwei Engelzeichnungen von Paul Klee sei besonders verwiesen: »Vergesslicher Engel« und »es weint« (**M 12.6, S. 282**), die wiederum mit den zwei Texten »Der vergessliche Engel« (**M 12.7a, S. 283**) und »Engel weinen« (**M 12.7b, S. 284**) kontrastiert werden. Das eine Engelwesen scheint etwas Bedeutendes vergessen zu haben und schämt sich gesenkten Hauptes, das andere Wesen hat sich zusammengekauert und dicke Tränen kullern aus seinen Augen. Nur die Flügel weisen darauf hin, dass die Figuren Engel sind. Diese Darstellungen regen zu vielen Fragen an, wie z. B.: Woran erkennt man Engel? Welche Botschaft von Gott bringt ein »vergesslicher Engel«, welche ein »weinender Engel«?
Beide Fragen werden einerseits in dem 2002 in den Charts auf Platz 1 geführten Song »Engel« des Popsängers Ben, der mit dem Text »Engel weinen« beginnt (**M 12.7a**), und andererseits in der Geschichte »Der vergessliche Engel« (**M 12.7b**) aufgegriffen.

■ **Mein Engel.** Die auf den ersten Blick kindlich wirkenden Darstellungen Klees können Sch ermutigen, ihre eigenen Vorstellungen von Engeln in kleinen Skizzen festzuhalten und diesen Engeln dann in der Tradition Klees »Namen« zu geben.

Eine andere Möglichkeit der Gestaltung wäre eine Mehrschichtencollage mit verschiedenfarbigem Transparentpapier. Dabei werden die Transparentpapierstücke in kleine Formen geschnitten oder gerissen, in der Form eines Engels zusammen- und übereinandergelegt und am Ende dieses Prozesses auf Papier geklebt. Durch den Einsatz von Transparentpapier in verschiedenen Weißtönen kann die sensible Wirkung der Klee-Bilder nachvollzogen werden (vgl. M. L. Goecke-Seischab, Christliche Bilder verstehen, München 2004, 49-65, mit zahlreichen Erläuterungen zu »Engeln«).

Unterwegs mit Gott AUSFLUG 200 | 201

Ansetzen

Beim letzten Ausflug erhält die Lerngruppe, die bisher eher auf einer textrezeptiven Ebene die Tobit-Geschichte wahrgenommen hat, nochmals die Gelegenheit, die zentrale Botschaft des Midraschs »Tobit« zu erspüren: Unterwegs zu sein mit Gott. Im Vertrauen auf Gott können Menschen Angst und Gefahr, Leid und Trauer bestehen.
Dazu stellt die DS mit dem Lied und dem Wegbild zwei unterschiedliche Zugangsweisen zur Weg-Metapher zur Verfügung. Beide können bei Sch Assoziationen und Erinnerungen an eigene Weg-Erfahrungen wecken und so die Korrelation zu biblischen Weggeschichten herstellen.

Umsetzen

■ **Plakatwand V.** Die Gestaltung der Plakatwand ist ganz der übergeordneten Thematik »Weg« gewidmet. Neben den vorgeschlagenen Assoziationen können weitere wie Holzweg, Umweg, Irrweg, Weggefährte, Wegweiser, Wegkreuzungen, Karte, Ziel etc. erscheinen. Falls nicht selbst von der Gruppe gefunden, wird von L der Begriff »Lebensweg« eingefügt. Als biblische Weggeschichten werden der Auszug der Israeliten aus Ägypten bekannt sein oder auch der Weggang Abrahams aus seiner Heimat, vielleicht auch die Flucht der Heiligen Familie nach Ägypten; außerdem die Reisen des Paulus, die Erzählung von den Emmaus-Jüngern oder das Gleichnis des barmherzigen Samariters. Auch der Kreuzweg Jesu könnte genannt werden. Zum Thema »Pilgern« ist zunächst an Jerusalem, Rom, Santiago de Compostela oder Lourdes zu denken, aber auch Pilgerorte in der Nähe der Schule könnten bekannt sein.

■ **Unterwegs.** Der Handlungsimpuls eignet sich auch als Fantasiereise, d. h. die Impulse werden der Lerngruppe bei geschlossenen Augen langsam vorgelesen, danach als Gedankenbild festgehalten und gegenseitig vorgestellt. Es können auch andere Weg-Bilder zum Einsatz kommen.

Weiterführen

■ **Spuren im Sand.** Eine Geschichte, die das Begleiten Gottes in allen Lebenslagen widerspiegelt, ist die bekannte Geschichte »Spuren im Sand« (**M 12.8, S. 285**).

■ **Ein Lern-Gang.** Ein Spaziergang über das Schulgelände führt in die Thematik »Weg« bzw. »Unterwegssein« ein. Wichtig dabei ist, dass man sich ganz auf das Gehen konzentriert, also nicht dabei spricht, sondern auf jeden einzelnen Schritt achtet. Dabei wird man beim Gehen ganz langsam und vorsichtig – wie auf dünnem Eis – beginnen und dann allmählich ohne Hetze schneller werden bis zur normalen Gehgeschwindigkeit und noch schneller bis zum Laufen. Nach der Rückkehr ins Klassenzimmer werden die unterschiedlichen Erfahrungen reflektiert: Was ist am Weg besonders aufgefallen? Wie ist es Sch während der verschiedenen Laufgeschwindigkeiten jeweils ergangen? Wie lassen sich mögliche Unterschiede erklären?

Zu Gott beten SOUVENIR 202 | 203

Ansetzen

Das Buch Tobit kann als Ganzes betrachtet auch als eine literarisch gefasste Anleitung zum Beten gesehen werden. Daher werden auf der Souvenir-DS nochmals die beiden Hauptfiguren der Tobit-Legende, Tobit und Sara, in ihrer Leidenssituation und ihrem dennoch nach wie vor starken vertrauensvollen Glauben an Gott, der sich in verschiedenen Gebeten manifestiert, ins Zentrum gestellt. Tobit und Sara markieren die entscheidenden Wendepunkte ihres Lebensweges durch ihre Gebete und vertrauen da-

durch den Fortgang der Geschichte Gott an. Aber auch für die anderen Personen ist das Gebet zu Gott selbstverständlich: Tobit betet nach seiner Erblindung (Tob 3,1-6), Sara nach dem Tod ihrer Ehemänner (Tob 3,11-15). Tobit erteilt Tobias den Reisesegen (Tob 5,17), Raguël preist Gott, nachdem er Saras Mann Tobias lebend wiederfindet und damit klar wird, dass Saras Dämon besiegt ist (Tob 8,15-17). Auch Tobias betet nach dem Sieg über den Dämon Aschmodai (Tob 8,5-8). Tobit wiederum betet nach seiner Heilung (Tob 11,14) sowie bei der Begrüßung seiner Schwiegertochter Sara (Tob 11,17). Schließlich lässt Tobit das Geschehen nochmals in einem einzigen Lobpreis Gottes Revue passieren (Tob 13). Der Engel Rafael endlich fasst alles zu einer kleinen Gebetsparänese zusammen (Tob 12,6-8.12).
Eine Auswahl dieser Gebete bildet den zweiten Schwerpunkt der Seite, gruppiert um das zentrale Gebetswort, dem zustimmenden und Gott vertrauenden »Amen«. Sch sollen durch die Auseinandersetzung mit dem ganzen Spektrum möglicher Gebetshaltungen, das von Klagen und Bitten, Dank und Lobpreis durchzogen ist, zu einer eigenständigen Reflexion über das Beten und die eigene Gebetspraxis gelangen. Dabei erkennen sie, dass Menschen an wichtigen Wendepunkten ihres Lebens sich vertrauensvoll im Gebet an Gott wenden und damit ihren Lebensweg in die Hände Gottes legen.

Umsetzen

■ **Plakatwand VI.** Das Abschreiben einerseits der Kurzgebete und andererseits des Lobpreises Tob 13 in Schönschrift kann durchaus – je nach Zeit – alternativ geschehen. Gerade Tob 13 könnte anstelle einer GA auch von der gesamten Lerngruppe geleistet werden. Beim Ordnen der Gebete nach verschiedenen »Gebetsarten« sei auf die DS »Gott ist ansprechbar« (MITTENDRIN 5/6, S. 42f.) verwiesen.

■ **Beten.** Hierzu sei auf den Lerngang »Geste und Haltung« (MITTENDRIN 5/6, S. 43) verwiesen. Als Annäherung an die Thematik kann eine kurze Metaphernmeditation durchgeführt werden. L schreibt an die Tafel den Satzanfang »Beten ist für mich (wie) ...«, den Sch ergänzen sollen.

■ **Gebetshaltungen.** Bei der Betrachtung der Körperhaltungen der Personen dürfte Tobit links in der Zeichnung eher ein Bittgebet sprechen, wie es in Tob 3,1-6 überliefert ist, während Sara eine Klage betet (vgl. Tob 3,12-15). Dass beide Gebete Gehör fanden (Tob 3,16), zeigt die Zeichnung durch den für die Betenden zwar unsichtbar, aber stets anwesenden und zuhörenden Engel.

Weiterführen

■ **Tobit-Gebetbuch.** Am Ende der Beschäftigung mit dem Buch Tobit wird entweder ergänzend oder analog zum »Projekt Klassengebetbuch« (MITTENDRIN 5/6, S. 42) ein »Tobit-Gebetbuch« angelegt, in dem die zentralen Gebete eingetragen werden.

■ **Kumbaya.** Unterschiedliche Gebetsarten und -haltungen spiegelt das Spiritual »Kumbaya, my Lord« (**M 12.9, S. 285**) wider, in dem Menschen singend, tanzend, schreiend usw. Gott preisen.

Kompetenzerwartungen in der LL »Gott geht mit«

Die Tabelle gibt an, welche der im Kernlehrplan konkretisierten Kompetenzerwartungen in dieser Lernlandschaft »Gott geht mit« zentral bedient werden [X] bzw. welche teilweise oder wiederholend angesprochen werden können [(X)]:

INHALTSFELD 1: MENSCHSEIN IN FREIHEIT UND VERANTWORTUNG Die Schülerinnen und Schüler	
Sachkompetenz:	
– erläutern, inwiefern jeder Mensch eine einzigartige und unverwechselbare Persönlichkeit ist, die auf Gemeinschaft hin angelegt und auf sie angewiesen ist;	
– erläutern die Bedeutung der christlichen Überzeugung, dass der Mensch von Gott geschaffen, geliebt und zur verantwortlichen Mitgestaltung der Schöpfung berufen ist;	
– erläutern an Beispielen, wodurch das Gelingen menschlichen Lebens gefährdet oder gefördert wird;	
– zeigen exemplarisch die Schönheit der Schöpfung und ihre Gefährdung auf.	
Urteilskompetenz:	
– beurteilen menschliche Verhaltensweisen vor dem Hintergrund des Glaubens an Gott als den Freund des Lebens;	(X)
– bewerten Möglichkeiten ökologischen Engagements als Ausdruck und Konsequenz von Schöpfungsverantwortung.	
INHALTSFELD 2: SPRECHEN VON UND MIT GOTT Die Schülerinnen und Schüler	
Sachkompetenz:	
– begründen, warum Religionen von Gott in Bildern und Symbolen sprechen;	
– deuten Namen und Bildworte von Gott;	
– erläutern an Beispielen Möglichkeiten und Schwierigkeiten, Gott darzustellen;	
– zeigen Situationen auf, in denen Menschen sich im Gebet an Gott wenden;	(X)
– zeigen auf, wie Widerfahrnisse des Lebens aus dem Glauben gedeutet werden können;	(X)
– deuten biblische Psalmen als Ausdruck menschlicher Erfahrungen im Glauben an Gott;	
– erläutern den Glauben katholischer Christen an einen Gott in drei Personen.	
Urteilskompetenz:	
– erörtern in Grundzügen Lebenswege glaubender Menschen im Hinblick auf deren Orientierungsangebot.	(X)
INHALTSFELD 3: BIBEL ALS »UR-KUNDE« DES GLAUBENS AN GOTT Die Schülerinnen und Schüler	
Sachkompetenz:	
– erläutern den Aufbau der Bibel;	
– zeigen auf, dass die biblischen Erzählungen Erfahrungen ausdrücken, die Menschen mit Gott gemacht haben;	X
– geben exemplarische Glaubensgeschichten des Alten und Neuen Testaments wieder;	X
– stellen die Bedeutsamkeit ausgewählter biblischer Frauen- und Männergestalten für die Glaubenspraxis dar;	X
– erläutern, dass das Volk Israel seine Glaubenserfahrungen als Familiengeschichte erzählt;	X
– weisen an Beispielen die Bedeutung der Bibel im Leben der Kirche nach (u. a. Gottesdienst);	
– begründen, warum die Bibel für Christen als »Heilige Schrift« besondere Bedeutung hat.	
Urteilskompetenz:	
– beurteilen ansatzweise die Relevanz biblischer Glaubenserzählungen für Menschen heute.	X

INHALTSFELD 4: JESUS DER CHRISTUS Die Schülerinnen und Schüler	
Sachkompetenz:	
– ordnen Jesus von Nazaret in seine Zeit und Umwelt ein; – benennen Merkmale, die die Zugehörigkeit Jesu zum Judentum verdeutlichen; – erläutern an neutestamentlichen Beispielen, wie Jesus von Gott spricht; – erläutern, dass die Zuwendung Jesu zu den benachteiligten und zu kurz gekommenen Menschen jeder ethischen Forderung vorausgeht; – deuten die bildhafte Rede Jesu an Beispielen; – erklären die Bezeichnung Jesu als Christus als Bekenntnis des Glaubens.	
Urteilskompetenz:	
– erörtern in Ansätzen Ursachen für Konflikte, die Worte und Taten Jesu bei den Menschen seiner Zeit auslösten; – beurteilen an Beispielen, inwiefern Jesus Christus für Menschen heute Bedeutung haben und Orientierung sein kann.	
INHALTSFELD 5: KIRCHE ALS NACHFOLGEGEMEINSCHAFT Die Schülerinnen und Schüler	
Sachkompetenz:	
– erläutern die Entstehung der Kirche aus dem Glauben an Jesus Christus und dem Wirken des Heiligen Geistes; – nennen beispielhaft Aufgaben der sich auf Jesus Christus gründenden Kirche; – erläutern die Bedeutung des Apostels Paulus für die frühe Kirche; – erklären Feste des Kirchenjahres in ihrer Bedeutung; – zeigen die Bedeutung von Sakramenten und ihre Verknüpfungen mit Stationen im Leben eines Christen auf; – erläutern, warum und wie katholische Christen Eucharistie feiern; – zeigen an Beispielen Gemeinsamkeiten und Unterschiede in der Glaubenspraxis der Konfessionen auf.	
Urteilskompetenz:	
– erörtern, inwiefern der Einzelne am Leben der Kirchengemeinde teilnehmen und wie er seinen Auftrag als Christ im Alltag realisieren kann.	
INHALTSFELD 6: WELTRELIGIONEN UND ANDERE WEGE DER SINN- UND HEILSSUCHE Die Schülerinnen und Schüler	
Sachkompetenz:	
– benennen Gemeinsamkeiten und Unterschiede in Glaube und Glaubenspraxis der abrahamitischen Religionen; – beschreiben wichtige Stationen im Leben großer Gestalten der abrahamitischen Religionen; – zeigen Spuren jüdischen und muslimischen Lebens in ihrer Umgebung auf; – erläutern anhand von Erzählungen aus der Abrahamgeschichte die gemeinsamen Wurzeln der abrahamitischen Religionen und deren Bedeutung für das Zusammenleben der Religionen; – zeigen das Bekenntnis zu Jesus als dem Christus als unterscheidend christlich auf.	
Urteilskompetenz:	
– nehmen zu verbreiteten Vorurteilen gegenüber Religionen Stellung.	

Ein Weg mit Gott

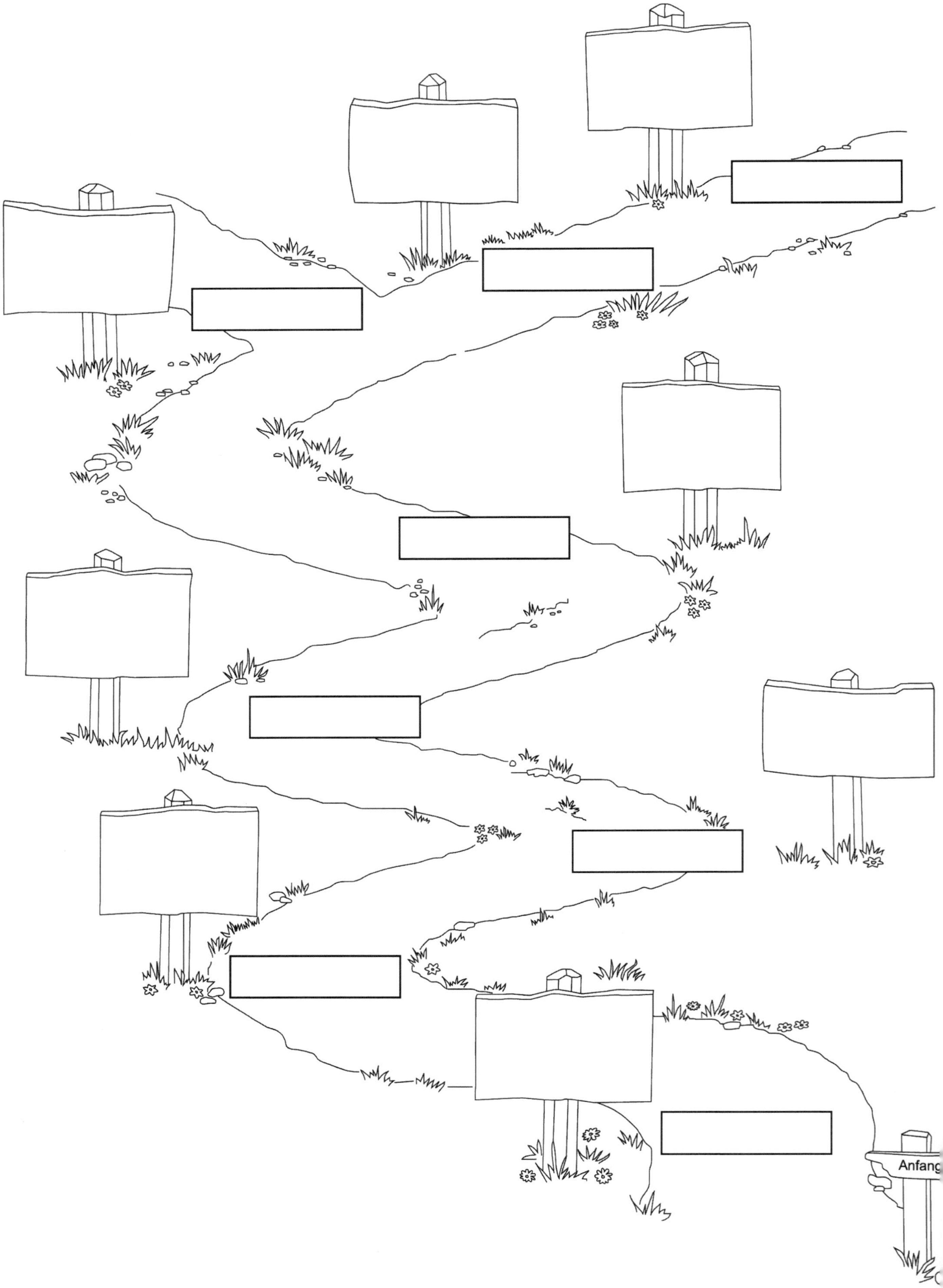

Wegschilder

Tobit lebt in Ninive und muss fliehen.	Tobit erblindet.	Sara leidet unter einem Dämon.	Tobias geht mit einem Fremden auf Reisen.
Tobias kämpft mit einem Fisch.	Tobias und Sara treffen sich.	Sara wird vom Dämon befreit und heiratet Tobias.	Tobias kehrt zurück und heilt seinen Vater.

Schneidet die Stationen-Karten aus und klebt sie in der richtigen Reihenfolge in die großen Kästchen des Arbeitsblatts »Ein Weg mit Gott«.

Gebete

Tob 11,14	**Tob 1,3**	**Tob 6,6-9**	**Tob 8,15-17**
Tob 5,17	**Tob 3,1-6**	**Tob 8,5-8**	**Tob 3,11-15**

Schneidet die Gebetsstellen aus. Lest die angegebenen Bibelstellen und ordnet die Kärtchen dann auf dem Weg den entsprechenden Stationen zu und klebt sie in die kleinen Kästchen darunter ein.

ARBEITSBLATT M 12.2

Gesucht: Zehn Hauptpersonen der Tobit-Geschichte. Wer ist wo?

S	A	R	A	C	S	D	U	A
E	R	A	T	O	B	I	A	S
N	A	F	O	C	H	T	M	C
O	G	A	B	A	E	L	A	H
P	U	E	I	S	D	M	S	M
F	E	L	T	M	N	I	A	O
I	L	T	R	U	A	K	R	D
R	O	X	I	L	K	A	J	A
M	U	G	H	A	N	N	A	I

Lösung

S	A	R	A	C	S	D	U	A
E	R	A	T	O	B	I	A	S
N	A	F	O	C	H	T	M	C
O	G	A	B	A	E	L	A	H
P	U	E	I	S	D	M	S	M
F	E	L	T	M	N	I	A	O
I	L	T	R	U	A	K	R	D
R	O	X	I	L	K	A	J	A
M	U	G	H	A	N	N	A	I

Bestattungsbräuche

Wenn es den **Sterbenden** noch möglich ist, sollen sie das Kol Nidre (»Alle Versprechen«) und zusammen mit den Angehörigen das Sch'ma Israel (»Höre Israel«) beten. Das Kol Nidre ist ein Sündenbekenntnis, das im Gottesdienst zum Feiertag Jom Kippur von der Gemeinde gesprochen wird.
Beim **Eintritt des Todes** zerreißen die Angehörigen als Zeichen der Trauer ein Kleidungsstück und sprechen weitere Gebete. Die Verstorbenen werden gewaschen und in ein weißes, leinenes Totenhemd gekleidet.
Die **Beerdigung** soll möglichst am gleichen Tag, spätestens aber am nächsten Morgen vollzogen werden. Diese Vorschrift stammt aus Zeiten, in denen Leichen noch nicht in Kühlkammern aufbewahrt werden konnten und der Leichnam vor dem Einsetzen der Verwesung beerdigt werden musste, um die Würde der Toten zu wahren. Die Anwesenden werfen drei Schaufeln Erde auf den Sarg. Oft fügt man dem Sarg ein Säckchen mit Erde aus Israel bei, um die Toten in der »Heimaterde« des Heiligen Landes zu begraben.
Nach der Bestattung beginnt eine einwöchige **Trauerzeit**. In dieser Zeit sollten die Angehörigen nicht baden, keine Arbeiten verrichten und zu Hause bleiben. Viele Juden müssen jedoch aufgrund ihrer beruflichen Verpflichtungen die Trauerzeit auf einen Tag begrenzen. An die Trauerwoche schließt sich der Trauermonat (Scheloschim) an. Am Ende dieses Trauermonats findet eine Trauerfeier am Grab statt. Für enge Angehörige folgt danach eine 11-monatige Trauerphase. Später wird zum Gedenken der Toten jährlich am Todestag »Jahrzeit« abgehalten. Dabei wird im familiären Rahmen eine Kerze angezündet und das »Kaddisch« gebetet.
Das **Grab** bleibt bis zum Ende des Trauermonats, manchmal sogar bis zur »Jahrzeit«, nur mit Erde bedeckt, erst dann wird ein Gedenkstein gesetzt. Jüdische Grabsteine erhalten oft Symbole. Sie geben oftmals Aufschluss über die Rolle, die der Verstorbene in der jüdischen Gemeinde gespielt hat, oder über sein Leben allgemein. Kronen z. B. stehen für Ruhm, Ehre und Freude. Andere Symbole verweisen auf den Beruf des Verstorbenen, z. B. eine Schere für Schneider oder eine Kanne für Leviten (= besondere Gruppe im Judentum). Tiersymbole verweisen in der Regel auf die Namen der Verstorbenen. Das Grab ist der Ort, an dem die Toten die Zeit bis zur Auferstehung verbringen, daher darf die Totenruhe nicht gestört werden. Juden empfinden Grabschändungen deshalb als besonders schlimm. Jüdische Gräber werden aus diesem Grund auch nicht wie christliche Gräber nach einer bestimmten Frist aufgehoben, d. h. aufgelöst und neu vergeben. Im Reformjudentum ist es erlaubt, eingeäschert zu werden. Doch ist diese Form der Bestattung angesichts des Holocausts kaum mehr üblich. Jüdische Gemeinden in Deutschland haben oft eigene Friedhöfe, die ausschließlich für Juden vorgesehen sind.
Beim Besuch des Grabes legen Juden als **Zeichen der Erinnerung** einen Stein auf das Grabmal. Oftmals werden diese Steine von Angehörigen, die weit anreisen, aus ihrer jeweiligen Heimat mitgebracht. Auf jüdischen Friedhöfen sind Steine von überall auf der Welt zu finden.

Die Ratschläge des Tobit

Wenn ich gestorben bin, begrabe mich!	Halte deine Mutter in Ehren, solange sie lebt!	Wenn deine Mutter gestorben ist, begrabe sie an meiner Seite!	Denke alle Tage an den Herrn, unseren Gott!
Handle gerecht, solange du lebst!	Allen, die gerecht handeln, hilf mit dem, was du hast!	Sei nicht kleinlich, wenn du Gutes tust!	Wende deinen Blick niemals ab, wenn du einen Armen siehst!
Hast du viel, so gib reichlich!	Hast du wenig, zögere nicht, auch mit dem Wenigen Gutes zu tun!	Wenn einer für dich gearbeitet hat, zahl ihn sofort aus!	Heirate eine Frau aus dem Stamm deiner Väter!
Wenn einer für dich gearbeitet hat, gib ihm gleich den Lohn!	Was dir selbst verhasst ist, das mute auch keinem anderen zu!	Betrinke dich nicht. Der Rausch soll nicht dein Begleiter sein!	Gib dem Hungrigen von deinem Brot!
Gib dem Nackten von deinen Kleidern!	Wenn du Überfluss hast, tu damit Gutes!	Suche nur bei Verständigen Rat!	Einen brauchbaren Ratschlag verachte nicht!
Preise Gott, den Herrn, zu jeder Zeit!	Bitte Gott, dass dein Weg geradeaus führt und ein gutes Ende nimmt!	Gib acht auf dich bei allem, was du tust!	Nimm keine fremde Frau, die nicht zum Volk deines Vaters gehört!

Was mich beschützt

ARBEITSBLATT M 12.6a

Paul Klee, es weint

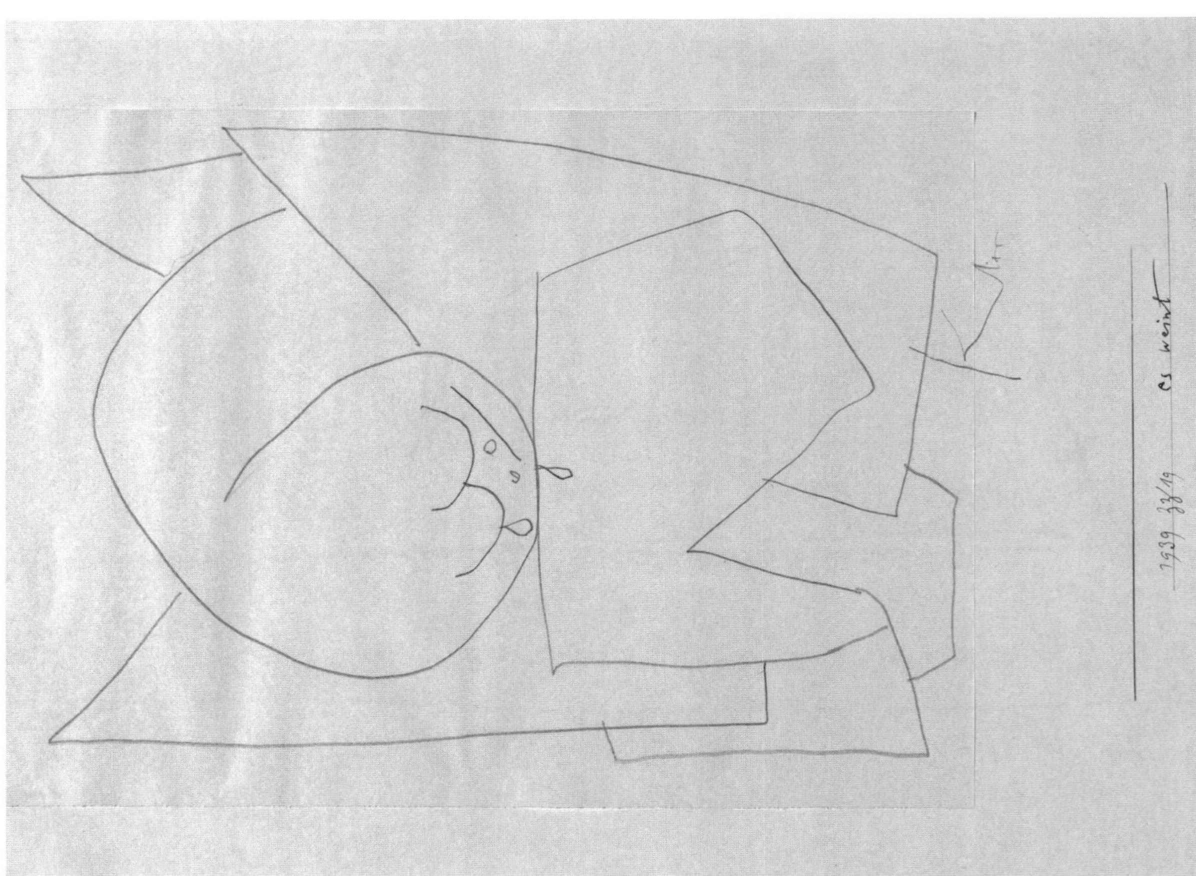

ARBEITSBLATT M 12.6b

Paul Klee, Vergesslicher Engel

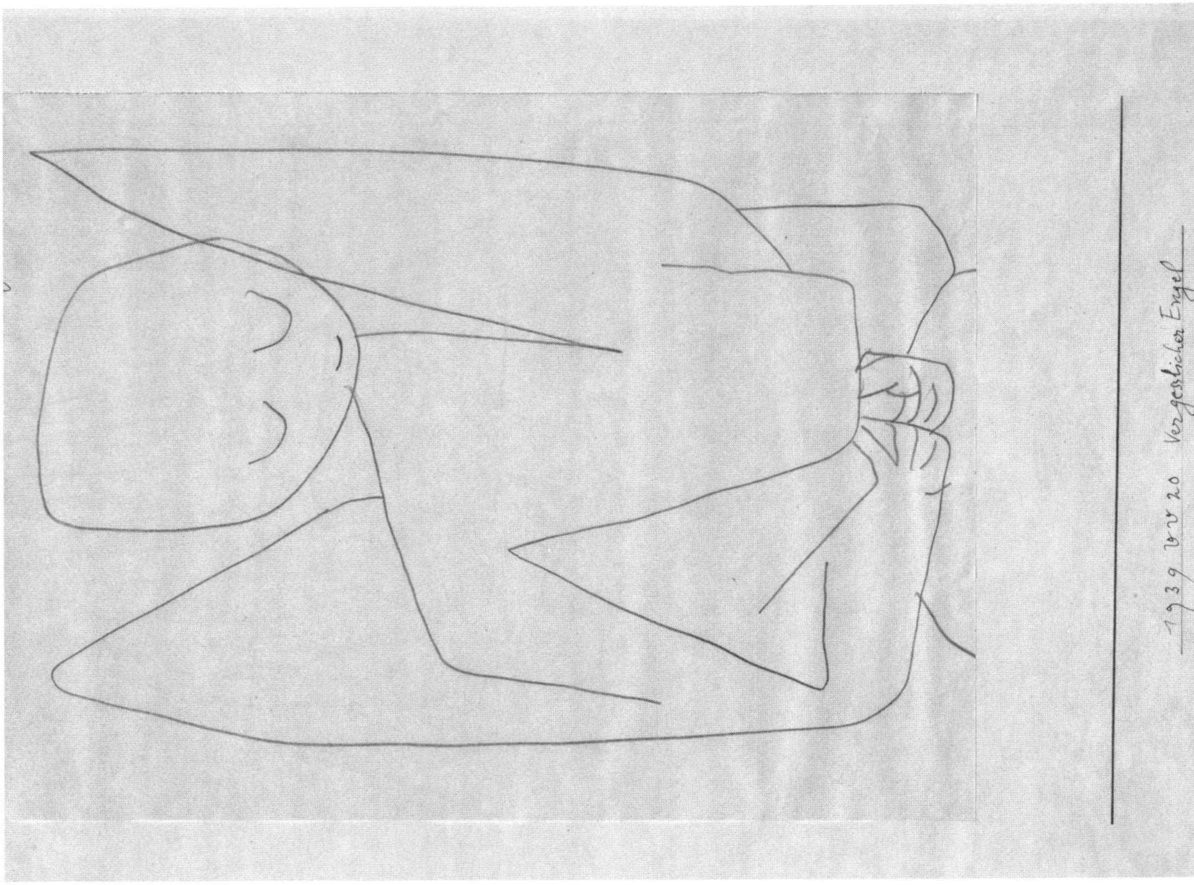

Der vergessliche Engel

»Es tut mir leid«, flüsterte der kleine Engel mit gesenkten Augen. »Nicht ein Wort mehr weiß ich von dem, was du mir aufgetragen hast. Als ich am Dom vorbeiflog, umfing mich plötzlich so himmlische Musik, dass ich alles um mich her vergaß. Ich musste ein wenig durch den Türspalt lauschen, die Töne zogen mich unwiderstehlich an.«
»Mach dich nochmals auf den Weg!« – Gott lächelte nachsichtig und wiederholte geduldig seinen Auftrag.
Nach geraumer Zeit kam der Engel zurück – atemlos und völlig verzweifelt. Er konnte lange nichts sagen und hakte seine Daumen unruhig ineinander.
»Nun?«
»Es sollten doch tröstliche Worte sein, so viel wusste ich noch, die ich dem kleinen Mädchen ins Ohr flüstern sollte. Aber als ich sie da so bleich und todtraurig sitzen sah, da dachte ich: Wer bin denn ich, dass ich sie trösten kann? Ausgerechnet ich? Mir stand plötzlich mein eigenes Leben vor Augen, vormals auf der Erde, ich versank in der Erinnerung an meinen eigenen Kummer damals. Schließlich stammelte ich etwas und stahl mich davon. Ich glaube, sie hat nicht einmal bemerkt, dass ich da war.«
»Du versuchst es noch einmal«, entschied Gott.
War längere oder nur kurze Zeit vergangen? Der kleine Engel kam zurück, noch atemloser als zuvor, zerzaust, mit angesengten Flügeln.
»Sogar meine Flügel habe ich mir verbrannt. Ich kann kein Engel Gottes sein. Schon gar kein Schutzengel. Und diesmal habe ich alles vergessen, sogar, zu wem ich unterwegs war.«
Da lachte Gott und zog ihn in seine Arme.
»Doch. Gerade du. Gerade so warst du mein Bote. Du hast der Kleinen das Leben gerettet, als du sie in letzter Sekunde aus den Flammen gezogen hast. Das war in meinem Sinne, so habe ich es gewollt. Du kamst im rechten Moment und hast das Richtige getan. Nur wer sich selbst ganz und gar vergisst, kann wirklich Bote Gottes sein. Tröstende Worte kannst du ein anderes Mal bringen.«

Dorit Schierholz

- Benenne und erkläre das Problem des kleinen Engels.
- Überlege, was in der Geschichte einen guten Engel ausmacht.

Engel weinen

Intro: Engel weinen – oh sie leiden wie jeder and're und haben Feinde

Fühlst du nicht diesen Schmerz in mir
Oh siehst du nicht, ich kann nicht mehr– hilf mir
Oh schau mich an, ich bemüh' mich sehr
Was muss noch gescheh'n, dass du mich erhörst

Ich danke dir dafür, dass du mich beschützt
Danke dir für all den Segen, den du mir gibst
Ohne dich wär' mein Leben nicht so, wie es ist
Du gibst mir die Kraft zu sein, wie du es bist
Oh ich brauche dich

Refrain:
Selbst Engel weinen – Engel leiden
Engel fühl'n sich mal alleine
Sie verzweifeln wie jeder and're
Fallen tief und haben Feinde
Engel weinen – Engel leiden
Engel fühl'n sich mal alleine
Sie verzweifeln wie jeder and're
Fallen tief und haben Feinde

Fühlst du nicht diesen Schmerz in mir
Oh siehst du nicht, ich kann nicht mehr – hilf mir
Oh schau mich an, ich bemüh' mich sehr
Was muss noch gescheh'n, dass du mich erhörst

Ich schau auf zu den Sternmillionen
Wo viele von uns Engeln wohnen
So viele Tränen, die mich quäl'n
Wer rettet mich und all die Seel'n
Die Zeit vergeht, die Kraft, die schwindet
Wo ist das Licht, das uns verbindet
In deinen Augen möcht' ich lesen, was uns beide trennt

Refrain: Selbst Engel weinen – Engel leiden ...

Ich öffne dir mein Herz
Denn du befreist mich von Leid und Schmerz
Ich lass dich hinein
Denn du nimmst mir die Sorgen und wäschst sie rein
Nur du kennst meine Geschichte
Ebnest mir den Weg, nach dem ich mich richte
Gibst meinem Leben einen Sinn
Und lässt mich sein, so wie ich bin
So führe mich aus dieser Dunkelheit
Zeige mir den Weg, der mich befreit
Ich will doch nur ein Zeichen von dir
Befrei' mich von all diesen Ketten hier
Die Zeit vergeht, die Kraft, die schwindet
Wo ist das Licht, das uns verbindet
In deinen Augen möcht' ich lesen, was uns beide trennt

Refrain

Bernhard Matthias Albrecht Lasse Blümel, genannt BEN

Spuren im Sand

Eines Nachts hatte ich einen Traum:
Ich ging am Meer entlang mit meinem Herrn. Vor dem dunklen Nachthimmel erstrahlten, Streiflichtern gleich, Bilder aus meinem Leben. Und jedes Mal sah ich zwei Fußspuren im Sand, meine eigene und die meines Herrn.

Als das letzte Bild an meinen Augen vorübergezogen war, blickte ich zurück.
Ich erschrak, als ich entdeckte, dass an vielen Stellen meines Lebensweges nur eine Spur zu sehen war. Und das waren gerade die schwersten Zeiten meines Lebens.

Besorgt fragte ich den Herrn: »Herr, als ich anfing, dir nachzufolgen, da hast du mir versprochen, auf allen Wegen bei mir zu sein. Aber jetzt entdecke ich, dass in den schwersten Zeiten meines Lebens nur eine Spur im Sand zu sehen ist. Warum hast du mich alleingelassen, als ich dich am meisten brauchte?«

Da antwortete er: »Mein liebes Kind, ich liebe dich und werde dich nie alleinlassen, erst recht nicht in Nöten und Schwierigkeiten.
Dort, wo du nur eine Spur gesehen hast, da habe ich dich getragen.«

Margaret Fishback Powers

Kumbaya, my Lord

Spiritual, traditionell

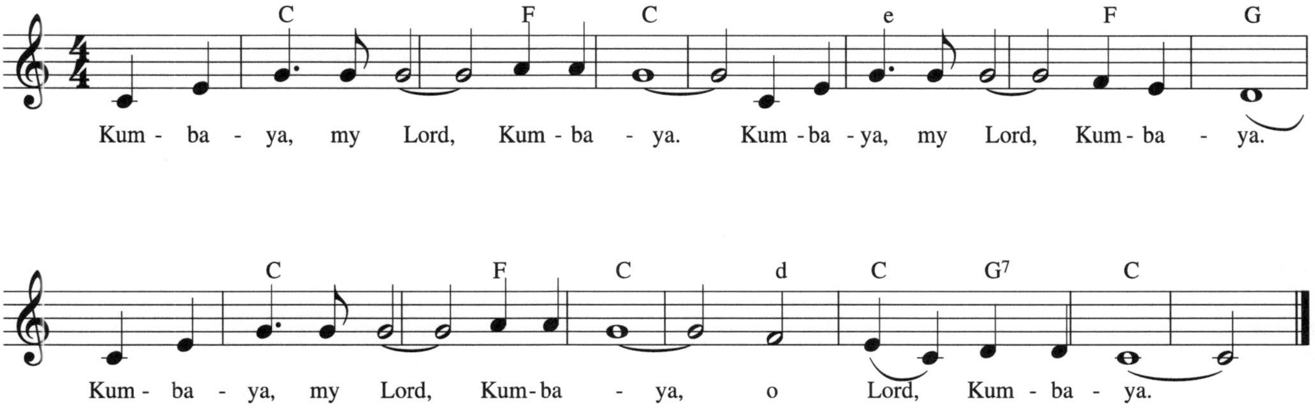

1. |: Someone's singing, Lord Kumbaya, :| 3x, o Lord, Kumbaya.
   |: Kumbaya, my Lord, Kumbaya, :| 3x, o Lord, Kumbaya.

2. |: Someone's praying, Lord, Kumbaya, :| 3x, o Lord, Kumbaya.
   |: Kumbaya, my Lord, Kumbaya, :| 3x, o Lord, Kumbaya.

3. |: Someone's crying, Lord, Kumbaya, :| 3x, o Lord, Kumbaya.
   |: Kumbaya, my Lord, Kumbaya, :| 3x, o Lord, Kumbaya.

4. |: Someone's sleeping, Lord, Kumbaya, :| 3x, o Lord, Kumbaya.
   |: Kumbaya, my Lord, Kumbaya, :| 3x, o Lord, Kumbaya.

Bild- und Textnachweis

M 1.1	Almut Löbbecke (Hg.), Miteinander leben – Ich und die anderen. Kopiervorlagen für das 5./6. Schuljahr (Cornelsen Copy Center Religion), Cornelsen Verlag Scriptor, Berlin ^{3}2007, S. 65
M 1.3	Karlhans Frank, Rechte bei Gerlinde Rabenstein, Ortenberg – Illustration: Mascha Greune, München
M 2.1	Eike Christian Hirsch, »Die Stubenfliege«, aus: Den Leuten aufs Maul © 1982 by Hoffmann und Campe Verlag, Hamburg
M 2.2	Vergiss Es Nie (Du Bist Du), Originaltitel: I Got You, Text und Musik: Paul Janz, Dt. Text: Jürgen Werth © Paragon Music Corp., GmbH, Köln
M 2.3a/b	Hans Manz, Die Welt der Wörter © 1991 Beltz & Gelberg in der Verlagsgruppe Beltz, Weinheim & Basel
M 2.4	Antoine de Saint-Exupéry, Der Kleine Prinz © 1950 und 2008 Karl Rauch-Verlag, Düsseldorf
M 2.5	Frieder Stöckle, Spiegelfragen, in: Hans Manz, Die Welt der Wörter © 1991 Beltz & Gelberg in der Verlagsgruppe Beltz, Weinheim & Basel, S. 36f.
M 2.6	Matthew Lipman, Pixie. Philosophieren mit Kindern © Österreichische Gesellschaft für Kinderphilosophie, Graz
M 2.7	Anton A. Bucher, Theologisieren und Philosophieren mit Kindern, in: ders. u. a. (Hg.), »Vielleicht hat Gott uns Kindern ja den Verstand gegeben.« Ergebnisse und Perspektiven der Kindertheologie. Jahrbuch für Kindertheologie Band 5, Calwer Verlag, Stuttgart 2006, S. 155f. (gekürzt) © beim Verfasser
M 3.1	Jochen Ellerbrock, Pinneberg, in: Religion heute 64, 12/05, S. 239 © beim Verfasser
M 3.2	Leicht verändert aus: RELIPRAX Nr. 24, S. 10
M 3.4	Reinhardt Jung, Das geheime Wissen der Pinguine, Band 4 © 1999 by Verlag Jungbrunnen, Wien
M 3.5	Rainer Oberthür, Kinder fragen nach Leid und Gott, Kösel-Verlag, in der Verlagsgruppe Random House GmbH, München 2006, S. 127
M 3.6	Loccumer Pelikan 1/2005, S. 17
M 3.7	ebd. S. 19
M 3.8	RELIPRAX Nr. 24, S. 54
M 3.9	Stefanie Esser, Im Gebet Gott begegnen. Wir stellen das Vaterunser und das Glaubensbekenntnis kreativ dar, in: RAAbits Religion – Impulse und Materialien für die kreative Unterrichtsgestaltung, RAABE Fachverlag für die Schule, Stuttgart 2005. Grundwerk. Signatur: I/B.8. M 7 S. 17 © Dr. Josef Raabe Verlags-GmbH, Stuttgart
M 3.10	Rainer Oberthür, Kinder fragen nach Leid und Gott, Kösel-Verlag, in der Verlagsgruppe Random House GmbH, München 2006, S. 127
M 3.11	Gottfried Helnwein (geb. 1948), Leid macht stark, 1974, Aquarell
M 3.12	Rainer Oberthür, Neles Tagebuch, München 2006, S. 132 – Illustration: Mascha Greune, München
M 3.13	Illustration: Mascha Greune, München
M 3.14	Loccumer Pelikan 2/2003, S. 81
M 4.1	in: Materialien für die Bildungsarbeit, Religion/Ethik, Verlag Beate Christmann, Ilsede
M 4.3	Almut Löbbecke (Hg.), Miteinander leben – Ich und die anderen. Kopiervorlagen für das 5./6. Schuljahr (Cornelsen Copy Center Religion), Cornelsen Scriptor, Berlin ^{3}2007, S. 68
M 4.5	In meiner Klasse geht's mir gut, hg. v. Religionspädagogischen Zentrum Heilbronn
M 4.6	Aus: von Khuon-Fabritius, Eva: Diakonie. In: RAAbits Religion – Impulse und Materialien für die kreative Unterrichtsgestaltung. Stuttgart: RAABE Fachverlag für die Schule 2005. Grundwerk. Signatur: I/E.2. M 11, S. 23 f. © Dr. Josef Raabe Verlags-GmbH, Stuttgart.
M 4.7a	Johannes Grützke (geb. 1937), St. Martin, 1980, Tafelbild in der St. Martins-Kirche, Berlin
M 4.8	Almut Löbbecke (Hg.),Miteinander leben – Ich und die anderen. Kopiervorlagen für das 5./6. Schuljahr (Cornelsen Copy Center Religion), Cornelsen Verlag Scriptor, Berlin ^{3}2007, S. 61
M 4.9	ebd., S. 56
M 4.10	ebd., S. 57
M 5.1	Kösel-Archiv
M 5.2	Ernst Alt (geb. 1935), Jude mit Torarolle, 1975 (Detail)
M 5.4	Marc Chagall (1887-1985), Sabbat, 1910, Öl auf Leinwand, 90,5 x 94,5 cm, Museum Ludwig, Köln © VG Bild-Kunst, Bonn 2011

M 5.6	Israel M. Lau, Wie Juden leben. Glaube, Alltag, Feste, Gütersloher Verlagshaus in der Verlagsgruppe Random House GmbH, Gütersloh [4]1997, S. 77, 153 – Irene Mayer-List, in: Frankfurter Allgemeine Zeitung v. 7. 12. 1992 © Alle Rechte vorbehalten. Frankfurter Allgemeine Zeitung GmbH, Frankfurt. Zur Verfügung gestellt vom Frankfurter Allgemeine Archiv
M 5.7	Henryk M. Broder, in: SPIEGEL online vom 14.10.2005
M 5.9	aus: »Ich bin, was ich bin, ein Jude: Jüdische Kinder in Deutschland erzählen.« Hrsg. von Noemi Dtaszewski u.a. © 1995, 2001 by Verlag Kiepenheuer & Witsch GmbH & Co. KG, Köln
S. 131	nach: Karin v. Maur (Hg.), Max Beckmann, Meisterwerke 1907-1950, Stuttgart 1994, S. 85
M 6.4	Christoffel-Blindenmission, Bensheim – Fotos:© CBM/argum/Einberger
M 6.5	Illustration: Mascha Greune, München
M 7.1	Stefan Schwarzmüller, Pfingsten, Materialbrief RU 2/01, Deutscher Katecheten-Verein e. V., München 2001, S. 10 © beim Verfasser
M 7.2	Quelle unbekannt
M 7.3	Heidrun Menne/Antje Stuberg-Strehle, »... und der Heilige Geist erfüllte sie«, in: entwurf 1/2003, S. 26 © bei den Autorinnen
M 7.5a-c	»Wer mit Paulus auf Reisen geht, der kann was erzählen« aus: Waltraud Hagemann / Eike Hirsch, So kommt Gott ins Spiel. Schöpfung, Umkehr, Paulus in Erzählung, Bild und Musikspiel, Calwer Verlag, Düsseldorf 2006, S. 114 – 116
M 8.1	Karlheinz Geißler, in: Psychologie heute, 9/2007, S. 24
M 8.2	Michael Ende, Momo © 1973 by Thienemann Verlag (Thienemann Verlag GmbH), Stuttgart/Wien, www.thienemann.de
M 8.4	Materialien für die Bildungsarbeit, Religion/Ethik, Verlag Beate Christmann, Ilsede
M 8.5	Illustration »Weihnachtschaos«: Hans-Georg Rauch
M 8.7	nach: Bibel heute 148, 4/2001, Sabbat-Sonntag-Feiertag, Katholisches Bibelwerk Stuttgart, S. 116f.
M 9.8a/b	Werner Tiki Küstenmacher, Tikis Evangelisch-Katholisch-Buch, Calwer Verlag, Stuttgart 1996
M 9.9	Religion – Unterrichtsmaterialien Sek I, Ausgabe 1/1997, Ein Glaube – verschiedene Kirchen © Bergmoser + Höller Verlag AG, Aachen
M 10.1	Ich bin ein Bibelentdecker, T/M: Daniel Kallauch © cap-music, 72221 Haiterbach-Beihingen
M 10.6	Werner Laubi/Annegert Fuchshuber, Kinderbibel © Verlag Ernst Kaufmann, Lahr 1992, S. 74
M 10.7	Marina Kienhöfer, Rechte bei der Verfasserin
M 10.11	Kösel-Archiv
M 10.13	© Deutsche Bibelgesellschaft, Stuttgart, www.bibelonline.de
M 10.14	© Deutsche Bibelgesellschaft, Aktion Weltbibelhilfe, Stuttgart www.bibelhilfe.de
M 11.1	Hans Küng: Christentum und Weltreligionen © 1984 Piper Verlag GmbH
M 12.6a	Paul Klee (1879-1940), Vergesslicher Engel, 1939, 880, Bleistift auf Papier auf Karton, 29,5 x 21 cm, Zentrum Paul Klee, Bern
M 12.6b	Paul Klee (1879-1940), es weint, 1939, 959, Bleistift auf Papier auf Karton, 29,5 x 21 cm, Zentrum Paul Klee, Bern
M 12.7a	Dorit Schierholz, in: Weihnachten – ein himmlisches Fest?, RPI Loccum (Hg.)
M 12.7b	T/M: Bernhard Matthias Albrecht Lasse Blümel, genannt BEN
M 12.8	Originalfassung des Gedichts »Footprints« © 1964 Margaret Fishback Powers übersetzt von Eva Maria Busch, © der deutschen Übersetzung 1996 Brunnen Verlag Gießen, www.brunnen-verlag.de

Alle Bibeltexte gemäß der Einheitsübersetzung © Katholisches Bibelwerk, Stuttgart. – Alle namentlich nicht gekennzeichneten Beiträge stammen von den Autoren und sind als solche urheberrechtlich geschützt. Abdruckanfragen sind an den Verlag zu richten. – Trotz intensiver Recherche konnten einzelne Rechtsinhaber nicht ermittelt werden. Für Hinweise sind wir dankbar. Sollte sich ein nachweisbarer Rechtsinhaber melden, bezahlen wir das übliche Honorar.